LE ROMAN DE LA ROSE

GUILLAUME DE LORRIS ET JEAN DE MEUN

LE ROMAN DE LA ROSE

Édition établie
par
Daniel Poirion

GF
FLAMMARION

CHRONOLOGIE

Le XIIIe siècle voit la France se transformer complètement sous l'administration efficace de la monarchie capétienne. Les progrès de la vie urbaine, la multiplication des artisans, l'affranchissement des paysans, le développement des échanges et de la monnaie donnent un nouveau visage à la société où la noblesse cherche à se redéfinir. C'est l'époque des grandes cathédrales gothiques d'Amiens, Beauvais, Bourges, Reims. C'est aussi celle des grandes sommes littéraires et philosophiques.

1215-1230 : La croisade contre les hérétiques de langue d'oc va entraîner la soumission de la France méridionale. Prise de Toulouse (1217). Installation des Franciscains en France (1219). Mort de Philippe Auguste et avènement de Louis VIII (1223). Famine en Occident (1224-1225). Régence de Blanche de Castille, mère de Louis IX (1226).

> Continuation de *Perceval*. Rédaction du *Lancelot-Graal*. *Carité* (1224) et *Miserere* (1230), du Reclus de Molliens. *Guillaume de Dole*, dit *Roman de la Rose*, de Jean Renart. *Roman de la Violette* (1228), de Gerbert de Montreuil. *Bataille des sept arts, Bataille des vins, Lai d'Aristote* d'Henri d'Andeli.

1230-1245 : L'Inquisition persécute les hérétiques. Bûchers de Montségur (1244). Thibaud IV de Champagne, grand poète courtois, est roi de Navarre (1234).

Guillaume de Lorris compose son *Roman de la Rose*. *Roman des Ailes*, de Raoul de Houdenc (av. 1235). *Tournoiement de l'Antéchrist*, de Huon de Méry (1235). *Les Commentaires sur Aristote*, par Averroès, arrivent en Occident. Traduction en latin de l'*Ethique* d'Aristote par Robert Grosseteste (1240).

1245-1270 : Règne de Saint Louis. Le roi part à la VIIe croisade (1248). Prise de Damiette (1249). Le roi en Palestine (1250-1254). Conflit de l'Université de Paris avec les ordres mendiants (1252). Retour de Saint Louis en France (1254). Guillaume de Saint-Amour condamné à l'exil (1257). Charles d'Anjou, frère du roi, à qui le pape a remis la couronne de Sicile, bat Manfred, fils de Frédéric II et prétendant au trône. Exécution de Conradin, neveu de Manfred (29 octobre 1268). Condamnation de Siger de Brabant (1270). Mort de Saint Louis à Tunis.

Albert le Grand à Paris (1245-1248). Saint Bonaventure à Paris (1248-1250). *Dit des Cordeliers*, de Rutebeuf (1249). *De Periculis*, de Guillaume de Saint-Amour (1256). *Dit de Guillaume* (1257), *Dit d'Hypocrisie* (1263), et *Bataille des Vices et des Vertus*, de Rutebeuf. *Speculum Majus*, de Vincent de Beauvais (av. 1264). Thomas d'Aquin de nouveau à Paris (1269-1272). Le *Trésor*, de Brunet Latin.

1270-1285 : Règne de Philippe III. Condamnation des thèses averroïstes par l'évêque de Paris Etienne Tempier (1277). Soulèvements en Flandres (1281). Vêpres siciliennes chassant les Français (1282). Ecroulement du chœur de la cathédrale de Beauvais (1284).

Jean de Meun continue le *Roman de la Rose*. *Somme théologique*, de Thomas d'Aquin (1274). *Somme le Roi*, de Frère Laurent (1279). *Le Jeu de la Feuillée*, d'Adam de la Halle (1276). *Cléomadès*, d'Adenet le Roi (1280). *Coutumes du Beauvaisis*, de Philippe de Beaumanoir (1283).

1285-1300 : Début du règne de Philippe IV le Bel. Premières dévaluations de la monnaie (1294-1295). Perte de Saint-Jean-d'Acre (1291).

Renart le Nouvel, de Jacquemart Gielée (1289). *Le Livre d'Amour*, traduction du *De Amore* d'André le Chapelain, par Drouart la Vache (1290). *Le Couronnement de Renart* (1295). *Testament* et *Codicile* de Jean de Meun (av. 1305).

PRÉFACE

Le domaine de la littérature médiévale garde encore
le secret de finalités oubliées. Finalités, et non causalités,
car le *sens* des œuvres humaines ne se trouve pas dans
un enchaînement de causes, comme la critique à pré-
tention scientifique semble parfois le croire. L'homme
se définit par ses projets, et le sens de ses actes se des-
sine par rapport à ses intentions, à ses motivations plus
ou moins conscientes. A cet égard la mentalité du
XIIIᵉ siècle, sans être à jamais perdue comme celle des
habitants de l'île de Pâques, est difficile à reconnaître
malgré une évidente parenté avec notre propre culture.
Le fil de la pensée humaine n'a pas été coupé, comme
avec certaines civilisations disparues dont les ethno-
logues étudient les vestiges, mais il est très embrouillé.
La littérature médiévale n'est pas muette comme un
monument de pierre. Encore faut-il bien comprendre ce
que ses écrits veulent dire.

Il est vrai que l'on peut s'occuper d'abord à étudier
la texture de l'œuvre, à démonter le mécanisme littéraire
sans s'interroger sur sa destination. La poésie médiévale
est un jouet intéressant pour les bricoleurs de la litté-
rature. Sa fabrication, sous l'apparente banalité des
thèmes, apparaît comme subtile et complexe. Poème
allégorique, le *Roman de la Rose* surprend le lecteur
moderne par son ajustement ingénieux des images et des
idées : c'est tout autre chose que l'art officiel qui décore
nos monuments publics, et que nous appelons aussi
allégorique.

La virtuosité formelle du style allégorique a son his-
toire, qui est celle d'une perpétuelle recherche intellec-
tuelle. Mais les signes littéraires ainsi élaborés répondent
à une attente, à des questions que se posaient les hommes.

En interrogeant le *Roman de la Rose*, il faut reconstituer
parallèlement la fabrication du signe allégorique et la
vision culturelle qui lui donnait un sens. Il y a une tra-
dition du genre « art d'aimer » qui, à travers Ovide,
remonte jusqu'à des civilisations plus anciennes. Mais
la fonction du genre n'est pas la même dans la Chine
ancienne et dans les cours françaises du XIIIᵉ siècle.
Elle est aussi différente de celle que, dans son délire
technologique, notre culture moderne confie aux traités
d'éducation sexuelle !

I. — ALLÉGORIE

Par son titre même le *Roman de la Rose* manifeste une
dualité fondamentale. Il est en effet construit sur un
symbole, celui d'une fleur dont la structure géométrique
et numérale, l'harmonie des formes et des couleurs ont
depuis longtemps fait un signe riche de suggestions : la
fonction vitale de la fleur y est comme sublimée par
l'étalage d'une beauté raffinée. De ce symbole notre livre
apportera la glose, développant le chapitre de ce qui
serait un *plantaire* érotique. Mais c'est aussi un *roman*,
c'est-à-dire un récit fait dans le langage de tout le monde.
Un symbole ne se raconte pas, il se décrit et s'analyse.
Et pourtant l'allégorie va permettre de substituer un
récit au commentaire.

Le procédé dérive de deux traditions très différentes.
L'une remonte aux grands poèmes en latin qui, sur le
thème de la guerre ou du mariage, cherchent à résumer
un enseignement philosophique : ainsi la *Psychomachia*
de Prudence (IVᵉ s.) et le *De nuptiis Philogiae et Mercurii*
de Martianus Capella (Vᵉ s.). Entre 1225 et 1235 des
poètes comme Henri d'Andeli, Raoul de Houdenc et
Huon Méry adaptent cette tradition médiolatine à notre
langue française. L'autre tradition est celle du roman
arthurien qui, depuis Chrétien de Troyes, fait un usage
habile de certains thèmes symboliques : le verger, la
fontaine, le château. Le *Conte du Graal*, par le rôle
essentiel qu'il réserve à la scène symbolique, fraie la
voie au roman allégorisant, construit comme une série
de paraboles, telle la *Quête du Saint-Graal*.

Combinant ces deux traditions notre *Roman de la
Rose* systématise l'emploi de l'allégorie narrative. Une
réflexion sur les scènes romanesques est provoquée par

le caractère « merveilleux » des images et des événements. Visiblement le récit, qu'il est impossible de prendre à la lettre, cherche à nous dire autre chose. Il implique une double lecture cherchant derrière le « dire » incroyable un « vouloir-dire » plus vraisemblable. Certes il est fréquent qu'un texte provoque chez le lecteur des spéculations sur un sens caché. Depuis Platon jusqu'à la critique moderne en passant par l'exégèse médiévale on a toujours soumis les œuvres littéraires à ce genre de « question ». Notre *Roman de la Rose* non seulement permet mais exige ce genre de lecture ; il n'a pas de sens autrement. Le principe de la double lecture est rendu nécessaire par la séparation des idées et des images en deux séries parallèles dont la première n'est pas donnée par le sens habituel des mots (le *signifié* de la langue) mais par une déduction neuve et originale. Les personnages mêmes n'ont d'existence que par rapport à cette transposition des idées en images, alors que chez Chrétien de Troyes ce sont les symboles qui sont subordonnés à la création des personnages. L'allégorie combine étroitement le procédé de la personnification à celui de l'invention métaphorique. Dans notre *roman* il existe une métaphore directrice, « la quête de la rose », dont le symbole résume, sans trop de difficulté, le mouvement du désir amoureux. La rose figure la beauté qui fait naître le désir, oriente la passion, règne sur la vie de l'amoureux. C'est ainsi que le conte d'aventure, suivant le jeune homme parti à la conquête d'une rose, est la figuration d'un enseignement qui présente le modèle du comportement amoureux. Le prologue nous annonce que l'*art d'amour* est « enfermé » dans ce livre.

Ainsi présenté l'ouvrage semble devoir nous exposer le rituel et la règle de tout un groupe social. Mais cette définition convient mieux à la première partie, attribuée à Guillaume de Lorris, qu'à la longue continuation dont Jean de Meun se proclame l'auteur. Ce dernier désigne en effet sa création d'un titre un peu différent : « le Miroir aux amoureux ». Le mot *miroir* désignait alors les traités prétendant offrir la vérité sur un domaine de la connaissance (ainsi les trois *Specula* composés par Vincent de Beauvais) ; on s'aperçoit vite que le second auteur élargit considérablement les perspectives de son enseignement, sans plus se soumettre à la direction métaphorique donnée, au départ, par Guillaume de Lorris. D'un auteur à l'autre, à quarante ans d'intervalle, le genre allégorique continue donc d'évoluer, tandis que la pensée des hommes cherche, dans le signe renouvelé, un message plus conforme à ses vœux.

C'est pourtant chez Guillaume de Lorris que la formule allégorique touche à la perfection. Deux fictions contribuent à ce succès : celle du *songe* et celle de la confidence autobiographique. Le récit est censé nous rapporter un rêve qui s'est avéré prémonitoire. Guillaume de Lorris nous raconte son aventure telle qu'elle a été d'avance résumée par un songe prophétique. Le thème traditionnel du voyage allégorique, associé à celui de la vision, scelle d'un double artifice l'éventuelle vérité d'une aventure amoureuse. Parlons plutôt de vraisemblance. Celle-ci transparaît sous la vision fantastique grâce surtout aux personnifications dont les noms constituent autant de repères idéologiques pour interpréter les images. Oiseuse et Courtoisie, Liesse et Déduit, Bel Accueil et Danger, Male Bouche et Jalousie permettent la traduction du drame en termes psychologiques. Pris dans ce réseau d'idées, les symboles perdent leur ambiguïté. La fontaine amoureuse peut ainsi représenter la naissance de l'amour à la rencontre des regards. Les obstacles rencontrés au jardin par celui qui veut cueillir le bouton de rose nous font imaginer les difficultés qu'il rencontre à obtenir un baiser d'une jeune fille pudique, pleine de scrupules, et sans doute bien endoctrinée, voire surveillée. L'histoire a donc sa logique qu'on peut schématiser ainsi : n'ayant rien à faire, un jeune damoiseau pénètre dans une société élégante qui se livre au divertissement. Le spectacle de ce bonheur avive son besoin d'aimer. Une jeune beauté bientôt le séduit, et il est tout de suite si profondément touché qu'il se voue totalement à cet unique amour. Mais l'éducation courtoise, dont on lui rappelle alors les principes, l'expose à de dures épreuves avant qu'il ne parvienne à ses fins. La raison voudrait qu'il ne s'engage pas ainsi. Mais l'expérience prouve qu'en persévérant on peut attendrir celle que l'on aime. Et le jeune homme va tenter sa chance. On devine cette histoire à travers le récit du voyage jusqu'au verger clos de murs, l'entrée dans ce jardin où se réjouissent toutes les espèces animales, l'arrivée près de la source magique où Narcisse s'éprit de sa propre image, les blessures infligées par les flèches du dieu d'Amours, les menaces du jardinier Danger, l'aide de Bel Accueil. Et l'aventure se termine au moment où

Bel Accueil et le rosier sont enfermés dans le château-prison construit sur les ordres de Jalousie. On sait, par Jean de Meun, que Guillaume de Lorris a interrompu là son poème, laissant le narrateur presque désespéré.

Cette histoire vraisemblable n'est pas l'*art d'amour*, mais seulement un relais de la signification qui se dégage à partir des images rêvées. Pour aller plus loin il faut reconsidérer le système symbolique et les ouvertures qu'il donne à l'œuvre sur le contexte culturel. Ce système comporte deux aspects, l'un morphologique, l'autre syntactique. La syntaxe de l'allégorie, l'enchaînement des unités de sens, correspondent au schéma initiatique dont les romans bretons se sont parfois inspirés. L'itinéraire suivi par le héros de l'aventure, avec l'arrivée devant un verger entièrement clos, l'exploration du jardin, la contemplation de la fontaine, sous un pin, et la manifestation de son pouvoir magique, la chasse à laquelle se livre le dieu d'Amour et les blessures qu'il inflige, la pâmoison de la victime, la scène de l'hommage, les épreuves qui suivent jusqu'à l'arrivée devant un obstacle apparemment insurmontable, tout cela ressemble au programme que les sectes et les sociétés archaïques imposent au jeune candidat. Quant à la morphologie de l'allégorie, elle dérive directement de la thématique des poètes lyriques. L'association du printemps et du désir, l'invitation à l'amour, le ravissement par le regard, la soumission absolue à l'amour, le respect de la pudeur, les tourments de la séparation, tout cela figure chez les troubadours et les trouvères. Cette affectivité a son code dont le mot clé nous est donné dans l'expression *fin' amor*, amour pur, comme est l'or fin, le métal raffiné. Où nous retrouvons la structure de la pensée alchimique et la double transformation qu'elle décrit, l'homme se raffinant comme l'objet de son travail, se sublimant par la brûlure du désir.

L'art d'amour doit faire comprendre ce principe vital que figure la métaphore du raffinement. Il s'agit de forger une noblesse plus pure, plus parfaite, répondant à l'idéal social de la courtoisie. Cette manière d'être, ou plutôt cette façon de s'accomplir, devient dans le *Roman de la Rose* une doctrine, d'abord figurée par l'aventure du héros qui mime la métamorphose du jeune homme en courtois damoiseau, et commentée par les trois discours d'Amour, de Raison et d'Ami. L'expression poétique cherche à rassembler d'une manière cohérente, à syn-

thétiser ainsi une vision morale qui est celle de l'aris-
tocratie courtoise, mais qui rencontrera, évidemment,
les aspirations d'autres groupes humains et d'autres
individus. Pour préciser les rapports de cette doctrine
avec l'idéologie du XIIIᵉ siècle on est un peu gêné par
l'interruption de l'œuvre au moment où le narrateur
semble avoir échoué. Le destin de Guillaume de Lorris
prend ainsi, par hasard, valeur de symbole, car on peut
bien penser que l'obstacle sur lequel vient buter l'amou-
reux courtois, ce château trop bien construit, traduit la
gêne d'une humanité trop attachée à un idéal inacces-
sible, ou l'impasse d'une éducation beaucoup trop répres-
sive. En tout cas, sur le plan du style poétique, cette
construction marque une date dans l'histoire de l'allé-
gorie. L'articulation de l'image et de l'idée y est parti-
culièrement nette et cohérente. Le piège de l'imagination
se referme sur la pensée.

    La continuation par Jean de Meun trahit une cer-
  ᵉ désaffection à l'égard de cet allégorisme qui devait
  ᵇ harmonie à une vision encore symboliste du monde.
On prend désormais des libertés avec les données initiales.
La fiction du songe est oubliée ; on renonce à toute magie
onirique, on ne compte plus guère sur les images sym-
boliques pour suggérer ce que l'on ne peut ou ne veut
pas dire. Et d'abord l'auteur n'est plus le narrateur,
puisque l'amoureux est censé être Guillaume de Lorris
dont un autre maintenant écrit les aventures. Finie l'allé-
gorie subjective, l'unité métaphorique est également rom-
pue. L'écart entre les figurants de l'éducation amoureuse
et l'auteur se traduit par l'édification d'une allégorie
objective. Plus exactement, à l'allégorie lyrique succède
l'allégorie épique, renouant avec les vieilles traditions de
la cosmogonie antique et de la théologie médiévale.
L'action, souvent réduite à une transition entre les dis-
cours, prend une certaine ampleur quand on nous décrit
la lutte des armées d'Amour contre le château de Jalou-
sie, ou l'arrivée de l'amoureux au terme de son pèle-
rinage (car la métaphore a changé). Mais dans l'en-
semble la trame allégorique se relâche : une structure
plus abstraite, plus intellectuelle se substitue à la cohé-
rence de la narration concrète. La mise en scène épique
sert de toile de fond aux discours qui sont chargés
d'exposer, d'*espondre*, les idées. L'essentiel de l'inven-
tion porte alors sur le processus de personnification, qui
permet la confrontation dramatique des idées. Amour,

Raison, Ami, la Vieille, Nature, Genius se partagent les
thèses d'une sagesse qui se cherche. L'éducation de l'in-
telligence remplace l'initiation de la sensibilité. D'inté-
ressantes figures comme Faux Semblant et Abstinence
Contrainte contribuent à l'originalité de cette révision
des idées. L'héritage culturel, élargi à toutes les tradi-
tions satiriques, comiques ou libertines, se trouve ainsi
restructuré. Au vieux conflit moral qui oppose, comme
chez Guillaume de Lorris, Amour à Raison, viennent
s'ajouter d'autres distinctions, comme celle qui met en
présence le point de vue féminin (de la Vieille) et le
point de vue masculin (d'Ami) dans la même revendica-
tion du plaisir. L'art d'aimer, d'abord construit sur un
thème d'épithalame et une métaphore de voyage, est
maintenant présenté sur un thème de conflit et la méta-
phore de la bataille. Comme si la haine expliquait mieux
les rapports humains que l'amour : singulière philosophie
pour un art d'aimer! Le style exprime ainsi la vision
d'un monde dissocié et non plus homogène comme chez
Guillaume de Lorris.

Le *Roman de la Rose* rassemble donc deux types d'allé-
gorie. L'un reste proche de la vision symboliste et met
en scène l'univers intérieur, sorte de labyrinthe qui nous
fait passer par une série d'états affectifs. Il s'agit de
convertir la passion égocentrique du jeune damoiseau au
culte de la beauté et de la pureté. Le roman de cette
conversion reste d'inspiration lyrique. L'autre type,
influencé par une vision sceptique et pessimiste de la
société où chacun cherche à se jouer de son partenaire,
ramène l'allégorie dans les parages de l'épopée satirique.

Cette divergence des styles allégoriques peut, dans une
certaine mesure, être replacée dans le contexte de l'évo-
lution historique. Car il est vrai que l'allégorie lyrique
de l'un s'explique par l'attachement au mysticisme du
XIIe siècle et même, à travers lui, à des conceptions
magiques, tandis que l'allégorie satirique répond mieux
à la crise de confiance qui ébranle, au cours du XIIIe siècle,
les structures féodales désormais contestées par la monar-
chie capétienne et la bourgeoisie. Chez Guillaume de
Lorris il y a bien débat entre Amour et Raison, entre Bel
Accueil et Danger, entre les forces de sympathie et
celles d'antipathie. Ce débat projette sur le monde les
problèmes de conscience. Même les obstacles de la réalité
extérieure, de la vie sociale, comme Jalousie et Male
Bouche, sont saisis dans leur répercussion intérieure. Le

montage allégorique, tel ce château qui fait garder Bel
Accueil par Honte, Peur, Danger et Male Bouche,
explore davantage le clair-obscur de la conscience
humaine, que l'ordre du monde. Jean de Meun voit au
contraire de l'extérieur les problèmes humains. Son allé-
gorie nous montre que le courant normal du désir est
perturbé par les vices de la société. Le conflit moral est
en fait politique : comment faire pour aimer dans une
société hypocrite et vénale où chacun cherche la puis-
sance pour abuser des autres ? Le débat allégorique n'est
plus le reflet du scrupule, du débat de conscience,
mais l'image des contradictions dont souffre toute société
humaine. Vieille sagesse aussi, que prodiguent depuis
longtemps les fables, et qu'illustraient d'une manière
frappante les contes du *Renart*. Voici que l'allégorie
étend ce regard sombre, jusqu'alors cantonné dans un
secteur de la littérature, à l'ensemble de la vision don-
née par le *miroir* des connaissances humaines.

Cependant ce partage du monde en thèses contrastées
prépare aussi une vision consolatrice. Car la diversité
des idées, qui anime le conflit, conduit à un classement
hiérarchique : au-dessus de Faux Semblant, il y a Nature,
et au-dessus de Nature, Genius. C'est pourquoi le thème
du pèlerinage, qui marque la fin de l'ouvrage, prend la
relève du thème belliqueux. Tout ce chaos a un sens :
il se situe dans l'axe naturel du désir. Sous des dehors
burlesques l'allégorie nous cache un ajustement sérieux
des éléments culturels. Mais pour le comprendre il ne
suffit pas de démonter les mécanismes formels de l'ima-
ginaire. Il faut saisir l'opération intellectuelle qui trouve
là son expression poétique.

II. — IRONIE

La rhétorique médiévale a donc recours à certains
procédés facilement repérables. Avec un peu d'effort on
comprend la relation que l'allégorie établit entre l'ima-
gination et l'intelligence. Mais le langage littéraire
comporte des signes moins visibles, ceux qui déter-
minent le ton de la lecture. N'oublions pas que les
textes du Moyen Age ne se présentent pas toujours au
lecteur de l'époque comme nos livres modernes. La lec-
ture des yeux n'est pas le fait le plus répandu, sauf
parmi les clercs. La lecture faite à haute voix justifie

l'importance accordée à la versification, à la lenteur rythmée qu'elle impose au débit, et au contrôle qu'elle permet du texte, évitant les erreurs, les omissions, et freinant la déformation de l'œuvre. Pour recevoir un texte le public médiéval se laisse guider par le conteur ou par le prédicateur. Quelqu'un raconte : on écoute, en laissant vagabonder son imagination d'autant plus librement que les yeux n'ont pas à lire. Quelqu'un cite et commente : on prête son attention à la force démonstrative de son discours.

Ces deux attitudes sont inégalement impliquées par les deux parties du *Roman de la Rose*. Au début l'imagination allégorique semble coïncider avec l'atmosphère de conte. « Il était une fois un jeune damoiseau qui n'avait jamais aimé. Une nuit de printemps il eut un songe. Attiré par le chant joyeux des oiseaux il arrivait sous les murs d'un verger hermétiquement clos... » On pourrait ainsi facilement transposer l'allégorie dans un registre purement narratif. La lecture suppose d'abord une réceptivité naïve, cette âme d'enfant que la littérature la plus réussie sait solliciter, même pour conduire le public vers les plus hautes spéculations. Chez Guillaume de Lorris la signification, la *sententia* morale nous est donnée par une expression, une *littera*, sentimentale.

Une telle naïveté n'est pas là pour préparer une réaction défavorable; les sarcasmes de la raison détruiraient l'esprit même de la foi féodale, sens caché de l'aventure imaginaire. Nous le voyons bien quand le poète donne la parole à Raison. Celle-ci condamne l'amoureux, lui reprochant sa folie, son « enfance », sa recherche du plaisir qui risque de lui faire perdre son « étude » ou son « métier ». Mais si le personnage nous aide à concevoir ainsi les risques de l'amour, son point de vue ne l'emporte pas. Tout au plus le lecteur adulte suivra-t-il avec un sourire indulgent les épreuves et les erreurs du jeune amoureux. L'allégorie poétique, comme le récit mythologique, s'accompagne parfois d'un certain humour qu'il faut distinguer de l'ironie, de la raillerie ou même du rire de la comédie. S'il y a une ironie, elle est sérieuse, voire tragique. Le destin de Narcisse peut provoquer ce sentiment d'ironie tragique, puisqu'il est pris au piège de l'amour. Comment donc définir le ton donné par Guillaume de Lorris à son allégorie ?

Ce ton doit être celui d'une poésie énigmatique.

L'énigme de l'amour a son côté inquiétant. L'enfer de Male Bouche et Jalousie menace le bonheur et la vie de l'amoureux. Pourra-t-il, nouvel Orphée, en délivrer Bel Accueil ? La mort de Narcisse fait peser sur l'amour une sombre menace. Le sourire énigmatique, en désignant l'erreur de la jeunesse, cache une instinctive terreur. Pour comprendre l'œuvre il faut se mettre à l'écoute de la musique secrète que le poète a composée pour un petit nombre d'initiés.

Tout différent est le ton donné par Jean de Meun à son allégorie. On remarque tout de suite des effets de rire plus appuyés, un fréquent appel aux recettes du comique. Le rire traduit ici une émotion violente, destructrice, libératrice. Un tel changement est rendu possible par la distance que prend l'auteur à l'égard de son héros. Racontant les aventures de Guillaume de Lorris, il peut en railler les erreurs. Mais on peut définir exactement le ton de son poème comme étant celui de l'ironie, au moins dans de nombreux passages.

Dès l'intervention de Raison apparaît une ironie pure, logique, discréditant les maximes de l'amoureux en les poussant jusqu'à l'absurde, soulignant leurs contradictions, dénonçant leurs sophismes. L'ironie est alors étroitement associée à la pratique du dialogue, puisqu'il faut compromettre l'adversaire en l'amenant à se contredire. Elle est aussi au service d'une dialectique, car elle conduit autre part ; elle fait le vide par sa négation avant une affirmation qui viendra par la suite. Raison joue ainsi un rôle propédeutique. Mais elle n'est pas le porte-parole de Jean de Meun ; elle intervient trop tôt. Assurément elle remplit la fonction du professeur d'université, enseignant la grammaire, la rhétorique et la dialectique. Mais ce n'est pas cet enseignement qui pourra dépasser la passion amoureuse. Il apporte une morale provisoire, et surtout une classification du savoir. Dans ce discours s'annoncent la plupart des thèmes qui seront développés ensuite, même la thèse de Genius touchant le devoir de procréation. On pose des principes dont on verra la perversion avec Ami, Faux Semblant et la Vieille, avant d'en comprendre la philosophie avec Nature et Genius.

Cette ironie socratique et pédagogique, qui tend à faire sortir l'amoureux de son état passif et passionnel, va s'amplifier dans l'épisode suivant, non sans se nuancer selon les trois principaux discours d'Ami, de Faux Semblant et de la Vieille. On passe ainsi du comique de fabliau au cynisme moqueur et au rire amer. La violence agressive de ces discours souligne l'intrusion d'idées habituellement censurées par la littérature courtoise : intervention du désir brut, de l'instinct anarchique, qui a été préparée par Raison : elle n'a pas craint, en employant un mot grossier pour désigner les organes sexuels, d'enfreindre la loi de la convenance courtoise. Le style de fabliau, celui des contes de Renart, celui de la littérature pornographique se trouvent ainsi mêlés au projet allégorique. Ce passage au registre satirique marque une étape de l'éducation expérimentale, un moment de la dialectique qui conduit, par cette découverte ironique du mal, à la connaissance du bien et du vrai, au moins en matière d'amour.

Ami reprend le rôle que Guillaume de Lorris lui avait prêté : celui d'un homme averti et expérimenté. Il avait en effet conseillé la diplomatie pour apprivoiser le personnage farouche de Danger. Mais l'interprétation de Jean de Meun révèle, sous le masque de politesse diplomatique, les machinations de la ruse, de la « faintise ». Il conseille de tricher avec Male Bouche pour éviter la médisance, de flatter la Vieille et Jalousie, de les gagner par des dons, de feindre une douleur insupportable. Ces conseils jettent une lumière crue sur le motif courtois de la prière amoureuse, en dénonçant la tromperie que les prétendus « fins amants » mettent en œuvre pour séduire les femmes. La conduite de l'amoureux, loin d'être un modèle de stoïcisme et d'abnégation, se caractérise par la fourberie. L'arme nécessaire à l'amour est l'hypocrisie, et non l'honneur. L'ironie sarcastique fait ainsi apparaître un vice caché par l'euphémisme de la poésie courtoise.

Mais ce discours prend aussi pour exemple un type de mari trompé dont les propos tendent à discréditer le mariage et les femmes. Ses imprécations ont pour cible leur coquetterie et leur malice : où nous reconnaissons le thème misogyne de la satire selon Juvénal ou, plus récemment, Gautier Map. Ces lieux communs, qui peuvent entrer dans un programme d'éducation comme mise en garde contre les ruses féminines, sont à leur tour discrédités par le ridicule du personnage qui les débite. Mais le libertinage d'Ami s'accommoderait d'un affrontement des mensonges : le mari averti sait que sa femme le trompe et lui ment, et il feint de se laisser abuser pour mieux tromper sa femme. Toutefois le cynisme va être remis en

cause par l'intervention de Faux Semblant, qui a été
ainsi bien préparée.

Cette créature allégorique, figurant l'hypocrisie dont
on vient de surprendre une manifestation, peut discré-
diter Ami dont le libertinage et le bel esprit ont pu un
moment nous tenter. En effet les ruses de l'amour, vues
comme un cas particulier de l'universelle tromperie qui
caractérise les rapports humains, sont l'objet du même
scandale, ou de la même désapprobation résignée. Faux
Semblant est un personnage difficile à saisir, car il n'est
pas ce qu'il prétend être et ne peut dire que des men-
songes. Caractère ironique, il dit le contraire de la vérité,
mais quelle vérité ? Inspiré par un poème de Rutebeuf
critiquant le mauvais clergé, il est la réplique allégorique
de la figure folklorique de Renart, dont les origines sont
probablement cléricales. Faux Semblant est le type du
mauvais moine, du religieux qui cache sous son habit des
intentions perfides. Jean de Meun l'utilise d'abord pour
attaquer les ordres mendiants qui furent les ennemis de
Guillaume de Saint-Amour et d'autres universitaires
parisiens, et qui tiennent dans le pays une place de plus
en plus importante. Toutefois la mise en scène allégo-
rique, en généralisant, tire une leçon morale de ce cas
particulier d'hypocrisie. La littérature, qui se met au
service d'un conflit d'actualité, utilise en fait des événe-
ments relativement récents à des fins plus lointaines. La
critique contre les ordres mendiants entre dans le pro-
gramme d'une politique hostile au parti dévot qui a
pris de l'influence à la fin du règne de Louis IX. Mais
l'éloquence de Faux Semblant, l'hyperbole de sa mau-
vaise foi en font une figure plus expressive encore, *figura
diaboli*, signe du vice inhérent à la société humaine. La
condamnation de l'ambition sans scrupule, telle que la vie
bourgeoise et la vie de cour la favorisent, renouvelle ainsi
le thème ancien de la satire cléricale.

C'est par le détour de cette généralisation que la leçon
s'applique aussi au domaine amoureux. Le service que
Faux Semblant va rendre au dieu Amour n'est pas négli-
geable : il fait taire la médisance en coupant la langue à
Male Bouche. L'efficacité de l'hypocrisie en amour est
renforcée par Abstinence Contrainte, c'est-à-dire par une
chasteté provisoire et de pure tactique. Ainsi se perd le
prestige d'une abstinence dont la courtoisie faisait une
ascèse héroïque. Il est vrai que les intentions de l'auteur
n'apparaissent pas ici clairement. Pourtant sa pensée

passionnée lui fait lever le masque de l'ironie quand il s'en prend à la cupidité des faux mendiants. Le parallélisme entre le plan religieux et le plan amoureux permet de deviner la signification du passage. Le mendiant d'amour est aussi hypocrite que l'autre. La leçon est double; voilà rappelés les dangers qui nous menacent dans la société; et nous voilà avertis de ceux qu'il faut affronter dans nos relations amoureuses. Au total on reste frappé par le caractère antisocial de cet art d'aimer. On ne sait encore ce qu'il veut condamner, la société méprisable, ou le désir subversif. Mais Faux Semblant a dissipé l'illusion de la valeur éthique de l'amour.

Le discours de la Vieille s'adresse à Bel Accueil, c'est-à-dire à la femme, ou du moins à ce qui en elle est le plus favorable à l'amoureux. C'est une mise en garde qui risque de gêner celui-ci dans sa progression vers le bonheur convoité. Les conseils de tromperie, ainsi prodigués à l'aimée, préparent un piège. Ce piège est la réplique à toute la machination prévue par Ami et confirmée par Faux Semblant. Les femmes peuvent tromper aussi bien que les hommes. Et voici que les lieux communs misogynes réapparaissent, mais pris à contresens puisqu'on en tire une thèse féministe, ou plus exactement des armes pour faire triompher les femmes. En même temps réapparaît la thèse libertine d'Ami, mais inversée, la Vieille revendiquant pour la femme le droit au plaisir. Il y a une évidente ironie dans ce renversement des rôles, à partir du même sophisme pervertissant la définition de l'amour charitable par Raison : « Aime-les tous autant comme un ». Autre ironie de ce renversement : on tire profit des critiques adressées à la coquetterie féminine pour formuler des principes de toilette et d'hygiène.

Finalement ces thèmes et ces motifs empruntés à la satire servent à corriger le portrait de la femme. On espère ainsi tout connaître de la femme, même sa condition physique. A défaut d'une psychologie authentique, on cherche dans les fabliaux et les « chastoiements » les éléments d'une réalité effacée chez la Dame courtoise. Sous les artifices de sa coquetterie on cherche sa vraie nature, ou plutôt c'est la Nature que l'on cherche chez la femme, car elle est plus proche que l'homme de la vie naturelle; ne dit-on pas que l'on ne peut pas changer la nature d'une femme ? C'est ainsi que le discours de la Vieille met un terme à l'épisode proprement ironique, d'une part en portant à son paroxysme le scandale de la dialectique,

d'autre part en faisant apparaître sous la littérature la plus
grossière, celle de la pornographie, l'authenticité d'une
vie dont tout le mal est dû à la méchanceté des hommes.

La transition entre cette seconde partie, de tonalité
ironique, et la troisième, qui ramène un certain lyrisme, se
fait naturellement avec la présentation du personnage de
Nature. Femme elle-même, elle verse des larmes en
annonçant sa plainte. Genius, qui est son interlocuteur,
ne craint pas de rappeler devant elle le bavardage et le
mensonge féminins. Pourquoi cet humour épisodique de
l'auteur ? C'est peut-être une façon de s'excuser pour des
défauts de style, qu'il attribue à ce personnage alors qu'ils
sont les siens. Mais c'est plutôt un moyen pour faire
deviner que les thèses de Nature, si elles sont très proches
de la vérité, ne sont pas encore exactement les siennes.
C'est Genius, et avec lui un certain type clérical et donc
masculin, qui auront le dernier mot. Mais cet habit
ecclésiastique dont on pare l'interlocuteur de Nature,
cette parodie de sermon qu'on lui prête vont encore
troubler notre lecture. Le risible brouille une dernière
fois l'idée que l'on croyait saisir.

Toute la fin du roman connaît en effet une montée de
l'allégresse ; le style, presque dionysiaque, crée une sorte
de délire érotique. Dans ce mouvement toutes les méta-
phores cléricales peuvent être prises comme signes de
blasphème plutôt que de vraie foi. Où s'arrête l'audace
de ces clercs *goliards* auxquels Genius et Jean de Meun
ressemblent peut-être ? En fait nous sommes au-delà
du risible, dans ce domaine du fantastique où, passées les
bornes de la raison, les coordonnées de la convenance
et de la bienséance sont perdues, sans que pour autant on
verse dans le nihilisme. Ce délire bachique, traversé de
cris qui peuvent nous sembler grotesques, convient au
moment où l'on superpose l'expérience sexuelle et l'expé-
rience religieuse. Retour à la barbarie païenne ? Plus
exactement retour au mythe oublié ou interdit de toute
religion, et qui concerne le mystère de la création.

Que l'ironie ait tenu une si grande place dans l'approche
dialectique de cette redoutable réalité ne doit pas nous
étonner. La thèse qu'on souhaite nous faire accepter
implique une interprétation ironique du processus sexuel.
La quête du plaisir, que provoque la séduction par la
beauté, conduit l'homme plus loin qu'il ne veut aller. Le
désir nous trompe en nous faisant faire des enfants alors
que nous voulions seulement jouir de la beauté. Heureuse

ironie du désir, sourire de Vénus devant les jeux de
Cupidon! Grâce à cette ruse divine l'espèce humaine ne
peut disparaître de la nature. C'est ainsi que Jean de Meun
nous présente l'art d'aimer et l'art de vivre : un art de
propager la vie.

III. — MYTHOLOGIE

Ce culte de la vie bouscule bien des idées établies.
Entre l'éthique courtoise et la morale chrétienne, que
nous croyions la seule alternative de l'époque, voici que
Jean de Meun proclame une sorte d'immoralisme sub-
versif. Les critiques se querelleront longtemps encore
pour savoir dans quelle mesure ses idées sont hérétiques.
La difficulté que nous rencontrons à les juger, à les situer
par rapport à ce que nous pensons être la philosophie
médiévale, doit attirer notre attention sur la complexité
et la profondeur de ce poème allégorique.
    La fonction de l'allégorie est mythologique. Par ce
terme, auquel M. Lévi-Strauss a fait un sort (il l'emploie
comme substantif) en jouant sur le mot *logique*, on peut
plus modestement désigner le caractère particulier de
notre culture, qui crée une certaine tension entre la
pensée mythique et le discours raisonné, *mythos* et *logos*
chez les Grecs. Il s'agit là d'un problème passionnant
tant dans la perspective historique (J. P. Vernant, *Les
Origines de la pensée grecque*, Paris, 1962; *Mythe et pensée
chez les Grecs*, Paris, 1965), que dans la perspective philo-
sophique (P. Ricœur, *Le Conflit des interprétations : Essais
d'herméneutique*, Paris, 1969; *La Symbolique du mal*,
Paris, 1961). L'étude de l'allégorie médiévale fait appa-
raître à la fois un travail de rationalisation de la légende
(travail du *logos* sur le *mythos*), et le dépassement du dis-
cours par l'effort de signification (enrichissement du
logos par le *mythos*). On commence à bien connaître la
rhétorique du discours au Moyen Age; on est moins bien
armé pour étudier la *poétique du sens*, où les références
mythiques tiennent une place importante.
    Ce sur quoi joue la poésie est un héritage complexe,
hétérogène, de cultures diverses. Chez Guillaume de Lor-
ris la mythologie latine est présente surtout avec le dieu
d'Amour (où nous reconnaissons Cupidon, grâce à son
emblème : les flèches), et sa mère Vénus. Ovide a pu
suffire à la transmission de ces données élémentaires que

nous trouvons un peu partout chez nos poètes, et d'abord
chez Chrétien de Troyes. Outre leur qualité ornemen-
tale, ces motifs mythologiques ont un sens qu'on ne peut
oublier. Amour est la divinité du désir masculin, Vénus
celle de la volupté féminine : enflammant Bel Accueil de
son brandon, elle suscite le désir féminin d'embrasser le
jeune homme. Elle est l'ennemie de Chasteté, selon une
typologie présente dans les sermons chrétiens. Dans le
Roman de la Rose la figuration du désir, dérivant de l'anti-
quité, s'oppose à la figuration plus abstraite de la loi
morale et de la contrainte sociale avec, outre Chasteté (à
peine évoquée), Honte, Peur, Jalousie, Male Bouche. Il
y a là un système qui peut résulter d'influences super-
posées : chrétienne, arabe, orientale. Son élaboration
s'est faite dans la poésie lyrique qui résume l'opposition
du désir et de sa répression par les deux entités de Bel
Accueil et de Danger. Ce couple psychologique renvoie
à une signification plus métaphysique, qui est l'opposi-
tion des principes naturels de sympathie et d'antipathie.
Ainsi ce qu'on appelle l'amour courtois, ou plus exacte-
ment la doctrine de « *fin' amor* », représente une philoso-
phie assez cohérente et assez profonde pour que la poésie
cherche à en élaborer le mythe. Si la légende de Tristan et
Yseut se propose comme une version de ce mythe d'amour,
il faut constater que Guillaume de Lorris s'en éloigne
considérablement. En fait il a dû subir l'influence de
Chrétien de Troyes, comme l'attestent les allusions ra-
pides à Arthur, Gauvain et Keu. On sait que le roman-
cier champenois oppose souvent à la légende de Tristan
d'autres légendes qui rapprochent la doctrine amoureuse
de la tradition ovidienne et de la morale chrétienne. Guil-
laume de Lorris semble avoir orienté dans le même sens
sa création poétique.

Pour en juger on peut étudier les trois principaux élé-
ments mythiques auxquels il a eu recours. Il y a d'abord
le verger et son espace clos, avec l'exclusion d'un certain
nombre de « vices », sa porte étroite, son jardin de délices,
son itinéraire centripète, sa chasse rituelle, enfin tout ce
schéma initiatique dont nous avons parlé. Il y a ensuite
la fontaine et son décor (le pin, la stèle de marbre, l'eau
limpide). C'est l'épisode le plus riche en évocations sym-
boliques, la source suggérant la naissance de l'amour, ou
même l'origine de la vie, tandis que le thème du regard
dans le miroir indique la magie de la séduction amou-
reuse. L'histoire de Narcisse développe et complète ces

suggestions. Enfin le thème du château-prison exprime une obsession souvent apparue dans le roman arthurien (dans *Yvain*, en particulier). En fait on y reconnaît le plan cruciforme d'un sanctuaire, mais ici cette contre-église n'est plus un refuge; c'est un piège infernal, comme un labyrinthe.

Ces trois éléments, ou *mythèmes*, sont reliés par le récit aux commandements d'Amour, qui en formulent la doctrine explicite. On peut d'abord analyser leur signification en fonction de cette idéologie. La structure de la cour, le genre de vie qu'elle impose à l'aristocratie, la transformation qui s'y opère d'une chevalerie guerrière en une noblesse éprise de luxe, tout cela constitue un ensemble de préoccupations par rapport auxquelles l'histoire amoureuse prend son sens exemplaire. Il est clair que l'ordre social entend contrôler étroitement les mœurs de la noblesse, et en particulier freiner le libertinage, l'adultère, dont la pratique s'oppose aux intérêts de la collectivité.

Cependant l'idéologie n'épuise pas le sens de l'allégorie. Celle-ci n'est pas constituée simplement d'un signifiant imagé et d'un signifié idéologique. Elle a une troisième dimension, qui échappe à l'analyse formelle, et qui est l'histoire. Les éléments mythiques ne se réduisent pas à de purs symboles. Ils traînent avec eux les significations que leur ont données les différentes cultures qui s'en sont servies. Ces significations virtuelles n'entrent pas nécessairement en jeu, elles ont pu être en partie oubliées. Mais elles peuvent être retrouvées et reconnues par le mécanisme de l'imagination qui, sur la même trame, tend à broder les mêmes chaînes de réflexions. Dans ce domaine des significations possibles il est difficile de distinguer celles qui furent effectivement pensées par l'auteur. Mais on pourrait à la rigueur refaire l'histoire des significations avant et après l'apport original de l'œuvre. Il est possible que cette histoire soit celle d'un appauvrissement jusqu'à Guillaume de Lorris (la théologie cherchant à ramener toujours la mythologie à la même démonstration), et d'un enrichissement ensuite, car on cherchera justement dans la mythologie les interprétations que ne donne pas la philosophie officielle.

Guillaume de Lorris semble d'abord avoir trouvé dans le mythe de Narcisse un exemple pour renforcer la prière d'amour. Il déclare en effet, au terme de son récit, que les dames doivent prendre garde de ne pas dédaigner, comme Narcisse, l'être qui les aime : interprétation plate et mal venue, qui fait penser à l'usage douteux que les théologiens ont fait parfois des figures antiques. Or tout en résumant le récit d'Ovide Guillaume de Lorris apporte encore de nombreuses indications qui ne cadrent pas avec ce sens, et qui au contraire donnent à son *Roman* une profondeur intéressante. Narcisse avait soif; il a voulu boire dans la fontaine; en se penchant sur l'eau il a aperçu un enfant « bel à démesure ». Tombé amoureux de son propre visage, il en est mort. Ainsi Amour a vengé Echo à qui Narcisse n'avait pas voulu prêter attention. Il n'est pas difficile de retrouver dans ce récit l'essentiel du mythe antique, notamment Antérôs, et toutes les variantes possibles de la perversion amoureuse, y compris l'homosexualité, justifiant la colère d'Amour. Un tel avertissement est bien à sa place dans un art d'aimer. Mais le contexte courtois se révèle, à l'analyse, parfaitement caractérisé par ce mythe. A tous les niveaux de la civilisation le narcissisme caractérise l'aristocratie courtoise, depuis la préciosité des manières jusqu'à l'égocentrisme du désir masculin. Cette tendance donne un sens particulier à la clôture du verger, comme à l'exclusion du château où Bel Accueil est enfermé : signes contraires et complémentaires d'une même obsession de la solitude, sur le plan du groupe et sur le plan de la vie individuelle. Involontairement, sans doute, parce qu'il n'a pas eu le temps de construire toute l'allégorie, de nous apporter le mythe positif dont Narcisse est l'envers, Guillaume de Lorris laisse son lecteur sous l'impression d'une angoisse, suggérant le malaise d'une culture courtoise qui aurait déjà dépassé son apogée.

Chez Jean de Meun l'apport culturel est plus explicite, et les exemples mythologiques très nombreux. Ce qui frappe c'est l'effort de l'intelligence pour dominer ce vaste horizon. Prenons quelques exemples. Le mythe de Fortune est certainement un des plus connus au Moyen Age. Il joue un rôle de conciliation entre le déterminisme souvent suggéré par les légendes païennes, et la doctrine du libre arbitre nécessaire à la pensée chrétienne. Jean de Meun propose le mythe sous plusieurs aspects, roue de Fortune, île, maison, toujours pour servir de repoussoir à la vraie sagesse, qui refuse l'instabilité.

En face de Fortune Nature représente la stabilité, le service docile de la divinité. C'est plus qu'une personnification. Elle a une dimension historique, dans la mesure où sa redéc uverte est liée à celle de la pensée antique. Mais sa fonction est déjà, comme dans la pensée moderne, de justifier une certaine révolte contre la société conçue comme antinaturelle, vicieuse, dégradation de la vie innocente. Elle sert de refuge et de consolation.

Cette fonction est confirmée par le mythe annexe de l'Age d'Or. Jean de Meun laisse transparaître une forte nostalgie de la plénitude existentielle que symbolise le Paradis perdu. Il explique par cette perte la chute dans le temps (alors que le bonheur parfait exigerait l'éternité), la dégradation par la mort des espèces créées par Dieu, la nécessité d'un perpétuel travail de la nature pour maintenir en vie les espèces. Le poète joue ici habilement de la convergence entre ce mythe païen de l'ère saturnienne et le mythe juif de la Genèse. Des théologiens comme Jean de Garlande lui ont d'ailleurs frayé la voie.

Il faut donc mettre en rapport avec ce regret de l'Age d'Or l'image du Parc paradisiaque évoquée par Genius. C'est à ce propos que Jean de Meun critique le verger décrit par Guillaume de Lorris, donnant une belle illustration de ce que peut être la rectification d'un mythe. Cette retouche, empruntant ses symboles à l'imagination chrétienne, et plus exactement aux Evangiles, nous montre le poète soucieux de parler à l'imagination de ses contemporains tout en leur apportant l'apaisement dont ils ont besoin.

On peut enfin évoquer l'histoire de Pygmalion, tirée des *Métamorphoses* d'Ovide, et dont l'exemple résume le thème essentiel de l'art d'aimer. Il s'agit en effet d'illustrer le rôle de Vénus, donc de la volupté, dans la lutte des espèces contre la mort et, plus concrètement et plus techniquement, dans l'établissement de relations sexuelles entre l'amoureux et l'aimée. Comme Narcisse, Pygmalion est d'abord une victime de l'amour, parce qu'il a été aussi coupable de ne pas écouter l'appel de la nature. Mais il réussit là où Narcisse a échoué. Il évite l'impasse de l'égocentrisme narcissique par son travail, son imagination et sa dévotion à Vénus. Ce mythe n'annonce pas encore l'idée moderne d'un amour parfaitement symétrique et réciproque entre l'homme et la femme : celle-ci reste en partie la créature de celui-là (ne serait-ce que par l'éveil du plaisir qu'elle lui doit). Mais il dépasse l'égoïsme de l'amour courtois, égoïsme que masquait le culte d'une dame trop abstraite, pur fantasme d'un désir sublimé. Après l'histoire de Pygmalion nous découvrons l'idole féminine que Vénus va ranimer pour satisfaire le narrateur : image, non plus d'une beauté spirituelle, mais du corps féminin, l'objet du désir physique.

Il faut bien remarquer la grande variété de ces éléments mythiques dont le rapprochement dans un même texte est une incitation à la réflexion philosophique. Par là le sens du poème déborde largement le projet idéologique tel qu'il se dégage de la seule dialectique des personnages. Ce projet, on pouvait le définir négativement comme anti-courtois. Pour le définir d'une manière plus positive on a pensé au naturalisme, du moins à celui que l'on attribue aux philosophes chartrains du XIIᵉ siècle. Il est probable que l'évolution des conditions de vie au XIIIᵉ siècle a dû favoriser ce retour à des idées plus favorables sur la nature. Mais la nature de notre poète reste subordonnée à une doctrine religieuse, celle qu'expose Genius : doctrine bien embarrassante par son mélange d'inspiration évangélique et d'enthousiasme bachique. Pour l'interpréter il faut bien se tourner vers le monde des clercs, les idées qui s'y agitent, les audaces de pensée qui s'y manifestent. On attribue ces audaces à une catégorie spéciale de clercs presque hors-la-loi, les *goliards*. En fait les mêmes clercs sont auteurs de poésie sérieuse et de poésie joyeuse. La truculence et le dynamisme de ces gens les exposent à certains scandales. Dans le meilleur cas tout cela se traduit par une grande indépendance intellectuelle, compte tenu du contexte historique, depuis Pierre Abélard jusqu'à Siger de Brabant en passant par Guillaume de Saint-Amour. L'œuvre de Jean de Meun pourrait bien être l'expression d'une telle mentalité.

Dirons-nous que le *Roman de la Rose* apporte, dans sa dernière partie, un *mythe* nouveau enveloppant le message d'un tel groupe social ? N'abusons pas du terme de *mythe*. L'allégorie est mythologique, nous l'avons dit, parce qu'elle reprend d'anciennes traditions des éléments mythiques. Mais l'allégorie est une création littéraire qui est fabriquée et qui fonctionne autrement qu'un mythe. Elle est aussi chargée de répondre à des questions fondamentales touchant la société, la vie, les rapports entre les hommes, avec la nature, avec Dieu. Mais elle le fait dans un autre langage. Ce langage ressemble déjà, par certains aspects, à l'utopie, ce genre littéraire qui, à partir du XVIᵉ siècle, prendra la place de l'allégorie, elle-même substitut scolastique du mythe.

Cela dit, comment définir le message de cette allégorie ?

On pourrait parler d'une mentalité *anthropocentrique*. Sa structure s'écarte de l'ethnocentrisme rationaliste des Grecs, dont on fera un humanisme à l'époque de la Renaissance en universalisant ce qui était différence chez les Athéniens hostiles aux barbares. Cette structure de pensée s'éloigne aussi du théocentrisme judéo-chrétien. Mais il doit beaucoup, évidemment, à cette tendance évangélique qui préfère Jésus à Dieu le Père. Sur le plan de l'art, l'anthropocentrisme se traduirait par l'anthropomorphisme. Or qu'est-ce que l'allégorie, avec ses personnifications et ses métaphores, sinon un genre littéraire qui, loin d'en avoir honte, avoue glorieusement son anthropomorphisme ? On pourrait, dans cette perspective, réfléchir sur les rapports du *Roman de la Rose* avec l'alchimie, sur la signification du mythe narcissique, figurant l'écueil de l'anthropocentrisme, sur celle de Pygmalion trahissant ses tentations idolâtres, enfin sur la théorie du microcosme et macrocosme, qui en est la philosophie. Le *Roman de la Rose*, cette cathédrale de mots, s'est élevé très haut dans l'histoire de la pensée. On a souvent pensé que l'œuvre était, comme la cathédrale de Beauvais, trop ambitieuse et devait s'effondrer. Il n'en est rien ; elle a résisté au temps, et ce n'est pas sa faute si elle est encore comme le monument oublié d'une époque incomprise.

DANIEL POIRION.

BIBLIOGRAPHIE

I. ÉDITIONS :

M. MEON, *Le Roman de la Rose par Guillaume de Lorris et Jehan de Meung*, 4 vol., Paris, Didot, 1814.

E. LANGLOIS, *Le Roman de la Rose par Guillaume de Lorris et Jean de Meun*, Paris, Firmin-Didot, 5 vol., 1914-1924 (Société des anciens textes français).

F. LECOY, Guillaume de Lorris et Jean de Meun, *Le Roman de la Rose*, Paris, H. Champion, 3 vol., 1965-1970 (Classiques français du Moyen Age, nos 92, 95, 98).

II. TRADUCTIONS :

P. MARTEAU, *Le Roman de la Rose, par G. de L. et J. de M. Édition accompagnée d'une traduction en vers*, 5 vol., Orléans, 1878-1880.

A. MARY, *Le Roman de la Rose mis en français moderne*, Paris, Gallimard, 1928 (nouvelle édition en 1949).

A. LANLY, *Le Roman de la Rose*, 2 vol. parus, Paris, Champion, 1972-1973.

III. OUVRAGES DE CRITIQUE :

E. LANGLOIS, *Origines et sources du Roman de la Rose*, Paris, 1891.

L. THUASNE, *Le Roman de la Rose*, Paris, 1929.

C. S. LEWIS, *The Allegory of Love*, New York, 1958 (1re éd. 1936).

G. PARE, *Le Roman de la Rose et la scolastique courtoise*, Paris-Ottawa, 1941.

G. PARE, *Les Idées et les lettres au XIIIe s., Le Roman de la Rose*, Montréal, 1947.

A. M. GUNN, *The Mirror of Love. A reinterpretation of the Romance of the Rose*, Lubboch, Texas, 1952.

H. R. JAUSS, *Genèse de la poésie allégorique française au Moyen Age*, Heidelberg, 1962 (chapitre du *Grundriss der romanischen Literatur*, V/1).

J. V. FLEMING, *The Roman de la Rose*, A Study in Allegory and Iconography, Princeton, 1969.

M. R. JUNG, *Etudes sur le poème allégorique en France au Moyen Age*, Berne, 1971 (Romanica Helvetica, nº 82).

M. DUFEIL, *Guillaume de Saint-Amour et la polémique universitaire parisienne* (1250-1259), Picard, 1972.

W. WETHERBEE, *Platonism and Poetry in the Twelfth Century. The literary influence of the school of Chartres*, Princeton, 1972.

D. POIRION, *Le Roman de la Rose*, Paris, Hatier, 1974 (Connaissance des Lettres).

IV. ARTICLES :

P. Y. BADEL, « Raison, fille de Dieu et le rationalisme de Jean de Meun », *Mélanges... J. Frappier*, Genève, 1970, p. 41-52.

J. BATANY, « Paradigmes lexicaux et structures littéraires au Moyen Age », *Revue d'histoire littéraire de la France*, 70 (1970), p. 819-835.

CH. DAHLBERG, « Macrobius and the unity of the *Roman de la Rose* », *Studies in Philology*, 58 (1961), p. 573-582.

M. DEFOURNY, « *Le Roman de la Rose* à travers l'histoire et la philosophie », *Marche Romane*, 17 (1967), p. 53-60.

L. FRIEDMAN, « Jean de Meun, antifeminism and bourgeois realism », *Modern Philology*, 57 (1959), p. 13-23.

M. R. JUNG, « Der Rosenroman in der Kritik seit dem 18 Jahrhundert », *Romanische Forschungen* 78, 1966, p. 203-252.

F. MAC KEAN, « The role of Faux Semblant and Astenance Contrainte in the *Roman de la Rose* », *Romance Studies in Memory of E. Ham*, Hayward, Calif. 1967, p. 103-108.

D. POIRION, « Narcisse et Pygmalion dans le *Roman de la Rose* », *Mélanges... L. Solano*, Chapel Hill, 1970, p. 153-165.

W. WETHERBEE, « The Literal and Allegorical. Jean de Meun and the *De Planctu Naturae* », *Medieval Studies*, 33 (1971), p. 264-291.

ÉTABLISSEMENT DU TEXTE

Le *Roman de la Rose* est une des œuvres les plus recopiées à la fin du Moyen Age. Les 250 manuscrits que l'on a retrouvés représentent une masse difficile à dominer. Les différentes graphies, les variantes, les lacunes, les additions ne se laissent pas classer selon une généalogie incontestable, malgré les recherches faites jadis en ce sens par E. Langlois. L'édition qu'il a ensuite élaborée pour la Société des Anciens Textes Français est la reconstitution de l'œuvre d'après l'idée qu'il se faisait du langage parlé dans la région d'Orléans, et à partir d'une analyse des rimes. Le texte ainsi établi est inégal. Le choix entre les variantes s'est révélé judicieux; la correction des graphies reste arbitraire. L'édition donnée par M. Lecoy à la collection des Classiques Français du Moyen Age part d'un autre principe. Considérant comme établie la précellence du manuscrit de Paris B. N. fr. 1573 (sigle H) l'éditeur suit son texte avec fidélité, tout en le contrôlant à l'aide de quatre autres manuscrits retenus pour leur ancienneté et leur qualité. Le résultat est très séduisant en ce qui concerne l'œuvre de Jean de Meun. La première partie, copiée d'une main différente, pose des problèmes plus délicats à résoudre.

A partir de là, comment utiliser les autres manuscrits ? Dès 1814 Méon essaie d'exploiter la lecture de plus de cinquante manuscrits, tout en adoptant la graphie de l'un d'entre eux « dont l'idiome (lui) a paru le plus pur pour le temps ». Jugement téméraire, mais le principe n'est pas dénué de valeur. Malheureusement pour les corrections apportées à ce manuscrit de référence Méon s'en est remis, semble-t-il, à son instinct littéraire plutôt qu'à un raisonnement méthodique. On

pourra en juger en comparant son texte avec le nôtre,
que nous en établissons d'après ce fameux manuscrit de
Paris B. N. fr. 25523 (Z). Il figure parmi les quatre contrôles
de M. Lecoy. On doit rendre hommage, néanmoins, au
travail de Méon, remarquable pour l'époque, et qui a été
largement utilisé par E. Langlois.

Le principal inconvénient de ce manuscrit 25523, très
proche d'un autre que l'on date de la fin du XIIIᵉ siècle
(B. N. fr. 1559) et qui représente une bonne tradition du
Roman de la Rose, réside dans ses nombreuses lacunes.
Il ne s'agit pas d'omissions involontaires car, dans ces
passages, le texte est rédigé d'une manière plus concise.
Nous avons cependant tenté de combler ces lacunes à
l'aide du texte de Méon, corrigé au besoin sur les
variantes données par E. Langlois et sur le texte de
H (ces additions sont mises entre crochets). Notre
numérotation suit celle de Langlois, un certain nombre
de passages, considérés par lui comme des interpola-
tions, étant signalés par une numérotation décimale.
Nous indiquons en marge le feuillet et la colonne de
notre manuscrit de base.

Cette édition n'a d'autre ambition que d'offrir au
grand public un texte aussi complet que possible du
Roman, tout en apportant aux étudiants une autre ver-
sion, mais aussi intéressante à notre avis, que celle don-
née par les deux éditions savantes dont nous venons de
parler. On peut ainsi espérer enrichir le dossier à partir
duquel pourra s'élaborer l'histoire complète du texte,
condition préalable à une explication plus rigoureuse.

La langue du manuscrit, sans mériter pleinement les
éloges formulés par Méon, se distingue par un système
grammatical relativement stable. Elle ne correspond
guère aux formes reconstituées par E. Langlois, évi-
demment plus anciennes d'allure. Nous n'avons pas cru
devoir la corriger, sauf quand il s'agit d'évidentes bévues
de copiste. D'autres corrections que nous avons faites
quand nous ne comprenions pas le manuscrit sont indi-
quées en note. On trouvera d'importantes convergences
avec les formes du manuscrit H édité par M. Lecoy :
en cas d'accord on doit se trouver très près des formes
authentiques, au moins pour Jean de Meun. Comme
nous avons gardé la numérotation de Langlois, les étu-
diants pourront se reporter à son important glossaire
(t. V de son édition). Pour aider le lecteur dans l'utili-
sation de ce glossaire ou des dictionnaires essayons d'in-

diquer brièvement (l'espace nous étant mesuré) quelques
particularités de notre texte.

1. *Graphies et phonétique.*

Il fallait résoudre les abréviations. Mais certaines,
comme le *p* barré gardent des valeurs multiples, et il est
évident d'après la rime qu'un mot peut se présenter sous
diverses formes que masque une abréviation comme *9*
pour *con-, cou-,* ou *co-.* Nous écrivons *mout* (beaucoup),
sont, vous, cum ou *comme* selon les cas. Nous gardons *-x*,
notant *-ls/-us : ciex, Diex, fox, tex. Couvient* rime avec
souvient, couvent (engagement) avec *souvent.* Nous écri-
vons *aperçoit, perdicion,* mais *pardurable, parfont* (pro-
fond).

Comme dans d'autres manuscrits de l'époque (début
du XIVe siècle), la graphie tolère un grand nombre d'al-
ternances : *ai/é* (du verbe avoir), *amenai/amené, sait/set,
paine/pene; dormant/dorment* (part. pr.); *ainsi/ensi, main-
tenant/mentenant; apaier/apoier* (satisfaire); *moi/mai;
floiches/fleches; jones/jeunes; prover/prouver; buisson/bois-
son, buisine/boisine* (trompette), *puissance/poissance.*

La graphie *-ue-* se maintient : *mueve* (meuve), *puent*
(peuvent), *suer* (sœur), *trueve.*

Le groupe *-ieu* se réduit à *-eu : mileu, leu;*

le groupe *-iee* à *-ie;*

le groupe *-iau* est caractéristique : *iaue* (eau), *biau,
ciau* (ciel), *escuriaus* (écureuil), *viaus* (veux).

Le *l* palatalisé disparaît : *acuel* (accueil), *despuelle*
(dépouille), *oel, vuelle* (mais *vueille* au v. 8300).

On constate une hésitation entre la consonne sourde
et la sonore : *decerte/deserte* (cf. *truige* pour *druige* de H).

La graphie *z* se substitue à *s* après un *n*, mais aussi
après un *u.* Le copiste multiplie les formes *nouz* et *vouz*
dans la deuxième partie du manuscrit; nous n'avons pas
cru devoir les garder.

Enfin notre copiste maintient le hiatus beaucoup plus
facilement que celui de H, notamment après la conjonc-
tion *que :* d'où une différence dans l'organisation du vers
et, au besoin, un remaniement du texte (quel qu'en soit
le responsable).

2. *Morphologie.*

Le *s* final, désignant le cas sujet singulier, est générale-
ment maintenu ou rétabli; d'où des formes comme
dieus/duel (deuil), *griés/grief* (grave). La forme *eal* (aïeul)

au cas sujet (v. 11988) à côté de *ael* au cas régime
(v. 10873) semble due à la rime. Les formes à alternance
radicale, résultant d'un déplacement d'accent, sont
encore utilisées : *bolierres/boleor* (trompeur), *leschierres/
lescheor* (flatteur), *preschierres/prescheor* (prêcheur).

La flexion des pronominaux reste assez régulière :
mes/mon, *tes/ton*, *ses/son* au masculin singulier, *mi/mes* au
pluriel. Il y a confusion entre les formes masculines et
féminines du pronom personnel *lui/li*. Le pronom fémi-
nin sujet au singulier se présente sous trois formes :
ele/elle/el; au pluriel on trouve *eus* pour *elles*. Le démons-
tratif *cis/cest*, prenant la place de *cil/cel*, est plus fréquent
que dans H.

La distinction entre *se* conjonction, *si* adverbe n'est
pas toujours respectée. On note aussi *ni* pour *ne*.

Pour les verbes il n'y a pas de -*e* pour désigner la
1ʳᵉ personne de l'indicatif présent : *achemin* (de achemi-
ner) *comans* (commence), *cuit/quit* (de *cuidier*). Absence
de -*t* à la 3ᵉ personne du passé simple. Présence d'un -*e*
à la désinence de la 1ʳᵉ p. du conditionnel : *seroie*, *auroie*.
A l'imparfait de l'indicatif 3ᵉ p. *amot* (de *amer*) attestée
par la rime. Au subjonctif présent 4ᵉ p : *apaians* de *apaier*
(calmer), *doien* de *devoir*.

3. *Syntaxe.*

Là où le manuscrit H met une proposition consécutive,
notre texte se contente souvent de la simple parataxe. Le
que à valeur causale est d'un emploi fréquent. Il est
également omis dès que la mesure du vers le demande.
Les différences entre les manuscrits, sous ce rapport,
coïncident avec celles que l'on remarque dans la pra-
tique de l'élision, modifiant la mesure du vers. Il est
évident qu'une subordination explicite facilite la compré-
hension du texte : c'est l'avantage du manuscrit H.

La forme *qui* est parfois mise pour *qu'il*; de même
quanqui   quanqu'il (tout ce qu'il). *Qui* peut parfois être
rendu par « si l'on ». Au v. 1982 *car* semble avoir la valeur
d'un *que* consécutif.

Le déterminant du nom est parfois au cas régime sans
préposition : *les fais Nairon* (= de Néron).

4. *Vocabulaire.*

Certains changements de mots, par rapport à d'autres
manuscrits, peuvent s'expliquer par des fautes de lec-
ture : ainsi *torsu* pour *corsu*. Mais si l'on met *cormoran*

pour *chat huant*, c'est que le contexte culturel est diffé-
rent. Une certaine modernisation du langage peut expli-
quer *boire* au lieu de *boevre* (ms. H) au vers 5745; d'où
au vers suivant *poire* au lieu de *poevre* (poivre). Certaines
leçons de notre texte semblent meilleures que celles de H
(v. 2174, 3921, 6207). Mais la plupart des noms antiques
sont défigurés par le copiste qui se révèle très ignorant
en ce domaine; nous avons corrigé les plus graves erreurs.

Voici, en résumé, quelques particularités de ce voca-
bulaire :

Abouter, pousser à bout.
Aconseü (part. passé), at-
teint.
Acravent (subj. 3), abatte.
Actor, auteur.
Aé, âge.
Afresist (subj. p. 3), con-
vînt.
Ainçois, avant.
Aint (subj. 3), aime.
Amentut (pass. s. 3), men-
tionna.
Apresmer (s'), s'approcher.
Aut (subj. 3), aille.

Baer, aspirer à.
Bersé (part. p.), percé de
flèches.
Boulent (subj. 6 de bouil-
lir).
Bouler/ boler, tromper.

Ceint, ceinture.
Cercher, chercher.
Cervi, tête.
Chable, câble.
Chaté/cheté, capital.
Chausist (subj. p. 3), fût
important.
Cheaus, petits (d'un ani-
mal).
Chuer, cajoler.
Comperra, achètera.

Cotir, heurter.
Covrer, saisir.
Crainsist (subj. p. 3), crai-
gnît.
Cuidier, penser.

Desconneüe, action déplo-
rable.
Despire, mépriser.
Dient, disent.
Dui (pass. s. 1), dus.

Emprendre, entreprendre.
Endable, affaibli.
Ens, à l'intérieur.
Envieuse, qu'on regarde
avec envie.
Esbaulevrée, effrontée.
Essabouï, étonné.
Estuet, il faut.

Femier, fumier.
Fesommes, faisons.
Fierce, « reine » du jeu
d'échecs.
Foï (pass. s. 1), fuis.
Folece, folie.
Forment, fortement.
Fraerie ? (v. 6566, note).

Gaaingne, gain.
Gaus, bois.
Gobe, fière.

Gondrillement, murmure.
Graindre / *grignor*,   plus
   grand.

Hara (fut. 3), haïra.
Have (*faire* -), faire mat.
Heste, hâte.

Iere, était.
Iert, sera.
Irese, coléreuse.
Issi, ainsi.
Istrai, sortirai.

Jes, je les.
Joinchierre, lieu couvert de
   joncs.

Lambic, alambic.
Ledengier, injurier.
L'en, on.
Lettreüre, culture.
Leu, loup.
Leu, lieu.
Lez, legs.
Lobierres/*lobeor*, trompeur.
Loit (ind. p. de
   loisir), permet.
Loquence, éloquence.
Losenge, flatterie.

Mainz (ind. p. 1), je reste.
Mangue (ind. p. 3), mange.
Meesmes/*meïsmes*, même.
Mendre, moindre.
Mireor, miroir.
Moquaïs, moquerie.
Mugades, muscades.

Naviron, aviron.
Neïs, même.
Noe, nage.
Noer, nager.
Noier, nier.
Noif, neige.

Nuli (aussi cas sujet), per-
   sonne.
Nus (cas sujet), personne.

Occierre, tuer.
Oi (pass. s. 1), j'eus.
Oï (pass. s. 1), j'entendis.
Onni, égal.
Ooient (imp. 6), enten-
   daient.
Orgueillir (s'), s'enorgueil-
   lir.
Orillie, perce-oreille.
Ort/*orde*, sale.
Ost, armée.
Ot (pass. s. 3), il eut.

Pascoit (imp., 3) faisait
   paître.
Paston/*pastou?* (H : *pestel*,
   massue).
Pele, pelle.
Peüst (subj. p. 3), pût.
Pior, pire.
Poi (adv.), peu.
Poi (pass. s.), pus.
Poise (ind. pr. 3), pèse.
Pooient, pouvaient.
Poor, peur.
Poutie, fumier.
Pristrent (pass. s. 6), pri-
   rent.
Provoire, prêtre.
Putiau, bourbier.

Quoi, tranquille.

Raient (subj. p. 3 de
   raembre), rachète.
Rain, branche.
Recreü, ayant abandonné.
Recroire, renoncer.
Recroist, croît d'un autre
   côté.
Remés (part. p.), resté.

Repondre, cacher.
Repote, cachée.
Rere, raser.
Resqueut (ind. pr. 3 de *rescueillir*).
Resté, accusé.
Rueille, rancune.

Saïmes, filets de pêche.
Santive, pleine de santé.
Sarcher, chercher.
Sarpens, serpent.
Se (conj.), si.
Segurté, sécurité.
Se... non, sinon.
Seulent (ind. pr. 6), ont l'habitude.
Sevent, savent.
Soef, doux.
Sot (pass. s. 3), sut.
S'ous, si vous.
Sovelment/sovelement, doucement.

Tindrent (pass. s. 6), tinrent.
Torquole, tourterelle.
Torsu ? (H : *corsu*, corpulent).
Tosist (subj. imp. de *toudre*), enlevât.
Trais/trast (pass. s. 1. et 3 de *traire*, tirer).
Tramaux, filets de pêche.
Treceor, démêloir.
Truige (subj. p. 1 et 3 de trouver).

Uevre (ind. p. 3), ouvre.

Veoit, voyait.
Vois, vais.
Vosist, voulût.
Voz, voulus.
Vuit, vide.

La plupart des mots difficiles sont expliqués par F. Lecoy, dans le glossaire de son édition (tome III) : pour la numérotation de ses références, tenir compte d'un décalage de 30 vers (en moins) dans le texte de Jean de Meun.

LE ROMAN DE LA ROSE

GUILLAUME DE LORRIS

|1|　　　　Maintes gens dient que en songes
　　　　N'a se fables non et mençonges;
　　　　Mes l'en puet tex songes songier
　　　　Qui ne sont mie mençongier,
5　　　　Ains sont aprés apparissant,
　　　　Si en puis bien traire a garant
　　　　Un actor qui ot non Marcobes,
　　　　Qui ne tint pas songes a lobes,
　　　　Ainçois escrist la vision
10　　　Qui avint au roi Cypion.
　　　　Quicunques cuide ne qui die
　　　　Que soit folece ou musardie
　　　　De croire que songes aviegne,
　　　　Qui ce vodra, por fol me tiegne,
15　　　Car endroit moi ai je creance
　　　　Que songes soit signifiance
　　　　Des biens as gens et des anuis;
　　　　Car li plusor songent de nuis
　　　　Maintes choses couvertement
20　　　Qu'il voient puis apertement.
|b|　　　　Ou vintieme an de mon aage
　　　　Ou point qu'Amors prent le paage
　　　　Des jones gens, couichez estoie
　　　　Une nuit, si cum je souloie,
25　　　Et me dormoie mout forment;
　　　　Lor vi un songe en mon dorment
　　　　Qui mout fu biaus et mout me plot;

1-2. « Beaucoup de gens prétendent qu'il n'y a, dans les songes, que fables et mensonges. »
5. H : *bien aparant.*
6-7. « Et je peux bien citer pour garant de ce fait un auteur nommé Macrobe. » Il a commenté le *Songe de Scipion,* de Cicéron.

Mes onques riens ou songe n'ot
Qui avenu tretout ne soit
30   Si cum li songes recontoit.
Or veil mon songe rimoier
Por vos cuers fere miex esgaier,
Qu'Amors le me prie et commande.
Et se nus ne nulle demande
35   Comment je veil que cis romans
Soit appellés, que je commans,
Que c'est li *Romans de la Rose*,
Ou l'art d'Amors est toute enclose.
La matire en est bele et noive;
40   Or doint Diex qu'en gré le reçoive
Cele por qui je l'ai empris :
C'est cele qui tant a de pris
Et tant est digne d'estre amee
Qu'el doit estre rose clamee.

45   Avis m'estoit qu'il estoit maiz,
Il a ja bien cinq ans ou maiz;
En may estions, si songoie
Ou temps amorous plain de joie,
Ou temps ou toute riens s'esgaie,
50   Que l'en ne voit boisson ne haie
/c/   Qui en may parer ne se vueille
Et couvrir de novelle fueille.
Li bois recovrent lor verdure,
Qui sont sec tant cum yver dure;
55   La terre meïsmes s'orgueille
Por la rosee qui la mueille,
Et oblie la povreté
Ou elle a tout l'yver esté.
Lors devient la terre si gobe,
60   Que veut avoir novele robe;
Si fait si cointe robe faire
Que de colors y a cent paire
D'erbes, de flors indes et perses
Et de maintes colors diverses :
65   C'est la robe que je devise
Por quoi la terre tant se prise.
Li oisiau, qui se sont teü

36. « Que je commence. »
37. Sous-entendu : « je dis ».
45-46. *Maiz* = « le mois de mai », et « plus ». D'autres manuscrits
ont *mains* à la rime (« matin » et « au moins »).

Tant cum il ont le froit eü
Et le fors temps d'iver frarin,
70   Sont en may por le temps serin
Si lié qu'il mostrent en chantant
Qu'en lor cuer a de joie tant
Qu'il lor estuet chanter par force.
Li rossignos lores s'esforce
75   De chanter et de faire noise;
Lors se resqueut, lors se renvoise
Li papegauz et la calandre;
Lors estuet jones gens entendre
A estre gais et amoreus
80   Por le temps bel et doucereus.
/d/   Mout a dur cuer qui en may n'aime
Quant il ot chanter sus la raime
As oisiaus les dous chans piteus.
En yceli temps deliteus,
85   Que toute riens d'amer s'effroie,
Sonjai une nuit que j'estoie.
Lors m'iere avis en mon dorment
Qu'il estoit matin durement.
De mont lit tantost me levai,
90   Chauçai moi et mes mains lavai.
Lors trais une aguille d'argent
D'un aiguiller mignot et gent;
Si pris l'aguille a enfiler.
Hors de vile oi talent d'aler
95   Por oïr des oisiaus les sons,
Qui chantoient par ces boissons
En icele saison novele.
Cousant mes manches a vizele
M'en alai touz seus esbatant,
100 Et les oiselés escoutant
Qui de chanter mout s'angoissoient
Par le vergiers qui floroissoient.
     Jolis, gais et plains de leesce,
Vers une riviere m'adresce
105 Que j'oï pres d'iluecques bruire,
Car ne me soi aler deduire

---

71. (ms : *il muerent e. ch.*).
76-77. « Alors s'animent de nouveau, alors se réjouissent le perroquet et l'alouette. »
91-93. Une fois habillé, l'élégant devait coudre ses manches pour les ajuster.
98. « En faisant des fronces à mes manches. »

Plus bel que sus cele riviere.
D'un tertre qui pres d'iluec iere
Descendoit l'iaue grant et roide.
110 Clere estoit l'iaue et aussi froide
/2/ Comme puis ou comme fontainne,
Et estoit poi mendre de Sainne,
Mes qu'el iere plus espandue.
Onques mes n'avoie veüe
115 Cele yaue qui si bien coroit;
Mout me plesoit bien et seoit
A regarder le leu plaisant.
De l'iaue clere et reluisant
Mon vis refrechi et lavé;
120 Si vi tout couvert et pavé
Le fons de l'iaue de gravele.
La praerie grant et bele
Tres au pié de l'iaue batoit.
Clere et serine et bele estoit
125 La matinee et atrempee;
Lors m'en alai parmi la pree
Contreval l'iaue esbanoiant,
Tout le rivage costoiant.
Quant j'oi un poi avant alé,
130 Si vi un vergier grant et lé,
Tout clos d'un haut mur bataillié,
Portrait defors et entaillié
A maintes riches escritures.
Les ymages et les paintures
135 Le mur volentiers regardai.
Si conterai et vous dirai
De ces ymages les semblances,
Si cum moi vint en remembrances.
       Enz ou mileu je vi Haïne
140 Qui de corrous et d'ataïne
/b/ Sembloit bien estre moverresse,
Et correceuse et tencerresse;
Et plene de grant cuivertage
Estoit par semblant cele ymage.
145 Si n'estoit pas bien atornee,

112-13. « Il y avait un peu moins d'eau que dans la Seine, mais elle
était plus étalée » (on pense à la Loire).
123. « Descendait jusqu'au bord de l'eau. »
125. H : atempree.
134. Il s'agit de portraits peints sur le mur.
135. H : remirai.

Ains sembloit estre forcenee.
Reschignié avoit et froncié
Le vis, et le nes secorcié.
Hideuse estoit et roillie;
150   Et si estoit entortillie
Hideusement d'une toaille.
Une autre ymage d'autre taille
A senestre avoit, dalés lui;
Son non desus sa teste lui :
155/c/   Appellee estoit Felonnie.
Une ymage qui Vilonnie
Avoit non revi devers destre.
Qui estoit auques d'autel estre
Cum ces deus et d'autel feture;
160   Bien sembloit male creature,
Et sembloit bien estre outrageuse
Et mesdisans et ramponeuse.
Mout sot bien paindre et bien portraire
Cis qui sot tel ymage faire,
165   Qu'el sembloit bien chose vilaine;
Bien sembloit estre d'affis plaine
Et fame qui petit seüst
D'onorer ceus qu'ele deüst.
    Aprés fu painte Convoitise.
170   C'est celle qui les gens atise
De prendre et de noient donner;
El fait grans avoirs amasser;
C'est cele qui fait a usure
Preter mains, por lor grant ardure
175   D'avoir conquerre et assembler;
C'est cele qui semont d'embler
/b/   Les larrons et les ribaudiaus;
(Si est grans pechies et grans diaus
Qu'en la fin mains en convient pendre);
180   C'est cele qui fait l'autrui prendre,
Rober, tolir et bareter,
Et bescocier et mesconter;
C'est cele qui les tricheors
Fait tous et les faus pledeors,

158-59. « Qui était faite selon une technique et un art à peu près
dentiques. »
166-67. « Femme peu préparée à honorer ceux qu'elle aurait dû. »
172. H : aüner.
175. (ms : amasser).
180. « Le bien d'autrui. »

185 Qui maintes fois par lor faveles
     Ont as valés et as puceles
     Lor droites herites tolues.
     Recorbillies et crochues
     Avoit les mains icelle ymage;
190 Ce fu drois, car touz jors errage
     Convoitise de l'autrui prendre;
     Convoitise ne set entendre
     A riens qu'a l'autrui acroichier;
     Convoitise a l'autrui trop chier.
195   Une autre ymage i ot assise
     Coste a coste de Convoitise :
     Avarice estoit appelee.
     Lede estoit et sale et foulee
/3/ Cel ymage, et megre et chetive,
200 Et aussi vert cum une cive;
     [Tant par estoit descoloree
     Qu'el sembloit estre enlangoree;]
     Chose sembloit morte de fain,
     Qui vesquist seulement de pain
205 Petri a lissu, fort et aigre.
     Et avec ce qu'ele yere maigre
     Ert elle povrement vestue :
     Cote avoit viés et derompue
     Comme s'el fust as chiens remese;
210 Povre ert mout sa cote et esrese
     Et plene de viés paletiaus.
     Delés li pendoit uns mantiaus
     A une perchete grelete,
     Et une cote de brunete;
215 Ou mantiau n'ot pas penne vere,
     Mes mout viés et de povre afere,
     D'agniaus noirs, velus et pesans.
     Bien avoit la robe vint ans,
     Mes Avarice du vestir
220 Se siaut mout a tart aatir;
     Car sachies que mout li pesast
     Se cele robe point usast;
     Car s'el fust usee et mavese,
     Avarice eüst grant mesese

204-205. « Qui aurait vécu seulement de pain pétri à la lessive »
(en guise de levain).

207. (ms : *vesture*).

213. Une perche horizontale servait de portemanteau.

219-20. « Mais Avarice se soucie rarement de son habillement. »

225   De nove robe et grant disete
           Avant qu'ele eüst autre fete.
           Avarice en sa main tenoit
           Une borce qu'el reponnoit,
           Et la nooit si durement
230   Que mout demorast longuement
/b/   Ainçois qu'ele en peüst riens traire;
           Mes el n'avoit de ce que faire :
           El n'aloit pas a ce beant
           Que de la borce ostast neant.
235   Aprés refu portrete Envie,
           Qui ne rist onques en sa vie
           N'onques de riens ne s'esjoï,
           S'ele ne vit ou s'el n'oï
           Aucun grant domage retraire.
240   Nulle riens ne li puet tant plaire
           Cum fait maus et male aventure.
           Et quant voit grant desconfiture
           Sor aucun prodomme cheoir,
           Ice li plest mout a veoir.
245   Elle est trop lie en son corage
           Quant elle voit aucun linage
           Decheoir, ou aler a honte.
           Et quant aucuns en honor monte
           Par son sens ou par sa proece,
250   C'est la chose qui plus la blece,
           Car sachiés que mout la convient
           Estre iree quant nus biens vient.
/c/   Envie est de tel cruauté
           Qu'ele ne porte leauté
255   A compaignon ne a compaigne;
           N'elle n'a parent tant li taigne
           A qui el ne soit anemie;
           Car certes elle ne vodroit mie
260   Que biens venist neis a son pere.
           Mes biens sachiés qu'ele compere
           Sa malice trop ledement;
           Qu'el est en si trés grant torment
           Et a tel duel quant gens bien font
           Que par un poi qu'ele ne font.
265   Ses felons cuers l'art et detranche
           Qui de li Dieu et les gens vanche.
           Envie ne fine nulle hore

264. « Peu s'en faut qu'elle ne soit anéantie. »

D'aucun blame as gens metre sore :
Je croi que s'ele cognoissoit
270   Le plus trés prodome qui soit
Ne deça mer ne dela mer,
Si le vodroit elle blamer;
Et s'il yere tant bien apris
Qu'el ne peüst du tout son pris
275   Abatre, ne lui desprisier,
Elle vodroit apetisier
Sa proece, au mains, et s'onor
Par parole faire menor.

Lors vi qu'Envie en la painture
280   Avoit trop lede regardeure :
Elle ne regardoit noient
Fors de travers en bornoient;
/d/   Elle avoit un mavés usage,
Car el ne pooit ou visage
285   Regarder riens de plain en plain,
Ains clooit un oel par desdaing,
Qu'ele fondoit d'ire et ardoit
Quant aucuns qu'ele regardoit
Estoit ou preus ou biaus ou gens
290   Ou amés ou loés de gens.

Delés Envie auques prés yere
Tristece painte en la maisiere;
Mes biens paroit a sa colour
Qu'elle avoit au cuer grant dolour;
295   El sembloit avoir la jaunice;
Si n'i feïst riens Avarice
De palesce et de megrece,
Car li esmais et la destrece
Et la pesance et li ennuis
300   Qu'el soffroit de jors et de nuis
L'avoient molt fete jaunir
Et megre et pale devenir.
Onques riens nee en tel martire
Ne fu mes, ne n'ot si grant ire
305/4/   Cum il sembloit que elle eüst.
Je croi que nus ne lit peüst

273-75. « Et s'il était si bien élevé qu'elle ne pût le discréditer
totalement. »
295-96. Intervertis dans Z.
296-97. « Avarice n'aurait pu lui être comparée pour la pâleur et la
maigreur. »
298. (ms : *li anuis*).

Riens faire qui li peüst plaire;
N'el ne se vosist pas retraire
Ne resconforter a nul fuer
310   Du duel qu'elle avoit a son cuer.
Trop avoit son cuer corecié
Et son duel parfont commencié.
Mout sembloit bien qu'el fust dolente.
Car el n'avoit pas esté lente
315   D'esgratiner toute sa chiere;
N'el n'avoit pas sa robe chiere,
Ains l'ot en mains leus desciree
Cum cele qui mout fu iree.
Si chevel destrecié li furent,
320   Et espandu par son col jurent,
Que les avoit tretous desrous
De maltalent et de corrous.
Et sachiés bien veritelment
Qu'ele ploroit parfondement :
325   Nus tant fust durs ne la veïst
A qui grans pitié n'en preïst;
Qu'el se desrompoit et batoit
Et les poins ensemble hurtoit.
Mout ert a duel fere ententive
330   La dolereuse, la chetive;
Il ne li tenoit d'envoisier
Ne d'acoler, ne de baisier,
Car qui le cuer a bien dolent,
Sachiés de voir, il n'a talent
335/b/   De dancier ne de caroler.
Nus ne se porroit amoler,
Qui duel eüst, a joie faire,
Car duel et joie sont contraire.
      Aprés fu Viellece portraite,
340   Qui estoit bien un pié retraite
De tel cum elle soloit estre;
A pene qu'el se pooit pestre,
Tant estoit vielle et radotee.
Mout ert sa biauté gastee,
345   Et mout ert lede devenue.
Toute sa teste estoit chenue

325-26. « Aucune personne, si dure fût-elle, n'aurait pu la voir sans pitié. »
340-41. « Qui avait bien perdu la mesure d'un pied sur sa taille habituelle. »

Et blanche cum s'el fust florie.
Ce ne fust mie grant morie
S'ele morist, ne grans pechiez,
350 Car tous ses cors estoit sechiez
De viellece, et anoientis.
Mout ere ja son vis fletis,
Qui fu jadis soés et plains.
Mes or est touz de fronces plains.
355 Les oreilles avoit mossues
Et toutes les dens si perdues
/c/ Qu'el n'en avoit neïs nesune.
Tant par estoit de grant viellune
Qu'el n'alast mie la montance
360 De quatre toises sans potence.
Li temps qui s'en vait nuit et jor
Sans repos prendre et sans sejor,
Et qui de nous se part et emble
Si celeement qu'il nous semble
365 Qu'il s'arreste adés en un point
Et il ne s'i arreste point,
Ains ne fine de trespasser
Que l'en ne puet neïs penser
Quex temps ce est qui est presens,
370 S'en ne le set par clers lisans,
Qu'ençois que l'en l'eüst pensé
Seroient ja trois temps passé;
Li temps qui ne puet sejorner
Ains vait tous jors sans retorner,
375 Cum l'iaue qui s'avale toute,
N'il n'en retorne arriere goute;
Li temps vers qui noient ne dure,
Ne fers ne chose tant soit dure,
Car temps gaste tout et menjue;
380 Li temps qui toute chose mue,
Qui tout fet croistre et tout norrir,
Et tout user et tout porrir,
Li temps qui enviellist nos peres,
Qui viellist rois et empereres,
385 Et qui tretous nous viellira,
Ou mors nous desavancira;
/b/ Li temps, qui toute a la baillie
Des gens viellir, l'avoit viellie
Si durement qu'au mien cuidier
390 Qu'el ne se pooit mes aidier,
Ains retornoit ja en enfance,

Car certes el n'avoit poissance,
Ce croi je, ne force ne sen
Nes plusqu'uns enfes d'un en.
395 Neporquant, au mien escientre,
El avoit esté sage et entre,
Quant el ert en [son] droit aage;
Mes je croi que n'iere mes sage,
Ains ere toute rassotee.
400 El ot d'une chape forree
Mout bien, si cum je me recors,
Abrié et vestu son cors.
Bien fut vestue et chaudement,
Car el eüst froit autrement :
405 Ces vielles gens ont tost froidure;
Bien savés que c'est lor nature.
    Une ymage ot aprés escrite,
Qui sembloit bien estre ypocrite;
/4/ Papelardie ert appellee.
410 C'est cele qui en recelee,
Quant nus ne s'en puet prendre garde,
De nul mal faire ne se tarde;
El fait defors le marmiteus,
Si a le vis simple et piteus,
415 Et semble sainte creature,
Mes sous ciel n'a male aventure
Qu'ele ne pense en son corage.
Mout la resembloit bien l'ymage
Qui faite fu a sa semblance;
420 Qu'el fu de simple contenance,
Et si fu chaucie et vestue
Tout aussi cum fame rendue.
En sa main un sautier tenoit;
Et sachiés que mout se penoit
425 De faire a Dieu prieres faintes
Et d'apeler et sains et saintes.
El ne fu gaie ne jolive,
Ains fu par semblant ententive
Du tout a bonnes ovres faire;
430 Et si avoit vestu la haire.
Et sachiés que n'iere pas grasse,
Ains ere de jeüner lasse,

394. « Pas plus qu'un enfant d'un an. »
422. « Comme une religieuse » (une nonne).

S'avoit la color pale et morte ;
C'iert du mal qui son cuer enorte,
435   Ice m'estoit il bien avis.
Car iceste gens font lor vis
Amegrir, ce dist l'Euvangile,
Por avoir loz parmi la ville,
/b/   Et por un poi de gloire vainne,
440   Qui lor todra Dieu et son rainne.
       Portraite fu au darrenier
Povreté, qui un seul denier
N'eüst pas, s'en la deüst pendre,
Tant seüst bien sa robe vendre,
445   Qu'ele ere nue comme vers.
Se le temps fust un poi divers,
Je croi qu'el acorast de froit,
Qu'el n'avoit qu'un viel sac estroit
Tout plain de mavés paletiaus :
450   S'estoit sa robe et ses mantiaus ;
El n'avoit plus que afubler ;
Grant loisir avoit de trambler.
/c/   Des autres fu un poi loignet ;
Cum chiens honteus en un coignet
455   Se cropoit et se tapissoit.
Car povre chose, ou qu'ele soit,
Est tous jors boutee et despite.
L'eure puisse estre la maudite
Que povres hons fu conceüs !
460   Qu'il ne sera ja bien peüs
Ne bien vestus ne bien chauciés.
Il n'est amés ni essauciés.
       Ces ymages bien avisé
Qui, si comme j'ai devisé,
465   Furent a or et a asur
De toutes pars paintes ou mur.
Li murs fu haus et tous quarrés ;
Si en estoit cloz et barrés,
En leu de haie, li vergiers
470   Ou onc n'avoit entré bergiers.
Cis vergiers en trop biau leu sist.
Qui dedens mener me vousist,

434-35. H : *As siens et a li ert la porte/deveee de paradis.*

435. (ms : *estuet*).

442-43. « Qui n'aurait pas disposé d'un seul denier, dût-on la pendre » (faute d'argent).

444. « Si cher qu'elle ait pu vendre sa robe. »

Ou par eschiele ou par degré,
Je l'en seüsse mout bon gré;
475   Car tel joie ne tel deduit
Ne vit nus hons, si cum je cuit,
Cum il avoit en ce vergier;
Car li leus d'oisiaus herbergier
N'estoit ne dangereus ne chiches;
480   Onc mes ne fu nul leus si riches
D'arbres ne d'oisillons chantans,
Qu'il i avoit d'oisiaus trois tans
/d/   Qu'en tout le remanant de France.
Mout estoit belle l'acordance
485   De lor piteus chans a oïr;
Touz li mons s'en dut esjoïr.
Je endroit moi m'en esjoï
Si durement, quant je l'oï,
Que n'en preïsse pas cent livres,
490   Se li passages fust delivres,
Qu'ens n'entrasse, et ne veïsse
L'assemblee, que Diex garisse,
Des oisiaus qui leens estoient,
Qui envoisïement chantoient
495   Les dances d'amors et les notes
Plesans, cortoises et mignotes.
      Quant j'oï les oisiaus chanter,
Forment me pris a dementer
Par quel art ne par quel engin
500   Je porroie entrer ou jardin.
Mes je ne poi onques trouver
Leu par ou g'i peüsse entrer;
Et sachiés que je ne savoie
S'il y avoit pertuis ne haie
505   Ne leu par ou l'en y entrast;
Ne hons nez qui le me monstrast
N'estoit iluec, que iere seus.
Mout fui destrois et angoisseus,
Tant qu'au darrenier me souvint
510   C'onques a nul jor ce n'avint
Qu'en si biau vergier n'eüst huis,

481. (ms : *arbes*).
482-83. « Il y avait là trois fois autant d'oiseaux que dans tout le
reste de la France. »
489-91. « Que je n'aurais pas, en échange de cent livres, renoncé
à y entrer si le passage avait été libre... »
504. H : *p. ne voie*.

Ou eschiele ou aucun pertuis.
Lors m'en alai grant aleüre,
Açaignant la compasseüre
515 Et la cloison du mur carré,
Tant que un guichet bien barré
Trovai, petitet et estroit;
Par autre leu l'en n'i entroit.
A l'uis començai a ferir;
520 Autre entree n'i soi querir.
Assés i feri et bouté,
Et par maintes fois escouté
Se j'orroie venir nulle arme,
Tant que un huisselet de charme
525 M'ovri une noble pucele
Qui mout estoit et gente et bele.
Cheveus ot blons cum uns bacins,
La char plus tendre qu'uns pocins,
Front reluisant, sorcis votis.
530 Li entriaus ne fu pas petis,
Ains iere assés grans par mesure;
Le nes ot bien fet a droiture,
Et les yex vairs cum uns faucons
Por fere envie a ces bricons.
535/b/ Douce alene ot et savoree,
Et face blanche et coloree,
La bouche petite et grocete;
S'ot ou menton une fossete.
Li coz fu de bonne moison,
540 Assés gros et lons par raison,
Si n'i ot bube ne malen :
N'avoit jusqu'en Jherusalen
Fame qui plus biau col portast;
Poliz ere et soef au tast.
545 Sa gorge estoit autresi blanche
Cum est la noif desus la branche
Quant il a freschement negié.
Le cors ot bien fait et dougié;
Il n'esteüst en nulle terre
550 Nulle plus belle fame querre.
D'orfrois ot un chapel mignot;
Onques nulle pucele n'ot
Plus cointe ne plus desguisé :
Ne l'avroie a droit devisé.

514. « Contournant l'enceinte. »

555	Un chapel de roses tout frois
	Ot dessus le chapel d'orfrois.
	En sa main tint un mireor;
	Si ot d'un riche treceor
	Son chief trecié mout richement.
560	Bien et bel et estroitement
	Ot andeus cousues ses manches;
	Et por garder que ses mains blanches
	Ne halaissent ot uns blans gans.
	Cote ot d'un riche vert de Gans,
565/c/	Cousue a lignoel tout entor.
	Il paroit bien a son atour
	Qu'ele yere poi enbesoignie.
	Quant elle s'ere bien pignie,
	Et bien paree et atornee,
570	Elle avoit faite sa jornee.
	Mout avoit bon temps et bon may,
	Qu'el n'avoit soussi ni esmay
	De nulle riens, fors solement
	De soi atorner noblement.
575	Quant m'ot overte celle entree
	La pucelle ensi acesmee,
	Je l'en mercïai bonnement
	Et si li demandai coment
	Elle avoit non, et qui elle yere.
580	Et el ne fu pas vers moi fiere
	De respondre, ne desdaigneuse :
	« Je me faiz, dist elle, Oiseuse
	Appeler a mes connoissans.
	Riche fame sui et poissans,
585	S'ai d'une chose mout bon temps,
	Car a nulle [rien] je ne pens
	Qu'a moi joer et solacier
	Et a moi pignier et trecier.
	Privee sui mout et acointe
590	De Deduit, le mignot, le cointe.
	Ce est cis cui est cis jardins
	Qui de la terre as Sarradins
	Fist ça ces arbres aporter
	Et fist par ce vergier planter.
595/d/	Quant li arbre furent creü,
	Le mur que vous avés veü
	Fist lors Deduis tout entor faire;

591. « C'est celui à qui appartient ce jardin. »

Et si fist au dehors portraire
Les ymages qui i sont paintes,
600   Qui ne sont mignotes ne cointes,
Ains sont dolereuses et tristes
Si cum vous orendroit veïstes.
Maintes fois por esbanoier
Se vient en ce vergier joier
605   Deduis et les gens qui le sivent,
Qui en joie et en solas vivent.
Encores y est il, sans doute,
Deduis leens, ou il escoute
A chanter gais rossignolés,
610   Mauvis et autres oiselés.
Il se joe iluec et solace
O ses gens, car plus bele place
Ne plus biau leu por soi joer
Ne porroit il mie trouver.
615   Les plus beles gens, ce sachiés,
Que vous jamés nul leu truissiés,
Si sont li compaignon Deduit
Qu'il mainne avec li et conduit. »
Quant Oiseuse m'ot ce conté,
620   Et j'oi mout bien tout escouté,
Je li dis lores : « Dame Oiseuse,
Ja de ce ne soiés douteuse,
Puis que Deduis, li biaus, li gens,
Est orendroit avec ses gens
625/7/   En cest vergier, ceste assemblee
Ne m'iert pas, se je puis, emblee
Que ne la voie encore ennuit.
Veoir la m'estuet, car je cuit
Que bele est celle compaignie
630   Et cortoise et bien ensaignie. »
Lors entré, sans plus dire mot,
Par l'uis que Oiseuse overt m'ot,
Ou vergier, et quant je fui ens,
Si fui liés et baus et joiens ;
635   Et sachiés que je cuidai estre
Por voir en paradis terrestre ;
Tant estoit li leu delitables
Qu'i sembloit estre esperitables ;
Car si cum il m'iert lors avis,
640   Ne feïst en nul paradis

600. (ms : *ne m.*).

Si bon estre cum il fesoit
Ou vergier qui tant me plesoit.
D'oisiaus chantans avoit assés
Par tout le vergier amassés.
645   En un leu avoit rossigniaus,
D'autre part gais et estorniaus;
Si ravoit aillors grans escoles
De roietiaus et de torquoles,
De chardonereaus, d'arondeles,
650   D'aloes et de lardereles;
Calandres ravoit amassees
En un autre leu, qui lassees
De chanter furent a envis;
Melles y avoit et mauvis
655/b/   Qui baoient a sormonter
Ces autres oisiaus par chanter;
Il avoit aillors papegaus
Et mains oisiaus qui par ces gaus
Et par ces bois ou il habitent
660   En lor biau chanter se delitent.
    Trop par fesoient biau servise
Cil osoillon que je devise.
Il chantoient un chant itel
Cum s'il fussent esperitel;
665   Et sachiés quant je les oï
Durement m'en essaboï;
Que mes si douce melodie
Ne fu d'omme mortel oïe.
Tant estoit li chans dous et biaus
670   Qu'il ne sembloit pas chans d'oisiaus,
Ains le peüst l'en aesmer
A chant de serainne de mer,
Qui por lor vois qu'elles ont sainnes
Et serines ont non serainnes.
675   A chanter furent ententif
Li oisillon qui aprentif
Ne furent pas ne nonsachant;
Et sachiés quant j'oï lor chant
Et je vi le leu verdaier,
680   Je me pris mout a esgaier;
Si n'avoie encor esté onques
Si gais cum je devins adonques.
Por la grant delitableté

657. (ms : il i a.).

Fui plains de grant jolieté;
685/c/ Et lores soi je bien et vi
Que Oiseuse m'ot bien servi,
Qui m'avoit en tel deduit mis.
L'en deüsse estre ses amis,
Quant elle m'avoit deffermé
690 Le guichet du vergier ramé.
Des or mes, si com je savré,
Vous conterai comment j'ovré :
Premiers de quoi Deduit servoit,
Et quel compaignie il avoit,
695 Sans nulle faille vous veil dire.
Et du vergier tretout a tire
La façon vous redirai puis.
Tout ensemble dire ne puis,
Mes tout vous conteré par ordre,
700 Que l'en n'i sache que remordre.
      [Grant servise et doz et plesant
Aloient li oisel fesant,
Lais d'amors et sonoiz cortois
Chantoient en lor serventois,
705 Li un en haut, li autre en bas.
De leur chant, n'estoit mie gas,
La douçor et la melodie
Me mist el cuer grant reverdie.] H.
      Mes quant j'oi escouté un poi
710 Les oisiaus, tenir ne me poi
Qu'adont Deduit veoir n'alasse;
Qu'a veoir mout le desirrasse,
Son contenement et son estre.
Lors m'en alai tretout a destre
715 Par une petitete sente,
Plene de fenoil et de mente;
Mes auques pres trové Deduit,
Car maintenant en un reduit
M'en entré, ou Deduis estoit.
720 Deduis ilueques s'esbatoit;
S'avoit si bele gent o soi
Que quant je les vi je ne soi
Don si tres beles gens pooient
Estre venu, car il sembloient
725 Tout por voir anges empenés.
Si beles gens ne vit hons nés.

Cestes gens dont je vous parole
S'estoient pris a la carole,
Et une dame lor chantoit,
730 Qui Leesce appelee estoit.
Bien sot chanter et plesamment,
Ne nulle plus avenamment
Ne plus bel ses refrais n'assist.
A chanter merveilles li sist
735 Qu'ele avoit la vois clere et sainne.
Et si n'estoit mie vilainne,
Ains se savoit bien debrisier,
Ferir du pié et envoisier,
Et estoit adés coutumiere
740 De chanter en tous leus premiere,
Car chanter estoit un mestiers
Qu'ele faisoit mout volentiers.
Lors veïssiés carole aler
Et gens mignotement baler
745/8/ Et fere mainte bele treche
Et maint biau tor sor l'erbe freche.
La veïssiés fleüteors,
Menestreüs et jongleors ;
Si chantent li un rotuenges,
750 Li autre notes loherenges,
Por ce qu'en set en Loheregne
Plus toutes notes qu'en nul regne.
Assés i ot tabouleresses
Iluec entor et tymbreresses,
755 Qui mout savoient bien joer,
Qu'el ne finoient de ruer
Le tymbre en haut, et recoilloient
Sur un doi, c'onques n'i failloient.
Deus damoiseles mout mignotes
760 Qui estoient en pures cotes
Et trecies a une trece,
Fesoit Deduis par grant noblece
En mi la carole baler,
Mes de ce ne fait a parler,
765 Qui baloient trop cointement ;
L'une venoit tout belement
Contre l'autre, et quant eus estoient
Pres a pres, si s'entregetoient
Les bouches, qu'il vous fust avis

727. (ms : *Ces g*.).
750. « Les autres chantent des airs de Lorraine. »

770 Que s'entrebaissaissent ou vis.
     Bien se savoient debriser,
     Ne vous en sai que deviser,
     Mes nul jor mes ne me queïsse
     Remuer, tant que je veïsse
775/b/ Ceste gent issi esforcier
     De caroler et de dancier.
     La carole tout en estant
     Regardai iluec jusqu'a tant
     Que une dame mout envoisie
780 Me tresvit : ce fu Cortoisie,
     La vaillant et la debonnaire,
     Que Diex deffende de contraire !
     Cortoisie lors m'apela :
     « Biaus amis, que faites vous la ? »
785 Fait Cortoisie, « ça venés
     Et aveques nous vous prenés
     A la Carole ; s'il vous plest ! »
     Sans demorance et sans arrest
     A la Carole me sui pris,
790 Si ne fui pas trop entrepris ;
     Et sachiés que mout m'agrea
     Quant Cortoisie m'en pria
     Et me dist que je carolasse.
     Car de caroler se j'osasse
795 Estoie envieus et sorpris.
     A regarder lores me pris
     Les cors, les façons et les chieres,
     Les semblances et les manieres
     Des gens qui iluec caroloient ;
800 Si vous dirai quex il estoient.
        Deduis fu biaus et lons et drois ;
     Jamés en nul leu ne vendrois
     Ou vous voiés nul plus bel homme.
     La face avoit cum une pomme,
/c/805 Vermoille et blanche tout entour ;
     Cointes fu et de noble atour.
     Les yex vairs, la face gente
     Et le nés fait par grant entente,
     Cheveus et blons, recercelés ;
810 Par espaules fu auques lés,
     Et greles par mi la cainture.
     Il ressembloit une peinture
     Tant ere biaus et acesmés
     et de tous membres bien formés.

815   Remuans fu et preus et vites;
                Plus legier homme ne veïtes.
                Il n'avoit barbe ne grenon,
                Se petiz poilz volages non,
                Car il ert jones damoisiaus.
820   D'un samit portret a oisiaus,
                Qui ere tous a or batus,
                Fu ses cors richement vestus.
                Mout fut la robe desguisee,
                Et fu mout riche et encisee
825   Et decopee par cointise.
                Chauciés refu par grant mestrise
                D'uns solers decopés a las.
                Par druerie et par solas
                Li ot s'amie fet chapel
830   De roses qui mout li sist bel.
                Savés vous qui estoit s'amie ?
                Leesce qui nel haoit mie,
                L'envoisie, la bien chantans,
                Qui, des lors qu'el n'ot que set ans,
/d/835   De s'amor li donna l'otroi.
                Deduis la tint parmi le doi
                A la carole, et elle lui;
                Bien s'atravenoient andui,
                Qu'il ere biaus et elle belle.
840   El resembloit rose novelle
                De la color, s'ot la char tendre,
                Qu'en la li peüst toute fendre
                A une petitete ronce.
                Le front ot blanc, poli, sans fronce,
845   Les sorcis bruns et entailliés,
                Les yex jolis et envoisiés
                Si qu'il rioient tout avant
                Que la bouchete, par covant.
                Je ne vous sai du nés que dire;
850   L'en nel feïst pas miex de cire.
                Elle ot la bouche petitete
                Et por baisier son ami prete.
                Le chief ot blonc et reluisant.
                Que vous iroie je disant ?
855   El fu bien et bel atornee.
                D'un fil d'or ere galonnee;
                S'ot un chapel d'orfrois tout nuef.

838. « Tous deux formaient un couple bien assorti. »

Je, qu'en ai veü vint et nuef,
A nul jor mes veü n'avoie
860   Chapel si bien ovré de soie.
D'un samit qui ert tous dorés
Fu ses cors richement parés,
De quoi son ami avoit robe,
Si en estoit assés plus gobe.
865/9/   A li se tint de l'autre part
Li diex d'Amors, cis qui depart
Amoretes a sa devise.
C'est cis qui les amans justise
Et qui abat l'orguel des gens,
870   Et si fait des seignors sergens,
Et des dames refait baiesses
Quant il les trove trop engresses.
Li diex d'Amors de la façon
Ne resembloit mie garçon;
875   De biauté fist mout a prisier.
Mes de sa robe devisier
Criens durement qu'entrepris soie,
Qu'il n'avoit pas robe de soie,
Ains avoit robe de floretes
880   Fete par fines amoretes.
A losenges, a escuciaus,
A oiselés, a lyonciaus
Et a bestes et a lepars
Fu la robe de toutes pars
885   Portraite, et ovree de flors
A diverseté de colors.
Flors y avoit de maintes guises,
Qui furent par grant sens assises.
Nulle flor en esté ne nest
890   Qui n'i fust, nes flors de genest,
Ne violete, ne pervanche,
Ne flor jaune, inde ne blanche.
Si ot par leus entremellees
Foilles de roses grans et lees.
895/b/   Il ot ou chief un chapelet
De roses, mes rossignolet,
Qui entor son chief voletoient,
Les foilles jus en abatoient.
Il ere tous chargiés d'oisiaus,
900   De papegaus, de rossigniaus,
De calandres et de mesanges.
Il sembloit que ce fust un anges

Qui fust tantost venus du ciau.
Et si avoit un jovenciau
905 Qu'il fesoit estre iluec delés :
Douz Regars estoit appelés.
Icis jovenciaus regardoit
Les caroles, et si gardoit
Au dieu d'Amors deus ars turquois.
910 Li uns des ars si fu d'un bois
Dont li fus est mal savorés.
Tous plains de nouz et bocerés
Fu cis ars dessous et desore,
Et si estoit plus noirs que more.
915 Li autres ars fu d'un plançon
Longuet et de gente façon;
Il fu bien fais et bien dolés
Et si fu mout bien pipelés.
Dames y ot de tous sens pointes,
920 Et valés envoisiés et cointes.
Avec ces ars tint Dous Regars,
Qui ne sembloit mie estre gars,
Jusqu'a dis des floches son mestre.
Il en tint cinc en sa main dextre,
/c/925 Mes mout orent icés cinc floiches
Les penons bien fais et les coiches;
Si furent toutes a or pointes,
Fors et trenchans orent les pointes
Et aguës por bien percier;
930 Et si n'i ot fer ni acier;
Onc riens n'i ot qui d'or ne fust,
Fors que les penons et le fust,
Qu'elles furent encarrelees
De saietes d'or barbelees.
935 La meillor et la plus ynele
Des saietes, et la plus bele,
Et cele ou li meillor penon
Furent enté, Biautez ot non.
Une de celes qui plus blece
940 Ot non, ce m'est avis, Simplece.
Une en y ot appellee
Franchise : cele ert grant et lee,

---

903. *ciau,* forme de *ciel.*
911. H : *li fruiz ; fus :* « le bois ».
923. *floches, floiches :* « flèches ».
927. *pointes :* « peintes ».

De valeur et de cortoisie.
La quarte avoit non Compaignie ;
945 En cele ot mout pesant saiete ;
Cele n'est pas d'aler loing preste ;
Mes qui de pres en vosist traire,
Il en peüst assés mal faire.
La quinte avoit non Biau Semblant :
950 Ce fu toute la mains grevant,
Ne porquant el fait mout grant plaie ;
Mes cis atent bonne menaie
Qui de celle floiche est plaiés ;
Ses maus est mout bien emploiés,
/d/955 S'en doit estre sa dolor mendre,
Car il puet tost santé atendre.
Cinc floiches y ot d'autre guise
Qui furent ledes a devise ;
Li fust estoient et li fer
960 Plus noir que dÿable d'enfer.
La premiere avoit non Orguiaus ;
Li autre qui ne vaut pas miaus
Fu appellee Vilonnie ;
Celle si fu de Felonnie
965 Toute tainte et envenimee.
La tierce fu Honte clamee,
Et la quarte Desesperance ;
Noviaus Pensers fu sans doutance
Appellee la darreniere.
970 Ces cinc floiches d'une maniere
Furent, et mout bien resemblables.
Mout par lor estoit convenables
Li uns des ars, tant fu hideus
Et plains de neus et eschardeus ;
975 Il devoit bien tex floiches traire.
Car el orent force contraire
As autres cinc floiches sans doute.
Més ne diré pas ore toute
Lor forces et lor poëtés ;
980 Bien vous sera la verités
Contee et la signifiance.
Nel metré pas en obliance,
Ains vous dirai que tout ce monte

962. (ms : *L'autre*).
976. (ms *f. et c.*).
983. « Mais je vous dirai ce que signifie tout cela. »

Ainçois que je fine mon conte.
985/10/   Or revendré a ma parole.
Des nobles gens de la carole
M'estuet dire les convenances
Et les façons et les semblances.
Li diex d'Amors se fu bien pris;
990   A une dame de haut pris
Se fu de mout pres ajoustés.
Icele dame ot non Biautés,
Aussi cum une des dis fleches.
En li ot maintes bonnes teches :
995   El ne fu oscure ne brune,
Ains fu clere comme la lune
Envers qui les autres estoiles
Resemblent petites chandoiles.
Tendre ot la char comme rousee,
1000 Simple fu cum une espousee,
Et blanche comme flor de lis.
Si ot le vis cler et alis,
Et fu grelete et alignie.
Ne fu fardee ne guignie,
1005 Car el n'avoit mie mestier
De soi tifer, ne d'afetier.
Les chevous ot blondés et lons,
Qui li batoient as talons.
Nez ot bien fait et yex et bouche.
1010 Mes grant doceur au cuer me touche,
Si m'aïst Diex, quant il me membre
De la façon de chascun membre,
Qu'il n'ot si belle fame ou monde.
Briement el fu jonete et blonde,
1015/b/ Sade et plesant, aperte et cointe,
Grasse, grelete et bien jointe.
    Delez Biauté se tint Richece,
Une dame de grant hautece,
De grant pris et grant afaire.
1020 Qui a li ni as siens mesfaire
Osast riens par fais ou par dis,
Il fust mout fiers et mout hardis,
Qu'ele puet mout nuire et aidier.
(1024) [Ce n'est mie ne d'ui ne d'ier]
1025 Que riches gens ont grant poissance
De faire aïde ou nuisance.

1020-21. « Quiconque oserait lui faire du mal, à elle ou aux siens... »

Tuit li grignor et li menor
Portoient a Richece honor;
Tuit baoient a li servir
1030   Por l'amor de li deservir;
Chascuns sa dame la clamoit,
Car tous li mondes la cremoit;
Tous li mons ert en son dangier.
En sa cort ot maint losengier,
1035   Maint traïtor, maint envieus :
Ce sont cil qui sont curieus
De desprisier et de blamer
Tous ceus qui font miex a amer.
Par devant, por eus losengier,
1040   Loent les gens li losengier;
Tout le monde par parole oignent;
Mes lor losenges les gens poignent
Par derrier ens jus ques a l'os,
Qu'il abaissent des bons les los,
1045   Desloiautent les alosés.
/c/   Mains prodommes ont accusés
Li losengiers par lor losenges,
Car il font ceus des cors estranges
Qu'en deüssent estre privés;
1050   Mal puissent il estre arivés
Icil losengier plain d'envie!
Car nus prodons n'aime lor vie.
    Richece ot d'une porpre robe,
Ne le tenés or pas a lobe,
1055   Que je vous dis bien et affiche
Qu'il n'ot si bele ne si riche
Ou monde, ne si envoisie.
La porpre fu toute orfroisie;
Si ot portraites a orfrois
1060   Istoires de dus et de rois.
Si estoit au col bien orlee
D'une bende d'or naelee
Mout richement, sachiés, sans faille.
Si y avoit tretout a taille
1065   De riches pierres grant plenté,
Qui mout rendoient grant clarté.
[Richeice ot un mout cointe ceint,
Onc fame plus riche ne ceint.
La boucle d'une pierre fu

1043. (ms : *jus qu'a*).

(1070)   Qui ot grant force et grant vertu.] H.
    Car cis qui sor soi la portoit
    Nes un venin ne redoutoit;
    Nus nel pooit envenimer;
    Tex pierres font bien a porter :
(1075)   [Ele vausist a un riche home
    Plus que trestoz li ors de Rome.] H.
    D'une pierre fu li mordens,
    Qui garissoit du mal des dens,
    Et si avoit un tel aür
1080   Que cis pooit estre aseür
    Tretous les jors de sa veüe
/d/   Qui au matin l'eüst veüe.
    Li clo furent d'or esmeré
(1084)   [Qui furent el tesu doré;] H.
1085   Et estoient gros et pesant :
    En chascun ot bien un besant.
       Richece ot sus ses treces sores
    Un cercle d'or; onques encores
    Ne fu veüs si biaus, ce cuit.
1090   Li cercles fu d'or fin recuit;
    Mes cis seroit bons devisierres
    Qui vous savroit toutes les pierres
    Qui y estoient deviser,
    Car nus ne les peüst priser.
1095   Mes les pierres forment valoient
    Qui en lor assises estoient;
    Rubis y ot, safirs, jagonces,
    D'esmeraudes plus de dix onces.
    S'ot pardevant par grant mestrise
1100   Une escharboucle ou cercle assise,
    Dont la pierre si clere estoit
    Que maintenant qu'il anuitoit
    L'en s'en veïst bien au besoing
    Conduire d'une liue loing.
1105   Tel clarté des pierres issoit
    Qu'a Richece en resplendissoit
    Durement le vis et la face,
    Et entour li toute la place.
       Richece tint parmi la main
1110   Un vallet de grant biauté plain :
    Ce fu ses amis Verités.
    Ce fu uns blons qui en biautés

1079. « Et elle avait un tel pouvoir de rendre heureux... »

/11/   Maintenir mout se delitoit.
            Cis se chauçoit bien et vestoit
1115   Et avoit les chevaus de pris.
            Cis cuidast bien estre repris
            Ou de murtre ou de larrecin
            S'en s'estable eüst nul roncin.
            Por ce amoit mout l'acointance
1120   De Richece, et la connoissance,
            Qu'il avoit tous jors son apens
            A demener les grans despens;
            Et el le pooit bien soffrir
            Et tous ses despens maintenir :
1125   El li donnoit autant deniers
            Cum s'el les puisast en greniers.
                 Aprés se fu Largece prise,
            Qui fu bien duite et bien aprise
            De fere honor et de despendre.
1130   El fu du linage Alixandre,
            Si n'avoit tel joie de rien
            Cum quant el pooit dire : « tien ».
            Nes Avarice la chetive
            N'ert pas si a prendre ententive
1135   Cum Largece ere de donner;
            Et Diex li fesoit foisonner
            Ses biens, si qu'ele ne savoit
            Tant donner cum el plus avoit.
            Mout a Largece pris et los;
1140   El a les sages et les fos
            Outreement a son bandon,
            Car el savoit fere biau don.
/b/   S'en si fust qu'aucuns la haïst,
            Je croi bien que elle en feïst
1145   Son ami par son grant servise;
            Et por ce ot elle a devise
            L'amor des povres et des riches.
(1148)   [Moult est fos haus hons qui est chiches.]
            Haus hons ne puet avoir nul vice
1150   Qui tant li griet cum avarice;
            Car hons avers ne puet conquerre
            Ne seignorie ne grant terre,
            Car il n'avra d'amis plenté
            Dont il face sa volenté.

1118. (ms : *n'eüst r.*). Le *roncin* est un mauvais cheval.
1127. « Après s'était jointe Largesse... »

1155   Mes qui amis vodra avoir,
    Si n'ait mie chier son avoir,
    Mes par biaus dons amis aquiere;
    Car trestout en autel maniere
    Cum la pierre de l'aïmant
1160   Trait a soi le fer soutilmant,
    Aussi atrait les cuers des gens
    Li ors qu'en done et li argens.
      Largece ot robe toute freche
    D'une porpre Sarrazineche.
1165   S'ot le vis bel et bien formé;
    Mes el ot son col desfermé,
    Qu'el avoit iluec en present
    A une dame fet present,
    N'avoit gueres, de son fremau;
1170   Et ce ne li seoit pas mau
    Que sa chevessaille ere ouverte,
    Et sa gorge si descouverte
    Que parmi outre la chemise
/c/   Li blanchoioit sa char alise.
1175   Largece la vaillant, la sage,
    Tint un chevalier du linage,
    Le bon roi Artu de Bretaigne;
    Ce fu cis qui porta l'ensaigne
    de Valour et le confanon.
1180   Encor est il de tel renon
    Que l'en conte de lui les contes
    Et devant rois et devant contes.
    Cis chevaliers novelement
    Fu venu d'un tornoiement,
1185   Ou il ot faite por s'amie
    Mainte jouste et mainte envaïe;
    Maint hiaume y avoit desseclé
    Et percié maint escu bouclé,
    Et maint chevalier abatu
1190   Et pris par force et par vertu.
      Aprés ceus se tenoit Franchise,
    Qui n'ere pas brune ne bise,
    Ains ere blanche comme noiz,
    Et n'avoit pas nés d'Orlenoiz,
1195   Ainçois ot nés lonc et traitis,
    Iex vairs, rians, sorcis votis,

1158. (ms : *tres* omis).
1170. Arthur, roi de la Table Ronde dans les légendes bretonnes.

S'ot les chevous blondés et lons,
Et fu plus simple qu'uns coulons.
Le cuer ot dous et debonnere,
1200   Elle n'osast dire ne fere
A nuli riens qu'el ne deüst;
Et s'ele un homme cogneüst
Qui fust destrois por s'amitié,
/d/   Tost en eüst, ce croi, pitié;
1205   El ot le cuer si piteable
Et si dous et si amiable
Que se nus por li mal traisist,
S'el ne li aidast, el crainsist
Qu'el feïst molt grant vilonnie.
1210   El fu en une souquanie
Qui ne fu mie de borras :
N'ot si friche jusqu'à Arras;
Car el fu si coillie et jointe
Qu'il n'i avoit pas une pointe
1215   Qui a son droit ne fust assise.
Mout fu bien vestue Franchise,
Car nulle robe n'est si belle
Que souquanie a damoisele.
Fame est plus cointe et plus mignote
1220   En souquanie que en cote.
La souquanie, qui fu blanche,
Segnefioit que douce et franche
Estoit cele qui la vestoit.
Uns bachelers jones s'estoit
1225   Pris a Franchise lez a lez.
Ne sai comment ert appelez
Mes biaus estoit, se il fust ores
Fix au seigneur de Guinesores.
        Aprés se tenoit Cortoisie,
1230   Qui mout estoit de tous prisie;
Si n'ere orguilleuse ne fole.
C'est cele qui a la quarole,
La soe merci, m'apela
/12/   Ains que nulle, quant je vins la.
1235   Elle ne fu nice n'ombrage,
Mes sage et entre et sans outrage,
De biaus respons et de biaus dis;

1213. « Car elle était si bien ajustée que... »
1227-28. « Mais il était d'une beauté remarquable même pour un
fils du seigneur de Windsor. »
1236. *entre :* « raisonnable ».

Onc nus ne fu par li laidis,
N'a autrui ne porta rancune.
1240   Elle fu une clere brune
A vis escuré et luisant;
Je ne sai fame plus plesant.
El ere en toutes cors bien digne
D'estre empereris ou roÿne.
1245   A li se tint uns chevaliers
Acointables et biaus parliers,
Qui sot bien faire honor as gens.
Li chevaliers fu biaus et gens,
Et as armes bien acesmés,
1250   Et de s'amie bien amés.
    La bele Oiseuse vint aprés,
Qui se tint de moi assés prés.
De cele vous ai dit sans faille
La façon et toute la taille;
1255   Ja plus ne vous en iert conté,
Car ce fu cele qui bonté
Me fist si grant qu'elle m'ovri
L'uis du vergier, soe merci.
    Aprés se tint, mien esciant,
1260   Jonece au vis cler et riant,
Qui n'avoit pas encor passés,
Si cum je croi, quinze ans d'assés.
Nice fu et si ne pensoit
/b/   Nul mal, ne nul engin qui soit,
1265   Ainçois ert envoisie et gaie,
Car jone chose ne s'esmaie
Fors de joer, bien le savés.
Ses amis fu de li privés
En tel guise qu'il la besoit
1270   Toutes les fois que li plesoit,
Voians tous ceus de la quarole;
Car qui d'aus deus tenist parole,
Il n'en fussent ja vergondeus,
Ains les veïssiez entr'aus deus
1275   Baisier cumme deus colombiaus.
Li valés fu jones et biaus,
Si estoit bien d'autel aage
Com s'amie et d'autel corage.
    Ensi quaroloient ilueques,

1253. (ms : *ai je dit*).
1260. (ms : *et luisant*).

1280   Cestes gens, et autres aveques,
        Qui estoient de lor mainnies.
        Franches gens et bien enseignies
        Et gens de bel afetement
        Estoient tuit communement.

1285   Quant j'oi veües les semblances
        De ceus qui menoient les dances,
        J'oi lors talent que le vergier
        Alasse veoir et cerchier,
        Et remirer ces biaus loriers,

1290   Ces pins, ces codres, ces moriers.
        Les quaroles ja remanoient,
        Et tuit li plusor s'en aloient
        O lor amies ombroier

/c/   Sous ces arbres por donoier.

1295   Diex! cum menoient bonne vie!
        Fox est qui de tel n'a envie.
        Qui autel vie avoir porroit
        De mendre bien se sofferroit.
        Il n'est nus graindres parevis

1300   D'avoir amie a son devis.
            D'ilueques me parti atant,
        Si m'en alai seus esbatant
        Par le vergier de ça en la;
        Et li diex d'Amors appella

1305   Tretout maintenant Dous Regart.
        N'a plus cure que il li gart
        Son arc; donques sans plus atendre
        L'arc li a commandé a tendre,
        Et cis gaires n'i atendi :

1310   Tout maintenant l'arc li tendi,
        Si le li baille, et cinc saietes
        Fors et poissans, de trere prestes.
        Li diex d'Amors tantost de loing
        Me prist a sivre, l'arc ou poing.

1315   Or me gart Diex de mortel plaie,
        Se il fait tant qu'il a moi traie!
        Je qui de ce ne soi noiant,
        Touz jors m'alai esbanoiant
        Par le vergier tout a delivre;

1320   Et cis pensa bien de moi sivre,
        Mes en nul leu ne m'arresté
        Devant que j'oi par tout esté.

1293. (ms : *esbanoier*).

	Li vergiers par compasseüre
/b/	Si fu de droite quarreüre,
1325	S'ot de lonc autant cum de large.

Nus arbres qui soit, qui fruit charge,
Se n'est aucuns arbres hideus,
Dont il n'i ait ou un ou deus
Ou vergier, ou plus, ce devient.
1330   Pomiers y ot, bien m'en sovient,
Qui chargoient pomes grenades :
C'est uns fruis mout bons a malades.
De noiers y ot grant foison
Qui chargoient en lor saison
1335   Un tel fruit cum sont nois mugades,
Qui ne sont ameres ne fades ;
Alemandiers y ot planté,
Et si ot ou vergier planté
Maint figier, et maint biau datier.
1340   I trouvast, qu'en eüst mestier,
Cloz de girofle et requelice,
Ou vergier, et mainte device,
Graine de paradis novelle,
Citoal, anis et canelle,
1345   Et mainte espice delitable
Que bon mengier fait aprés table.
     Ou vergier ot arbres domeches
Qui chargoient et coins et peches,
Nefles, prunes blanches et noires,
1350   Chataignes, nois, pommes et poires,
Cerises freches, vermeilletes,
Cormes, alies et noizetes.
De grans loriers et de haus pins

/13/	Refu tous peuplés li jardins,
1355	Et d'oliviers et de ciprés

[Dont il n'a gaires ici pres.]
Ormes y ot, branchus et gros,
Et avec ce charmes et fos,
Codres droites, trembles et frenes,
1360   Erables, haus sapins et chenes.
Que vous iroie je notant ?
De divers arbres y ot tant

1326-29. Phrase nominale : « Nul arbre existant, porteur de fruit,
sauf quelques arbres trop laids, dont il n'y ait un ou deux specimens
en ce verger, ou plus, au besoin. »
1359. (ms : *Chenes et fr.*).
1360. (ms : *Et arbres h.*).

Que molt en seroie encombrés
Ains que les eüsse nombrés.
1365   Sachiés por voir li arbre furent
Si loing a loing cum estre durent;
Li uns fu loing de l'autre assis
Plus de cinc toises ou de sis;
Mes li rain furent lonc et haut,
1370   Et por le leu garder de chaut
Furent si espés par deseure
Que li solaus en nes une eure
Ne pooit a terre descendre
Ne faire mal a l'erbe tendre.
1375   Ou vergier ot dains et chevrions;
Si y ot plenté d'escoirions
Qui par ces arbres gravissoient.
Connins y avoit, qui issoient
Toute jor hors de lor tenieres,
1380   Et en plus de trente manieres
Aloient entr'eus tornoiant
Sor l'erbe freche verdoiant.
Il ot par leus bonnes fontainnes,
Sans barbelotes et sans rainnes,
1385/b/   Cui li arbre fesoient umbre,
Mes n'en sai pas dire le numbre.
Par petis tuiaus que Deduis
Y ot fet fere et par conduis
S'en aloit l'iaue aval, fesant
1390   Une noise douce et plesant.
Entor les ruissiaus et les rives
Des fontainnes sainnes et vives
Poignoit l'erbe espesse et drue;
Aussi y peüst l'en sa drue
1395   Couchier comme sor une coite,
Car la terre estoit douce et moite
Por la fontainne, et y venoit
Tant d'erbe cum il convenoit.
Mes molt embelissoit l'afere
1400   Li leus, qui estoit de tel ere
Qu'il y avoit de flors plenté
Tous jors et yver et esté.
Violete y avoit trop bele,
Et pervenche freche et novele;
1405   S'i ot flors blanches et vermeilles,
De jaunes en y ot merveilles;
Trop par estoit la terre cointe,

Qu'elle ere piolee et pointe
De flors de diverses colors,
1410 Dont mout sont bonnes les odors.
Ne vous tendré pas longue fable
Du leu plesant et delitable;
Orendroit m'en convendra tere,
Que je ne porroie retraire
/c/1415 Du vergier toute la biauté
Ne la grant delitableté;
Je alai tant dextre et senestre
Que j'oi tout l'afere et tout l'estre
Du vergier cerchié et veü.
1420 Et li diex d'Amors m'a seü
Endementiers, en aguetant,
Cum li venierres qui atent
Que la beste en bon leu se mete
Por lessier aler la saiete.
1425 En un trop biau leu arrivé
Au darrenier, ou je trouvé
Une fontainne sous un pin.
Mes puis Charle ne puis Pepin
Ne fu aussi biaus pins veüs;
1430 Et si estoit si haus creüs
Que ou vergier n'ot plus bel arbre.
Dedens une pierre de marbre
Ot Nature, par grant metrise,
Sous le pin la fontainne assise;
1435 Si ot dedens la pierre escrites,
Ou bout amont, lectres petites,
Qui disoient que ci dessus
Se mori li biaus Narcissus.
Narcisus fu uns damoisiaus
1440 Que Amors tint en ses roisiaus,
Et tant le sot Amors destaindre,
Et tant le fist plorer et plaindre
Que li convint a rendre l'ame;
Car Equo, une haute dame,
1445/d/ L'avoit amé plus que riens nee,
Et fu por lui si mal menee
Qu'el li dist que il li donroit
S'amor, ou elle se morroit.
Mes cis fu por sa grant biauté

1439-1506. Ce récit est fait d'après Ovide, *Métamorphoses*, III
356-503.

1450   Plains de desdaing et de fierté,
         Si ne la li vost otroier
         Ne por chuer ne por proier.
         Quant celle s'oï escondire,
         Elle en ot tel duel et tel ire
1455   Et le tint en si grant despit
         Qu'elle morut sans lonc respit.
         Mes tout avant qu'ele morist
         Elle pria Dieu et requist
         Que Narcisus au cuer forache,
1460   Qu'elle trova d'amors si lasche,
         Fust aproiés encore un jour,
         Et eschaufés de tel amour
         Dont il ne peüst joie atendre;
         Si poroit savoir et entendre
1465   Quel duel ont li loial amant
         Que l'en refuse si vilment.
            Cele priere fu renable,
         Et por ce la fist Diex estable;
         Que Narcisus par aventure
1470   A la fontainne clere et pure
         S'en vint dessous l'arbre umbroier,
         Un jor qu'il venoit de chacier.
         Il avoit soffert grant travau
         De corre amont, de corre avau,
1475/14/ Tant qu'il ot soif, por l'apreté
         Du chaut, et pour la lasseté
         Qui li ot tolue l'alainne.
         Et quant il vint a la fontainne
         Que li pins de ses rains covroit,
1480   Il se pensa que il bevroit;
         Sus la fontaine tout adens
         Se mist lors por boire dedens;
         Si vit en l'iaue pure et nete
         Son vis, son nés et sa bouchete,
1485   Et cis maintenant s'esbahi,
         Car ses ombres l'ot si trahi,
         Qui cuida veoir la feture
         D'un enfant bel a desmesure.
         Lors se sot bien Amors vengier
1490   Du grant orgueil et du dangier
         Que Narcisus li ot mené.
         Bien li fu lors guerredonné,
         Qu'il musa tant a la fontainne
         Qu'il ama son umbre demainne,

1495 Si en fu mors a la parclose;
   Ce est la somme de la glose.
/b/ Car quant il vit qu'il ne porroit
   Acomplir ce qu'il desirroit,
   Et qui l'avoit si pris par fort
1500 Qu'il n'en pooit avoir confort
   En nulle fin, ne en nul sens,
   Il perdi d'ire tout son sens,
   Et fu mors en peu de termine.
   Ainsi si ot de la meschine
1505 Qu'il avoit d'amors escondite
   Son guerredon et sa merite.
    Dames cest exemple aprenés,
   Qui vers vos amis mesprenés;
   Car se vous les lessiés morir,
1510 Diex le vous saura bien merir.
   Quant li escris m'ot fait savoir
   Que ce estoit tretout por voir
   La fontainne au biau Narcisus,
   Je m'en trais lors un poi ensus,
1515 Que dedens n'osai regarder,
   Ains commençai a coarder,
   Que de Narcisus me souvint
   Cui malement en mesavint.
   Mes je pensai puis qu'a seür
1520 Sans poor de mavés eür
   A la fontainne aler pooie,
   Por folie m'en retornoie.
   De la fontainne m'apressai;
   Quant je fui prés, si m'abessai
1525 Por veoir l'iaue qui coroit,
   Et la gravele qui paroit
/c/ Au fons, plus clere qu'argens fins.
   De la fontainne c'est la fins,
   Qu'en tout le monde n'ot si belle.
1530 L'iaue est tous jors freche et novelle,
   Qui nuit et jor sort a granz ondes
   Par deus doiz greuses et parfondes.
   Tout entor croist l'erbe menue
   Qui vient por l'iaue espesse et drue,
1535 Et en yver ne puet morir
   Nes que l'iaue ne pot tarir.
   Ou fons de la fontainne aval

1530. (ms : *jors* omis).

Avoit deus pierres de cristal
Qu'a grant entente remirai.
1540 Et une chose vous dirai
Qu'a merveilles, ce croi, tendrés
Maintenant que vous l'entendrés.
Quant li solaus, qui tout aguiete,
Ses rais en la fontainne giete,
1545 Et la clartés aval descent,
Lors perent colors plus de cent
Es cristaus, car por le solel
Deviennent jaunes et vermel.
Si sont cil cristal merveilleus
1550 Et tel force ont que tous li leus,
Arbres et flors, et quanqu'aorne.
Li vergiers, i pert tous a orne.
Et por faire la chose entendre
Un exemple vous vueil aprendre :
1555 Aussi cum li mireoirs montre
Les choses qui li sont encontre
/d/ Et y voit l'en sans couverture
Et lor color et lor faiture,
Tretout aussi vous di por voir
1560 Que li cristal, sans decevoir,
Tout l'estre du vergier accusent
A ceus qui dedens l'iaue musent;
Car touz jors, quel que part qu'il soient,
Grant partie du vergier voient;
1565 Et s'il se tornent, maintenant
Pueent veoir le remanant.
Si n'i a si petite chose,
Tant soit repote ne enclose,
Dont demonstrance n'i soit faite
1570 Com s'el ert es cristaus portraite.
    C'est li mirëors perilleus,
Ou Narcisus li orguilleus
Mira sa face et ses yex vers,
Dont il jut puis mors touz envers.
1575 Qui en cest mirëor se mire
Ne puet avoir garant ne mire
Que tel chose a ses yex ne voie
Qui d'amer l'a tost mis en voie.
Maint vaillant homme a mis a glaive

1552. H : *le vergier*, alors complément, et non sujet d'*aorne*.
1579-80. « Ce miroir a fait périr maint vaillant homme. »

1580 Cis mirëors, car li plus saive,
   Li plus preu, li miex afetié
   I sont tost pris et aguetié.
   Ci sort as gens noveles rages,
   Ici se changent li corage,
1585 Ci n'a mestier, sens ne mesure,
   Ci est d'amer volenté pure,
/14/ Ci ne se set consillier nus;
   Car Cupido, li filz Venus,
   Sema ici d'Amors la grainne,
1590 Qui toute a tainte la fontainne,
   Et fist ses las environ tendre,
   Et ses engins i mist pour prendre
   Damoiseles et damoisiaus,
   Qu'Amors ne veut autres oisiaus.
1595 Por la grainne qui fut semee
   Fu celle fontainne clamee
   La Fontainne d'Amors par droit,
   Dont plusor ont en lor endroit
   Parlé en romans et en livre.
1600 Mes jamés n'orrés miex descrivre
   La verité de la matere
   Com je la vous vodré retrere.
    Aprés me pris a regarder
   Et la fontainne a remirer
1605 Et les escris, qui me monstroient
   Cent mile choses qui paroient.
   Mes de fort hore m'i miré.
   Las! tant en ai puis soupiré!
   Cis mirëors m'a deceü :
1610 Se j'eüsse avant cogneü
   Quex sa force ert et sa vertus,
   Ne m'i fusse ja embatus,
   Car mentenant ou las chaï
   Qui maint homme a pris et trahi.
1615 Ou miroër, entre mil choses
   Choisi rosiers chargiés de roses
/b/ Qui estoient en un destour,
   D'une haie clos tout entour;
   Adont me prist si grant envie
1620 Que ne lessasse por Pavie
   Ne por Paris que je n'alasse

1590. Il s'agirait donc d'une graine tinctoriale (écarlate); mais elle sert aussi d'appât, tout en symbolisant le début de l'amour.

La ou je vi la grignor tasse.
Quant cele rage m'ot si pris,
Dont maint autre ont esté espris,
1625   Vers les rosiers tantost me trés;
Et sachiés bien, quant j'en fui prés
[L'odor des roses savorees
M'entra jusques en la coree,
Que por noiant fusse embasméz.
(1630)   Estre assailliz ou mesaméz] H.
Se ne criensisse, j'en coillisse
Au moins une que je tenisse
En ma main por l'odor sentir.
Mes poor oi du repentir,
1635   Car il en peüst de legier
Peser au seigneur du vergier.
    Des roses y ot grant monciau,
Aussi beles n'avoit sous ciau;
Boutons y ot petis et clos,
1640   Et tex qui sont un poi plus gros;
Si en y ot d'autre moison,
En tex leus y ot grant foison
Qui s'aprestoient d'espanir.
Et cil ne font pas a haïr :
1645   Les roses ouvertes et lees
Sont en un jor toutes alees,
Et li bouton durent tuit frois
A tout le mains deux jors ou trois.
Et cil bouton mout m'abelurent,
1650   Onc en nul leu si biau ne furent.
/c/   Qui em porroit un accrochier,
Il le devroit avoir mout chier;
Se chapel en peüsse avoir
Je n'amasse tant nul avoir.
1655   Entre ces boutons en eslui
Un si tres bel, qu'envers celui
Nus des autres riens ne prisé
Puisque je l'oi bien avisé;
Car une color l'enlumine
1660   Qui est si vermeille et si fine
Con Nature la pot plus faire.

1630. *Et s'a :* cette version de H reste difficile à raccorder avec
celle de notre ms qui abrège.
1632. (ms : *Estre blamez*).
1643. (ms : *S'apertient*).

De foilles y ot quatre paire,
Que Nature par grant mestire
I ot assises tire a tire;
1665   La coe est droite comme jons
Et par dessus siet li boutons
Si qu'il ne cline ne ne pent.
L'odor de lui entor s'espent;
La soatume qui s'en ist
1670   Toute la place replennist.
Quant je le senti si flairier,
Je n'oi talent de repairier,
Ains m'en apressai por lui prendre,
Se g'i osasse la main tendre;
1675   Mes chardons agus et poignant
M'en aloient mout esloignant;
Espines tranchans et aguës,
Orties et ronces crochues
Ne me lessierent avant traire,
1680   Que je m'en cremoie mal faire.
/d/   Li diex d'Amors, qui l'arc tendu
Avoit touz jors mout entendu
A moi porsivre et espier,
Arrestez ere lez un fier;
1685   Et quant il ot aperceü
Que j'avoi ensint esleü
Ce bouton qui plus me plesoit
(1688) [Que nus des autres ne fesoit,]
Il a tantost pris une floiche
1690   Et quant la corde fu en coche
Il entesa jusqu'à l'oreille
L'arc qui estoit fort a merveille,
Et trait a moi par tel devise
Que parmi l'oel m'a ou cors mise
1695   La saiete par grant roidor.
Et lors me prist une froidor
Dont j'ai dessous chaut peliçon
Sentue mainte grant friçon.
Quant j'oi issi esté bersés,
1700   Tantost fui a terre versés;
Li cors me faut, li cuers me ment;
Pamez fui iluec longuement;
Et quant je vins de pameson
Et j'oi mon sens et ma reson,

1673. (ms : en omis).
1684. fier : « figuier ».

1705   Je fui tous sains, et si cuidié
          Grant fez de sanc avoir vuidié;
          Mes la saiete qui m'ot point
          Ne trast onques sanc de moi point,
          Ains fu la plaie toute soiche.
1710   Je pris lors a deus mains la floiche
          Et la commençai a tirer
/16/   Et en tirant a soupirer;
          Et tant tirai que j'amené
          Le fust o moi tout empené,
1715   Mes la saiete barbelee
          Qui Biautés estoit appellee
          Fu si dedens mon cors fichie
          Qu'ele n'en puet estre errachie,
          Ains remest ens, encors l'i sans,
1720   Car il n'en issi onques sans.
             Angoisseus fui mout et troblez
          Por le peril qui fu doublez;
          Ne soi que faire ne que dire
          Ne de la plaie ou trouver mire,
1725   Que par herbe ne par racine
          N'en atendoie medecine,
          Mes vers le bouton se traioit
          Mon cuer, qui avoir le vouloit.
          Se je l'eüsse en ma baillie
1730   Il m'eüst rendue la vie.
          Le vooir sans plus et l'odor
          M'alejast mout de ma dolor.
          Je me commençai lors a traire
          Vers le bouton qui soef flaire.
1735   Et Amors avoit ja couvree
          Une autre saiete ouvree;
          Simplece ot non, c'est la seconde,
          Qui maint homme parmi le monde
          Et mainte fame a fait amer.
1740   Quant Amors me vit apresmer
          Il trast a moi sans menacier
/b/   La floiche ou n'ot fer ni acier,
          Si que par l'oel ou cors m'entra
          La saiete, qui n'en istra
1745   Jamés, ce croi, par homme né,
          Car au tirer en amené

1719. « Mais elle resta à l'intérieur, je l'y sens encore. »
1722. (ms : *perir*).

Le fust o moi sans nul contens,
Mes la saiete remest ens.
Or sachiés bien de verité
1750 Que se j'avoie avant esté
Du bouton bien entalentés,
Or fu graindre ma volentés.
Et quant li maus plus m'angoissoit,
Et la volentés me croissoit
1755 Touz jors d'aler vers la rosete
Qui oloit miex que violete;
Et si m'en venist miex ruser,
Mes ne pooie refuser
Car mes cuers le me commandoit;
1760 Tout adés la ou il tendoit
Me convenoit aler par force.
Mes li archiers qui mout s'efforce
De moi grever, et mout se pene,
Ne m'i lest pas aler sans pene,
1765 Ains m'a fait por miex afoler
La tierce floiche au cuer voler
Qui Cortoisie ert appellee.
La plaie fu parfonde et lee,
Si me convint cheoir pamé
(1770) [Desoz un oliver ramé.] H.
Grant piece jui sans remuer.
Quant je me poi resvertuer
/c/ Je pris la floiche et si osté
Tantost le fust de mon costé,
1775 Mes la saiete n'en poi traire
Por riens que je peüsse faire.
       En mon seant lores m'assis
Mout angoisseus et mout pensis.
Mout me destraint icelle plaie
1780 Et me semont que je me traie
Vers le bouton qui m'atalente.
Mes li archiers me respoente
Et me doit bien espoenter,
Qu'eschaudés doit yaue douter.
1785 Mes grant chose a en estevoir :
Se je veïsse iluec plovoir
Carriaus et pierres pelle melle
Aussi espés comme chiet grelle,
Convenist il que g'i alasse;

1757. « J'aurais mieux fait de renoncer (= reuser). »

1790   Qu'Amors qui toutes choses passe,
　　　　　Me donnoit cuer et hardement
　　　　　De faire son commandement.
　　　　　　Je me sui lors en piés levés,
　　　　　Foibles et vains cum hons bercés,
1795   Et mout m'efforçai de marchier
　　　　　(Ne lessai onques por l'archier)
　　　　　Vers le rosier ou mon cuer tent;
　　　　　Mes espines y trouvé tant,
　　　　　Chardons et ronces, c'onques n'oi
1800   Pooir de passer l'espinoi
　　　　　Si qu'au bouton peüsse ataindre.
　　　　　Lés la haie m'estuet remaindre
/d/   Qui estoit au rosier joignans,
　　　　　Fete d'espines bien poignans.
1805   Mes mout bel me fu dont j'estoie
　　　　　Si pres que du bouton sentoie
　　　　　La douce odor qui en issoit,
　　　　　Qui mout forment m'abelissoit
　　　　　Si que le veoie a bandon;
1810   S'en avoie tel guerredon
　　　　　Que mon mal en entroblioie
　　　　　Por le delit et por la joie.
　　　　　Mout fui garis et mout fui aise,
　　　　　Jamés n'iert riens qui tant me plaise
1815   Cum estre ilueques a sejor;
　　　　　N'en queïsse partir nul jour.
　　　　　Mes quant g'i oi esté grant piece,
　　　　　Li diex d'Amors qui tout depiece
　　　　　Mon cuer dont il a fait bersaut,
1820   Me redonne un novel assaut
　　　　　Et trait, por moi metre a meschief,
　　　　　Une autre floiche de rechief,
　　　　　Si qu'ou cuer dessous la mamelle
　　　　　Me fait une plaie novelle.
1825   Compaignie ot nom la saiete,
　　　　　Il n'est nulle qui si tost mete
　　　　　A merci dame ou damoiselle.
　　　　　La grant dolor me renovelle
　　　　　De mes plaies de maintenant;

1796. (ms : Ne l.).
1809. (ms : q. je le).
1812. (ms : dedit).
1820. (ms : re omis).

1830   Trois fois me pame en un tenant.
    Au revenir plains et soupire,
    Car ma dolor croist et empire
/17/   Si fort que je n'ai esperance
    De garison ne d'aligance.
1835   Miex vousisse estre mors que vis,
    Car en la fin, ce m'est avis,
    Fera Amors de moi martir.
    Je ne m'en puis par el partir.
    Il a endementieres prise
1840   Une autre floiche, qu'il mout prise,
    Et je la tiens a mout poissant :
    C'est Biau Semblant qui ne consent
    A nul amant qu'il se repente
    De bien amer por mal qu'il sente.
1845   Elle est aguë por percier,
    Et tranchans cum rasoir d'acier.
    Mes Amors a mout bien la pointe
    D'un oignement precieus ointe
    Por ce que trop me peüst nuire,
1850   Et il ne viaut pas que je muire,
    Ains viaut que j'ai aligement
    Par l'ointure de l'oignement
    Qui estoit tous de confort plains.
    Amors l'avoit fait a ses mains
1855   Por les fins amans conforter,
    Et por lor maus miex deporter.
    Il a ceste floiche a moi traite,
    Si m'a au cuer grant plaie faite;
    Mes li oignemens s'espandi
1860   Par les plaies, si me rendi
    Le cuer qui m'ere tous faillis.
    Je fusse mors et mal baillis
/b/   Se li dous oignemens ne fust.
    Lors ai a moi tiré le fust,
1865   Mes la saiete est ens remese,
    Qui de novel ot esté rese.
    Si en y ot cinc encrotees
    Qui onc n'en porent estre ostees.
    Cis oignemens mout me valu,
1870   Mes toute voie me dolu
    La plaie, si que la dolor
    Me fesoit muer la color.
    Ceste floiche a tele coustume :
    Douceur y a et amertume.

1875   J'ai bien sentu et cogneü
        Qu'el m'a aidié et m'a neü.
        Que l'angoisse et la pointure
        Si me rassouage l'ointure;
        D'une part m'oint, d'autre me cuit,
1880   Ici m'aïde, ici me nuit.
            Lors est tantost tout droit venus
        Amors vers moi les saus menus.
        A ce qu'il vint si m'escria :
        « Vassiaus, pris es, noient n'i a
1885   Du contredire ne du deffendre;
        Ne fai pas dangier de toi rendre.
        Quant plus volentiers te rendras,
        Et plus tost a merci vendras.
        Il est fos qui mene dangier
1890   Vers celi qu'il doit losengier
        Et qu'il convient a supploier.
        Tu ne pues vers moi forçoier,
/c/   Et si te veil bien enseigner
        Que tu ne pues riens gaaignier
1895   En folie ne en orgueil;
        Mes ren toi pris, car je le veil,
        En pes et debonnerement. »
        Et je respondi simplement :
        « Sire, volentiers me rendré,
1900   Ja vers vous ne me deffendré;
        A Dieu ne plasse que je pense
        Que j'aie ja vers vous deffense,
        Car il n'est pas reson ne drois.
        Vous poés ce que vous vodrois
1905   Fere de moi, pendre ou tuer;
        Bien sai que je ne puis muer,
        Car ma vie est en vostre main.
        Ne puis vivre jusqu'a demain,
        Se n'est pas vostre volenté.
1910   J'atens par vous avoir santé,
        Car ja par autre ne l'avré,
        Se vostre main, qui m'a navré,
        Ne me donne la garison;
        Et se de moi vostre prison
1915   Voulés faire, ne ne daigniés,
        Ne m'en tiens pas a engigniés;
        Et sachiés je n'en ai point d'ire.

1876. (ms : *Qu'il*) : « Qu'elle (la flèche) m'a fait du bien et du mal. »

Tant ai oï de vous bien dire
Que metre veil tout a devise
1920   Cuers et cors en vostre servise,
Car, se je sai vostre voloir,
Je ne m'en puis de riens doloir;
/d/   Qu'encor ce croi en aucun temps
Avré la merci que j'atens;
1925   Et par tel convent me rent gié. »
A cest mot voz baisier son pié,
Mes il m'a parmi la main pris,
Et me dist : « Je t'aim mout et pris
Dont tu as respondu ainsi.
1930   Onques tel response n'issi
D'omme vilain mal enseignié;
Et tu y as tant gaaignié
Que je veil por ton avantage
Que tu me faces ci hommage;
1935   Et me baiseras en la bouche,
A qui nus vilains hons ne touche.
Je n'i lesse mie touchier
Chascun vilain, chascun bergier,
Ains doit estre cortois et frans
1940   Cis que ensi a homme prens.
Sans faille, il i a pene et fes
A moi servir, mes je te fes
Honor mout grant, et si dois estre
Mout liés dont tu as si bon mestre
1945   Et seignor, de si grant renon,
Qu'Amors porte le confanon
De Cortoisie et la baniere;
Si est de si bonne maniere
[Si douz, si frans et si gentis,]
1950   Car quiconques est ententis
A li servir et honorer,
Dedens lui ne puet demorer
Vilonnie ne mesprison
[Ne nule mauvese aprison. »]
1955[18]   Atant devins ses hons mains jointes,
Et sachiez que mout me fis cointes
Dont sa bouche baissa la moie :
Ce fu ce dont j'oi graignor joie.

1925. « Et dans ces conditions je me rends. »
1926. *voz* : « je voulus ».
1941. (ms : *i* omis).

Il m'a lores requis ostages :
1960 « Amis, dist il, j'ai mains hommages
Et d'uns et d'autres receüs
Dont j'ai puis esté deceüs.
Li felon plain de fauceté
M'ont par maintes fois bareté.
1965 D'aus ai oïe mainte noise;
Mes il savront cum il m'en poise :
Se je les puis a mon droit prendre
Je lor vodré chierement vendre.
Mes or veil por ce que je t'ains,
1970 De toi estre si bien certains,
Et te veil si a moi lier
Que tu ne me puisse nier
Ne promesse ne couvenant
Ne faire nul desavenant.
1975 Pechiés seroit se tu trichoies,
Car il me semble que loial soies.
[b]   — Sire, fis je, or m'entendés :
Ne sai por quoi vous demandés
Pleges de moi ne seürtés.
1980 Car sachiés bien de verités
Que mon cuer m'avés si toloit
Et si pris, car s'il bien vouloit,
Ne puet il riens faire por moi,
Se ce n'estoit par vostre otroi.
1985 Li cuers est vostres, non pas miens,
Car il couvient, soit maus ou biens,
Que il face vostre plaisir,
Nus ne vous em puet dessaisir;
Tel garnison y avés mise
1990 Qui le garde bien et joutise.
Et sor tout ce, se riens doutés,
Faites y clef et l'en portés,
Et la clef soit en leu d'otages.
        — Par mon chief, ce n'est pas outrages,
1995 Respont Amors, je m'i acors :
Il est assés sires du cors
Qui a le cuer a sa commande.
Outrages est, qui plus demande. »
        Lors a de s'aumoniere traite
2000 Une petite clef bien faite,
Qui fu de fin or esmeré :

1982. H : *que* au lieu de *car*, pour former une consécutive.

« A ceste, fet il, fermeré
Ton cuer, ne quier autre apoiau;
Sous ceste clef sont mi joiau.
(2005) [Ele est mendre de ton doi mame,
(2006) Mes ele est de mon escrin dame,] L.
Et si a mout grant poesté. »
Lors la me toucha au costé
/c/   Et ferma mon cuer si soef
2010   Qu'a grant pene senti la clef.
Ensi fis sa volenté toute,
Et quant je l'oi mis fors de doute :
« Sire, fis je, grant talent é
De faire vostre volenté.
2015   Mes mon servise recevés
En gré, foi que vous m'i devés.
Nel di pas por recreantise,
Car point ne dout vostre servise,
Mes sergens en vain se travaille
2020   De faire servise qui vaille,
Se li servises n'atalente
A celui cui l'en le presente. »
        Amors respont : « Or ne t'esmaie.
Puis que mis t'ies en ma menaie,
2025   Ton servise prendré en gré
Et te metrai en haut degré,
Se mauvestié ne le te tost;
Mes, espoir, ce n'iert mie tost.
Grans biens ne vient pas en poi d'ore;
2030   Il y couvient pene et demore.
Aten et soffre ta destrece
Qui orendroit forment te blece,
Car je sai bien par quel poison
Tu seras trais a garison.
2035   Se tu te tiens en loiauté,
Je te donrai tel dÿauté
Qui de tes plaies te garra.
Mes, par mon chief, or y parra
/d/   Se tu de bon cuer serviras
2040   Et comment tu acompliras
Nuit et jor les commandemens
Que je commande as fins amans.
        — Sire, fis je, por Dieu merci,
Avant que vous movés de ci

2036. *dyauté* : onguent à la guimauve.

2045 Vos commandemens m'enchargiés.
Je sui du faire encoragiés,
Car, espoir, se je nes savoie,
Tost porroie issir hors de voie.
Por ce sui engrant de l'aprendre ;
2050 De tout mon cuer y veil entendre. »
Amors respont : « Tu dis mout bien.
Or les enten et les retien.
Li maistres pert sa pene toute
Quant li desciples qui escoute
2055 Ne met son cuer au retenir
Si qu'il en puisse souvenir. »
        Li diex d'Amors lors m'encharga,
Tout ensi cum vous orrés ja,
Mot a mot les commandements.
2060 Bien les devise cis romans.
Qui amer vuet, or y entende,
Car li romans des or amende ;
Des or le fet bon escouter,
S'il est qui le sache conter,
2065 Car la matire en est novelle
Et la fin du songe est mout belle.
Qui du songe la fin orra,
Je vous di bien que il porra
[19] Des jeus d'Amors assés aprendre,
2070 Par quoi il vueille bien entendre
[Que je die et que j'encomance
Dou songe la seneffance.] H.
La vérité qui est couverte
Vous sera lores descouverte
2075 Quant espondre m'orrés le songe,
Car il n'i a mot de mençonge.
        — « Vilenie premierement,
Ce dist Amors, vueil et commant
Que tu guerpisses sans reprendre ;
2080 Cortoisie t'estuet aprendre.
Si maudi et escommenie
Tous ceus qui aiment Vilonnie.
Vilonnie fait les vilains,
Por ce n'est pas drois que je l'ains.
2085 Vilains est fel et sans pitié,
Sans servise et sans amitié.
        Or te garde bien de retraire
Chose des gens qui face a taire :
N'est pas proesce de mal dire.

2090	A Queux le seneschal te mire,
	Qui jadis par son moquaïs
	Fu mal renomés et haïs.
	Tant cum Gauvains, li bien apris,
	Por sa cortoisie ot de pris,
2095	Autretant ot de blame Queux,
	Por ce qu'il fu fel et crueux,
	Ramponierres et mal parliers
	Dessus tous autres chevaliers.
	Sages soies et acointables,
2100	Et de paroles dous et stables
[b]	Et as grans gens et a menues ;
	Et quant tu iras par les rues,
	Si soies tous jors coustumiers
	De saluer les gens premiers ;
2105	Et s'aucuns avant te salue,
	Si n'aies pas ta langue mue,
	Ains te garni du salu rendre
	Sans demorer et sans atendre.
	Aprés garde que tu ne dies
2110	Ces laiz mos [ne] ces ribaudies :
	Ja por nomer vilene chose
	Ne doit ta bouche estre desclose.
	Je ne tiens pas a cortois homme
	Qui ordre chose et lede nomme.
2115	Toutes fames serf et honore
	Et au servir pene et labore ;
	Et se tu ois nul mesdisant
	Qui aille fame despisant,
	Blame le et di qu'il se taise.
2120	Fai se tu pues chose qui plaise
	As dames et as damoiseles,
	Si qu'eus oient bonnes noveles
	De toi dire et raconter :
	Par ce porras en pris monter.
2125	Aprés tout ce d'orgoil te garde ;
	Car qui bien entent et esgarde,
	Orguex est folie et pechiés ;
	Et qui d'orgueil est entechiés,
	Il ne puet son cuer apoier
2130	A servir ne a souploier ;
/c/	Orguilleus fait tout le contraire

2090. Keu, sénéchal du roi Arthur.
2122. *eus :* « elles ».

De ce que fins amans doit faire.
Mes qui d'Amors se viaut pener
Il se doit cointement mener.
2135   Hons qui porchace druerie
Il ne vaut riens sans cointerie.
Cointerie n'est pas orguiaus.
Qui cointes est il en vaut miaus,
Por quoi il soit d'orgueil vuidiés,
2140   Qu'il ne soit fox n'outrecuidiés.
Mene toi bel selonc ta rente
De robes et de chaucemente;
Belle robe et biau garnement
Amendent homme durement;
2145   Et si dois ta robe baillier
A tel qui sache bien taillier,
Qui face bien seans les pointes,
Et les manches soient bien jointes.
Solers a las et estivaus
2150   Aies sovent fres et noviaus,
Et gar qu'il soient si chauçant
Que cil vilain aient tançant
En quel guise tu y entras
Et de quel part tu en itras.
2155   De gans, d'aumoniere de soie
Et de çainture te cointoie.
Et se tu n'es de la richece
Que fere puisses, si t'estrece;
Mes au plus biau te dois deduire
2160   Que tu porras, sans toi destruire.
/d/   Chapiau de roses qui poi couste,
Ou de boutons a Pentecouste,
Ice puet bien chascun avoir,
Qu'il n'i couvient pas grant avoir.
2165   Ne soffre sor toi nulle ordure,
Leve tes mains, tes dens escure;
S'en tes ongles a point de noir,
Ne l'i lesse pas remanoir.
Cous tes manches, tes cheveus pigne,
2170   Mes ne te farde ne ne guigne,

2149. « Des souliers à lacets et des bottines » : ce sont les chaussures des élégants.
2154. *istras :* « sortiras ».
2158. (ms : *fere le p.*) : pour rétablir la mesure du vers il faut supprimer le complément de *fere.*
2170. (ms : *te* omis).

Ce n'apartient s'a dames non,
Ou a ceus de mavés renon,
Qui amors par male aventure
Ont trovée contre nature.
2175 Aprés ce te doit sovenir
D'envoiseüre maintenir.
A joie et a deduit t'atorne;
Amors n'a cure d'omme morne;
C'est maladie mout cortoise,
2180 L'en en jue, rit et envoise.
Il est ensi que li amant
Ont par ores joie et torment;
Amant sentent les maus d'amer
Une hore dous, autre hore amer;
2185 Maus d'amors est mout orageus;
Or est li amans en ses geus,
Or est destrois, or se demente,
Une hore 'plore et autre chante.
[Se tu ses nul bel deduit faire,
(2190) Par quoi tu puisses a gent plaire
Je te comant que tu le faces.
Chascuns doit faire en toutes places
Ce qu'il sait qui miauz li avient,
Car los et pris et grace en vient.]
2195 Se tu te sens aste et legier,
Ne fai pas de saillir dangier;
[20] Et se tu yés bien a cheval,
Tu dois poindre amont et aval;
Et se tu ses lances brisier,
2200 Tu t'en pues mout fere prisier;
Et se d'armes iés acesmés,
Par ce sera dis tans amés.
Se tu as la vois clere et sainne,
Tu ne dois mie querre ensoine
2205 De chanter, se l'en t'en semont,
Car biau chanter embelist mont.
Si avient bien a bacheler
Que il sache de vïeler,
De fleüter et de dancier;
2210 Par ce se puet mout avancier.
Ne te fai tenir por aver,
Car ce te porroit molt grever.

2204-2210. (ms : vers placés après 2224).
2206. mont = mout : « beaucoup ».

Il avient bien que li amant
Doignent du lor plus largement
2215   Que cil vilain entulle et sot.
Onques hons riens d'amer ne sot
Cui il n'abelist a donner.
Se nus se viaut d'amors pener,
D'avarice tres bien se gart;
2220   Car cis qui a pour un regart
Ou pour un ris dous et serin
Donné son cuer tout enterin
Doit bien, aprés si riche don,
Donner son amour a bandon.
2225   Or te vuel briement recorder
Ce que t'ai dit por remembrer,
/b/   Car la parole mains est grieve
A retenir, quant el est brieve :
Qui d'Amors vuet fere son mestre
2230   Cortois et sans orguel doit estre,
Cointes se tiengne et envoisiés
Et de largece soit prisiés.
       Aprés te doins en penitance
Que nuit et jor sans repentance
2235   En amor metes ton penser.
Tous jors i pense sans cesser
Et te membre de la douce ore
Dont la joie tant te demore.
Et por ce que fins amans soies,
2240   Vueil je et commans que tu aies
En un seul leu tout ton cuer mis,
Si qu'il n'i soit mie demis,
Mes tous entiers sans tricherie,
Car je n'aim pas moiteierie.
2245   Qui en mains leus son cuer depart
Par tout en a petite part;
Mes de celi point ne me dout
Qui en un leu met son cuer tout.
Por ce vueil qu'en un leu le metes,
2250   Mes garde bien que tu nel pretes;
[Car se tu l'avoies preté,
Jou tendroie a chaitiveté.]
Ainçois le donne en dont tout quite,
Si en avras grignor merite,
2255   Car bontés de chose pretee

2244. (ms : *moitirie*). Voir notre « métairie ».

Est tost rendue et aquitee;
Mes de chose donnee en don
Doit estre grans li gerredons.
/c/ Donne le dont tout quitement,
2260 Et le fai debonnairement;
L'en doit la chose avoir mout chiere
Qui est donnee a belle chiere,
Et je ne pris le don un pois
Que l'en donne dessus son pois.
2265 Quant tu avras ton cuer donné
Si cum je t'ai ci sermonné,
Lors t'avendront les aventures
Qui as amans sont griés et dures.
Souvent, quant il te souvendra
2270 De tes amors, te couvendra
Partir des gens par estevoir,
Qu'il ne puissent apercevoir
Les maus dont tu es angoisseus.
A une part iras tous seus;
2275 Lors te vendront soupirs et plaintes,
Friçons et autres dolors maintes;
En plusors sens seras destrois,
Une hore chaus et autre frois,
Vermaus une ore, autre pales :
2280 Onques fievres n'eüs si males
Ne cotidiennes ne quartes.
Bien avras, ains que tu t'en partes,
Les dolors d'amors essaïes.
Si t'avendra maintes foïes
2285 Qu'en pensant t'entroblieras
Et une grant piece seras
Aussi cum une ymage mue,
Qui ne se crole ne remue,
/d/ Sans pié, sans mains, sans doi croler,
2290 Sans toi mouvoir, et sens parler.
A chief de piece revendras
En ta memoire, et tressaudras
Au revenir en esfraor;
Aussi cum hons qui a poor
2295 Soupireras du cuer parfont,
Car bien saches qu'ensi le font
Cil qui ont les maus essaiés
Dont tu es ores esmaiés.
  Aprés est drois qu'il te soviegne
2300 Que t'amie est trop lontaigne;

Lors diras : « Diex ! cum sui mavés
Quant la ou mon cuer est ne vois !
Mon cuer seul por quoi y envoi ?
Adés y pens et rien n'en voi !
2305   Quant g'i puis mes yex envoier
Aprés, por mon cuer convoier,
Se mi oil mon cuer ne convoient,
Je ne pris riens quanque il voient.
Se doivent il ci arrester ?
2310   Nennil, mes ailleurs visiter
Ce dont li cuers a tel talent.
Je me puis bien tenir a lent
Quant de mon cuer sui si lointains ;
Si m'aïst Diex, por fol m'en tains.
2315   Or iré, plus ne sousferré,
Jamés a aise ne seré
Devant qu'aucune ensaigne envoie. »
Lores te metras a la voie
[21]   Et iras la par tel couvent
2320   Qu'a ton esme faudra souvent
Et gasteras en vain tes pas ;
Ce que querras ne verras pas,
Si couvendra que tu retornes
Sans plus fere, pensis et mornes.
2325   Lors reseras a grant meschief
Et te vendront tout derechief
Soupirs, espointes et friçons
Qui poignent plus que heriçons.
Qui ne le set, si le demant
2330   A ceus qui sont loial amant.
Ton cuer ne porras apaier,
Ains iras encor essaier
Se tu verras par aventure
Ce dont tu es en si grant cure ;
2335   Et se tu te pues tant pener
Qu'au veoir puisses assener,
Tu vodras mout ententis estre
A tes yex saouler et pestre.
Grant joie en ton cuer demenras
2340   De la biauté que tu verras,
Et saches que du regarder
Feras ton cuer frire et larder,

2305. (ms : *mes piés e*.). Les yeux et le cœur, motif poétique tradi-
tionnel.

Et tout adés en regardant
Recouverras le feu ardant.
2345 Qui ce qu'il aime plus regarde
Plus alume son cuer et larde.
Cis lars alume et fet flamer
Le feu qui fait les gens amer.
[Chascuns amanz suit par costume
(2350) Le feu qui l'art et qui l'alume.]
/b/ Quant il le feu de plus pres sent,
Et il plus s'en vait apressent.
Li feus si est ce qu'il remire :
S'amie qui tout le fet frire;
2355 Quant il de li se tient plus pres,
Et il plus est d'amors engrés.
Ce sevent bien sage et musart :
Qui plus est pres du feu plus s'art.
    Tant cum t'amie plus verras,
2360 Jamés movoir ne te querras;
Et quant partir t'en couvendra,
Tout le jor puis t'en sovendra
De ce que tu auras veü;
Si te tendras a deceü
2365 D'une chose mout ledement,
Car onques cuer ne hardement
N'eüs de li aresonner,
Ains as esté sans mot sonner
Les li, cum enfés entrepris.
2370 Bien cuideras avoir mespris
Quant tu n'as la belle aparlee
Avant qu'ele s'en fust alee.
Tourner te doit a grant contraire,
Car se tu n'en pooies traire
2375 Fors seulement un biau salu,
Si eüst il cent mars valu.
    Lors te prendras a demaler,
Et querras ochoison d'aler
Derechief encore en la rue
2380 Ou tu auras celle veüe
/c/ Que tu n'osas metre a raison ;
Mout iroies en la maison
Volentiers, s'ochoison avoies.
Il est drois que toutes tes voies
2385 Et tes alees et ti tour

2381. « A qui tu n'as pas osé adresser la parole. »

S'en revengnent par la entour.
Mes vers la gent tres bien te celle,
Et quier autre ochoison que celle,
Qui cele part te face aler,
2390   Que c'est grans sens de soi celer.
    S'il avient chose que tu troves
La bele en point que tu la doives
Araisonner ne saluer,
Lors t'estevra color muer,
2395   Si te fremira tous li sans,
Et te faudra parole et sens
Quant tu cuideras commencier;
Et se tant tu pues avancier
Que tu raison commencier oses,
2400   Quant tu devras dire trois choses,
Tu n'en diras mie les deus,
Tant seras vers li vergondeus.
Il n'iert ja nus si apensés
Qui en ce point n'oblit assés,
2405   Se tex n'est qui de guile serve.
Mes faus amant content lor verve
Si cum il veulent, sans poour;
Et cil sont fort losengeor;
Il dient un et pensent el,
2410   Li traïtor felon mortel.
    [Quant ta raison avras fenie
Sans dire mot de vilonie]
Lors te tendras a conchié
Quant tu avras riens oblié
2415   Qui te fust avenant a dire,
Lors seras a mout grant martire.
C'est la bataille, c'est l'ardure,
C'est li contens qui tous jors dure.
Amans n'avra ja ce qu'il quiert,
2420   Tous jors li faut, ja en pez n'iert,
Ja fin ne prendra ceste guerre
Tant que j'en veille la pez querre.
    Quant ce vendra qu'il sera nuis,
Lors avras plus de mil anuis.
2425   Tu te coucheras en ton lit,
Ou tu avras poi de delit,
Car quant tu cuideras dormir,
Tu commenceras a fremir,

2391. « S'il arrive que tu trouves. »

A tressaillir, a demener ;
2430 Sor couté t'estovra torner,
Et puis envers et puis adens,
Con fait hons qui a mal es dens.
Lors te vendra en remembrance
Et la façon et la semblance
2435 A qui nulle ne s'appareille.
Si te dirai fiere merveille :
Tel foiz sera qu'il t'iert avis
Que tendras cele au cler vis
Entre tes bras tretoute nue,
2440 Aussi cum s'el fust devenue
Du tout t'amie et ta compaigne.
Lors feras chatiaus en Espagne
/22/ Et avras joie de noient,
Tant cum tu seras solement
2445 En la pensee delitable
Ou il n'a que mençonge et fable.
Mes poi y porras demorer ;
Lors commenceras a plorer,
Et diras : « Diex ! ai je songié ?
2450 Qu'est ice ? ou estoie gié ?
Ceste pensee, dont me vint ?
Certes dis fois le jor ou vint
Vodroie qu'ele revenist ;
Ele me pest et replenist
2455 De joie et de bonne aventure ;
Mes ce m'a mort que poi me dure.
Diex ! verré je ja que je soie
En tel point cum je pensoie ?
G'i vodroie estre par couvent
2460 Que je morusse maintenant.
La mors ne me greveroit mie
Se je moroie es bras m'amie.
Mout me grieve Amors et tormente ;
Sovent me plains et me demente.
2465 E ! Amors, car fai tant que j'oie
De m'amie enterine joie !
Je l'ai par mon mal acheté.
Je mens, trop y a chier cheté ;
Je ne m'en tiens mie por sage
2470 Dont j'ai demandé tel outrage ;
Car qui demande musardie,
Il est bien drois qu'en l'escondie.
/b/ Ne sai comment dire l'osé :

Maint plus preu et plus alosé
2475   De moi avroient grant honor
En un loier assés menor.
Mes se sans plus d'un seul baisier
Me vouloit la belle aaisier,
Mout avroie riche desserte
2480   De la pene que j'ai soufferte.
Mes fors chose est a avenir;
Je m'en puis bien por fol tenir
Dont je mis mon cuer en tel leu
Dont ja n'avré joie ne preu.
2485   Si di je que fox et que gars,
Car miex vaut de li uns regars
Que d'autre li deduis entiers.
Mout la verroie volentiers
Orendroites, se Diex m'aïst;
2490   Garis fust qui or la veïst.
Diex, quant sera il ajorné?
Trop ai en ce lit séjorné;
Je ne pris gaires tel gesir
Quant je n'ai ce que je desir.
2495   Gesir est enuieuse chose
Quant l'en ne dort ne ne repose.
Mout m'ennuie certes et grieve
Quant l'aube orendroit ne crieve
Et quant la nuit tost ne trespasse;
2500   Car s'il fust jors je me levasse.
Ha! solaus! por quoi ne te heste?
Ne sejorne ne ne t'areste!
/c/   Fai departir la nuit oscure
Et son anui qui trop me dure! »
2505   La nuit issi te contendras
Et de repos petit prendras
Se j'onques mal d'amors connui;
Et quant tu ne porras l'ennui
Soffrir en ton lit de veillier,
2510   Lors t'estovra appareillier,
Vestir, chaucier et atorner,
Ains que tu voies ajorner.
Lors t'en iras a recelee,
Soit par pluie ou par gelee,
2515   Tout droit vers la meson t'amie,
Qui se sera bien endormie
Et a toi ne pensera guieres;
Une hore iras a l'uis derrieres

S'avoir s'il est remés desfers,
2520   Et soucheras iluec defors,
Tous seus, a la pluie et au vent.
Aprés vendras a l'uis devent
Et se tu troves fendeüre,
Ne fenestre, ne serreüre,
2525   Oreille et escoute par mi
S'il se sont leens endormi;
Et se la belle sans plus veille,
Ce te lo je bien et conseille
Qu'el t'oie plaindre et doloser,
2530   Si qu'el sache que reposer
Ne pues en lit por s'amitié.
Bien doit fame aucune pitié
/d/   Avoir de celi qui endure
Tel mal por li, se trop n'est dure.
2535   Si te dirai que tu dois faire
Por l'amor de la debonnaire
De quoi tu ne pues avoir aise :
Au departir la porte baise,
Et por ce que l'en ne te voie
2540   Devant la maison n'en la voie,
Gar que tu soies repairiés
Ains que li jors soit esclairiés.
Icis venirs, icis alers,
Icis veilliers, icis parlers
2545   Font as amans sous lor drapiaus
Maintes fois amegrir lor piaus,
Bien le savras par toi-meïmes.
Il couvient que tu t'essaïmes,
Car bien saches qu'amors ne lesse
2550   Sor fins amans color ne gresse.
A ce sont cil bien cognoissent
Qui vont les dames traïssent :
[Il dient, por eus losengier,
Qu'il ont perdu boivre et mengier,] H.
2555   Et je les voi, ces jengleors,
Plus gras que abbés ne preors.
      Encor te commant et encharge
Que tenir te faces a large

2535. « Ce que tu dois faire. »
2547. (ms : *moi m.*).
2548. « Il faut que tu maigrisses. »
2551-52. Se rappeler l'équivalence : *-ent = -ant.*

A la pucele de l'ostel;
2560 Un garnement li donne tel
Qu'el die que tu es vaillans.
T'amie et tous ses bien veillans
Dois honorer et chiers tenir,
Grans biens te puet par eus venir;
2565[23] Car cil qui sont de li privé
Li conteront qu'il t'ont trouvé
Preu et cortois et affaitié;
Miex t'en prisera la moitié.
Du païs gaires ne t'esloigne;
2570 Et se tu as si grant besoigne
Que il esloignier t'en couviengne,
Garde bien que ton cuer remaigne,
Et pense tost de retorner.
Tu ne dois gaires sejorner;
2575 Fai semblant que veoir te tarde
Cele qui a ton cuer en garde.
Or t'ai dit comment n'en quel guise
Tu feras des or mon servise.
Or le fai donques se tu viaus
2580 De la bele avoir tes aviaus. »
     Quant Amors m'ot ce commandé,
Je li ai lores demandé :
« Sire, en quel guise ne comment
Pueent endurer cil amant
2585 Les maus que vous m'avés contés ?
Forment m'en sui espoentés.
Comment vit hons et comment dure
Qui est en pene et en ardure,
En duel, en sopirs et en lermes,
2590 Et en tous poins et en tous termes
Est en soucis et en esveil ?
Si m'aïst Diex, mout me merveil
Comment hons, s'il n'ere de fer,
Puet vivre un mois en tel enfer. »
2595/b/   Li diex d'Amors lors me respont
Et ma demande bien m'espont :
« Biau Amis, par l'ame mon père,
Nus n'a bien s'il ne le compere;
Si aime l'en miex le chaté,
2600 Quant l'en l'a plus chier acheté;

2560. « Donne-lui une parure telle que... »
2571. (ms : il omis).

Et plus en gré sont receü
Li bien dont l'en a mal eü.
Il est voirs que nus maus n'ataint
A celi qui les amans taint.
2605 Nes qu'en puet espoisier la mer
Ne porroit l'en les maus d'amer
Conter en romans ne en livre;
Et tout adés couvient il vivre
Les amans, qu'il lor est mestiers.
2610 Chascuns fuit la mort volentiers.
Cis que l'en met en chartre oscure,
En verminier et en ordure,
Qui n'a que pain d'orge et d'avene,
Ne se muert mie por la pene.
2615 Esperance confort li livre,
Et se cuide veoir delivre
Encor par aucune chevance;
Et tretout autele beance
A cis qu'Amors tient en prison.
2620 Il cuide avoir sa garison,
Ceste esperance le conforte
Et cuer et talent li aporte
De son cors a martire offrir.
Esperance li fait soffrir
2625/c/ Les maus dont nus ne set le conte
Por la joie qui cent tans monte.
Esperance par soffrir vaint
Et fet que li amant vivaint.
Beneoite soit Esperance,
2630 Qui les amans issi avance!
Mout est Esperance cortoise,
Qu'el ne lera ja une toise
Nul vaillant homme jusqu'au chief
Ne por peril ne por meschief.
2635 Nes au larron que l'en veut pendre
Fet elle adés merci atendre.
Iceste te garantira,
Ne ja de toi ne partira
Qu'el ne te secore au besoing.
2640 Et aveques ce je te doing
Trois autres biens qui grans solas
Font a ceus qui sont en mes las.

2628. *vivaint* : subjonctif présent 6 de vivre.
2640. (ms : *avec ce*).

    Li premerains bien qui solace
    Ceus qui li maus d'Amors enlace,
2645 C'est Dous Pensers, que l'en recorde
    Ce ou s'Esperance s'acorde.
    Quant li amans plaint et soupire,
    Et est en duel et en martire,
    Dous Pensers vient a chief de piece,
2650 Qui l'ire et le corrous depiece,
    Et a l'amant en son venir
    Fet de la joie souvenir
    Que Esperance li promet.
    Et aprés au devant li met
2655/b/ Les yex rians, le nez tretiz,
    Qui n'est trop grans ne trop petiz,
    Et la bouchete coloree
    Dont l'aleine est si savoree;
    Si li plaist mout quant il li membre
2660 De la façon de chascun membre.
    Amors vait ses solas doublant,
    Quant d'un ris et d'un bel semblant
    Li membre, ou d'une bele chiere
    Que fait li a s'amie chiere.
2665 Dous Pensers issi assoage
    Les dolors d'amors et la rage.
    Icest vueil je bien que tu aies;
    Et se tu l'autre refusoies,
    Qui n'est mie mains doucereus,
2670 Tu seroies mout dangereus.
    Li autres biens est Dous Parlers,
    Qui a fait a mains bachelers
    Et a maintes dames secors,
    Car chascuns qui de ses amors
2675 Oit parler, tous s'en esbaudist;
    Si me semble que por ce dist
    Une dame qui d'amer sot,
    En sa chançon un cortois mot :
    « Je sui, dist elle, a bonne escole,
2680 Quant de mon ami oi parole.
    Si m'aïst Diex, mout m'a garie
    Qui m'en parle, quoi qu'il en die. »
    Cele de Dous Parlers savoit
    [Quanqu'il en iert, car el l'avoit]

2684. (ms : *Et de Dous Parler quanqu'estoit*) : au vers précédent
Z avait substitué Dous Penser à Dous Parler.

2685   Essaié en maintes manieres.
[24]   Or te lo et vueil que tu quieres
           Un compaignon sage et celant
           A qui tu diras ton talant
           Et descouvreras ton corage;
2690   Cis te fera grant avantage.
           Quant ti mal t'angoisseront fort,
           Tu iras a lui por confort,
           Et parlerés andui ensemble
           De la bele qui ton cuer t'emble,
2695   De sa biauté, de sa semblance,
           Et de sa simple contenance.
           [Tout ton estre li conteras,
           Et conseil li demanderas] H.
           Comment tu porras chose faire
2700   Qui a t'amie puisse plaire.
           Se cis qui tant iert tes amis
           En bien amer a son cuer mis,
           Lors voudra miex ta compaignie.
           Si est raisons que il te die
2705   Se s'amie est pucele ou non,
           Qui elle est et de quel renon;
           Si n'avras pas poor qu'il muse
           A t'amie ne qu'il t'en ruse,
           Ainz vos entreporterés foi,
2710   Et tu a lui, et il a toi.
           Sache que c'est mout plesant chose
           Quant l'en a homme a qui l'en ose
           Son conseil dire et son secré.
           Cel deduit prendras mout en gré
2715   Et t'en tendras bien a paié,
           Puisque tu l'avras essaié.
             Li tiers bien vient de regarder :
/b/   C'est Dous Regars, qui siaut tarder
           A ceus qui ont amors lontaignes;
2720   Mes je te lo que tu te taignes
           Bien pres de li por Dous Regart,
           Que ses solas trop ne te tart,
           Car il est mout as amorous
           Delitables et savourous;
2725   Mout ont au matin bonne encontre
           Li oel, quant Dame Diex lor monstre
           Le cors la belle precious

2726. *oel* : cas sujet pluriel; *yex*, cas régime.

De quoi il sont si convoitous.
Le jor qu'il le pueent veoir
2730   Ne lor doit mie mescheoir.
Il ne doutent poudre ne vent
Ne nulle autre chose vivent;
Et quant li oel sont en deduit,
Il sont si apris et si duit
2735   Que seul ne sevent avoir joie,
Ains veulent que li cors s'esjoie,
Et font ses maus assoagier;
Car li oel, cum droit messagier,
Tout maintenant au cuer envoient
2740   Noveles de ce que il voient.
Et por la joie convient lors
Que li cors oblit ses dolors
Et les tenebres ou il iere.
Aussi certes cum la lumiere
2745   Les tenebres devant soi chace,
Tout aussi Dous Regars efface
Les tenebres ou li cuers gist
/c/   Qui nuit et jor d'amors languist,
Car li cuers de riens ne se diaut
2750   Quant li oel voient ce qu'il viaut.
    Or t'ai, ce m'est vis, esclaré
Ce dont te vi si esgaré,
Car je t'ai conté, sans mentir,
Les biens qui poent garentir
2755   Les amans et garder de mort.
Or ses qui te fera confort,
Au mains avras tu Esperance,
S'avras Dous Penser, sans doutance,
Et Dous Parler et Dous Regart.
2760   Chascuns de ceus veil qu'il te gart
Jusques tu puisses miex atendre,
Quatre biens qui ne sont pas mendre,
Les quex tu avras ça avant,
Mes je te doins a ja itant. »
2765   Tout maintenant que Amors m'ot
Son plesir dit, je ne soi mot
Que il se fu esvanouïs.
Et je remés essabouïs
Que je ne vi lés moi nului.

2735. (ms : oel).
2769. lés moi : « à côté de moi ».

2770 De mes plaies mout me dolui
Et soi que garir ne pooie
Fors que par le bouton ou j'avoie
Tout mon cuer mis et ma beance;
Si avoie en nuli fiance,
2775 Fors ou Diex d'Amors, de l'avoir.
Ainçois savoie tout de voir
Que de l'avoir noiens estoit,
/d/ S'Amors ne s'en entremetoit.
Li rosier d'une haie furent
2780 Clos environ, si cum il durent,
Mes je passasse la cloison
Mout volentiers por l'achoison
Du bouton qui eaut miex que bame,
Se je n'en crainsisse avoir blame.
2785 Mes assés tost peust l'en penser
Que les rosiers vousisse embler.
Issi cum je me porpensoie
S'outre la haie passeroie,
Je vi vers moi tout droit venant
2790 Un valet bel et avenant
En qui il n'ot riens que blamer :
Bel Acuel se fait appeler;
Fix fu Cortoisie la sage.
Cis m'abandonna le passage
2795 De la haie mout doucement
Et dist mout amiablement :
« Biaus amis chiers, se il vous plest,
Passés la haie sans arrest
Por l'odor des roses sentir.
2800 Je vous i puis bien garentir
N'i avrés mal ne vilonnie,
Se vous vous gardés de folie;
Et se de riens vous puis aidier,
Ja ne m'en quier fere prier,
2805 Car pres sui de vostre servise,
Je le vous di tout sans faintise.
— Sire, fis je a Bel Acuel,
[24] Tout ce que vous voulés je vueil,
Si vous rens graces et merites
2810 De la bonté que vous me dites,
Car mout vous vient de grant franchise;
Puisqu'il vous plest, vostre servise

2783. *eaut* : ind. présent 3 de *oloir*, « sentir bon ».

Sui pres de prendre volentiers. »
Par ronces et par aglentiers,
2815   Dont en la haie avoit assés,
Sui maintenant outre passés.
Vers le bouton m'en vins errant
Qui mieudre odor des autres rent,
Et Bel Acuel me convoia.
2820   Si sachiés que mout m'agrea
Dont je me poi si pres remaindre
Que au bouton peüsse ataindre.
    Bel Acuel m'ot mout bien servi
Quant le bouton de si pres vi.
2825   Mes uns vilains, qui grant honte ait,
Pres d'iluec repost s'estoit :
Dangiers ot non, et fu closiers
Et garde de tous les rosiers.
En un destor fu li couvers,
2830[b]   D'erbe et de fuelles couvers,
Por ceus espier et souprendre
Qu'il voit as roses la main tendre.
Ne fu mie seus li gaignons,
Ainçois avoit a compaignons
2835   Malebouche, le gengleor,
Et avec lui Honte et Poor.
Li miex vaillans d'aus si fu Honte;
Et sachiés que, qui a droit conte
Son parenté et son linage,
2840   Elle fu fille Raison la sage
Et ses peres ot non Malfet,
Qui est si hidous et si let
C'onques a lui Raison ne jut,
Mes du veoir Honte conçut.
2845   Quant [Diex] ot Honte nestre,
Chastaés, qui dame doit estre
Et des roses et des boutons,
Iere assaillie de gloutons
Si qu'ele avoit mestier d'aïe;
2850   Car Venus l'avoit envaïe,
Qui nuit et jor sovent li emble
Rosiers et roses tout ensemble.
Lors requit a Raison sa fille

2846. (ms : *chaasté*). Cette forme du mot « chasteté » rime mal avec
vaé (v. 3397). H : *Chasteé*.

Chastaez, que Venus exille;
2855   Por ce que desconsillie iere
Vot Raison fere sa priere,
Et li preta a sa requeste
Honte qui est sage et honeste;
Por les rosiers miex garentir
2860/c/   I fist Jalousie venir
Paor, qui bee durement
A fere son commandement.
Or sont as roses garder quatre,
Qui se leront avant bien batre
2865   Que nus boutons ne rose emport.
Je fusse arivés a bon port
Se par eus ne fusse aguetiés,
Car li frans, li bien afetiés
Bel Acuel se penoit de faire
2870   Quanqu'il savoit qui me doit plaire.
Sovent me semont d'aprochier
Vers le bouton, et de touchier
Au rosier qu'il avoit chargié.
De tout ce me donna congié.
2875   Por ce qu'il cuide que jel vueille,
A il coillie une fueille
Les le bouton, qu'il m'a donnee,
Por ce que pres ot esté nee.
      De la fueille me fis mout cointes,
2880   Et quant je me senti acointes
De Bel Acuel et si privés,
Je cuidai bien estre arivés.
Lors ai pris cuer et hardement
De dire a Bel Acuel comment
2885   Amors m'avoit pris et navré :
« Sire, fis je, jamés n'avré
Joie, se n'est par une chose,
Que j'ai dedens le cuer enclose
Une mout pesant maladie.
2890/d/   Ne sai comment je le vous die,
Car je vous criens mout correcier;
Miex vodroie a cotiaus d'acier
Piece a piece estre depeciés
Que fussiés vers moi correciés.
2895   — Dites, fet il, votre vouloir,

2854. *(cui Venus).* « Alors Chasteté demanda à sa fille Raison de chasser Vénus. »

Que ja ne m'en verrés doloir
De chose que vous puissiés dire. »
Lors li ai di : « Sachiés, biau sire,
Amors durement me tormente ;
2900 Ne cuidiés pas que je vous mente ;
Il m'a ou cuer cinc plaies faites,
Ja les dolors n'en seront traites
Se le bouton ne me bailliés
Qui est des autres miex tailliés.
2905 Ce est ma mort, ce est ma vie,
De nulle riens n'ai plus envie. »
    Lors s'est Bel Acuel effraés,
Et me dist : « Frere, vous baés
A ce qui ne puet avenir.
2910 Comment ! me voulés vous honnir ?
Vous m'averiés bien assoté
Se le bouton aviés osté
De son rosier ; n'est pas droiture
Que l'en l'oste de sa nature.
2915 Vilains estes du demander ;
Lessiés le croistre et amender.
Nel voudroie avoir deserté
Du rosier qui l'avoit porté
Por nulle riens vivant, tant l'ains. »
2920[26] A tant saut Dangiers li vilains
De la ou il estoit muciés.
Grans fu et noirs et hericiés,
Les yex ot rouges comme feus,
Le nés froncié, le vis hideus,
2925 Et s'escrie cum forcenés :
« Bel Acuel, por quoi amenés
Entor ces roses ce vassaut ?
Vous faites mal, se Diex me saut,
Qu'il bee a nostre avillement.
2930 Dehait ait, sans vous solement,
Qui en cest vergier l'amena !
Qui felon sert itant en a.
Vous li vouliés bonté faire,
Et il vous quiert honte et contraire.
2935 Fuiés vassaus, fuiés de ci !
Par poi que je ne vous oci.
Bel Acuel mal vous connoissoit,
Qui de vous servir s'angoissoit ;

2918. (ms : Qui dusier).

Si le baés a conchier.
2940 Ne me quier mes en vous fier,
Car bien est ores esprouvee
La traïson qu'aviés couvee. »
Plus n'osai iluec remanoir
Por le vilain hidous et noir
2945 Qui me menace a assaillir.
La haie m'a fait tressaillir
A grant poor et a grant heste;
Et li vilains crole la teste
Et dist, se jamés i retour,
2950/b/ Il me fera prendr' un mal tour.
Lors s'en est Bel Acuel foïs,
Et je remés tous esbahis,
Honteus et mas; si me repens
Quant onques dis ce que je pens.
2955 De ma folie me recors;
Si voi que livrés est mes cors
A duel, a pene et a martire;
Et de ce ai la plus grant ire
Que je n'osai passer la haie.
2960 Nus n'a mal qui Amors n'assaie.
Ne cuidiés pas que nus connoisse,
S'il n'a amie, qu'est grant angoisse.
Amors vers moi mout bien s'aquite
De la pene qu'il m'avoit dite.
2965 Cuers ne porroit mie penser
Ne bouche d'omme recenser
De ma dolor la quarte part,
Par poi que li cuers ne me part
Quant de la rose me souvient
2970 Que si esloignier me couvient.
En tel point ai grant piece esté,
Tant que ensi me vit maté
La dame de la haute garde,
Qui de sa tour aval esgarde :
2975 La dame fu Raison nomee.
Lors est de sa tour avalee,
Si est tout droit vers moi venue.
El ne fu vielle ne chenue,
Ne fu trop haute ne trop basse,
2980/c/ Ne fu trop megre ne trop grasse.
Li oel qui en son chief estoient
A deus estoiles resembloient;
Si ot ou chief une corone;

Bien resembla haute personne.
2985 A son semblant et a son vis
Pert que fust faite en paradis,
Car nature ne seüst pas
Ovre fere de tel compas.
Sachiés, se la lectre ne ment,
2990 Que Diex la fist nomeement
A sa semblance et a s'ymage,
Et li donna tel avantage
Qu'el a pooir et seignorie
De garder homme de folie,
2995 Par quoi il soit tex qu'il la croie.
Ainsi cum je me dementoie,
Atant e vous Raison commence :
« Biaus amis, folie et enfance
T'ont mis en pene et en effroy;
3000 Mar vis le jolif temps de may
Qui fist ton cuer trop esgaier;
Mar t'alas onc esbanoier
Ou vergier dont Oiseuse porte
La clef, dont el t'ovri la porte;
3005 Fos est qui s'acointe d'Oiseuse;
S'acointance est trop perilleuse.
El t'a trahi et deceü;
Amors ne t'eüst j'a seü
S'Oiseuse ne t'eüst conduit
3010 Ou biau vergier qui est Deduit.
Se tu as folement ouvré,
Or fai tant qu'il soit recouvré
Et garde bien que tu ne croies
Le conseil par quoi tu foloies.
3015 Bon foloie qui se chastie;
Et quant jones hons fait folie,
L'en ne s'en doit pas merveillier.
Or te viaus dire et conseillier
Que l'amor metes en obli
3020 Dont je te voi si afoibli
Et si conquis et tormenté.
Je ne voi mie ta santé
Ne ta garison autrement,
Car mout te bee durement

2997. « Alors voici que Raison commence. »
3008. « Amours ne t'aurait pas suivi. »
3012. « Fais en sorte que ta faute soit réparée. »

3025   Dangier le fel a guerroier;
              Tu ne l'as mie a essoier.
              Et de Dangier noient ne monte
              Envers que ma fille Honte,
              Qui les rosiers deffent et garde
3030   Con cele qui n'est pas musarde;
              Si en dois avoir grant poor
[27]   Car je n'i voi por toi pior.
              Et avec ce est Malebouche
              Qui ne soufre que nus y touche;
3035   Avant que la chose soit faite
              La il en deus cens leus retraite.
              Mout as afere a dure gent.
              Or garde qui est le plus gent,
              Ou du lessier ou du parsivre
3040   Ce qui te fait a dolor vivre;
              C'est li maus qui amors a non,
              Ou il n'a se folie non.
              Folie, si m'aïst Diex, voire!
              Hons qui aime ne puet bien faire
3045   N'a nesun bien du monde entendre;
              S'il est clers, il pert son aprendre;
              Et se il fet autre mestier,
              Il n'en puet gueres esploitier.
              Ensorquetout il a plus pene
3050   Que n'ont chanoine ne blanc moine.
              [La pene en est desmesuree,]
              Et la joie a corte duree.
              Qui joie en a petit li dure;
              De l'avoir est en aventure,
3055   Car je voi que maint s'en travaillent
              Qui en la fin du tout y faillent.
              Onques mon conseil n'atendis
              Quant au Dieu d'Amors te rendis.
              Le cuer que tu as si volage
3060   Te fist entrer en tel folage.
              La folie fu tost emprise,
              Mes a l'issir a grant mestrise.
[b]   Or met l'amor en nonchaloir
              Qui te fait vivre et non valoir,
3065   Car la folie adés engraigne,
              Qui ne fait tant qu'ele remaigne.

3065-3066. « Car la folie s'aggrave continuellement si on ne s'arrange pas pour y mettre un terme. »

Pren durement a dens le frain,
Et donte ton cuer et refrain.
Tu dois metre force et deffense
3070   Encontre ce que ton cuer pense.
Qui toutes hores son cuer croit
Ne puet estre qu'il ne foloit. »
        Quant j'oï ce chastiement,
Je respondi ireement :
3075   « Dame, je vous veil molt prier
Que me lessiés a chastier.
Vous me dites que je refraigne
Mon cuer, qu'Amors plus ne le praigne.
Cuidiés vous dont qu'Amors consente
3080   Que je refraingne et que je dente
Le cuer qui est tretous siens quites ?
Ce ne puet estre que vous dites ;
Amors a si mon cuer donté
Qu'il n'est mes a ma volenté ;
3085   Il le justise si forment
Qu'il y a fete clef ferment.
Or m'en lessiés du tout ester,
Car vous porriés bien gaster
En oiseuse vostre françois.
3090   Je vodroie morir ainçois
Qu'Amors m'eüst de fauceté
Ne de traïson aresté.
/c/   Je me veil loer ou blamer,
Au darrenier, de bien amer ;
3095   Si m'ennuie qui me chastie. »
A tant s'est Raison departie,
Qui bien voit que por sermonner
Ne me porroit de ce torner.
Je remés d'ire et de duel plains,
3100   Sovent ploré, sovent me plains
Car de moi ne soi chevissance,
Tant qu'il me vint en remembrance
Qu'Amors me dist que je queïsse
Un compaignon cui je deïsse
3105   Tout mon conseil entierement :
Si m'osteroit de grant torment.
        Lors me porpensé que j'avoie

3080. *dente* : subj. présent 1 de *denter/donter* : « dompter ».
3093. « J'attendrai la fin pour me féliciter ou me blâmer d'avoir beaucoup aimé. »

Un compaignon que je savoie
Mout a loial : Amis ot non;
3110 Onques n'oi si bon compaignon.
A li m'en vins grant aleüre,
Si li desclos l'encloeüre
Dont je me sentoie encloé,
Si cum Amors m'avoit loé,
3115/b/ Et me plains a lui de Dangier
Qui par poi ne me vost mengier,
Et Bel Acuel en fist aler
Quant il me vit a lui parler
Du bouton a qui je baoie,
3120 Et dist que je le comparroie
Se jamés par nulle achoison
Me veoit passer la cloison.

Quant Amis sot la verité,
Il ne m'a mie espoenté,
3125 Ains me dist : « Compains, or soiés
Seürs, et ne vous esmaiés.
Je connois bien pieça Dangier;
Il a apris a losengier,
A ledir et a menacier
3130 Ceus qui aiment de cuer entier;
Pieça que je l'ai esprouvé.
Se vous l'avés felon trouvé,
Il sera autres au darrenier.
Je le connois cum un denier :
3135 Il se set bien amolier
Par chuer et par supplier.
Or vous dirai que vous ferés :
Je lo que vous li requerrés
Qu'il vous pardoint sa malvoillance
3140 Par amors et par acordance;
Et li metés bien en couvent
Que jamés des or en avent
Ne ferés riens qui li desplese;
C'est la chose qui plus l'apese,
3145/28/ Qui le chue et qui le blandist. »
Tant parla Amis et tant dist
Qu'il m'a auques reconforté,
Et hardement m'a aporté
En mon cuer d'aler assaier
3150 Se Dangier peüsse apaier.

3145. *Qui* : « si l'on ».

A Dangier sui venu honteus,
De ma pes fere convoiteus,
Mes la haie ne passai pas,
Por ce qu'il m'ot veé le pas.

3155 Je le trové en piés drecié,
Fel par semblant, et correcié,
En la main un baston d'espine.
Je tins vers lui la teste encline
Et li dis : « Sire, je sui ci

3160 Venus por vous crier merci;
Mout me poise s'il pooit estre
Dont je vous fis onques irestre,
Mes or sui prest de l'amender
Si cum vous vodrois commender.

3165 Sans faille, Amors le me fist fere,
Dont je ne puis mon cuer retrere;
Mes je n'avré jamés beance
A riens dont vous aiés pesance;
Je veil miex soffrir ma mesaise

3170 Que faire chose qui vous desplaise;
Et vous suppli que vous aiés
Pitié de moi, et apaiés
Vostre ire, qui trop m'espoente,
Et je vous jur et acreante

3175/b/ Que vers vous si me contendré
Que ja de riens ne mesprendré;
Por quoi vous me veilliés graer
Ce que ne me poés vaer.
Car veilliés que j'ains solement,

3180 Autre chose ne vous dement,
Toutes vos autres volentés
Ferai, se ce me creantés.
Si nel poés vous destorber,
Ja ne vous quier de ce lober,

3185 Car j'ameré, puis qu'il me siet,
Cui qu'il soit bel ne cui qu'il griet.
Mes ne vodroie, por mon pois
D'argent, qu'il fust sus vostre pois.
     Mout trové Dangier dur et lent

3190 De pardonner son mal talent,
Et si le m'a il pardonné
En la fin, tant l'ai sermonné,
Et me dist par parole brieve :
« Ta requeste riens ne me grieve,

3195 Si ne te voil pas escondire.

Saches je n'ai vers toi point d'ire,
Et se tu aimes moi ne chaut;
Ce ne me fait ne froit ne chaut.
Adés aime, mes que tu soies
3200   Loing de mes roses toutevoies.
Ja ne te porteré menaie
Se tu passes jamés la haie. »
Ensi m'otroia ma requeste
Et je l'alai conter en heste
3205/c/ A Ami, qui s'en esjoï
Cum bons compains, quant il l'oÿ.
« Or va, dist il, bien vostre afaire.
Encor vous sera debonnaire
Dangier, qu'il fait a mains lor bon
3210   Quant il a monstré son boben.
S'il estoit pris en bonne vene,
Pitié avra de vostre pene.
Or devés souffrir et atendre
Tant qu'en bon point le puissiés prendre.
3215   J'ai bien esprové que l'en vaint
Par soffrir felon, et ataint. »
Mout me conforta doucement
Amis, qui mon avancement
Vousist autant bien comme gié.
3220   Atant ai pris de lui congié.
A la haie, que Dangier garde,
Sui retornez, que mout me tarde
Que le bouton au mains en voie,
Puis qu'avoir n'en puis autre joie.

3225   Dangier se prent garde sovent
Se je li tiens bien son couvent,
Mes je redout tant sa menace
Que je criens que irier nel face.
Si me sui penés longuement
3230   De fere son commandement
Por lui acointier et atraire.
Mes ce me torne a grant contraire
Que sa mercis trop me demore.
Si voit il sovent que je plore
3235/b/ Et que je me plains et soupir,
Por ce qu'il me fait trop cropir
Delés la haie, car je n'ose

3209. « Il accorde souvent ce qu'on désire une fois qu'il a montré son arrogance. »

Passer por aler a la rose.
Tant fis qu'il a certainnement
3240   Veü a mon contenement
Qu'Amors malement me justise.
Bien voit n'i a point de faintise
En moi, ne de desloiauté.
Mes il est de tel cruauté
3245   Qu'il ne se daingne encores freindre,
Tant m'oie dementer ne plaindre.
    Si cum j'estoie en ceste pene,
Atant e vous que Diex amene
Franchise, et avec li Pitié.
3250   N'i ot onques plus respitié;
A Dangier s'en vont tretot droit,
Car l'une et l'autre me vodroit
Aidier, s'el pooit, volentiers,
Que bien voient qu'il est mestiers.
3255   La parole a premier prise,
Soe merci, dame Franchise,
Et dist : « Dangier, se Diex m'ament,
Vous avés tort de cel amant
Qui par vous est trop mal menés.
3260   Sachiés, vous vous en avilés,
Car je n'ai pas encor apris
Qu'il ait vers vous de riens mespris.
S'Amors le fait par force amer,
Devés le vous por ce blamer ?
3265/29/   Il i pert plus que vous ne fetes
Qu'il en a maintes penes tretes.
Mes Amors ne viaut consentir
Que il se puisse repentir.
Qui le devroit tout vif larder,
3270   Ne s'en porroit il pas garder.
Mes, biau sire, que vous avance
De lui faire ennui et grevance ?
Avés vous guerre a lui emprise
Por ce que il vous aime et prise,
3275   Et que il est vostre sougiés ?
S'Amors le tient pris en ses giés
Et le fet a lui obéïr,
Devés le vous por nous haïr ?
Ains le deüssiés espargnier

3243. La complétive n'est pas marquée par la conjonction *que*.
3264. (ms : *pour vous bl.*).

3280   Plus qu'un orguillous pautonnier.
        Cortoisie est que l'en secore
        Celi dont l'en est au dessore.
        Mout a dur cuer qui n'amolie
        Quant il trove qui li supplie. »
3285   Pitiez respont : « C'est verités,
        Aigretié vaint humilités ;
        Et quant trop dure l'aigretiés,
        C'est felonnie et mavetiés.
        Dangier, por ce vous veil requerre
3290   Que plus ne maintenés la guerre
        Vers ce chetif qui languist la,
        Qui onques Amors ne guila.
        Avis m'est que vous le grevés
        Assés plus que vous ne devés,
3295/b/ Qu'il trait trop male penitance
        Des lors en ça que l'acointance
        Bel Acuel li avés toloite,
        Car c'est la riens qu'il plus convoite.
        Il ere avant assés troublés,
3300   Mes or est ses anuis doublés.
        Or est il mors et mal baillis
        Quant Bel Acuel li est faillis.
        Por quoi li fetes vous contraire ?
        Trop li fesoit Amors mal traire.
3305   Il a tant mal que il n'eüst
        Mestier de pis, s'il vous pleüst.
        Or ne l'alés plus cordoiant,
        Car vous n'i gaaigneriés noiant.
        Soffrés que Bel Acuel li face
3310   Des ore mes aucune grace.
        De pecheor misericorde.
        Puisque Franchise s'i acorde,
        Elle vous prie et amoneste,
        Ne refusés pas sa requeste.
3315   Mout par est fel et deputaire
        Qui por nous deus ne veut riens faire. »
            Lors ne pot plus Dangier durer,
        Il le couvint amesurer :
        « Dame, dist il, je ne vous ose
3320   Escondire de ceste chose,
        Car trop seroit grant vilonnie.
        Je veil qu'il ait la compaignie
        Bel Acuel, puis que il vous plest.
        Je n'i metré jamés arrest. »

3325/c/   Lors est a Bel Acuel alee
           Franchise, la bien emparlee,
           Et li a dit cortoisement :
           « Trop vous estes de cel amant,
           Bel Acuel, grant piece esloigniés,
3330   Qui regarder ne le daigniés.
           Mout a esté pensis et tristes,
           Puis lore que ne le veïstes.
           Or pensés de lui esjoïr,
           Se de m'amor voulés joïr,
3335   Et de faire sa volenté.
           Sachiés que nous avons denté,
           Entre moi et Pitié, Dangier
           Qui nous en fesoit estrangier.
               — Je feré quanque vous vodrois,
3340   Dist Bel Acuel, car il est drois,
           Puis que Dangiers l'a otroié. »
           Lors le m'a Franchise envoié.
           Bel Acuel au commencement
           Me salua mout doucement.
3345   S'il ot esté vers moi iriés,
           Ne s'en fu de riens empiriés,
           Ains me montra plus bel semblant
           Qu'il n'avoit onques fet avant.
           Il m'a lores par la main pris
3350   Por mener dedens le porpris
           Que Dangiers m'avoit chalongié,
           Et j'oi d'aler partout congié.
           Or fui cheois, ce m'est avis,
           De grant enfer en paradis,
3355/d/   Car Bel Acuel partout me mene,
           Qui de mon gré fere se pene.
           Un poi la trovai engroissee
           La rose, quant je l'oz apressee,
           Et vi qu'ele ere puis creüe
3360   Que je ne l'oi de pres veüe.
           La rose auques s'eslargissoit
           Par amont; si m'abelissoit
           Ce qu'el n'ere pas si overte
           Que la grene fust descouverte,
3365   Ainçois estoit encore enclose
           Entre les fuelles de la rose
           Qui amont droites se levoient

3352. (ms : et omis).

Et la place dedens emploient;
Si ne pooit paroir la graine
3370 Par la place qui estoit plaine.
Elle fu, Diex la beneïe !
Assés plus belle espanie
Qu'el n'iere avant, et plus vermeille.
Si m'esbahi de la merveille
3375 De tant cum el ere embelie,
Et Amors plus et plus me lie,
Et tout adés estraint ses las
Tant cum j'en oi plus de solas.
Grant piece ai ilueques esté,
3380 Qu'a Bel Acuel grant amor é,
Et grant compaignie trouvee;
Et quant je voi qu'il ne me vee
Ne son solas ne son servise,
Une chose li ai requise
3385[30] Qui bien fait a ramentevoir :
« Sire, fis je, sachiés de voir
Que durement sui envious
D'avoir un baisier precious
De la rose qui soëf flere,
3390 Et s'il ne vous devoit desplere
Je le vous requerroie en dons.
Se vous le me vouliés dons
.01 Donner, et du baisier l'otroi,
.02 Par Dieu, sire, dites le moi,
Se il vous plait que je la baise,
Car ce n'iert ja tant qu'il vous plaise.
3395   — « Amis, dist il, se Diex m'aïst,
Se Chastaé ne m'en haïst,
Ja ne vous fust par moi vaé.
Mes je n'ose por Chastaé,
Vers qui je ne veil pas mesprendre,
3400 Qu'ele me siaut touz jors deffendre
Que de baisier congié ne doigne
A nul amant qui m'en semoigne,
Car qui au baisier puet ataindre
A pene puet a tant remaindre;
3405 Et sachiés bien, cui l'en otroie
Le baisier, qu'il a de la proie
Le plus bel et le plus avenant :

3368. *emploient* : imparfait 6 de *emplir*.
3372. (ms : *qu'espanie*).

Si a erres du remanant. »
Quant je l'oï issi respondre,
3410 Ne le vos plus de ce semondre;
Je le cremoie correcier.
L'en ne doit pas homme enchaucier
/b/ Outre son gré, n'engoissier trop.
Vous savés bien qu'au premier cop
3415 Ne cope l'en pas bien le chesne,
Ne l'en n'a pas le vin de l'esne
Tant que li pressoirs soit estrois.
Adés me tarda li otrois
Du baisier que je desirroie,
3420 Mes Venus, qui adés guerroie,
Chastaé, me vint a secors :
Ce est la mere au dieu d'Amors,
Qui a secoru maint amant.
Elle tint un brandon flamant
3425 En sa main dextre, dont la flame
A eschaufee mainte dame.
El fu si cointe et si tifee,
El resembloit deesse ou fee.
Du grant ator que elle avoit
3430 Bien puet cognoistre qui la voit
Qu'el n'est pas de religion.
Ne feré or pas mencion
De sa robe, de son oré,
Ne de son treceoir doré,
3435 Ne de fermau ne de corroie,
Por ce que trop y demorroie.
Mes sachiés bien certainement
Qu'el fu vestue cointement
Et si n'ot point en li d'orgueil.
3440 Venus se trait vers Bel Acueil,
Si li a comencié a dire :
« Por quoi vous fetes vous, biau sire,
/c/ Vers cel amant si dangerous
D'avoir un baisier precious ?
3445 Ne li deüst estre veés,
Car vous savés bien et veés
Qu'il sert et aime en loiauté.
Si a en lui assés biauté,
Par quoi est dignes d'estre amés.
3450 Veés cum il est acesmés,

3446. *veés* : « vous voyez ».

Cum il est biaus, cum il est gens,
Et dous et frans a toutes gens ;
Et avec ce il n'est pas viaus,
Ains est enfés, dont il vaut miaus.
3455 Il n'est dame ne chastelainne
Que je ne tenisse a vilainne
S'ele faisoit de lui dangier.
Son cors ne fait pas a changier ;
Se le baisier li otroiés
3460 Il iere en lui bien emploiés,
Qu'il a, ce croi, mout douce alainne ;
Et sa bouche n'est pas vilainne,
Ains semble estre a estuire
Por solacier et por deduire,
3465 Car les levres sont vermeilletes
Et les dens sont blanches et netes,
Qu'il n'i a taigne ne ordure.
Bien est, ce m'est avis, mesure
Que uns baisiers li soit creés ;
3470 Donnés li, se vous m'en creés,
Car tant com plus vous en tendrois,
Tant, ce sachiés, du temps perdrois. »
/d/ Bel Acuel si senti l'aer
Du brandon ; sans plus delaer
3475 M'otroia un baisier en dons,
Tant fist Venus et ses brandons,
Onques n'i ot plus demoré ;
Un baisier dous et savoré
Pris de la rose erramment.
3480 Se j'oi joie, nus nel demant,
Car une odor m'entra ou cors
Qui en gita la dolor fors
Et adouci les maus d'amer
Qui me soloient estre amer.
3485 Onques mes ne fui si aaise.
Mout est garis qui tel flor baise,
Car ele est sade et bien olent.
Ja ne seré ja si dolent,
S'il m'en sovient, que je ne soie
3490 Tous plains de solas et de joie.
Et ne porquant j'ai grans anuis
Soffers, et maintes males nuis,
Puis que j'oi la rose baisie.

3487. (ms : *est* omis).

La mer n'iert ja si apaisie
3495   Qu'el ne se troble a poi de vent.
Amors si se change sovent;
Il oint une hore et autre point;
Amors n'est gaires en un point.
    Des or est drois que je vous conte
3500   Comment je fui mellés a Honte,
Par qui je fui puis mout grevés,
Et comment li murs fu levés
/31/   Et li chatiaus riches et fors,
Qu'Amors prist puis par ses effors.
3505   Toute l'istoire veil porsivre,
Ja paresce ne m'iert d'escrivre,
Par quoi je sache qu'il abelisse
A la bele, que Diex garisse,
Qui le guerredon m'en rendra
3510   Miex que nuli quant el vodra.
    Malebouche, qui le couvine
De mains amans set et devine
Et tout le mal qu'il set retrait,
Se prist garde du bel atrait
3515   Que Bel Acuel me daignoit faire,
Et tant que il ne s'en pot taire,
Qu'il fu fix d'une vielle irese,
Qu'il ot la langue mout punese
Et mout puant et mout amere.
3520   Bien en retraioit a sa mere.
Malebouche des lors en ça
A enhaïr me commença
Et dit que il metroit son œl
Que entre moi et Bel Acuel
3525   Avoit mavés acointement.
Tant parla li glos folement
De moi et du filz Cortoisie
Qu'il fist esveillier Jalousie,
Qui se leva en effreor,
3530   Quant el oï le gengleor.
Et quant elle se fu levee,
Elle corut comme desvee
/b/   Vers Bel Acuel, qui vosist miaus
Estre a Estampes ou a Miaus.
3535   Lors fu de parole assaillis :
« Gars, por quoi es tu si hardis
Que tu es si bien d'un garçon
Dont j'ai mavese soupeçon ?

Bien pert que tu crois les losenges
3540   De legier des garçons estrenges.
Ne me veil plus en toi fier.
Certe je te ferai lier
Ou enserrer en une tour,
Car je n'i voi autre retour.
3545   Trop s'est de toi Honte esloignie
Et si ne s'est pas bien poignie
De toi garder et tenir court.
Si m'est avis qu'ele secourt
Trop mavesement Chasteé,
3550   Quant lesse un garçon dereé
En nostre porprise venir
Por moi et li envilenir. »
        Bel Acuel ne sot que respondre,
Ainçois se fu alés repondre
3555   S'el ne l'eüst iluec trové
Et pris avec moi tout prouvé.
Mes quant je vi venir la grive
Qui contre nous point et estrive,
Je sui tantost tornés en fuie
3560   Por sa riote qui m'ennuie.
        Honte s'est lores avant traite,
Qui mout se crient estre meffaite;
/c/   Et fu humilians et simple,
Et ot un voile en leu de guimple
3565   Aussi cum nonain d'abbeie;
Et por ce qu'el fu esbahie,
Commença a parler en bas :
« Por Dieu, dame, ne creés pas
Malebouche le losengier,
3570   C'est uns hons qui mout de legier
A maint prodomme amusé.
S'il a Bel Acuel accusé,
Ce n'est pas ore li premiers,
Car Malebouche est coustumiers
3575   De raconter fauces noveles
De valés et de damoiseles.
Sans faille, ce n'est pas mençonge,
Bel Acuel a trop longue longe;
L'en li a soffert a atraire

3549. (ms : *Chaastee*).
3557. (ms : *guivre*).
3562. *crient* : ind. prés. 3 de « craindre ».

3580 Tex gens dont il n'avoit que faire.
Mes certes je n'ai pas creance
Qu'il i ait eüe beance
De mavetié ne de folie.
Mes il est drois que Cortoisie,
3585 Qui est sa mere, li enseigne
Que d'acointier gens ne se faingne.
Il n'ama onques homme entulle.
En Bel Acuel n'a autre hulle,
Ce sachiés, n'autre encloeüre,
3590 Mes il est plains d'envoiseüre
Et se joe as gens et parole.
Sans faille, j'ai esté trop mole
/d/ De lui garder et chastier,
Si vous en veil merci crier.
3595 Se j'ai esté un poi trop lente
De bien faire, j'en sui dolente;
De ma folie me repens;
Mes je metré tout mon apens
Des or a Bel Acuel garder;
3600 Jamés ne m'en quier retarder.
— Honte, Honte, fet Jalosie,
J'ai grant poor d'estre trahie,
Car Licherie est haut montee,
Que tost porroie estre enchantee.
3605 N'est merveilles se je me dout,
Car Luxure regne partout,
Son pooir ne fine de croistre,
N'en abbaïe ne en cloistre
Chastaés n'est mes asseür;
3610 Por ce feré de noviau mur
Clore les rosiers et les roses;
Nes lerai pas issi descloses
Qu'en vostre garde poi me fi,
Car je voi bien et sai de fi
3615 Que en millor garde pert l'en.
Ja ne verrés passer un an,
Que l'en m'en tendroit por musarde
Se je ne m'en prenoie garde.
Mestiers est que je me porvoie.
3620 Certes je lor clorré la voie
A ceus qui por moi conchier
Viennent mes roses espier.

3609. (ms : n'es mes).

/32/   Il ne me sera ja paresce
            Que n'i face une forteresce
3625   Qui les rosiers clorra entor.
            Ou mileu avra une tor
            Por Bel Acuel metre en prison,
            Car j'ai poor de traïson.
            Je croi si bien garder son cors
3630   Qu'il n'avra pooir d'issir hors,
            Ne de compaignie tenir
            As garçons qui por moi honnir
            De paroles le vont chuant.
            Trop l'ont trové icil truant
3635   Fol et bergier au decevoir.
            Mes se je vif, sachiés de voir,
            Mar lor fist onques biau semblant. »
            A cest mot vint Poor tremblant,
            Mes elle fu si esbahie
3640   Quant elle a Jalousie oïe
            C'onques mot ne li osa dire
            Por ce qu'el la savoit en ire.
            Ensus se trait a une part
            Et Jalousie s'en depart.
3645   Poor et Honte lesse ensemble,
            Tout li megres du cul lor tremble.
              Poors, qui tint la teste encline,
            Parole a Honte sa cosine :
            « Honte, fet elle, mout me poise
3650   Dont il nous couvient avoir noise
            De ce dont nous ne poons maiz.
            Maintes fois est avril et maiz
/b/   Passé, c'onques n'eümes blame.
            Or nous corroce et nos mesame
3655   Jalousie, qui nos mescroit.
            Alons a Dangier orendroit,
            Si li dison bien et moutron
            Que il a fait grant mesprison
            Dont il n'a grignor pene mise
3660   A bien garder ceste porprise.
            Trop a a Bel Acuel souffert
            A fere son gré en apert.
            Si couvendra qu'il s'en ament,
            Ou sache bien certainnement

3635. *bergier* : « niais », comme le personnage dans la littérature.
3650. *dont* : « du fait que »; cf. 3743, 3768, *etc.*

3665 Foïr l'en estuet de la terre.
      Il ne garroit mie a la guerre
      Jalousie, n'a l'ataïne,
      S'elle le coilloit en haïne. »
          A cest conseil se sont tenues,
3670 Puis si sont a Dangier venues;
      Si ont trové le païsant
      Desous un aube espin gisant.
      Il ot en leu de chevessuel
      Sous son chief d'erbe un moncel;
3675 Il commençoit a somillier.
      Mes Honte le fist esvillier
      Qui le ledenge et li cort sore :
      « Comment dormés vous a ceste ore,
      Fet elle, par male aventure ?
3680 Fox est qui en vous s'asseüre
      De garder rose ne bouton
      Nes qu'en la coe d'un mouton.
/c/   Trop estes recreans et lasches,
      Qui deüssiés estre foraskes
3685 Et tout le monde estoutoier.
      Folie vous fist otroier
      Que Bel Acuel ceens meïst
      Home qui blamer vous feïst.
      Quant vous dormés, nous en avons
3690 La noise, qui riens n'en savons.
      Vous estiés vous ore couchiés ?
      Levés tost sus, et si bouchiés
      Tous les pertuis de ceste haie,
      Et n'i portés jamés manaie.
3695 Il n'afiert pas a vostre non
      Que vous faciés se dangier non.
      Se Bel Acuel est frans et dous,
      Et vous soiés fel et estous,
      Et plains de rampone et d'outrage.
3700 Vilains qui est cortois errage,
      [Ce oï dire en reprovier,
      Ne l'en ne puet fere esprevier
      En nule guise de busart.
      Tuit cil vous tiennent por musart
(3705) Qui vous ont trové debonaire.
      Voulés vous donques a gens plaire]
      Ne fere honor ne servise ?
      Ce vous vient de recreantise,
      Si avrés [més] par tout le los

3710 Que vous estes laches et mos
Et que vous creés jengleors. »
Lors a aprés parlé Poors :
« Dangier, dist elle, mout me mervel
Que vous n'estes en grant esveil
3715 De garder ce que vous devés.
Trop en porrés estre grevés,
Se l'ire Jalousie engraigne,
Qui est mout fiere et molt grifaigne,
Et de tencier appareillie.
3720 Elle a hui mout Honte assaillie,
Et a chacié par sa menace
Bel Acuel fors de ceste place,
Et juré qu'il ne puet durer
Que ne le face vif emmurer;
3725 C'est tout par vostre mavestié
Qu'en vous n'a mes point d'angretié.
Je croi que cuers vous est faillis;
Mes vous en serés mal baillis,
Et en avrés pene et ennui,
3730 S'onques Jalousie connui. »
       Lors leva li vilains sa houce,
Fronce du nés et s'esberouce,
Les dens estrains, les iex roeille,
Et fu plains d'ire et de rueille
3735 Quant il s'oï ensi blamer :
« Bien puis or, fet il, forcener
Quant vous me tenés por vaincu.
Certes or ai je trop vescu
Se cest porpris ne puis garder.
3740 Or me faites tout vif larder
Se jamés hons vivans i entre.
Mout ai iré le cuer ou ventre
Dont nus i mist onques les piés.
Miex vousisse de deus espiés
3745/33/ Estre ferus parmi le cors.
Je fis que fox, bien m'en recors,
Or l'amenderai par vous deus.
Jamés ne seré vergondeus
[De ceste porprise deffendre.
(3750) Se g'i puis nului entreprendre
Mieuz li vendroit estre a Pavie.

3726. (ms : angretier).
3748. (ms : n'en s.).

Jamés a nul jor de ma vie] H.
Ne m'en tendrés a recreant,
Je le vous jur et acreant. »
3755   Lors s'est Dangiers en piés dreciés,
Semblant fet d'estre correciez.
En sa main un baston a pris
Et vait cerchant par le porpris
S'il trovera pertuis ne trace
3760   De sentier qui a bouchier face.
Des or est mout changiés li vers,
Car Dangiers devient mout divers
Et plus mal qu'il ne soloit estre.
Mort m'a qui si l'a fait irestre,
3765   Car je n'avré jamés lesir
De veoir ce que tant desir.
Mout ai le cuer du ventre iré
Dont j'ai Bel Acuel adiré;
Et bien sachiés que tuit li membre
3770   Me fremissent quant il me membre
De la rose que je souloie
De pres veoir quant je voloie.
Et quant du baisier me recors
Qui me mist une odor ou cors
3775   Assés plus douce que n'est basme,
Par un poi que je ne me pasme.
Encor ai je ou cuer enclose
La tres grant doçor de la rose;
/b/   Et sachiés, quant il m'en sovient
3780   Que a consirrer m'en couvient,
Miex vodroie estre mors que vis.
Mar toucha la rose a mon vis
Et a mes yex et a ma bouche,
S'Amors ne soffre que g'i touche
3785   Tout derechief autre foïe.
Se j'ai la savour assaïe,
Tant est graindre la couvoitise
Qui esprent mon cuer et atise.
    Or revendront plor et sopir,
3790   Longues pensees sans dormir,
Friçons, espointes et complaintes.
De tex dolors avré je maintes,
Car je sui en enfer cheois.

3753. (ms *Ne ne t.*).
3787. « Le désir en est d'autant plus grand. »

Malebouche soit maleois !
3795 Sa langue desloiaus et fauce
M'a porchacie ceste sauce.
    Des or est temps que je vous die
La contenance Jalousie,
Qui est en male soupeçon.
3800 Ou païs ne remest maçon
Ne pionnier qu'ele ne mant.
Si fait faire au commencement
Entor les rosiers uns fossés
Qui couteront deniers assés ;
3805 Si sont mout lé et mout parfont.
Et li maçon par devant font
Un mur de quarriaus tailleïs,
Qui ne siet pas sus croleïs,
/c/ Ains est fondés sur roche dure.
3810 Li fondemens, sachiés, endure
Jusqu'au pié ou l'iaue descent,
Et vait amont en estrecent.
S'est li ovrages plus fort assés.
Li murs si est si compassés
3815 Qu'il est de droite quarreüre ;
Chascuns des pans vint toises dure,
Si est autant lons comme lés.
Les torneles sont lés a lés,
Qui sont richement bataillies,
3820 Et faites de pierres taillies.
Au quatre coignés en a quatre
Que l'en i fist par force embatre.
Et si y a quatre portaus,
Dont li mur sont espés et haus.
3825 Il en a un ou front devant,
Bien deffendable par couvent,
Et deus de costé et un derriere,
Qui ne doutent cop de perriere.
Si a bonnes portes coulans
3830 Por fere ceus dehors doulans,
Et por eus prendre et retenir
S'il osoient avant venir.
Ens ou milieu, par grant metrise,
Ont une tor dedens assise

3801. *mant* : subj. prés. 3 de « mander ».
3834. (ms : *ot.*)

3835 Cil qui du fere furent mestre.
      Nulle plus belle ne pot estre,
      Qu'el est et grant et lee et haute.
      Li murs ne doit pas faire faute
/d/   Por engin qui sache lancier,
3840 Car l'en destrempa le mortier
      De fort vinaigre et de chauz vive.
      La pierre est de roche naïve
      De quoi l'en fist le fondement;
      Si est dure cum aïment.
3845 La tour si fu toute reonde,
      Il n'ot si riche tour ou monde,
      Ne pardedens miex ordenee.
      Si est dehors entremellee
      D'un baille qui vient tout entor,
3850 Si qu'entre le mur et la tor
      Sont li rosier espés planté,
      Ou il a roses a plenté.
      Dedens le chastel a perrieres
      Et engins de maintes manieres.
3855 Vous peüssiés les mangonniaus
      Veoir pardessus les creniaus;
      Et as archieres tout entour
      Sont les arbalestes a tour
      Qu'armeüre n'i puet tenir.
3860 Qui prés du mur vodroit venir
      Il porroit bien fere que nices.
      Hors des fossés a unes lices
      De bons murs fors, a creniaus bas,
      Si que cheval ne poent pas
3865 Jusqu'as fossés fere l'entree,
      Qu'il n'i eüst avant mellee.
      Jalousie a garnison mise
      Ou chatel que je vous devise.
/34/ Si m'est avis que Dangier porte
3870 Les clés de la premiere porte
      Qui ovre devers Orient.
      Avec lui, au mien escient,
      A trente sergens touz a conte.
      Et l'autre porte garde Honte
3875 Qui ovre par devers midi.
      El fu mout sage et si vos di
      Qu'el ot sergens a grant plenté

3861. « Il pourrait bien se conduire comme un sot. »

        Prés de fere sa volenté.
        Poors ot grant connestablie
3880   Et fu a garder establie
        L'autre porte qui est assise
        A main senestre devers bise.
        [Poors n'i sera ja seüre
        S'el n'est fermee a serreüre;]
3885   Et si ne l'ovre pas souvent,
        Car quant el oit bruire le vent,
        Ou el ot saillir deus langoutes,
        Si li emprent, tel ore est, soutes.
        Malebouche, que Diex maudie,
3890   Qui ne pense fors a boidie,
        Si garde la porte detrois;
        Et sachiés que as autres trois
        Vait il et vient quant il li siet,
        Que il doit par nuit fere le guiet;
3895   Et si vait par nuit as creniaus
        Et atrempe ses chalemiaus
        Et ses musetes et ses cors;
        Une fois dist les et descors
        Et sons noviaus de Cornuaille
3900   A ses chalemiaus fez a taille.
/b/   Autre fois dist a la flaüte
        C'onques fame ne trova juste :
        [« Il n'est nule qui ne se rie
        S'ele ot parler de lecherie;]
3905   Ceste est pute, ceste se farde,
        Et ceste nicement regarde,
        Ceste est nice et ceste est fole
        Et ceste ci a trop parole ».
        Malebouche, que nul n'esperne,
3910   Sor chascun trove quelque herne.
        Jalousie, que Diex confonde,
        A garnie la tor reonde,
        Et si sachiés qu'el y a mis
        Des plus privés de ses amis
3915   Tant qu'il y a grant garnison.
        Et Bel Acuel est en prison
        Amont en la tor enserrez,
        Dont li huis est mout bien ferrez,
        Qu'il n'a pooir que il en isse.

3888. « Elle est souvent prise de panique. »
3908. (ms : *ceste nicement p.*).

3920   Une vielle, que Diex honnisse,
        Ot avec lui por lui guetier,
        Qui ne fesoit autre mestier
        Fors espier tant solement
        Qu'il ne se mainne folement.
3925/c/ Nus ne la peüst engignier
        Ne de signier ne de guignier.
        Il n'est baras qu'el ne congnoisse;
        Elle ot des biens et de l'angoisse
        Que Amors a ses gens depart
3930   En sa Jonece bien sa part.
            Bel Acuel se taist et escoute
        Por la vielle que il redoute
        Et n'est si hardis qu'il se mueve,
        Que la vielle en lui n'aparçoive
3935   Aucune fole contenance,
        Qu'ele set toute la vielle dance.
        Tout maintenant que Jalousie
        Se fu de Bel Acuel saisie,
        Qu'ele l'ot fait emprisonner,
3940   El se prist a asseürer.
        Son chatel, qu'ele vit si fort,
        Li a donné grant reconfort.
        El n'a mes garde que glouton
        Li emblent rose ne bouton.
3945   Trop sont li rosier cloz forment,
        Et en veillant et en dormant
        Puet elle bien estre a seür.
        Mes je, qui sui dehors le mur,
        Sui livrés a duel et a pene.
3950   Qui savroit quel vie je mene
        Il l'en devroit grant pitié prendre.
        Amors me set ores bien vendre
        Les biens qu'ele m'avoit pretés.
        Jes cuidoie avoir achetés,
3955/d/ Or les me vent tout de rechief.
        Car je sui a plus grant meschief
        Por la joie qu'ai receüe
        Que s'onques ne l'eüsse eüe.
            Que vous iroie je disant ?
3960   Je resemble le païsant
        Qui gete en terre sa semence
        Et a joie quant el commence

3938. (ms : Se se).

A estre bele et drue en herbe;
Mes avant qu'il en coille gerbe,
3965 L'empire, tel hore est, et grieve
Une male niele qui lieve
Quant li espi doivent florir,
Si fait le grain dedens morir,
Et l'esperance au vilain tost,
3970 Qu'il avoit eüe trop tost.
Je criens aussi avoir perdue
M'esperance et m'atendue,
Qu'Amors m'avoit tant avancié
Que j'avoie ja commencié
3975 A dire mes grans privetés
A Bel Acuel, qui apretés
Iere de recevoir mes geus.
Mes Amors est si orageus
Qu'il m'a tout tolu en une hore,
3980 Et torné ce dessus dessore.
      Or est aussi cum de Fortune,
Qui met une genz en rancune,
Autre hore les apele et chue.
En poi d'ore son semblant mue;
3985[35] Une hore rit et autre est morne.
Ele a une roe qui torne,
Et quant elle torne elle met
Le plus bas amont ou sommet,
Et celi qui est sus la roe
3990 Reverse a un tour en la boe.
Las! je sui cis qui est versés.
Mar vi le mur et les fossés
Que je n'os passer ne ne puis.
Je n'oi bien ne joie onques puis
3995 Que Bel Acuel fu en prison;
Car ma joie et ma garison
Ert toute en lui et en la rose
Qui est dedens le mur enclose;
Et de la couvendra qu'il isse,
4000 Se Amors viaut que je garisse,
Que ja d'aillors ne quier que j'aie
Honor, santé, ne bien ne joie.
      Ha! Bel Acuel, biaus dous amis,

3966. *Niele* : maladie des épis de blé.
3990. (ms : *autour*).
3998. (ms : *dedens mon cuer*).

          Se vous estes en prison mis,
4005   Gardés moi au mains vostre cuer,
          Et ne soffrés a nes un fuer
/b/   Que Jalousie la sauvage
          Mete votre cuer en servage
          Aussi cum el a fait le cors;
4010   Et s'el vous chastie dehors,
          Aiés dedens cuer d'aïmant
          Encontre son chastiement.
          Se li cors en prison remaint,
          Gardés au mains que li cuers m'aint.
4015   Frans cuers ne lest pas a amer
          Por batre ne por mesamer.
          Se Jalousie est vers vous dure
          Et vous fait ennui et laidure,
          Fetes li engrestié encontre;
4020   Et du dangier qu'ele vous montre
          Vous vengiés au mains en pensant,
          Car vous ne poés autrement.
          Se vous ensi le fesiés,
          Je m'en tendroie por paiés,
4025   Mes je sui en mout grant soussi
          Que vous nel faciés mie ensi,
          Car, se devient, vous me savés
          Mau gré de ce que vous avés
          Esté por moi mis en prison.
4030   Se n'est ce pas por mesprison
          Que j'aie encore vers vous faite;
          Onques par moi ne fu retraite
          Chose qui a celer feïst,
          Ains me poise, se Diex m'aïst,
4035   Plus qu'a vous de la mescheance,
          Car je soffre la penitance
/c/   Plus grant que nus ne porroit dire.
          Par un poi que je ne fons d'ire
          Quant il me membre de la perte
4040   Qui est si grant et si aperte.
          Si en ai duel et desconfort,
          Qui me donroit, ce croi, la mort.
          Las! j'en doi bien avoir poor
          Quant je sé que losengeor
4045   Et traïtour et envious
          Sont de moi nuire curious.

─────────────

4027. *se devient* : « peut-être ».

Ha! Bel Acuel, je sai de voir
Qu'il vous beent a decevoir
Et faire tant par lor favele
4050 Qu'il vous trairont a lor cordele;
Et, si devient, si ont il fait.
Je ne sai ore comment il vait,
Mes durement sui esmaiés
Que entroblié ne m'aiés;
4055 Si en ai duel et desconfort.
Jamés n'iert riens qui m'en confort
Se je pers vostre bien voillance,
Car je n'ai mes aillors fiance.

CONTINUATION PAR JEAN DE MEUN

Et si l'ai je perdue, espoir,
4060 A poi que ne me desespoir.
Desespoir ? las ! je non feré,
Ja ne m'en desespereré,
Car s'Esperance m'ert faillans,
Je n'i seroie ja vaillans.
4065 Issi me doi resconforter.
Amors por miex mes maus porter
/d/ Me dist qu'il me garantiroit
Et qu'avec moi partout iroit.
Mes de tout ce n'ai je que faire.
4070 S'el est cortoise et debonnaire,
El n'est de nulle riens certainne.
El mest les amans en grant pene
Et se fait d'aus dame et metrece.
Mains en deçoit par sa promesse,
4075 Et promet tel chose souvent
Dont el ne tendra ja couvent.
[Si est peril, se Diex m'ament,]
Car en amer maint bon amant
Par li se tiennent et tendront
4080 Qui ja nul jor n'i avendront.
L'en ne s'en set a quoi tenir,
Que l'en ne set qu'est avenir.
Por ce est fox qui s'en aprime,
Car quant el fait bon silogime,
4085 L'en doit touz jors avoir poor
Qu'el ne conclue du pior ;
Aucune fois l'a l'en veü ;
Maint en ont été deceü,
Et ne porquant si vodroit elle
4090 Que le meillor de la querele
Eüst cis qui la tient de soi.

Si sui fox quant blamer l'osoi.
Et que me vaut or son voloir
S'ele ne me fait desdoloir ?
4095 Voirs est qu'el n'i puet consel metre,
Fors solement que de promettre.
Promesse sans don ne vaut gaire.
/36/ Avoir me lest tant de contraire
Que nus n'en puet savoir le nombre.
4100 Dangier, Poor, Honte m'encombre
Et Jalousie et Malebouche
Qui envenime et qui entouche
Tous ceus dont el fait sa matire;
Par sa langue les livre a martire.
4105 Il ont en prison Bel Acuel
Qu'en tretous mes pensers acuel,
Et sai que s'avoir ne le puis
En brief termine morrai puis.
Ensorquetout forment m'arguë
4110 L'orde vieille, puans, mossue
Qui de si pres le set garder
Qu'il n'ose nuli regarder.
Mes or enforcera mes dieus
Sans faille. Voir est que li diex
4115 D'Amors trois dons, soe merci,
Me donna, mes je les pers ci :
Dous Penser, qui point ne m'aïde,
Dous Parlers, qui me faut d'aïde,
Li tiers avoit non Dous Regart;
4120 Perdu les ai, se Diex me gart.
Sans faille biau dons y ot, mes
Il ne me vaudront riens jamés
Se Bel Acuel n'ist de prison,
Qu'il tiennent a grant mesprison.
4125 Por lui morrai, a mon avis,
Il n'en istra, ce croi, ja vis.
Istra ? non voir, par quel proesse
/b/ Istroit il de tel forteresse ?
Par moi, voir, ne sera ce mie.
4130 Je n'ai, ce croi, de sens demie,
Ains fu grans dolor et grant rage
Quant au dieu d'Amors fis hommage.
Dame Oiseuse le me fist faire;
Honnie soit et son afaire,
4135 Qui me fist ou joli vergier
Par ma proiere herbergier !

Car s'el eüst nul bien seü,
Elle ne m'eüst pas creü;
L'en ne doit pas croire fol homme
4140 De la value d'une pomme;
Blamer le doit l'en et reprendre
Ains qu'en li laist folie emprendre.
J'estoie fox, et el me crut.
Onques por li bien ne me crut.
4145 El m'acompli tout mon voloir,
Si m'en estuet plaindre et doloir.
Bien le m'avoit Raison noté,
Tenir m'en puis por assoté,
Quant des lors d'amer ne recru
4150 Et le consel Raison ne cru.
    Droit ot Raison de moi blamer
Quant onques m'entremis d'amer.
Trop griés maus me couvient sentir;
Je m'en veil, ce croi, repentir.
4155 Repentir? las! je que feroie?
Traïtres, las, honnis seroie;
Maufé m'avroient envaï.
/c/ J'avroie mon seignor traï;
[Bel Acuel reseroit trahis.
(4160) Doit il estre par moi haïs]
Se por moi faire cortoisie
Languist en la tour Jalousie?
Cortoisie me fist il? Voire,
Si grant que nus nel porroit croire,
4165 Quant il vost que je trespassasse
La haie, et la rose baisasse.
Ne l'en doi pas mau gré savoir,
Ne je ne l'en savré ja voir.
Ja, se Dieu plaist, du dieu d'Amor
4170 Ne feré plainte ne clamor,
Ne d'Esperance ne d'Oiseuse,
Qui tant m'a esté gracieuse.
Non ferai mes, car tort avroie
Se de lor bien fait me plegnoie.
4175 Dont n'i a mes que du soffrir,
Et du cors a martire offrir
Et d'atendre bonne esperance
Tant qu'Amors m'envoit alejance.
    Atendre merci me couvient,

4175. « Il n'y a plus qu'à souffrir. »

4180   Car il me dist, bien me sovient :
        « Ton servise prendré en gré,
        Et te metré en haut degré
        Se mavaitié ne le te tost,
        Mes, espoir, ce n'iert mie tost. »
4185   Ce sont li dit tout mot a mot.
        Bien pert que tendrement m'amot.
        Or n'i a fors du bien servir,
        Se je veil son gré deservir.
        En moi seroient li defaut;
4190/d/ Ou Dieu d'Amors point ne defaut,
        Par foi, que dieux ne faillist onques.
        Certes il defaut en moi donques,
        Si ne sai je pas dont ce vient,
        Ne ne savré ja, ce devient.
4195   Or aut si cum aler porra,
        Face en Amors ce qu'il vorra
        Ou d'eschaper ou d'encorir,
        S'il veut, si me face morir.
        N'en vendroie jamés a chief,
4200   Si sui je mort se ne l'achief,
        Ou s'autres por moi ne l'achieve.
        Mes s'Amors, qui si fort me grieve,
        Por moi le voloit achever,
        Nus maus ne me porroit grever
4205   Qui m'avenist en son servise.
        Or aut du tout a sa devise.
        Mete y consau, s'il l'i viaut metre,
        Je ne m'en sai plus entremetre.
        Mes comment que de moi aviengne,
4210   Je li pri que il li souviengne
        De Bel Acuel aprés ma mort,
        Qui sans moi mal faire m'a mort.
        Et toutefois, por li deduire,
        A vous, Amors, ains que je muire,
4215   Des que ne puis porter son fes,
        Sans repentir me fais confés,
        Si cum font li loial amant,
        Et vueil faire mon testament :
        Au departir mon cuer li lez,
4220/37/ Ja ne seront autre mi lez.
        Tant cum ensi me dementoie

4190. « Il n'y a pas de défaut chez le dieu d'Amour. »
4206. (ms : or au).

Des grans dolors que je sentoie,
Ne savoie ou querre mire
De ma tristece ne de m'ire.
4225 Lors vi a moi droit revenant
Raison la bele, l'avenant,
Qui de sa tour jus descendi
Quant mes complaintes entendi.
« Biaus amis, dist Raison la bele,
4230 Comment se porte ta querele ?
Seras tu ja d'amer lassés ?
N'as tu pas eü mal assés ?
Que te semble des maus d'amer ?
Sont il trop dous ou trop amer ?
4235 En ses tu le millor eslire,
Qui te puisse aidier ou soffire ?
As tu or bon seignor servi,
Qui si t'a pris et asservi
Et te tormente sans sejor ?
4240 Il te mescheï bien le jor
Que tu homage li feïs.
/b/ Fox fus quant a ce te meïs.
Mes, sans faille, tu ne savoies
A quel seignor a faire avoies,
4245 Car se tu bien le cogneüsses,
Onques ses hons esté n'eüsses ;
Ou se tu l'eüsses esté,
Ja nel servisses un esté,
Non pas un jor, non pas une hore ;
4250 Ains croi que sans nulle demore
Son hommage li reneasses,
Ne jamés par amors n'amasses.
Cognois le tu point ? — Oïl, dame.
— Non faiz. — Si faz. — De quoi, par t'ame ?
4255 — De tant qu'il me dist : tu dois estre
Mout liés dont tu as si bon mestre
Et seignor de si haut renon.
— Cognois le tu de plus ? — Je non,
Fors tant qu'il me bailla ses regles
4260 Et s'enfoï plus tost q'uns egles,
Et je remés en la balance.
— Certes c'est povre cognoissance.
Mes or veil que tu le cognoisses,
Qui tant en as eü d'angoisses

4261. *je remés* : « je restai ».

4265   Que tous en es deffigurés.
        Nus las, chetis, maleürés
        Ne puet faiz emprendre greignor.
        Bon fait cognoistre son seignor,
        Et se cesti bien cognoissoies,
4270   Legierement issir porroies
        De la prison ou tant empires.
/c/   — Dame, ne puis, il est mes sires
        Et je ses liges hons entiers.
        Mout i entendist volentiers
4275   Mon cuer et plus en apreïst
        S'il fust qui leçon m'en preïst.
        — Par mon chief, je la te veil prendre
        Puisque ton cuer i veut entendre.
          Or te demonsterré sans fable
4280   Chose qui n'est pas demonstrable.
        Si savras tantost sans science,
        Et connoistras sans connoissance
        Ce qui ne puet estre seü
        Ne demoustré ne conneü,
4285   Quant a ce que ja plus en sache
        Nus hons qui son cuer y atache
        Ne que por ce ja mains s'en dueille,
        S'il n'est tex que foïr la vueille.
        Lors t'avré le nou desnoé
4290   Que touz jors troveras noé.
        Or y met bien t'entencion,
        Vez en ci la description.
          Amors, ce est paiz haïneuse,
        Amors est haine amoreuse;
4295   C'est loiautés la desloiaus,
        C'est desloiauté loiaus;
        C'est paor toute asseüree,
        Esperance desesperee;
        C'est raison toute forcenable,
4300   C'est forcenerie renable;
        C'est droit peril a forvoier,
/d/   Et nus ne s'i puet avoier;
        C'est Caripdis la perilleuse,
        Desagreable, gracieuse;

4285-89. « Avec l'idée que tout homme qui y consacre son cœur en
ait une meilleure connaissance sans pour autant souffrir moins, s'il
n'est pas de nature à vouloir renoncer. »

4302. (ms : et omis).

4303. Caripdis : Charybde, gouffre dangereux.

4305   C'est langor tretoute saintive,
        C'est santé toute maladive;
        C'est fain saoule en abondance,
        C'est couvoiteuse souffisance;
        C'est la soif qui tous jors est yvre,
4310   Ivrece qui soëf enyvre.
        C'est faus delit de tristor lie,
        C'est leesce la corroucie;
        Dous maus, douceur malicieuse,
        Douce sauce mal savoreuse;
4315   Entechiés de pardon pechiés,
        De pardon pechiés entechiés;
        C'est pene qui trop est joieuse,
        C'est felonnie la piteuse;
        C'est li geus qui n'est point estables,
4320   Estat trop fiers et trop muables,
        Force enferme, enfermetés fors
        Qui tant esmuet par ses esfors.
        C'est fol sens, c'est sage folie,
        Prosperité triste et jolie;
4325   C'est ris plains de plors et de lermes,
        Repos travaillans en tous termes;
        Ce est enfers li doucereus,
        C'est paradis li dolereus;
        C'est chartre qui prison solage,
4330   Printemps plains de fort yvernage;
        C'est taigne qui riens ne refuse,
/38/   Les porpres et les buriaus use,
        Car aussi bien sont amoretes
        Sous buriaus comme sous brunetes,
4335   Car nus n'est de si haut linage,
        Ne nul ne trueve l'en si sage,
        Ne de force si esprouvé,
        Ne si hardi n'a l'en trouvé,
        Ne qui tant ait autres bontés
4340   Qui par Amors ne soit dontés.
            Touz li mondes vait ceste voie.
        C'est li diex qui tous les desvoie,
        Se ne sont cil de male vie
        Que Genius escommenie
4345   Por ce qu'il font tort a Nature.
        Por ce se je n'ai de eus cure

4309. (ms : en yvre).
4337. (ms : foir).

Ne veil je pas que les gens aiment
De cele amor dont il se claiment
En la fin las, chetif, dolent,
4350   Tant les va Nature afolent.
Mes se tu viaus bien eschiver
Qu'Amors ne te puisse grever,
Et veus garir de ceste rage,
Ne pues boivre si bon bevrage
4355   Comme penser de li foÿr.
Ne autrement n'en pues joÿr :
Se tu le suis, il te suira,
Se tu le fuis, il te fuira.
          Quant j'oi Raison bien entendue,
4360   Qui por noient s'est debatue :
« Dame, fis je, de ce me vant,
/b/   Je n'en sai pas plus que devant.
A ce que m'en puisse retraire,
En ma leçon a tant contraire
4365   Que je n'en sai neant aprendre.
Si la sai je bien par cuer rendre,
Voire entendre quanqu'il y a,
Onques mon cuer n'en oblia,
Por lire en communement,
4370   Ne mes a moi tant seulement.
Mes puis qu'Amors m'avés descripte
Et tant blamee et tant despite,
Prier vous veil au defenir,
Si qu'il m'en puisse sovenir,
4375   Car ne l'oÿ defenir onques.
          — Volentiers, or i entent donques :
          Amors, se bien sui apensee,
C'est maladie de pensee
Entre deus persones anexes,
4380   Franches entr' eus, de divers sexes,
Venans as gens par ardor nee,
Par avision desordonee,
Por eus acoler et baisier
Et por eus charnelment aisier.
4385   Amors autre chose n'entent,
Ains s'art et delite et entent.
De fruit avoir ne fait il force,

4370. (ms : *amoi*).
4377-4388. définition tirée du *De Amore* d'André le Chapelain
(I, 1 et II).

En deliter sans plus s'efforce.
Si sont aucun de tel maniere
4390 Qui ceste amor n'ont mie chiere,
Toutefois frans amans se faignent,
Et par amors amer ne daignent,
/c/ Et se gabent ensi des dames,
Et lor prometent cors et ames,
4395 Et jurent mençonges et fables
A ceus qu'il truevent decevables
Tant qu'il ont lor delit eü.
Mais cil sont li mains deceü,
Car il vient miex adés, biau mestre,
4400 Decevoir que deceüs estre,
Meïmement en ceste guerre,
Quant le moien n'en sevent querre.
Car je sai bien, pas nel devin,
Continuer l'estre devin
4405 A son pooir voloir deüst
Quicunques o fame geüst,
Soi regarder en son semblable,
Por ce que tuit sont corrumpable,
Si que ja par succession
4410 Ne fausist generacion.
Car puisque pere et mere faillent,
Vuet Nature que les fiz saillent
Por recontinuer ceste ovre,
Si que par l'un l'autre recovre.
4415 Por ce y mist Nature delit,
Et si vuet que l'en s'i delit,
Que cil ovrier ne s'en foïssent,
Et que ceste ovre ne hahissent.
Maint n'i seroient ja atrait
4420 Se delis n'ert qui les y trait.
      Ainsi Nature y soutiva.
Sachiés que nus a droit n'i va
/b/ Ne n'a pas entencion droite
Qui, sans plus, delit y couvoite;
4425 Car cis qui va delit querant
Ses tu qu'il se fait ? Il se rant
Comme sers et chetis et nices
Au prince de tretous les vices.

4391. « Il feignent d'être de vrais amants. »
4415. delit : « plaisir ».
4419. (ms : ja trait.).

Car c'est de tous maus la racine,
4430   Si cum Tulles le determine
Ou livre qu'il fist *de Viellece*
Qu'il loe et viaut plus que Jonece,
Car Jonece met homme et fame
En tous peris de cors et d'ame,
4435   Et trop est fort chose a passer
Sans mort ou sans membre casser,
Ou sans faire honte ou damage
Ou a soi ou a son linage.
[Par Jonece s'en va li hons
(4440) En toutes dissolucions
Et suit les males compaignies
Et les desordenees vies
Et mue son propos souvent.
Ou se rant en aucun couvent,
(4445) Qu'il ne set garder la franchise
Que Nature avoit en lui mise,
Et cuide prendre au ciel la grue
Quant il se met iluec en mue,
Et remaint tant qu'il soit profés;
(4450) Ou, s'il resent trop grief le fes,
Si s'en repent et puis s'en ist;
Ou sa vie, espoir, i fenist,
Qu'il ne s'en ose revenir
Pour honte qui l'i fait tenir,
(4455) Et contre son cuer i demeure.
La vit a grant mesese et pleure
La franchise qu'il a perdue,
Qui ne li puet estre rendue,
Se n'est que Diex grace li face,
(4460) Qui sa mesaise si efface
Et le tiegne en obedience
Par la vertu de pacience.] H.
Jonece met homme es folies,
Es boules et es ribauderies,
4465   Es luxures et es outrages,
Es mutacions des corages,
Et fait commencier les mellees
Qui puis sont envis desmellees.
En tex peris le met Jonece,
4470   Qui le cuer a Delit adrece.
Ensi Delit enlace et mene

4430. Cicéron, *De Senectute*.

Le cors et la pensee humene
Par Jonece sa chamberiere,
Qui de mal faire est coustumiere
4475 Et des gens a Delit atraire.
Il ne quierent autre ovre faire.
/39/ Mes Viellece les en rechace,
Et qui ne le set, si le sace,
Et le demant as anciens
4480 Que Jonece ot en ses liens,
Qu'il lor remembre encore assés
Des grans peris qu'il ont passés
Et des folies qu'il ont faites;
Dont les forces lor a fortraites
4485 Avec les foles volentés
Dont il seulent estre temptés,
Viellece, qui les acompaigne,
Qui mout lor est bonne compaigne
Et les ramaine a droite voie
4490 Et jusqu'en la fin les convoie.
Mes mal emploie son servise,
Que nus ne l'aime ne ne prise
Au mains jusqu'a ce, tant en soi,
Que la vousist avoir o soi,
4495 Car nus ne veut viex devenir
Ne jones sa vie fenir.
Si s'esbahissent et merveillent,
Quant en lor remembrance veillent
Et des folies lor souvient,
4500 Si cum sovenir lor couvient,
Comment il firent tel besoigne
Sans recevoir honte et vergoigne;
Ou se honte et domage y orent,
Comment encor eschaper porent
4505 De tel peril sans pis avoir
Ou d'ame ou de cors ou d'avoir.
/b/ Et ses tu ou Jonece maint,
Que tant prisent maintes et maint ?
Delit la tient en sa maison,
4510 Qui n'est mie bien de saison,
Et vuet que Jonece la serve.
Por neant fust elle sa serve.
Et elle si fait volentiers

4512. « (à côté de ce service) celui où elle tiendrait sa servante ne
serait rien. »

Et la trace par tous sentiers
4515   Et son cors a bandon li livre :
El ne vodroit pas sans li vivre.
Et Viellece, sés ou demore ?
Dire le te veil sans demore,
Car la te couvient il aler
4520   Se Mors ne te fait desvaler
Ou temps de Jonece en sa cave,
Qui mout est tenebreuse et have.
Travail et dolor la herbergent,
Car il la lient et enfergent
4525   Et tant la boutent et tormentent,
Que mort prochene li presentent,
Et talent de soi repentir,
Tant li font de fleaus sentir.
Adont li vient en remembrance
4530   En ceste tardive presence,
Quant el se voit foible et chenue,
Que mal talent l'a deceüe,
Jonece, qui tout a gité
Son preterit en vanité,
4535   Et qu'ele a sa vie perdue
Se du futur n'est secorue,
/c/   Qui la soutiengne en penitance
Des maus qu'ele fist en s'enfance,
Et par bien faire en ceste painne
4540   Au soverain bien la ramainne
Dont Jonece la decevroit,
Qui des vanités l'abevroit;
Car le present si poi li dure
Qu'il n'i a conte ne mesure.
4545   Mes, comment que la besoigne aille,
Qui veut joïr d'amors sans faille,
Fruit i doit querre cis et cel
Quele que soit, dame ou pucele,
Ja soit ce que du deliter
4550   Ne doivent pas lor part quiter.
Mes je sai bien qu'il en sont maintes
Qui ne veulent pas estre ençaintes,
Et s'eus le sont, il lor em poise,
Si n'en font eles plet ne noise,
4555   Se n'est aucune fole nice
Ou Honte n'a point de justice.
    Briement tuit a Delit s'acordent
Cil qui a tel ovre s'amordent,

Se ne sont gens qui riens ne vaillent,
4560 Qui por deniers vilment se baillent,
Qui ne sont pas des lois liees
Par lor ordes vies soillies.
    Certes la fame n'iert ja bonne
Qui por dons prendre s'abandonne.
4565 Nus honz ne se devroit [ja] prendre
A fame qui sa char veut vendre.
/d/ Pense il que fame ait son cors chier
Qui tout vif le soffre escorchier ?
Bien est chetis et defoulés
4570 Hons qui si vilment est boulés,
Qui cuide que tel fame l'aime
Porce que son ami le claime
Et qu'el li rist et li fait feste.
Certainement nulle tel beste
4575 Ne doit estre amie clamee
Ne n'est pas digne d'estre amee.
L'en ne doit riens prisier moillier
Qui homme bee a despoillier.
Je ne di pas que bien n'en port
4580 Et par solas et par deport
Un joelet, se ses amis
Le li a donné ou tramis ;
Mes qu'ele pas ne li demant,
Que lors le prendroit ledement ;
4585 Et des siens aussi li redoigne,
Se faire le puet, sans vergoigne.
Ensi lor cuers ensemble joignent,
Bien s'entraiment, bien s'entredoignent.
Ne cuidiés pas que jes dessemble ;
4590 Je vueil bien qu'il aillent ensemble
Et facent quanque doivent faire
Comme cortois et debonnaire ;
Mes de la fole amor se gardent
Dont li cuer esprennent et ardent,
4595 Et soit l'amor sans convoitise
Qui les faus [cuers] de prendre atise.
/40/ Bon amor doit de fin cuer nestre,
Dont n'en doivent pas estre mestre
Nes que font corporel soulas.
4600 Mes l'amor qui te tient ou las
Charnel desir te represente,
Si que tu n'as aillors entente.
Por ce veus tu la rose avoir,

Tu n'i songes nul autre avoir.
4605   Mes tu n'en es pas a deus doie,
C'est ce qui la piau te maigroie
Et qui de toute vertu t'oste.
Mout receüs dolereus hoste
Quant Amors onques hostelas;
4610   Mavés oste en ton ostel as.
Por ce te los que hors l'en boutes;
Il te tost tes pensees toutes
Qui te doivent a preu torner;
Ne l'i lesse plus sejorner.
4615   Trop sont a grant meschief livré
Cuer qui d'amors sont enyvré;
En la fin auques le savras,
Quant ton temps perdu y avras
Et degastee ta jonece
4620   En ceste dolente leece.
Se tu pues encore tant vivre
Que d'Amors te voies delivre,
Le temps qu'avras perdu plorras,
Mes recouvrer ne le porras.
4625   Encor, se par tant, en eschapes!
Car en l'amor ou tu t'entrapes
/b/   Maint i perdent, bien dire l'os,
Sens, temps, chatel, cors, ame et los. »
          Ensi Raison me preeschoit,
4630   Mes Amors tout empeeschoit
Que riens a ovre n'en meïsse,
Ja soit ce que bien entendisse
Toute mot a mot la matire;
Mes Amors si forment me tire,
4635   Qui par tretous mes pensers chace
Cum cis qui partout a sa chace,
Et tous jors tient mon cuer sous s'ele,
Hors de ma teste, a une pele,
Qui au sermon seant m'aguiete,
4640   Par une des oreilles giete
Quanque Raison en l'autre boute,
Si qu'ele pert sa pene toute
Et m'emple de corrous et d'ire.
Lors li pris cum iriés a dire :
4645   « Dame, bien me voulés trahir.
Doi je donques les gens haïr ?
Donc harré je toutes personnes ?
Puis qu'amors ne sont mie bonnes,

Jamés n'amerai d'amors fines,
4650 Ains vivrai touz jors en haïnes ?
Adont seré mortel pechierre
Voire, par Dieu, pire que lierre !
A ce ne puis je pas faillir,
Par l'un me couvient il saillir :
4655 Ou j'amerai ou je harai.
Mes, espoir, [que je] comparrai
[c] Plus la haïne, au derrenier,
Tout ne vaille amors un denier.
Bon consel m'avés or donné,
4660 Qui touz jors m'avés sermonné
Que je doie d'Amors recroire !
Or est fox qui ne vous vuet croire !
     Si m'avés vous ramenteüe
Une [autre] amor desconneüe
4665 Que je ne vous oi pas blamer,
Dont gent se pueent entramer.
Se vous la vouliés defenir,
Por fol me porroie tenir
Se volentiers ne l'escoutoie,
4670 Savoir au mains se je porroie
Les natures d'amors aprendre,
S'il vous i plaisoit a entendre.
— Certes, biaus amis, fox es tu,
Quant tu ne prises un festu
4675 Ce que por ton preu te sermon ;
S'en veil encor faire un sermon,
Car de tout mon pooir sui preste
D'acomplir ta bonne requeste ;
Mes ne sai s'il te vaudra guieres.
4680 Amors sont de plusors manieres,
Sans cele qui ci t'a trouvé
Et de ton droit sens remué.
De male hore fus ses acointes ;
Por Dieu, gar que plus ne l'acointes !
4685   Amitié est clamee l'une :
C'est bonne volenté commune
[d] De gens entr'eus sans demorance
Selon la lor bonne voillance.
Et soit entr'eus communité
4690 De tous lor biens en charité,
Si que par nulle entencion
Ne puisse avoir excepcion,
Ne soit l'un d'aidier l'autre lent,

Cum homme ferm, sage et celent
4695   Et loial, ou riens ne vaudroit
Le sens ou loiauté faudroit.
Que l'un quanqu'il ose penser
Puisse a son ami recenser
Comme a soi soul seürement,
4700   Sans soupeçon d'accusement.
Iteles amors avoir seulent
Qui parfetement amer vueulent.
Ne puet estre si amïable
S'il n'est si fers et si estable
4705   Que por fortune ne se mueve,
Si qu'en un point touz jors le trueve,
Ou riche ou povre, ses amis,
Qui tout en li son cuer a mis.
Et s'a povreté le voit tendre,
4710   Il ne doit mie tant atendre
Que cis s'aÿde li requiere,
Car bonté faite par priere
Est trop malement chier vendue
As cuers qui sont de grant value.
4715   Mout a vaillans hons grans vergoigne
Quant il requiert que l'en li doigne;
/41/   Mout pense et mout se soucie,
Mout a mesaise ainçois qu'il prie,
Tel honte a de dire son dit,
4720   Et tant redoute l'escondit.
Mes quant un tel en a trouvé,
Qu'il a tant en soi esprouvé
Que bien est certains de s'amor,
Faire li vuet joie et clamor
4725   De touz ses cas que penser ose,
Sanz honte avoir de nulle chose;
Et comment en avroit il honte
Se cis est tex cum je te conte ?
Quant son secré dit li avra,
4730   Jamés li tiers ne le savra
[Ne du reproiche n'a il garde,
Car sages hons sa langue garde.
Ce ne savroit mie fox faire,
Nus fox ne set sa langue taire.]
4735   Et saches il le secorra
De tretout quanque il porra,

4694. (ms : *ferme*).

Plus liés du faire, au dire voir,
Que ses amis du recevoir.
Et s'il ne li fait sa requeste,
4740   N'en a il pas mains de moleste
Que cis qui la li a requise,
Tant est d'amors grant la mestrise.
Et de son duel la moitié porte
Et quanqu'il puet le reconforte,
4745   Et de la joie a sa partie :
Cele amor est a droit partie.
      Par la loi de ceste amitié
Dist Tulles en un sien ditié
Que bien devons faire requeste
4750   A nos amis, s'ele est honeste,
[Et leur requeste refaison
S'ele contient droit et raison.]
/b/   Ne doit pas estre autrement fete,
Fors en deus cas qu'il en excepte :
4755   S'en les devoit a mort livrer,
Penser devons du delivrer;
Se l'en assaut lor renomee,
Gardon que ne soit diffamee.
En ces deus cas les loit deffendre
4760   Sanz droit et sanz raison atendre.
[Tant comme amor puet escuser
Ce ne doit nus hons refuser.]
Ceste Amor que je ci t'espos
N'est pas contraire a mon propos;
4765   Ceste vuel je bien que tu sives,
Et vuel que l'autre amor eschives.
Ceste a toute vertu s'amort,
Mes l'autre met les gens a mort.
      D'une amor te vuel ci retraire
4770   Qui est a bonne amor contraire
Et forment refait a blamer :
C'est fainte volenté d'amer
En cuers malades du mehaing
De convoitise du gaaing.
4775   Cest amor est en tel balance,
Si tost cum l'en pert esperance
Du profit que l'en vuet ataindre,
Faillir la couvient et estaindre,

4748. Cicéron, *De Amicitia.*
4759. *loit* : « laisse ». H : *laist.*

Car ne porroit estre amoreus
4780   Cuers qui n'aime les gens por eus,
Ains se faint et les va flatant
Por le profit qu'il en atent.
    C'est l'amor qui vient de Fortune,
Qui s'esclipse comme la lune
(4785)   [Que la terre obnuble et enombre
Quant la lune chiet en son ombre,
S'a tant de sa clarté perdue
Con du soleil pert la veüe,
Et quant el ra l'ombre passee,
(4790)   Si revient toute enluminee
Des rais que li solaus li montre,
Qui d'autre part reluist encontre;
Ceste amor est d'autel nature,
Car or est clere, or est ocure.
(4795)   Si tost cum Povretés l'afuble
De son hideus mantel obnuble,
Qu'el ne voit mais richeces luire,
Ocurcir la couvient et fuire;
Et quant richeces li reluisent,
(4800)   Toute clere la raconduisent,
Qu'el faut quant les richeces faillent
Et saut si tost comme eus resaillent.]
/c/   De l'amor que je ci te nomme
Sont amé tuit li riche homme,
4805   Especiaument li aver,
Qui ne vuelent lor cuers laver
De la grant ardor et du vice
De la convoiteuse avarice.
Plus est cornars que cers ramés
4810   Riches hons qui cuide estre amés.
N'est ce mie grant cornardie ?
Il est certains qu'il n'aime mie,
Et comment cuide il que l'en l'aime
S'il en ce por fol ne se claime ?
4815   En ce cas n'est il mie sages
Nes que est uns [biaus] cers ramages.
Par Dieu, cis doit estre amiables
Qui desirre amis veritables.
Cis n'aime pas, prouver le puis,
4820   Quant il a sa richesse, puis
Que ses povres amis esgarde

4785-802. Texte rétabli d'après l'édition Langlois.

Et devant eus la tient et garde,
Et touz jors garder la propose
Tant que la bouche li soit close
4825   Et que male mort l'acravent;
Car il se lesseroit avant
Le cors par membres departir
Qu'il la lessast de lui partir,
Si que point ne lor en depart.
4830   Dont n'a ci point amors de part,
Car comment seroit amitié
En cuer ou n'a point de pitié ?
[Certains en rest quant il se fait,
Car chascuns set son propre fait.
(4835)   Certes, mout doit estre blamés
Hons qui n'aime ne n'est amés.]
/d/   Et puis qu'a Fortune venons,
Quant de s'amor sermon tenons,
Dire t'en vuel fiere merveille,
4840   Onc, ce croi, n'oïs sa pareille.
Ne sai se tu le porras croire,
Toute voies est chose voire,
Et si la trueve l'en escrite :
Que miex vaut as genz et profite
4845   Fortune perverse et contraire
Que la douce et la debonnaire.
Et se ce te semble doutable,
C'est bien par argumens provable,
Que la debonnaire et la mole
4850   Lor nuit et boule et afole
Et les alete comme mere
Qui ne semble estre point amere :
Et lor semble estre mout loiaus
Quant lor depart de ses joiaus
4855   Comme d'onors et de richesses,
De dignités et de hautesses,
Et lor promet estableté
En estat de muableté,
[Et tous les paist de gloire vaine
(4860)   En la beneürté mondaine]
Quant sus sa roe les fait estre;
Lors cuident estre si grant mestre,
[Et leur estaz si fers voeir
Qu'il n'en puissent jamais choeir.]

4843. (ms : *et sa la*).

4865[42]   Et quant en tel point les a mis
            Croire lor fait qu'il ont d'amis
            Tant qu'il ne les sevent nombrer,
            N'il ne s'en pueent descombrer
            Qu'il n'aillent entor eus et viengnent
4870   Et que por seignors ne les tiengnent,
            Et lor prometent lor servises
            Jusqu'au despendre lor chemises,
            Voire jusques au sanc espendre
            Por eus garentir et deffendre,
(4875)   [Prest d'obeïr et d'aus ensivre
            A touz les jors qu'il ont a vivre.]
            Et cil qui tex paroles oient
            S'en glorefient et les croient
            Aussi cum ce fust evangile.
4880   Et tout est flaterie et guile
            Si cum il aprés le savroient
            Se lor avoir perdu avoient,
             [Qu'il n'eüssent ou recovrer :
            Lors verroient amis ovrer,
(4885)   Car de cent amis aparanz,
            Soient compaignons ou parenz,
            S'uns lor en pooit demorer,
            Dieu en devroient aorer.]
            Ceste Fortune que j'ai dite,
4890   Quant avec les hommes habite,
            Elle trouble lor connoissance
            Et les norrist en ignorance.
            Mes la contraire et la perverse,
            Quant de lor grant estat les verse
4895   Et les tombe au tor de la roe,
             Du sommet envers en la boe,
            Et lor assiet, comme marrastre,
            Au cuer un dolereus emplastre
            Destrempé, non pas de vin aigre,
4900   Mes de povreté lasse et megre,
            Ceste moustre qu'ele est vroie,
            Et que nus fier ne se doie
/b/   En la beneürté Fortune,
            Qu'il n'i a segurté nes une.
4905   Ceste fait connoistre et savoir,
            Des qu'il ont perdu lor avoir,
            De quel amor cil les amoient

4870. (ms : *ne le t.*).

Qui lor ami avant estoient;
Car ceus que beneürté donne,
4910 Maleürté si les estonne
Qu'il deviennent tuit anemi,
N'il n'en remaint un ne demi,
Ains les fuient et les renoient
Si tost comme povres les voient.
4915 Encor pas a tant ne s'en tiennent,
Mes par tous les leuz ou il viennent
Blamant les vont et diffamant
Et fox maleüreus clamant.
[Nes cil a cui plus de bien firent,
(4920) Quant en lors grant estat se virent,
Vont tesmoignant a voiz jolie
Qu'il lor pert bien de lor folie.]
N'en truevent nus qui les secorent.
Mes li vrai ami lor demorent
4925 Qui ont les cuers de tex nobleces
Qu'il n'aiment pas por les richeces
Ne por nul preu qu'il en atendent.
Cil les secorent et deffendent,
Car Fortune en eus riens n'a mis.
4930 Touz jors aime qui est amis.
[Qui seur ami trairoit s'espee
N'avroit il pas l'amor copee,
Fors en ces cas que je veil dire :
L'en le pert par orguel, par ire,
(4935) Par reproiche et par reveler
Les secrez qui font a celer,
Et par la plaie doulereuse
De detraction venimeuse.
Amis en ces cas s'en fuiroit,
(4940) Nule autre chose n'i nuiroit.
Mes tel ami mout bien se pruevent
S'il entre mil un seul en truevent.]
Et por ce que nulle richece
A valor d'ami ne s'adrece,
4945 N'el ne porroit si haut ataindre
Que valor d'ami ne fust graindre,
Qu'adés vaut miex amis en voie
Que ne font denier en corroie;

4923. (ms : *Ne cil pas ne les secorent*).
4941-42. « Mais de tels amis il faut s'estimer heureux s'ils en
trouvent un entre mille (après avoir perdu leur fortune). »

/c/   Et Fortune, la mescheans,
4950   Quant sus ses hommes est cheans,
                    Si lor fait par son mescheoir
                    Tretout si clerement veoir
                    Et lor fait lor amis trouver
                    Et par experiment prouver
4955   Qu'il valent mieux que nul avoir
                    Qu'il peüssent ou monde avoir,
                    Dont lor profite adversités
                    Plus que ne fait prosperités,
                    [Car par ceste ont il ignorance
(4960)   Et par adversité science.]
                        Et le povre, qui par tel prueve
                    Les fins amans des fais esprueve,
                    Et les cognoit et les devise,
                    Quant il ert riches a devise,
4965   Que tuit a touz jors li offroient
                    Cuer et cors et quanqu'il avoient,
                    Que vosist il acheter lores
                    Qu'il en seüst ce qu'il set ores ?
                    Mains eüst esté deceüs
4970   S'il s'en fust lors aperceüs.
                    Dont li fait gregnor avantage,
                    Puis que d'un fol a fait un sage
                    La mescheance qu'il reçoit
                    Que richece qui le deçoit.
4975   Si ne fait pas richece riche
                    Celi qui en tresor la fiche,
                    Car soffisance solement
                    Fait homme vivre richement;
                    Car tex n'a pas vaillant deus miches
4980   Qui est plus aaise et plus riches
/d/   Que tex a cent muis de froment,
                    Si te puis bien dire comment :
                    Il en est, espoir, marcheans,
                    Si est son cuer si mescheans
4985   Qu'il s'en est souciés assés
                    Ains que cis tas fust amassés,
                    Ne ce cesse de soucier
                    D'aquerre et de monteplier,

4949. « Et parce que fortune... »
4964. (ms : *est*).
4967. « A quel prix aurait-il consenti à les acheter alors, s'il avait su
ce qu'il sait maintenant. »

Ne jamés assés n'en avra,
4990   Ja tant aquerre ne savra.
Mes li autres, qui ne se fie
Ne mes qu'il ait au jor la vie,
Et bien li souffist sa gaaingne,
Quant il se vit de ce qu'il gaaingne,
4995   Ne ne cuide que riens li faille,
Tout n'ait il vaillant une maille,
Mes bien voit que il gaaingnera
Por mengier, quant mestier sera,
Et por recovrer chaucement
5000   Et convenable vestement;
Ou s'il avient qu'il soit malades
Et truist toutes viandes fades,
Si se pense il toute voie
Por soi garder de male voie
5005   Et por soi geter de dengier,
Qu'il n'avra mestier de mengier;
Ou que de petit de vitaille
Se passera, comment qu'il aille;
Ou iert a l'ostel Dieu portés,
5010   La sera mout reconfortés;
/43/   Ou, espoir, il ne pense point
Que ja puist venir en ce point;
Ou s'il croit que ce li aviengne,
Pense il, avant que mal le tiengne,
5015   Que tout a tans espargnera
Por soi chevir quant la sera;
Ou se d'espargnier ne li chaut,
Que poi li est comment qu'il aut,
Ou que la fain morir le face,
5020   Pense il, espoir, et s'i solace,
Que quant plus tost definera,
Plus tost en paradis ira,
Qu'il croit bien que Diex li present
Quant il lera l'exil present
5025   (Pitagoras redist neïs,
Se tu onques son livre veïs
Que l'en appelle Vers dorés,
Por les dis du livre honorés :
« Quant tu du cors departiras,
5030   Touz frans ou saint ciel t'en iras

4991. Il faut attendre le vers 5063 pour trouver le verbe principal
sont.

Et lesseras humanité,
Vivans en vraie deïté. »
Mout est chetis et fox naïs
Qui croit que ci soit son païs :
5035   Nostre païs n'est pas en terre,
Ce puet l'en bien des clers enquerre
Qui Boece *De Confort* lisent
Et les sentences qui la gisent;
Dont granz biens a genz laiz feroit
5040   Qui bien les lor translateroit);
/b/   Ou s'il est tex qu'il puisse vivre
De ce que sa rente li livre,
N'il ne desirre autrui cheté,
Ains cuide vivre sanz povreté,
5045   Car, si cum dient nostre mestre,
Nus n'est chetiz s'il nel cuide estre,
Soit rois, chevaliers ou ribaus
(Maint ribaut ont les cuers si baus,
Portans sas de charbon en Grieve,
5050   Que la pene riens ne lor grieve,
Qu'il en pacience travaillent
Et balent et tripent et saillent
Et vont a Saint Marcel as tripes,
Et ne prisent tresor deus pipes,
5055   Ains despendent en la taverne
Tout lor gaaing et lor esperne;
Puis revont porter les fardiaus
Par leesce, non pas par diaus,
Et loiaument lor pain gaaignent
5060   Quant embler ne tolir ne daignent,
Puis revont au tonnel et boivent
Et vivent si cum vivre doivent)
Tuit cil sont riche en habondance,
Qui cuident vivre en soffisance,
5065   Plus, ce set Diex droituriers,
Que s'il estoient usuriers;
Car usurier, bien le t'afiche,
Ne porroient pas estre riche,
Ains sont tant povre et soufraiteus,
5070   Tant sont aver et couvoiteus.
/c/   Et si rest voir, cui qu'il desplese,
Que nus marcheans ne vit ese,
Car son cuer a mis en tel guerre

5058. *Diaus* : régime pluriel de *deuil*, « doleur, tristesse ».

Qu'il art touz jors de plus aquerre
5075   Ne ja n'avra assés aquis,
Qu'il crient perdre l'avoir aquis,
Et court aprés le remanant,
Dont ja ne se verra tenant,
Car de riens desirier n'a tel
5080   Comme d'aquerre autrui chatel.
Emprise a merveilleuse peine :
[Il bee a boivre toute Seine,
Dont ja tant boivre ne pourra
Que touz jors plus en demourra.]
5085   C'est la destrece, c'est l'ardure,
C'est l'angoisse qui touz jors dure,
[C'est la douleur, c'est la bataille
Qui li detranche la coraille]
Et le destraint en tel defaut :
5090   Cum plus aquiert, et plus li faut.
    Advocas et phisicien
Resont tuit lié d'un lien;
Cil por deniers science vendent,
Tretuit a ceste hart se pendent.
5095   Tant ont le gaaing dous et sade,
Chascuns vodroit por un malade
Qu'il a, qu'il en eüst quarente,
Et cis por une cause trente,
Voire cent, voire deus mile;
5100   Tant les art convoitise et guile.
    Si sont devin qui vont par terre;
Quant il preeschent por aquerre
Honors ou graces ou richeces,
Il ont les cuers en tex destreces.
5105   Cil ne vivent pas loiaument;
Mes sor touz especiaument
/d/   Icil por vainne gloire tracent;
La mort de lor ames porchacent.
Deceüs y a grans devinierres,
5110   Car sachiés que tex preeschierres
Cum bien qu'il as autres profit,
A soi ne fait il nul profit,
Car bonne predication
Vient bien de male entention,
5115   Qui n'a rienz a celi valu,
Tout face elle as autres salu,
Car cil i prennent bon exemple,
Et cis de vaine gloire s'emple.

Mes lessons des preescheors
5120 Et parlons des entasseors.
Certes Dieu n'aiment ne ne doutent,
Quant tex deniers en tresor boutent
Et plus que mestier n'est les gardent,
Quant les povres defors esgardent
5125 De froit trambler, de fain perir;
Diex le lor savra bien merir.
Trois granz mescheances aviennent
A ceus qui tel vie maintiennent :
Par grant travail quierent richeces;
5130 Poor les tient en granz destreces
Tendis que du garder ne cessent;
En la fin a dolor les lessent.
En tel torment muerent et vivent
Cil qui les granz richeces sivent.
5135 Mes ce n'est fors par le defaut
D'amors, qui par le monde faut;
Car cil qui richeces amacent,
/45/ S'en les amast et il amassent
Et bone amor par tout regnast,
5140 Que mavetié ne la frenast,
Mes plus donnast qui plus eüst
A ceus que soufreteus seüst,
Ou preter, non pas a usure,
Mes par charité nete et pure,
5145 Par quoi cil a bien entendissent
Et d'Oiseuse se deffendissent,
Ou monde nul povre n'eüst
Ne nul honor l'en n'i deüst.
Mes tant est li mondes endables
5150 Qu'il ont faites amors vendables.
Nus n'aime fors pour son preu faire,
Por donz ou por service traire.
Neïs fames se vuelent vendre;
Male fin puist tel vente prendre!
5155   Ensi Barat a tout honni
Por qui les biens, jadis onni,
Furent as gens approprié.
Or sont d'avarice lïé
Qu'il ont lor naturel franchise
5160 A vil servitute soumise,
Qu'il sont tuit serf a lors deniers

5139. (ms : *bon a.*)

Qu'il tiennent [clos] en lor greniers.
Tiennent ? Certes, mes sont tenu
Quant a tel meschief sont venu.

5165   De lor avoir ont fet lor mestre
Li chetif botereau terrestre.

/b/   L'avoir n'est preus fors por despendre,
Ce ne sevent il pas entendre,
Ains vuelent [tuit] a ce respondre :

5170   « Avoir n'est preus fors por repondre. »
N'est pas voirs, mes bien le reponent,
Ja nel despendent ne ne donnent :
Quanque soit, iert il despendus
S'en les avoit tretouz pendus ;

5175   Car en la fin, quant mort seront,
A qui que soit le lesseront
Qui liement le despendra,
Ne ja nul preu ne lor tendra ;
N'il n'est pas seür encores

5180   S'il le garderont jusqu'a lores,
Car tex y porroit la main metre
Qui s'en feroit seignor et mestre.
As richeces font grant ledure
Quant il lor tolent lor nature.

5185   Lor nature est que doivent corre
Por les genz aidier et secorre
Sanz estre si fort enserrees :
A ce les a Diex aprestees.
Or les ont en prison repotes.

5190   Mes les richeces de tex hostes,
Qui miex selonc lor destinees
Deüssent estre traïnees,
Se vengent honorablement,
Car aprés eus honteusement

5195   Les traïnent, sachent et hercent,
De trois glaives le cuer lor percent.

/c/   Le premier est travail d'aquerre ;
Le secont, qui le cuer lor serre,
C'est poor qu'on nes tole ou emble

5200   Quant il les ont mises ensemble,
Dont il s'esmaient sans cesser ;

5174. « Même si on les avait tous pendus (pour qu'il ne soit pas dépensé). » Hyperbole banale signifiant « de toute façon ».

5189. *repotes* : participe passé de *repondre*, « cacher ». La forme normale est donnée par H : *repostes*.

Li tiers est dolor du lesser.
Si cum je t'ai dit ci devant,
Malement se vont decevant.

5205   Ensi Pecune se revanche,
Comme dame roïne et franche,
Des sers qui la tiennent enclose.
En pez se tient et se repose
Et fait les mescheans veillier
5210   Et soucier et traveillier.
Sous piés les tient si cors et donte,
Elle a l'onor et cil la honte,
[Et le torment et le domage,
Qu'il languissent en son servage.
(5215)   Preu n'est ce pas faire en tel garde,
Au mains a celui qui la garde;]
Et sanz faille elle demorra
A qui que soit quant cis morra
Qui ne l'osoit pas assaillir
5220   Ne faire corre ne saillir.
        Mes li vaillant homme l'assaillent
Et la chevauchent et porsaillent,
Et tant as esperons la batent
Et la despendent et abatent
5225   Par le cuer qu'il ont large et ample.
A Dedalus prennent exemple,
Qui fist eles a Ycarus
Quant par art et non pas par us
Tindrent par air voie commune.
5230   Tout autel font il a Pecune :
/d/   Il li font eles por voler;
Miex se leroient afoler
Qu'il n'en eüssent los et pris.
Ne vuelent pas estre repris
5235   De la grant ardor et du vice
A la couvoiteuse avarice.
Cil en font les granz cortoisies
Dont lor proesces sont proisies,
Et celebrees par le monde
5240   Et lor vertu en sorhabonde,
Que Diex a mout por agreable

5226. Dédale et Icare tentèrent de s'évader du labyrinthe en volant
avec des ailes artificielles.
5230-34. Notre ms attribue ces actions à Dédalus, et non aux *vail-
lant homme* du vers 5221.

Por le cuer large et charitable;
Car tant cum avarice put
Vers Dieu, qui de ses biens reput
5245   Le monde, quant il l'ot forgié
(Ce ne t'a nus apris fors gié),
Tant li est en gré et plesans
La cortoise, la bien fesans.
Diex het avers, les vilains natres,
5250   Et les condampne cum ydolatres,
Les chetis sers maleürés,
Poourous et desmesurés,
Qui cuident, et por voir le dient,
Qu'il as richeces ne se lient
5255   Fors que por estre en seürté,
Et por vivre en bonneürté.
    Douces richeces, riens mortex,
Dites dont, estes vos tex
Que vous faciés boneürees
5260   Genz qui [si] vous ont emmurees?
/46/   Car quant plus vous assembleront,
Et plus de poor trembleront.
Et comment est en bon eür
Hons qui n'est en estat seür?
5265   Beneürté dont li faudroit
Puis que seurté li faudroit!
Mes aucuns qui ce m'orroit dire,
Pour mon dit dampner ou despire,
Des rois me porroit opposer
5270   Qui por lor noblece aloser,
Si cum li menu peuples cuide,
Fierement metent lor estuide
A faire armer entor eus genz,
Cinc cenz ou cinc mile sergenz,
5275   Et dient tuit communement
Qu'il lor vient de grant hardement.
Mes Diex set bien tout le contraire;
C'est poor qui ce lor fait faire,
Qui touz jors les tormente et grieve.
5280   Miex porroit un ribaus en Grieve
Seür et sol partout aler
Et devant les larrons baler
Sans douter eus et lor afaire,

5276. (ms : *qui*) : on trouve plusieurs exemples de cette haplologie dans notre ms.

Que li rois o sa robe de vaire,
5285   Portant o soi neïs grant masse
De tresor que si grant entasse
D'or et de precieuses pierres;
Sa part en prendroit chascuns lierres,
Quanqu'il porteroit li todroient
5290   Et tuer, espoir, le vodroient.
/b/   Si seroit il, ce croi, tués
Ains que d'iluecques fust remués,
Car li larron se douteroient,
Se vif eschaper le lessoient,
5295   Qu'il les feïst ou que soit prendre
Et par sa force lier et pendre.
Par sa force? Mes par ses hommes,
Car sa force ne vaut deus pommes
Contre la force d'un ribaut
5300   Qui s'en iroit a cuer si baut.
Par ses hommes? Par foi, je ment,
Ou je ne di pas proprement.
Vraiement sien ne sont il mie,
Tout ait il, sor eus, seignorie.
5305   Seignorie? Non, mes servise,
Qui les doit tenir en franchise;
Et sachiés que quant il vodront
Lor aÿdes au roi todront,
Et li rois touz seus demorra
5310   Si tost cum li peuples vorra,
Que lor bontés ne lor proesses,
Lor cors, lor forces, lor sagesses
Ne sont pas sien, ne riens n'i a,
Nature bien les li nia.
5315   Fortune ne porroit pas faire,
Tant soit as hommes debonnaire,
Que nulles des choses lor soient,
Cumbien que conquises les aient,
Dont Nature les fait estranges.
5320   — Ha! Dame, por le roi des anges,
/c   Aprenés moi dont toutes voies
Quex choses pueent estre moies,
Et se du mien puis riens avoir;

5295-96. (ms : *pendre prendre* intervertis).
5311. *que* a ici sa valeur causale très fréquente en ancien français;
H : *car.*
5315. (ms : *Nature*).
5319. « Choses... dont Nature les fait étrangers. »

Je le vodroie bien savoir.
5325   — Oïl, ce respondi Raison,
Mes n'entent pas champ ne maison,
Ne robes ne tex garnemens,
Ne nus terriens tenemens,
Ne moble de quelque maniere.
5330   Tu as meillor chose et plus chiere :
Touz les biens que dedens toi sens
Et que si bien es congnoiscens,
Qui te demorront sanz cesser
Si que ne te puent lesser
5335   Por faire a autre autel servise;
Cil bien sont tien a droite guise.
As autres biens, qui sont forain,
N'as tu vaillant un viés lorain;
Ne tu ne nul homme qui vive
5340   N'i avés vaillant une cive,
Car sachiés que toutes vos choses
Sont en vous meïmes encloses;
Tuit autre bien sont de Fortune,
Si les appareille et aüne
5345   Et tolt et donne a son voloir,
Dont les fox fait rire et doloir.
      Mes riens que Fortune feroit
Nus sages hons ne douteroit;
Ne nel feroit lié ne dolent
5350   Le tor de sa roe volant,
/d/   Car tuit si fait sont trop doutable
Por ce qu'il ne sont pas estable.
Por ce n'est preus l'amor de li
N'onc a prodomme n'abeli;
5355   N'il n'est pas drois qu'il abelisse
Quant par si poi chiet en eclipse;
Et por ce vuel que tu le saches
Que por rienz ton cuer n'i ataches.
Si n'en es tu pas entechiés,
5360   Mes ce seroit trop grans meschiés
Se ça avant t'en entechoies
Et se tant vers les gens pechoies
Que por lor ami te clamasses,
Et lor avoir sanz plus amasses,
5365   Ou le preu que d'auz te vendroit.
Nus prodons a bien nel tendroit.

5355. H : *el abelisse; amor* est en effet plus souvent au féminin.

Ceste amor, que je t'ai ci dite,
Fui la comme vil et despite,
Et soies sages et me croi
5370   Et d'amer par amors recroi.
     Mes d'autre chose te voi nice,
Quant tu m'as [mis] sus tel malice
Que je haïne te commant.
Di quant, en quel leu ne comment!
5375   — Vous ne finates hui de dire
Que je doi mon seignor despire
Por ne sai quel amor sauvage.
Qui cercheroit jusqu'en Cartage
Et d'Orient en Occident
5380   Et bien vesquist tant que li dent
/47/   Li fussent cheoit de viellece,
Et corust touz jors sans paresce,
.01   Tant cum porroit, grant aleüre
.02   Les pans laciés a la çainture,
Faisant la visitation
Par midi et par septentrion
5385   Tant qu'il eüst tretout veü,
N'avroit il pas aconseü
Ceste amor que ci dit m'avés.
Bien en fu li mondes lavés
Des lors que li dieu s'en foïrent
5390   Quant li geant les assaillirent,
Et Drois et Chastaez et Fois
S'en foïrent a cele fois.
Cele amor fu lor si perdue
Qu'el s'en foï esperdue.
5395   Justice, qui plus pesans ere,
Si s'en foï la darreniere.
Si lesserent tretuit les terres,
Qu'il ne porrent soffrir les guerres.
As ciex firent lor habitacles
5400   N'onc puis, se ne fu par miracles,
Ne sorent ça jus avaler.
Barat les en fist touz aler,
Qui tient en terre heritage
Par sa force et par son outrage.
5405   Neïs Tulles, qui mist sa cure
En cerchier secrés d'escriture,
Ne pot tant son engin debatre
Qu'en plus de trois pere ou de quatre
/b/   De touz les siecles trespassés

5410   Puis que cis mons fu compassés,
De si fines amors trouvast.
Si croi que mains en esprovast
De ceus qui a son temps vivoient,
Qui ses amis de bouche estoient;
5415   Non ai je encor nul leu leü
Qu'il en eüst un tel eü.
Et sui je plus sages que Tulles?
Bien seroie fox et entulles
Se tex amors voloie querre,
5420   Puis qu'il n'en a nulles en terre.
[Tel amor donques ou querroie,
Quant ça jus ne la troveroie ?]
Puis je voler avec les grues,
Voire voler outre les nues
5425   Cum fist li cines Socratés ?
N'en vuel plus parler, je m'en tés.
[Ne sui pas de si fol espoir;
Li dieu cuideroient, espoir,
Que j'assaillisse paradis,
(5430)   Cum firent li geant jadis;
S'en pourroie estre foudroiés;
Ne sai se vous le voudroiés.]
— Biauz amis, dist elle, or escoute,
De ce ne soies pas en doute;
5435   S'a ceste amor ne pues ataindre
Tout aussi bien puet il remaindre
En ton defaut cum en l'autrui,
Je t'ensengneré bien autre hui.
Autre ? non pas, mes cel meïmes
5440   Dont chascuns puet estre a meïmes,
Mes qu'il prengne l'entendement
D'amors un poi plus largement.
Qu'il aint en generalité
Et laist especialité;
(5445)   [N'i face ja communion
De grant participacion.]
Tu pues amer generaument
Touz ceus du monde loialment.
/c/   Aime les touz autant cum un,
5450   Au mains de l'amor du commun.

5411. (ms : *Ne si f.*).
5428. *espoir* : « peut-être ».
5445-5446. Ces deux vers semblent en contradiction avec le contexte.

Fai tant que tex envers touz soies
Cum touz envers toi les vodroies;
Ne fai vers autre ne porchace
Que tu ne vues que l'en te face;
5455   Et s'ainsi voloies amer
L'en te devroit quite clamer;
Iceste es tu tenus de sivre,
Sanz ceste ne doit nus hons vivre.
    Et por ce que ceste amor lessent
5460   Cil qui de mal faire s'engressent,
Sont en terre establi juge,
Por ceste deffence et refuge
A cel cui li monde forfait,
Por faire amender le forfait,
5465   Por ceus punir et chastoier
Qui por ceste amor renoier
Les gens murtrissent et afolent,
Et ravissent, emblent et tolent,
Honnissent par detraction
5470   Ou par fauce accusation,
[Ou par quelques malaventures,
Soient apertes ou occures;]
Si convient que l'en les justice.
    — Ha! Dame, por Dieu, de justice,
5475   Dont jadis fu si grant renon,
Tendis que parole en tenon
Et d'ensengnier moi vous penés,
S'il vous plaist, un mot m'aprenés.
    — Di quel. — Volentiers. Je demant
5480   Que me faites un jugement
/d/   D'Amors et Justice ensemble :
Li quex vaut miex, si cum vous semble ?
    — De quel amor dis tu ? — De ceste
Ou vous volés que je me mete;
5485   Car cele qui s'est en moi mise
Ne vuel je pas metre en mise.
    — Certes, fox, bien en fais acroire.
Mes se tu quiers sentence voire,
La bonne amor vaut miex. — Provés.
5490   — Volentiers, voir. Quant vous trouvés
Deus choses qui sont convenables,
Necessaires et profitables,

5463. (ms : *cel qui* ou *m.*).
5486. H : *ne bé je pas a m.* Notre ms laisse en hiatus : *metre en.*

Cele qui est plus necessaire
Vaut miex. — Dame, c'est chose voire.
5495 — Or te pren bien ci donques garde,
La nature des deus esgarde.
Ces deus choses, ou eus heritent,
Sont necessaires et profitent.
— Voirs est. — Dont ai je dit itant
5500 Que miex vaut la plus profitant.
— Dame, bien m'i puis acorder.
— Nel te vuel dont plus recorder.
Mes plus tient grant necessité
Amors qui vient de charité
5505 Que Justice ne fait d'assés.
— Provés, dame, ains qu'outre passés.
— Volentiers. Bien te dis sans faindre
Que plus est necessaire et graindre,
Par quoi fait trop miex a eslire
5510 Li biens qui par soi puet souffire
/48/ Que cis qui a mestier d'aïe :
Ce ne contrediras tu mie.
— Por quoi non ? Faites moi entendre,
Savoir s'il y a que reprendre.
5515 Un exemple oïr en vodroie,
Savoir s'acorder m'i porroie.
[— Par foi, quant d'exemples me charges,
Et de preuves, ce sont granz charges.]
Saches bien, exemple en avras
5520 Par quoi, ce croi, miex le savras.
S'uns hons puet bien une nef traire
Sans avoir d'autre aide afaire,
Que ja par toi bien ne trairoies,
Traira il miex que ne feroies ?
5525 — Oïl, dame, au mains a chable.
— Or pren ci donques ton semblable,
.01 Et si soies bien entendans :
Se Justice dormoit gisans,
Si seroit Amors soufisant
.02 Que tu vas ci mout despisant,
A mener vie bele et bonne,
5530 Sans justicier nulle personne;
Mes sans Amor, Justice non.

5514. *savoir* : « pour savoir ».

Ci Amors [a] meillor renon.
— Provés moi ceste. — Volentiers.
Or te taiz dont endementiers.
5535   — Justice qui jadis regnoit
Au temps que Saturnus vivoit,
Cui Jupiter copa les coilles
Son fis, cum ce fussent andoilles,
Puis les geta dedens la mer,
5540   (Mout ot ci dur filz et amer)
/b/   Dont Venus la deesse issi,
Car li livres le dit issi,
S'ele ert en terre revenue
Et fust autre si bien tenue
5545   Au jor d'ui cum elle estoit lores,
Si seroit il profit encores
As gens entr'eus qu'il s'entramassent,
Cumbien que Justice gardassent;
Car puisqu'Amors s'en vodroit fuire,
5550   Justice en feroit trop destruire.
Mes se les genz bien s'entramoient,
Jamés ne s'entreforferoient;
Et puis que Forfais s'en iroit,
Justice de quoi serviroit?
5555   — Dame, je ne sai pas de quoi.
— Bien t'en croi, car pesible et quoi
Tuit cil du monde viveroient.
Jamés roi ne prince n'avroient,
Ne seroit baillif ne prevot;
5560   Tant seroit le monde devot;
Jamés juges n'avroit clamor.
Dont di je que miex vaut Amor
Simplement que ne fait Justice;
Tout aille elle contre Malice,
5565   Qui fu mere des seignories,
Dont les franchises sont peries;
Car se ne fust mal et pechiés
Dont li mondes est entachiés,
L'en n'eüst onques roi veü
5570   Ne juge en terre cogneü.
c   Si se pruevent il malement.
Il deüssent, premierement,

5532. Selon F Lecoy *renon* est ici indicatif prés. 1 de *renommer*.
De toute façon nous devons rajouter *a*, préposition ou verbe, pour
compléter le vers.

Tretout avant eus justicier,
Puisqu'en se doit en eus fier,
5575   Et loial estre et diligent,
Non pas lasche ne negligent,
Ne convoiteus, faus ne faintis
Por faire droiture as plaintis.
Mes or vendent les jugemens
5580   Et bestornent les erremens,
Et taillent et cuellent et saient
Et les povres genz tretout paient.
Tuit s'efforcent de l'autrui prendre.
Tex juges fait le larron pendre,
5585   Qui miex deüst estre pendus,
Se jugemens li fust rendus
Des rapines et des forfais
Qu'il a par son pooir forfais.
        Ne fust bonz Apius a pendre
5590   Qui fist a son serjant emprendre
Par faus tesmoins fauce querele
Contre le vierge pucele
Qui fu fille Virginius,
Si cum dist Titus Livius,
5595   Qui bien sot le cas raconter,
Por ce qu'il ne pooit donter
La pucele, qui n'avoit cure
Ne de li de sa luxure?
Li ribaus dist en audience :
5600   « Sire juges, donnés sentence
/d/   Por moi, car la pucele est moie.
Por ma serve la proveroie
Contre touz ceus qui sont en vie;
Car, ou qu'ele ait esté norrie,
5605   De mon ostel me fu emblee,
Des lors par poi qu'ele fu nee,
Et baillie a Virginius.
Si vous requier, sire Apius,
Que me vueilliés rendre ma serve,
5610   Car il est drois qu'ele me serve,
Non pas celi qui l'a norrie;
Et se Virginius le nie,
Tout ce sui je prest de prouver,

5581. *saient* : indicatif prés. 6 de *seier* : « faucher ».
5591. (ms : *testoins*).
5594. Tite Live, *Annales*, III, 44-58.

Car bons tesmoins en puis trouver. »
5615   Ensi parloit li faus traîtres,
Qui fu du faus juge menistres;
Et cum li plais ensi alast,
Ains que Virginius parlast,
Qui touz estoit prest de respondre
5620   Por ses aversaires confondre,
Juga par hastive sentence
Apius, sanz nulle atendance
Fust la pucele au serf rendue.
Et quant la chose a entendue
5625   Li bonz preudonz devant nommés,
Bons chevaliers bien renommés,
C'est assavoir Virginius,
Qui bien voit que vers Apius
Ne puet pas sa fille deffendre,
5630   Ains li convient par force rendre
/49/   Et livrer son cors a hontage,
Si change honte por domage
Par merveillous apensement,
Se Titus Livius ne ment,
5635   Car il par amors sans haïne
A sa bele fille Virgine
Tantost a la teste copee
Et puis au juge presentee
Devant touz, en plain consistoire;
5640   Et li juges, selonc l'istoire,
Le conmanda tantost a prendre
Por li mener occirre ou pendre.
Mes ne l'occist ne ne pendi,
Car li peuples li deffendi
5645   Qui fu touz de pitié meüs
Si tost cum li fais fu seüs.
Puis fu por ceste mesprison
Apius mis en la prison,
Et la s'occist hastivement
5650   Ains le jor de son jugement;
Et Claudius, li chalengierres,
Fust jugiés a mort conme lierres,
Se ne l'en eüst respitié
Virginius, par sa pitié,
(5655)   [Qui tant vost le peuple proier
Qu'en essil le fist envoier;]
Et tuit cil condampné morurent
Qui tesmoing de la cause furent.

Briement, juge font trop d'outrages.
5660   Lucan redit, qui mout fu sages,
Qu'onques vertu et grant pooir
Ne porent ensemble vooir.
/b/   Mes sachent que s'il ne s'amendent
Et ce qu'il ont mespris n'amendent,
5665   Li poissans juges pardurables
En enfer avec les dÿables
Lor en metra au col les las;
Je n'en met hors roy ne prelas,
Ne juge de quelcunque guise,
5670   Soit seculers ou soit d'eglise;
N'ont pas les honors por ce faire;
Sanz loier doivent a chief traire
Les quereles que l'en lor porte,
Et as plaintis ovrir la porte
5675   Et oïr en propres personnes
Les quereles fauces et bonnes.
[N'ont pas les honors por noiant,
Ne s'en aillent ja gogoiant,
Qu'il sont tuit serf au menu peuple,
(5680)   Qui le païs acroist et peuple,
Et li font seremenz et jurent
De faire droit tant cum il durent;
Par aus doivent cil en pez vivre,
Et cil les maufaiteurs parsivre,
(5685)   Et de lor mains les larrons pendre,
S'il n'estoit qui vosist emprendre
Por lor persones cel office,
Puis qu'il doivent faire justice.]
La doivent metre lor ententes,
5690   Por ce lor bailla l'en les rentes,
Ensi au peuple le promistrent
Cil qui premiers lor honors pristrent.
   Or t'ai, ce m'est avis, rendu
Ta requeste, l'as entendu
(5695)   [Et les raisons as tu veües
Qui me semblent a ce meües.]
— Certes, dame, bien m'en paiés,
Et je m'en tiens a bien paiés
Comme cis qui vous en merci.

5660. Pharsale, VIII, 494-95.
5683. *cil* : les gens du peuple.
5684. *cil* : les juges.

5700   Mes or vous oï nomer ci,
            Si cum me semble, une parole
            Si esbaulevree et si fole
            Que qui vodroit, ce croi, muser
            A vous emprendre a escuser,
5705   L'en n'i porroit trover desfences.
            — Bien voi, dist elle, a quoi tu penses.
/c/   Une autre fois, quant tu vorras,
            Excusation en orras,
            S'il te plait a ramentevoir.
5710   — Dont le ramentevré je voir,
            Dis je, cum remembrans et vistes,
            Par tel mot cum vous le deïstes.
            [Si m'a mes maistres defendu,
            Car je l'ai mout bien entendu,
(5715)   Que ja mot n'isse de ma bouche
            Qui de ribaudie s'aprouche.
            Mes, des que j'en sui faisierres,
            J'en puis bien estre recitierres ;
            Si nomeré le mot tout outre.
(5720)   Bien fait qui sa folie moutre
            A celui qu'il voit foloier.
            De tant vous puis or chatoier ;]
            Si apercevrés vostre outrage.
            Qui vous faingniés estre si sage.
5725   — Ce vuel je bien, dist elle, entendre ;
            Mes de ce me restuet deffendre
            Que tu de haïne m'opposes.
            Merveille est comment dire l'oses.
            Tu ses bien qu'il ne s'ensuit mie,
5730   Se leissier vuel une folie,
            Que faire doie autel ou graindre.
            Ne por ce se je vuel estaindre
            La fole amor a quoi tu bees,
            Commans je por ce que tu hees.
(5735)   [Ne te souvient il pas d'Horace,
            Qui tant ot de sen et de grace ?
            Horaces dit, qui n'est pas nices,
            Quant li fol eschivent les vices,
            Si se tournent a lor contraires ;
(5740)   Si n'en vaut pas mieuz lor afaires.]

5710. (ms : ramenteveré) : cf. v. 6928 et suiv.
5723. (ms : aperceveré).
5735. Horace, Satire I, II, 24.

Amors ne vuel je pas deffendre
Que l'en n'i doie bien entendre,
Fors que cele qui les gens blece.
Por ce se je deffens yvresse
5745   Ne vuel je pas deffendre a boire,
Tout ce ne vaudroit une poire.
Se fole largesse devee,
L'en me tendroit bien por desvee
Se je commandoie avarice,
5750   Car l'un et l'autre est grant vice.
Je ne fais pas tex argumens.
— Si faites voir. — Par foi, tu mens.
/d/   Je ne te quier de ce flater,
Tu n'as pas bien por moi mater
5755   Cerchiés les livres anciens;
Tu n'es pas bons logiciens.
Je ne lis pas d'amors issi,
Onques de ma bouche n'issi
Que nulle rienz haïr doien;
5760   L'en i puet bien metre moien;
C'est l'amor que j'aim et tant prise,
Que je t'ai par amors aprise.
    Autre amor naturel y a
Que Nature es bestes cria,
5765   Por quoi de lor faons chevissent
Et les aletent et norrissent.
De l'amor dont je tiens ci conte
Se tu vues que je te raconte
Quex est li defenissemens,
5770   C'est naturés enclinemens
De voloir garder son semblable
Par entention couvenable,
C'est par voie d'engendreüre
Ou par cure de norreture.
5775   A ceste amor sont pres et prestes
Aussi les hommes cum les bestes.
Ceste amor, cum bien que profite,
N'a los ne blame ne merite;
Ne font a blamer n'a loer.
5780   Nature les i fait voer,
Force lor fait, c'est chose voire,
Ne n'a sor nul vice victoire;

5759. *doien* : subj. prés. 4 de « devoir ».
5765. *por quoi* : « pour que ».

/50/   Mes, sans faille, s'il ne le fasoient,
             Blame recevoir en devroient.
5785   Aussi cum quant uns hons mangue,
             Quel loenge l'en est rendue?
             Mes s'il forjuroit le mengier,
             Bien le devroit l'en ledengier.
             Mes bien sai que tu n'entens pas
5790   A ceste amor, por ce m'en pas.
             Tu as empris plus fole emprise
             De l'amor que tu as emprise;
             Si la te venist miex lessier,
             Se de ton preu vues apressier.
5795   Ne por ice ne vuel je mie
             Que tu demores sans amie.
             Met en moi, s'il te plaist, t'entente.
             Ne sui je bele dame et gente,
             Digne de servir un prodomme
5800   Et fust empereres de Romme?
             Si vuel t'amie devenir;
             Se ja te vues a moi tenir,
             Ses tu que m'amor te vaudra?
             Tant que jamés ne te faudra
5805   Nulle chose qui te conviengne
             Por mescheance qui t'aviengne.
             Ains te verras si grant seignor
             Onc n'oïs parler de grignor.
             Je ferai quanque tu vorras,
5810   Ja si haut voloir ne porras,
             Mes que sanz plus faces mes ovres,
             Et que bien envers moi tu ovres.
/b/   Si avras en cest avantage
             Amie de si haut parage
5815   Qu'il n'est nulle qui s'i compere.
             Fille sui Dieu le sovrain pere,
             Qui tele me fist et forma.
             Regarde ci quele forme a
             Et te mire en mon cler visage.
5820   Onques pucele de parage
             N'ot d'amer tel bandon cum gié,
             De ce ai, sans prendre, congié
             De faire ami et d'estre amee.
             Ja n'en seré de nul blamee;
5825   Ne de blame n'avras tu garde,
             Ains t'avera mon pere en garde,
             Et norrira nous deus ensemble.

Dis je bien? Respon, que t'en semble?
Li diex qui te fait foloier,
5830   Set il si bien ses genz poier?
Lor appareille il si bons gages
As fox, dont il prent les hommages?
Por Dieu, gar que ne me refuses.
Trop sont dolentes et confuses
5835   Puceles qui sont refusees,
Quant de prier ne sont usees,
Si cum tu meïmes le prueves
Par Equo, non par autres prueves.
— Or me dites donques ainçois,
5840   Non en latin mes en françois,
De quoi volés vous que je serve?
— Souffre que je sois ta serve,
/c/   Et tu li miens loiaus amis.
Le dieu lairas, qui ci t'a mis,
5845   Et ne priseras une prune
Toute la roe de Fortune.
A Socratés seras semblables,
Qui tant fu fers et tant estables
Qu'il n'ert liés en prosperité
5850   Ne tristes en adversité.
Tout metoit en une balance,
Bonne aventure et mescheance,
Et les faisoit igaus peser,
N'ert riens qui le feïst peser,
5855   Car de chose quelqu'ele soit,
N'ert joieus ne ne l'en pesoit.
Ce fu cis, bien le dit Solin,
Qui par les respons Apolin
Fu jugiés du mont li plus sages;
5860   Se fu cis a qui li visages
De tout quanque li avenoit
Touz jors en un point se tenoit,
N'onc cil meü ne le troverent
Qui par envie le tuerent
5865   Por ce que plusors diex blamoit,
Et en un seul Dieu se fioit,
Et preeschoit qu'il s'en gardassent

5848. *fers* : cas sujet de *ferm*, « ferme ».
5855. (ms : *quele quele*).
5857. Solin, auteur latin.
5864. H : *par ceguë*.

Et que plusors diex n'aorassent.
　　Eraclitus, Dyogenés
5870　Refurent de tel cuer, que nes
Por povreté ne por richece
Ne furent onques en tristece.
/d/　Tuit ferme en un propos se tindrent
En touz les cas qui lor avindrent.
5875　Aussi feras, fors seulement
Ne me serf jamés autrement.
Gar que Fortune ne t'aboute
Comment qu'el te tormente et boute.
N'est pas bons luitieres ne fors
5880　Quant Fortune fait ses efforts
Et le vuet desconfire ou batre,
Qui ne se puet a li combatre.
[L'en ne s'i doit pas laissier prendre,
Mais viguereusement deffendre.]
5885　Si set elle si poi de luite,
Que chascuns qui contre li luite,
Soit en palais ou en femier,
La puet tost fere agenoillier.
[N'est pas hardis qui riens la doute,
(5890)　Car qui savroit sa force toute,
Et bien se connoistroit sanz doute,
Nus, qui de gré jus ne se boute,
Ne peut a son jambet choeir.
Si rest granz hontes a voeir
(5895)　D'homme qui bien se peut defendre
Quant il se laisse mener pendre;
Tort avroit qui l'en voudroit plaindre,
Qu'il n'est nule parece graindre.]
Garde don que ja riens ne prises
5900　Ne ses honors ne ses servises;
Lesse li sa roe torner,
Qui torne adés sans sejorner
Et siet ou milieu cum avugle.
Les uns de richeces avugle
5905　Et d'onors et de dignités,
As autres donne povretés,
Et quant li plaist tout en reporte;
Mout est fox qui s'en desconforte
Et qui de riens s'en esjoïst,

5869. Le philosophe Héraclite.
5879. *luitieres* : cas sujet de *luiteor*, « lutteur ».

5910   Puisque deffendre s'en poïst,
        [Car il le peut certainement
        Mes qu'il le vueille seulement.]
        D'autre part, si est chose expresse,
        Vous faites Fortune deesse
5915   Et jusques au ciel la levés,
        Ce que pas faire ne devés.
/51/   Il n'est mie drois ne raison
        Qu'ele ait en paradis maison;
        Elle n'est pas si eüreuse,
5920   Ains a maison trop perilleuse.
            Une roche est en mer seans,
        Mout parfont, ou mi leu leans,
        Qui sus la mer en haut se lance,
        Selonc que la mer grouce et tance.
5925   Li floz la hurtent et debatent,
        Et touz jors a li se combatent,
        Et mainte fois tant y cotissent
        Que toute en mer l'ensevelissent.
        Aucune fois se redespoille
5930   De l'iaue qui toute la moille,
        Si cum li flos arrier se tire,
        Dont saut en l'air et si respire.
        [Mes el ne retient nule forme,
        Ainçois se tresmue et reforme,] H.
5935   Et se desguise et se treschange;
        Touz jors se vest de robe estrange.
        [Car, quant ainsinc apert par air,
        Les floretes i fait parair
        Et cum estoiles flamboier,
(5940) Et les herbetes verdoier
        Zephyrus, quant seur mer chevauche.
        Et quant Bise resoufle, il fauche
        Les floretes et la verdure
        A l'espee de sa froidure,
(5945) Si que la fleur i pert son estre
        Si tost cum el commence a nestre.]
            La roche porte un bois doutable
        Dont li arbre sont merveillable :
        L'une est brehaingne et riens ne porte,
5950   L'autre en fruit porter se deporte,

5921-6118. Ce passage est traduit d'Alain de Lille, *Anticlaudianus*,
l. VII, ch. VIII, l. VIII, chap. I.
    5942. *Bise* est ici du masculin.

L'une de fueillir ne refine,
L'autre est de fuelles orfenine;
Et quant l'une en sa verdour dure,
Les plusors i sont sans verdure;
5955   Et quant l'une prent a florir,
A plusors vont les flors morir.
[L'une se hauce, et ses voisines
Se tienent a la terre enclines;]
Et quant borjon a l'une viennent,
5960   Les autres fletries se tiennent.
/b/   La sont li genestre joiant
Et pin et cedre verdoiant;
Chascun arbre ensi se deforme,
Et prent l'un de l'autre la forme.
5965   La tient la foille toute flestre
Li loriers, qui vers deüst estre;
Et seche y redevient l'olive,
Qui doit estre poignant et vive;
Saule qui brehaing estre doivent
5970   I florissent et fruit reçoivent;
Contre la vigne estrive l'orme
Et li toust du roisin la forme.
Li rossignos a tart i chante;
Mes mout i brait et se demente
5975   Li cormarans a la grant hure,
Prophetes de male aventure,
Hidous messages de dolor.
En savor, en forme, en color,
Par la, soit estés, soit ivers,
5980   S'en corent deus flueves divers
Sordans de diverses fontainnes
Qui mout sont de diverses vainnes.
L'un rent yaues si doucereuses,
Savoreement merveilleuses,
5985   Qu'il n'est nus qui de celi boive,
Boive en neïs plus qu'il ne doive,
Qui sa soif em puisse estanchier,
Tant a le boivre dous et chier;
Et cil qui plus en vont bevant,
5990   Ardent plus de soif que devant,

5955. (ms : *morir*).
5975. H : *li chahuans*.
5985. (ms : *qui n'est nus*) id. v. 5994.
5986. « Même s'il en boit plus qu'il ne doit. »

/c/   Ne nus n'en boit qui ne s'enyvre,
              Ne nus de soif ne s'en delivre,
              Car la douçor si fort les boule
              Qu'il n'est nus qui tant en engoule
5995   Qu'il n'en veille plus engouler;
              Tant les set la douçor bouler
              Car lecherie si les pique
              Qu'il en deviennent ytropique.
                 Li uns cort si joliement
6000   Et mene tel gondrillement
              Qu'il resonne, tabore et tymbre
              Plus soëf que tabor et tymbre,
              N'il n'est nus qui cele part voise
              Que touz li cuers ne li envoise.
6005   Maint sont qui d'entrer ens se hestent,
              Qui tuit a l'entree s'arrestent
              Ne n'ont pooir d'aler avant,
              A pene y vont lor piés lavant.
              Envis les yaues douces touchent
6010   Combien que du flueve s'aprouchent,
              Un petitet sans plus en boivent,
              Et quant la douçor aperçoivent,
              Volentiers si parfont iroient
              Que tuit dedens se plongeroient.
6015   Li autre passent si avant
              Qu'il se vont en plain gort lavant,
              Et de l'aise qu'il ont se loent
              Et dedens se baignent et noent;
              Lors vient une onde legiere
6020   Qui les boute a la rive arriere
/d/   Et les remet a terre seche,
              Ou chascuns art touz et deseche.
                 Or te dirai de l'autre flueve,
              De quel nature l'en le trueve.
6025   Les yaues i sont ensouffrees,
              Tenebrouses, mal savorees,
              Comme cheminee fumans,
              Toutes de puor escumans;
              N'il ne cort mie doucement,
6030   Ains descent si hidousement
              Qu'il tempeste l'air en son oire
              Plus que nul orrible tonnoirre.
              Sus ce flueve, que je ne mente,
              Zefirus nulle fois ne vente,
6035   Ne ne li recrespit ses ondes,

Qui molt sont laides et parfondes;
Mes li dolerous vens de bise
A contre li bataille prise,
Et le contraint par estevoir
6040 Toutes ses ondes a movoir,
[Et li fait les fonz et les plaingnes
Saillir en guise de montaingnes,]
Et les fait entr'eus bataillier,
Tant vuelt le flueve travaillier.
6045 Maint homme a la rive demorent
Qui tant i soupirent et plorent,
Sans metre en lor plor fin ne termes,
Que tuit se plongent en lor lermes,
Et ne se cessent d'esmaier
6050 Qu'il nes couviegne ou flun noier.
Plusor en ce flueve s'en entre,
Non pas solement jusqu'au ventre,
/52/ Ains i sont tuit enseveli,
Tant se plongent es flos de li.
6055 La sont empaint et debouté
Du hidous flueve redouté.
Mains ensorbit l'iaue et afonde,
Maint sont hors reflati par l'onde;
[Mais li flot maint en assorbissent
(6060) Qui si tres en parfont flatissent,]
Ne ne sevent trace tenir
Par ou s'en puissent revenir,
Ains les y covient sejorner
Sans jamés arrier retorner.
6065 Cis flueves va tant tornoiant
Par tant de destrois desvoiant,
O tout son venin dolerous,
Qu'il chiet ou flueve doucerous
Et li remue sa nature
6070 Par sa puor et par s'ordure,
Et li depart sa pestilence
Plene de male mescheance,
Et le fait estre amer et trouble,
Et li evenime et li trouble
6075 Toute sa trempee valor
Par sa destrempee chalor;
Sa bonne odor neïs li oste,
Tant rent de puor a son oste.
En haut, ou chief de la montaingne,
6080 Ou pendant, non pas en la plaingne,

Menace touz jors trebuchance :
Preste de recevoir cheance
Descent la maison de Fortune.
Si n'est rage de vent nes une
6085/b/ Ne torment qu'il puissent offrir
Qu'il ne facent leens soffrir.
La reçoit de toutes tempestes
Et les assaus et les molestes.
Zefirus, li dous vens sanz per,
6090 I vient a tart por atremper
Les durs vens, les assaus orribles
A ses soufles dous et pesibles.
    L'une partie de la sale
Va contremont, et l'autre avale,
6095 Et semble qu'ele doie cheoir,
Tant la puet l'en pendant veoir.
Onques si desguisee meson
Ne vit, ce croi, onques mes hon.
Mout reluit d'une part, car gent
6100 I sont li mur d'or et d'argent.
Si rest toute la coverture
De cele meïmes feture,
Ardans les pierres preciouses,
Mout cleres et molt vertuouses;
6105 Chascuns a merveilles la loe.
D'autre part sont li mur de boe,
Qui n'ont pas d'espes plene paume.
S'est toute coverte de chaume.
D'une part se tient orguilleuse
6110 Por sa grant biauté merveilleuse.
L'autre tramble toute efferee,
Tant se sent foible et desolee
Et porfendue de crevaces
En plus de cinc mile places.
6115/c/ Et n'est chose qui soit estable,
Ains est foloians et muable
A certainne habitation.
Fortune a la sa mancion,
Et quant el vuet estre honoree
6120 Si se trait en la part doree
De la maison, et la sejorne.
Lors pere son cors et atorne
Et se vest cum une roïne

6108. (ms : *toute estoit c.*) : cet imparfait est illogique.

De grant robe qui li traïne,
6125   De toutes diverses olors,
Et de mout desguisees colors,
Qui sont es soies et es lainnes
Selonc les herbes et les grainnes
Et selonc autres choses maintes
6130   Dont les draperies sont taintes,
Dont toutes riches gens se vestent
Qui por avoir honor s'aprestent.
Ensi Fortune se desguise,
Et si te di qu'ele ne prise
6135   Tretouz ceus du monde un festu
Quant voit son cors ensi vestu,
Ains est tant orgueilleuse et fiere
Qu'il n'est orguex qui s'i afiere;
Car quant el voit ses granz richeces,
6140   Ses grans honors, ses granz nobleces,
De si tres grant folie habonde
Qu'ele ne croit que soit ou monde
Homme ne fame qui la vaille,
Comment que la chose aprés aille.
6145/d/ Puis va tant roant par la sale
Qu'ele entre en la partie sale,
Foible, decrevee et crolant,
O toute sa robe volant.
Lors va soupant et jus se boute
6150   Aussi cum s'ele ne veïst goute;
Et quant se voit iluec cheüe,
Sa chiere et son habit remue,
Et si se desnue et desrobe
Qu'ele est orfenine de robe
6155   Et semble qu'el n'ait riens vaillant,
Tant li sont tuit bien defaillant.
Et quant el voit la mescheance,
Si quiert honteuse chevissance
Et s'en vait au bordiau croupir,
6160   Plene de duel et de soupir.
La plore, lermes espandues,
Les granz honors qu'ele a perdues
Et les delis ou elle estoit
Quant des granz robes se vestoit.
6165   Et por ce qu'ele est si perverse

6138. (ms : *qui*) : « si orgueilleuse... qu'aucun orgueil ne lui est comparable. »

Que les bons a la terre verse
Et les deshonore et grieve,
Et les mavés en haut eslieve
Et lor donne granz habondances,
6170 Honors, dignités et poissances,
Puis, quant li plaist, lor tost et emble,
N'el ne set qu'el se vuet, se semble,
Por ce li oil bendé li furent
Des anciens, qui la connurent.
6175/53/   Et que Fortune ensi le face,
Que les bons avile et efface
Et les mavés a honor tiengne
(Que je vuel que il te souviengne,
Jasoit ce que devant dit t'oie
6180 De Socratés, que tant amoie,
Et li vaillanz honz tant m'amoit
Qu'en touz ses fais me reclamoit)
Mains exemples em puis trouver;
Et ce puet l'en bien esprouver
6185 Par Seneque et par Nairon,
Dont la parole tost lairon
Por la longor de la matire,
Car je metroie trop au dire
Les fais Nairon le cruel homme,
6190 Comment il mist les feus a Romme
Et fist les sinators occierre.
Cis ot le cuer plus dur que pierre
Quant il fist desmembrer sa mere.
Il ot pensee mout amere
6195 Por ce que par la fust seüs
Li lieus ou il fu conceüs;
Et puis qu'il la vit desmembree,
Selonc l'istoire remembree,
La biauté des membres juga :
6200 Hé! Diex, cum ci felon juge a!
Onc des yex lerme n'en issi,
Car li livres le dist issi,
Mes si cum il jugoit des membres,
Commanda il que de ses chambres
6205/b/ Feïst l'en le vin aporter,
Et but por son cors deporter.

6185-6272. Néron est cité souvent depuis Boèce comme exemple
de cruauté. Suétone est la source classique de cette tradition.

Mes ains cele desconneüe
Avoit il sa seror eüe
Et bailla soi meïmes a homme,
6210   Cis desloiaus que je ci nomme.
Seneque mist il a martire,
Son bon mestre, et li fist eslire
De quele mort morir vorroit.
Cis vit qu'eschaper ne porroit,
6215   Tant par ert crueus li maufés :
« Or soit, dist il, uns bains chaufés,
Puis que d'eschaper est neens,
Si me faites seignier leens,
Si que je muire en l'iaue chaude
6220   Et que ma vie joieuse et baude
A Dieu qui la forma se rende,
Qui d'autre peril la deffende. »
     Aprés ce mot, sans arrester
Fist Nairon le baing aprester,
6225   Et fist ens le prodomme metre,
Et puis seignier, ce dist la lettre,
Tant qu'il li convint l'ame rendre,
Tant li fist cis du sanc espendre.
Ne nulle ochoison n'i savoit,
6230   Fors tant que de coutume avoit
Nairon, que touz jors des s'enfance
Li soloit porter reverence
Si cum disciples a son metre :
« Mes ce ne doit, dist il, pas estre,
6235/c/ Ne n'est pas bel en nulle place,
Que reverence a homme face
Nus honz, puis qu'il est emperere,
Tant soit son mestre ne son pere. »
Et por ce que trop li grevoit
6240   Quant encontre li se levoit,
Quant son mestre veoit venir,
N'il ne s'en pooit pas tenir
Qu'il ne li portast reverence
Par la force d'acoustumance,
6245   Fist il destruire le prodomme.
Si tint il l'empire de Romme,
Cis desloiaus que je ci di,

6207. *Desconneüe :* « ingratitude déplorable. » Cette leçon de notre
ms qu'on ne cite jamais dans les variantes semble bonne.
6230. (ms : *coutuume*).

Et d'Orient et de midi,
D'Occident, de Septentrion
6250 Tint il la juridicion.
Et se tu me ses bien entendre,
Par ces paroles pues aprendre
Que richeces et reverences,
Dignités, honors et poissances
6255 Ne nulle grace de Fortune,
Je n'en excepte neïs une,
De si grant force pas ne sont
Que facent bons ceus qui les ont
[Ne dignes d'avoir les richeces
(6260) Ne les honeurs ne les hauteces.]
Mes s'il ont en eus aigretiés,
Orguel ou quelques mauvetiés,
Les grant estat ou il s'encroent
Plus tost le monstrent et descloent
6265 Que se petit estat eüssent,
Par quoi si nuire ne poüssent.
/b/ Li fait les volentés encusent
Quant il de lor poissances usent,
Qui demoustrance font et signe
6270 Qu'il ne sont pas ne bon ne digne
Des richeces, des dignités,
Des honors et des poëtés.
Et si dist l'en une parole
Communement qui est mout fole,
6275 Et la tiennent tretuit por vraie
Par lor sol sens qui les desvoie :
Que les honors les meurs remuent.
Mes cil mavesement argüent,
Car honors ne font pas muance,
6280 Mes il font signe et demoustrance
Queles meurs en eus il avoient,
Quant es petis estas estoient
Ceus qui les chemins ont tenus
Par quoi sont as honors venus.
6285 Car s'il sont fel et orguilleus,
Despitous et mal semilleus
Puis qu'il vont honor recevant,
Saches tel estoient devant
Cum tu les pues aprés veoir,

6266. (ms : *poïssent*) : cette autre forme de subj. imp. 6 de *pooir*,
« pouvoir » est aussi attestée par la rime au vers 6454.

6290   Ainçois qu'il eüssent pooir.
        Si n'apele je pas poissance
        Pooir mal de desordenance,
        Car l'escripture dit, et bien,
        Que toute poissance est de bien,
6295   Ne nus a bien faire ne faut
        Fors par faiblesse et par defaut.
        Et qui seroit bien cler veans,
        Il verroit que maus est neans,
        Car aussi cum dit l'escripture ;
6300   Et se d'auctorité n'as cure,
        Car tu ne vues, espoir, pas croire
        Que toute auctoritez soit voire,
        Preste sui que raison i truisse.
        Car il n'est riens que Diex ne puisse,
6305   Mes, qui le voir en vuet retraire,
        Diex n'a poissance de mal faire,
        Et se tu es bien cognoissans
        Et vois que Diex est touz poissans,
        Qui de mal faire n'a pooir,
6310   Dont pues clerement vooir
        Que, qui l'estre des chose nombre,
        Mal ne met nulle chose en umbre.
        Mes se [cum] li umbres n'oppose,
        En l'air occurcir, nulle chose
6315   Fors defaillance de lumiere,
        Tretout en autel maniere
        Creature ou bien defaut
        Mal n'i met riens, fors par defaut
        De bonté ; riens plus n'i puet metre.
6320   Et dist encore plus la lettre,
        Qui des mavés comprent la somme,
        Que li mauvés ne sont pas homme,
        Et vives raisons y amaine.
        Mes je ne vuel pas metre painne
6325   A tout quanque je di prouver,
        Quant en escript le pues trouver.
        [Et ne por quant, s'i ne te grieve,
        Bien te puis par parole brieve
        De raisons amener aucune,

6299. H : *car ainsinc le dit l'e...* La référence concerne ce qui précède.
Il s'agit des écrits de Boèce : *De Consolatione.*
6311. (ms : *Et qui*) : coordination au lieu de subordination.
6313. (ms : *cum, n'* omis).

(6330)   C'est qu'il lessent la fin commune
            A quoi tendent et tendre doivent
            Les choses qui estre reçoivent :
            C'est de touz biens le soverain,
            Que nous apelons prumerain.]
6335/b/   Autre raison y a, biau mestre,
            Par quoi li mavés n'ont pas estre,
            Qui bien entent la consequence :
            Qu'il ne sont pas en ordenence
            En quoi tout lor estre mis ont
6340   Tretoutes les choses qui sont,
            Dont il s'ensuit, au cler veant,
            Que li mavés sont por neant.
               Or oés cum Fortune sert
            Ça jus, en ce mondain desert,
6345   Et comment el fait a despire,
            Qui des mavés eslit le pire;
            Dessus touz hommes le fist estre
            De ce monde seignor et mestre
            Et fist Seneque aussi destruire.
6350   Fait donques bien sa grace a fuire,
            Quant nus tant soit de bon eür
            Ne la puet tenir a seür.
            Por ce vuel que tu la despises
            Et que sa grace riens ne prises.
6355   Claudien neïs s'en soloit
            Merveillier, et blamer voloit
            Les diex de ce qu'il consentoient
            Que li mavés ensi montoient
            Es granz honors, es granz hauteces,
6360   Es granz pooirs, es granz richeces.
            Mes il meïmes il respont
            Et la cause nous en espont,
            Cum cis qui bien de raison use,
            Et les diex absolt et escuse,
6365/c/   Et dit que por ce le consentent
            Que plus aprés les entormentent,
            Por estre plus forment grevé,
            Et por ce sont en haut levé
            Que l'en les puisse aprés veoir
6370   De plus haut trebuchier et choir.
            Et se tu me fais cest servise
            Que je ci [t'enjoing] et devise,

6337. *qui* : « pour celui qui »; *consequence* : « le raisonnement ».

Jamés nul jors ne troveras
Plus riche homme que tu seras;
6375   Ne jamés ne seras iriés,
Tant soit ton estat empiriés
De cors, ne d'amis, ne d'avoir,
Ains vodras pacience avoir
Et tantost avoir la porras.
6380   Et saches que par ce savras
Por quoi tant en tristor demeures.
Je vois maintes fois que tu pleures
Cumme lambic sus alutel.
L'en te devroit en un putel
6385   Toouillier cum un viés penufle.
Certes je le tendroie a trufle,
Qui diroit que tu fusses hon;
Onques hon, en nulle seson,
Por qu'il usast d'entendement,
6390   Ne mena duel ne marement.
Li vif dyable, li maufé,
T'en ont ore si eschaufé,
Qui si font tes yex lermoier,
Qui de nulle riens esmoier
6395/d/ Qui t'avenist ne te deüsses,
Se point d'entendement eüsses.
Ce fait li diex qui ci t'a mis,
Tes bons sires, tes bons amis,
Ceste Amor qui soufle et atise
6400   La brese qu'il t'a ou cors mise,
Qui fait tes yex les lermes rendre.
Chier te vuet s'acointance vendre,
Car ce n'afresist pas a homme
Cui senz et proesse renomme.
6405   Certes malement t'en diffames.
Lesse plorer enfans et fames,
Bestes foibles et variables,
Et tu soies fors et estables
Quant Fortune verras venir.
6410   Vues tu sa roe retenir,
Qui ne puet estre retenue
Ne par grant gent ne par menue?

6383. « Comme un alambic sur un aludel » : instrument d'alchi-
miste.
6385. (ms : *Touillier*): la versification contraint à rétablir la forme
trissyllabique plus ancienne.
6392. H : *T'ont ton athanor e.* : encore une allusion à l'alchimie.

Cis granz empereres meïmes,
Nairon, dont exemple preïmes,
6415   Qui fu de tout le monde sires
Tant s'estendoit loing ses empires,
Ne la pot onques arrester,
Tant peüst honor conquester.
Car il, se l'istoire ne ment,
6420   Reçut puis mort mavesement.
De tout son peuple fu haïs,
Dont doutoit estre envaïs;
Si manda ses privés amis,
Mes onc li message tramis
6425/55/ Ne troverent, quoi qu'il deïssent,
Nus d'aus qui lor huis lor ovrissent.
Adont i vint priveement
Nairon, mout pooureusement,
Et hurta de ses propres mains.
6430   Onc ne l'en firent plus ne mains,
Car cum Nairon plus appela
Et chascuns plus fort se cela,
Ne ne li vodrent mot respondre.
Lors le convint aler repondre.
6435   Si se mist por soi herbergier
O deus siens sers en un vergier,
Car ja partout plusor coroient,
Qui por occirre le queroient,
Et crioient : « Nairon! Nairon!
6440   Qui le vit ? Ou le troveron ? »
Si qu'il meïmes les ooit,
Mes consel metre n'i pooit.
Si s'est si forment esbahis
Qu'il meïmes s'est enhaïs;
6445   Et quant il se vit en ce point
Qu'il n'ot mes d'esperance point,
As sers pria qu'il le tuassent
Ou qu'a li tuer li aidassent.
Si s'occist, mes ains fist requeste
6450   Que ja nus ne trovast sa teste,
Porce qu'il ne fust cogneüs
Se son cors fust aprés veüs;
Et pria que le cors ardissent

6432. *Et* introduit une proposition principale.
6441. *ooit :* « les entendait ».
6452. (ms : *fus*).

Si tost cum ardoir le poïssent.
6455/b/ Et dist li livres anciens,
Dis *des Douze Cesariens,*
Ou sa mort trovons en escript,
Si cum Sutunius l'escript,
Qui la loi crestienne appele
6460 Fauce religion novele
Et mal faisant, (ensi la nomme) :
Vez ci mort de trop cruel homme,
Car en Nairon fu defenie
Des Cesariens la lignie.
6465 Cis par ses fais tant porchassa
Que tout son linage effassa.
Ne porquant il fu coustumiers
De bien faire es cinc ans premiers;
Onc miex ne governa terre
6470 Nus princes que l'en seüst querre,
Tant estoit vaillans et pitous
Li desloiaus, li despitous,
Et dist en audience a Romme,
Quant il, por condampner un homme,
6475 Fu requis de la mort escrire
(Il n'ot pas honte de ce dire)
Qu'il vosist miex ne savoir lettre
Que sa main por escrire y metre.
Et tint, ce vuet le livre dire,
6480 Entor dis et huit ans l'empire
Et trente et deus dura sa vie.
Mes son orguel et sa folie
Si forment l'orent envaï
Que de si haut si bas chaï
6485/c/   Cum tu m'as oï raconter.
Tost le fist Fortune monter,
Et tost le fist aprés descendre
Si cum pues oïr et entendre.
    N'onc ne la pot Cresus tenir
6490 Que nel feïst aussi fenir,
Qui refu rois de toute Lyde,
Puis li mist l'en ou col la bride,
Et fu por ardre au feu livrés,
Quant par pluie fu delivrés,
6495 Si que le feu fist tout estaindre.

6457. Suétone, *Nero,* XVI (c'est au VIe livre du *De Vita Caesarum*).
6458. La terminaison des noms en *-ius* est dissylabique.

N'onques nus n'osa la remaindre,
Chascuns s'en foï por la pluie.
Cresus se mist tantost en fuie
Quant il se vit seul en la place,
6500 Sanz encombrement et sans chace.
Puis refu sires de sa terre,
Et puis remut novele guerre,
Puis fu il pris et puis pendus,
Quant li songes li fu rendus
6505 Des deus diex qui li apparoient,
Qui sus l'arbre en haut le servoient :
Jupiter, ce dist, le lavoit,
Et Febus la toaille avoit,
Et se penoit de l'essuer.
6510 Mal se vot en songe apuer,
Qui si grant fiance acuelli,
Qu'il comme fox s'enorguelli.
Bien li dist Fanie, sa fille,
Qui mout estoit sage et soutille,
6515 /d/ Que savoit les songes espondre,
Et sans flatter li vot respondre :
    « Biau pere, dist la damoisele,
Ci a dolereuse novele.
Sachiés que Fortune vous moque :
6520 Vostre orguel ne vaut une quoque.
Par cest songe poés entendre
Qu'el vous vuet faire au gibet pendre;
Et quant serés pendus au vent,
Sans coverture et sans avent,
6525 Sor vous plovera, sire rois,
Et li biaus solaus de ses rais
Vous essuera cors et face.
Fortune a ceste fin vous chace
[Qui tost et done les honeurs,
(6530) Et fet sovent de granz, meneurs,
Et des meneurs refet greigneurs,
Et seigneurs deseur les seigneurs.]
Que vous iroie je flatant ?
Fortune au gibet vous atent,
6535 Et quant au gibet vous tendra
La hart ou col, el reprendra

6508. Phoebus.
6512. (ms : *qui*).
6532. (Méon : *seignorir sus*) : corr. par C.

La bele corone doree
Dont vostre teste est coronee.
S'en iert un autres coronés
6540   De qui garde ne vous prenés.
    Et por ce que je vous espoigne
Plus apertement la besoigne,
Jupiter qui l'iaue vous donne,
Ce est li airs qui plus entonne,
6545   Et Febus qui tient la toaille,
C'est le solel sans nulle faille.
L'arbre par le gibet vous glose,
Je n'i puis entendre autre glose.

/56/   Passer vous couvient ceste planche,
6550   Fortune ensi le peuple vanche
Des bobens que vous demenés,
Cum orguillous et forcenés.
Si destruit elle maint preudomme,
Qu'ele ne prise pas une pomme
6555   Tricherie ne loiauté,
Ne nul estat, ne roiauté;
Ainçois s'en joe a la pelote
Comme pucele nice et sote,
[Et giete a grant desordenance
(6560)   Richece, honor et reverance.]
Dignités et poissance donne,
Mes ne prent garde a quel personne ;
Car ses graces, quant les despent,
En despendant si les espent
6565   Que les gete en leu de pouties
Par putiaus et par praeries,
Qu'ele ne prise tout une bille
Fors que Gentillece, sa fille,
Cousine a prochene Cheance,
6570   Tant la tient Fortune en balance.
Mes de cele est il voirs, sans faille,
Que Fortune a nuli ne baille,
Comment qu'il aut du retolir,
S'il ne set si son cuer polir
6575   Qu'il soit cortois, preus et vaillans;
Que nus n'est si bien bataillans,
Se de vilonnie s'apresse,
Que Gentillece ne le lesse.

6566. (ms : fraeries).

Gentillece est noble, et si l'aim ;
6580 El n'entre pas en cuer vilain.
/b/ Por ce vous loz, mon tres chier pere,
Que vilonnie en vous n'apere.
Ne soiés orguilleus ne chiches,
Soiés, por enseigner les riches,
6585 Larges de cuer, cortois et gens
Et pitous a toutes les gens.
Ainsi le doit chascuns rois faire.
Large, cortois et debonnaire
Ait le cuer, et plain de pitié,
6590 S'il quiert du peuple l'amitié,
Sans qui rois en nulle seson
Ne puet nes que uns autre hon. »
Ensi le chastioit Fanie,
Mes [fols] ne voit en sa folie
6595 Fors que sens et raison ensemble,
Si cum en son fol cuer li semble.
Cresus, qui point ne s'umelie,
Touz pains d'orguel et de folie,
En touz ses fais quide estre sages,
6600 Combien qu'il feïst grans outrages.
« Fille, dist il, de cortoisie
Ne de sens ne m'aprenés mie ;
Plus en sai que vous ne savés,
Qui ensi chastié m'avés.
6605 Et quant en vostre fol respons
M'avés mon songe ensi espons,
Servi m'avés de granz mensonges ;
Car sachiés que cest noble songes,
Ou fauce glose volés metre,
6610 Doit estre entendus a la lettre ;
/c/ Et je meïmes l'i entens
Si cum vous le verrés en tens.
Onc aussi noble vision
N'ot si vil exposicion.
6615 Li dieu, sachiés, a moi vendront
Et le servise me rendront
Qui m'ont par ce songe tramis,
Tant est chascuns d'auz mes amis,
Car bien l'ai pieça deservi. »
6620 Vez cum Fortune le servi,

6579. (ms : *gentille*).
6598. H : *pleins*.

Qu'il ne se pot onques deffendre
Qu'el nou feïst au gibet pendre.
N'est ce dont chose bien provable
Que sa roe n'est pas tenable,
6625   Que nus ne la puet retenir
Tant sache grant estat tenir ?
[Et se tu sez riens de logique,
(6628)   Qui bien est science autentique,]
Puis que li grant seignor i faillent,
6630   Li petit en vain se travaillent.
    Et se ces prueves riens ne prises
D'anciennes istoires prises,
Tu les as de ton temps noveles,
De batailles fresches et beles,
(6635)   [De tel biauté, ce doiz savoir,
Comme il peut en bataille avoir,]
C'est de Manfroi, roi de Cezile,
Qui par force tint et par guile
Lonc temps aprés toute la terre,
6640   Mes li bonz Karles li mut guerre,
Contes d'Anyo et de Provence,
Qui par devine porveance
Fut aprés de Cezile rois,
Ainsi le vot Jhesus li rois,
6645/d/ Qui touz jors s'est tenus o li.
Cis bonz rois Karles l'en toli
Non pas, sans plus, la seignorie,
Ains li toli du cors la vie
Quant a l'espee qui bien taille,
6650   En la premerainne bataille
L'assailli por li desconfire;
Eschac et mat li ala dire
Dessus son destrier auferrant,
Dont trait d'un poonet errant
6655   Ou mileu de son eschaquier.
De Corradin parler ne quier,
Son neveu, dont l'exemple est preste,
Dont li rois Karles prist la teste
Maugré le prince d'Alemaingne.
6660   Henri, frere au roi d'Espaingne,

6637-6654. Manfred, prétendant au royaume de Sicile, en lutte avec Charles d'Anjou en 1266.
   6656. Conradin, neveu de Manfred, exécuté en 1268.
   6660. Henri de Castille s'échappa, en fait, de sa prison en 1293.

Plain d'orguel et de traïson,
Fist il morir en la prison.
Ces deus, comme faus garçonnés,
Et rois et fiers et poonés
6665 Et chevaliers au geu perdirent
Et hors de l'eschaquier saillirent,
Tel poor orent d'estre pris
Au geu qu'il orent entrepris.
Car qui la verité regarde,
6670 D'estre mat n'avoient il garde;
Puis que sans roi se combatoient,
Eschac et mat riens ne doutoient,
Ne cil haver ne les pooient
Qui contre eus as eschas jooient,
6675/57/ Fust a pié ou fust as arçons,
Car l'en ne have pas garçons,
Fos, chevaliers, fierces ou ros;
Car se la verité conter os,
Se n'en quier je nulli flater,
6680 Aussi cum il n'a du mater,
Puis que des eschas me sovient,
Si tu riens en ses, il couvient
Que cis soit rois que l'en fait have,
Quant tuit si homme sont esclave,
6685 Si qu'il se voit seus en la place
Ne n'i voit chose qui li place,
Ains s'en fuit par ses anemis
Qui l'ont en tel povreté mis.
L'en ne puet autrement haver,
6690 Ce sevent tuit, large et aver,
Car ensi le dist Athalus,
Qui des eschas controva l'us
Quant il tretoit d'arimetique.
Tu le verras en *Poletique*,
6695 Qu'il enflechi de la matire
Et les nombres devoit escrire,
Ou ce biau geu jolis trouva,
Que par demonstrance prouva.
    Por ce se mistrent il en fuie,
6700 Por la prison qui lor ennuie,

6677. (ms : *fors*) : *fos*, « fous » du jeu d'échec.
6686. « chose qui lui plaise. »
6694. Il s'agit du *Policratique*, écrit par Jean de Salisbury à la fin du XIIᵉ siècle.

Car je di, por presse eschever
Et por la mort qui plus grever
Les peüst et qui pis valoit;
Car li geus malement aloit,
6705/b/   Au mains par devers lor partie
Qui de Dieu s'estoit departie
Et la bataille avoit emprise
Contre la foi de Sainte Eglise.
Et qui eschac dist lor eüst,
6710   N'iert il qui covrir le peüst,
Car la fierce avoit esté prise
Au geu de la premiere assise,
Ou li rois perdi comme sos
Ros, chevaliers, poons et fos;
6715   Si n'ert elle pas la presente,
Mes la chetive, la dolente,
Ne pot foïr ne soi deffendre,
Puis que l'en li ot fait entendre
Que mat et mort gisoit Mainfrois,
6720   Par chief, par piés et par main frois.
Et puis que cis bons rois oÿ
Qu'il s'en erent ensi foÿ,
Les prist il foians ambedeus
Et puis fist sa volenté d'eus
6725   Et de mains autres prisonniers
De lor folie parçonniers.
    Cis vaillanz rois dont je te conte,
Que l'en soloit tenir a conte,
Cui nuit et jor et mains et soirs
6730   Sauve le cors, et touz ses hoirs
Gart Diex et deffende et conseille,
Cis donta l'orguel de Marseille,
Et prist des plus granz de la vile
Les testes, ains que de Cezile
6735/c/   Li fust li roiaumes donnés
Dont il fu puis rois coronnés
Et vicaires de tout l'empire.
Mes or ne vuel de li plus dire,
Car qui tretout vodroit retraire,
6740   Un grant livre couvendroit faire.
Vez ci genz qui granz honors tindrent :
Or ses a quel chief il vindrent.

6711. *la fierce :* la reïne ».
6729. (ms : *que* .

N'est dont bien Fortune seüre.
Mout est fos qui s'i asseüre,
6745 Car ceus que par devant vuet oindre,
Seut elle par derriere poindre.
Et tu qui la rose baisas,
Par quoi de duel si grant fais as
Que tu ne t'en pues apaisier,
6750 Cuidoies tu touz jors baisier,
Touz jors avoir aise et delices ?
Par mon chief, tu es fox et nices.
Por que cis dues plus ne te tiengne,
De Mainfroi vuel qu'il te soviengne,
6755 De Henri et de Corradin,
Qui firent pis que Sarradin
De commencier bataille amere
Contre Sainte Eglise lor mere,
Et des fais des Marsiliens,
6760 Et des granz hommes anciens
Comme Nairon, comme Cresus,
Dont je te contai ci dessus,
Qui Fortune tenir ne porent
O touz les grans pooirs qu'il orent.
6765/d/ Par quoi franz honz qui tant se prise
Qu'il s'orguillist por sa franchise,
Il ne set pas en quel aage
Cresus li rois vint a servage ;
De Hecuba, mien escient,
6770 Qui fu fame le roi Prient,
Ne tient il pas en sa memoire,
Ne de Sicambreïs l'istoire,
Mere Daire, le roy de Perse,
Cui Fortune fu si perverse,
6775 Qui franchise et roiaume tindrent
Et serves en la fin devindrent.
    D'autre part je tiens a grant honte,
Puis que tu ses que lettre monte
Et que estudier te couvient,
6780 Quant il d'Omer ne te souvient,
Puis que tu l'as estudié.
Mes tu l'as, espoir, oblié,

6769. (ms : *Hecula*). Hécube, veuve du roi de Troie, Priam.
6772. Sisigambis, mère de Darius.
6778-79. « Puisque tu sais la valeur de l'instruction et la nécessité des études. »
6780. (ms : *d'amer*) : Homère.

Et n'est ce pene vainne et vuide ?
Tu mes en lire ton estuide
6785   Et tout par negligence oblies
Que vaut quanque tu estudies,
Quant le sens au besoing te faut,
Et solement par ton defaut ?
Certes touz jors en ramembrance
6790   Deüsses avoir la sentence,
Si deveroient tuit homme sage,
Et si fichier en lor corage
Que jamés ne lor eschapast
Tant que la mort les atrapast.
6795/58/   Car qui la sentence savroit,
Et touz jors en son cuer l'avroit
Et la seüst bien soupeser,
Jamés ne li devroit peser
De chose qui li avenist
6800   Que touz jors fers ne se tenist
Encontre toutes aventures,
Bonnes, males, moles ou dures.
Si rest elle voir si commune
Selonc les ovres de Fortune,
6805   Que chascuns chascun jor la voit
Se bon entendement avoit.
Merveilles est que ne l'entens,
Que ta cure a mise tant ens;
Mes tu l'as autre par tournee
6810   Par ceste amor desordenee.
Si la revuel or ramentoivre
Por toi faire miex aperçoivre.
Jupiter en toute saison
A sor le suel de sa maison,
6815   Ce dit Omer, deus plains tonneaus;
Si n'est viex hons ne garçonneaus
N'il n'est dame ne damoisele,
Soit vielle ou jone, lede ou bele,
Qui vie en ce monde reçoive,
6820   Qui de ces deux tonneaus ne boive.
C'est une taverne pleniere,
Dont Fortune, la taverniere,
Traist a l'uis le piment en coupes

6808. (ms : *et ton temps*).
6809. (ms : *trouvee*).
6815. *Iliade,* XXIV.

Por en faire a tout le monde soupes.
6825/b/ Touz les en aboivre a ses mains,
Et les uns plus, les autres mains.
N'est nus qui chascun jor n'en pinte
De ces tonneaus ou quarte ou pinte
Ou mui ou setier ou chopine,
6830 Si cum il plest a la meschine,
Ou plene paume ou quelque goute
Que Fortune ou bec li agoute,
Car bien et mal a chascun verse
Si cum elle est toute perverse.
6835 Ne ja nus si liés ne sera,
Quant il bien se porpensera,
Qu'il ne truist en sa grignor aise
Quelque chose qui li desplaise;
Ne ja tant de meschief n'avra,
6840 Quant il bien se porpensera,
Qu'il ne truisse en son desconfort
Quelque chose qui le confort,
Soit chose fete ou chose a fere,
S'il pensoit bien a son afere,
6845 S'il ne chiet en desesperance,
Qui les pecheors desavance;
Ne nus hons n'i puet consel metre,
Tant ait parfont veü en lettre.
Que te vaut dont le correcier,
6850 Le lermoier, ne le groucier ?
Mes pren bon cuer et si t'avance
De recevoir en pacience
Tout quanque Fortune te donne,
Soit lede ou bele, ou male ou bonne.
6855/c/   De Fortune la semilleuse
Et de sa roe perilleuse
Touz les tors conter ne porroie.
C'est le geu de boute en corroie,
Que Fortune fet si partir
6860 Que nus de mort au departir
Ne puet avoir science aperte
S'il i prent ou gaaing ou perte.
Mes atant de li me tairai,
Fors tant qu'encor m'i retrairai
6865 Un petitet, por mes requestes

6858. On trompe le parieur en formant avec une courroie des plis
ou des nœuds qui font illusion.

Que je te furni mout honestes,
[Car volentiers recorde bouche
Chose qui pres du cuer li touche;]
Et se tu les vues refuser,
(6870)   [N'est riens qui te puisse escuser]
Que trop ne faces a blamer :
C'est que [tu] me vuelles amer,
Et que le dieu d'Amors despises
Et que Fortune riens ne prises.
6875   Et su tu trop foibles te fais
A soutenir cest treble fais,
Je le sui preste d'alegier
Por porter le plus de legier.
Pren la premiere solement,
6880   Et si te maintien sagement;
Tu seras des autres delivres.
Car se tu n'és ou fox ou yvres,
Savoir dois, et bien le recorde :
Quicunques a Raison s'acorde
6885   Jamés par amors n'amera
Ne Fortune ne prisera.
Por ce fu Socratés itiex
/d/   Qu'il fu mes amis vertueux.
Le dieu d'Amors onc ne cremut
6890   Ne por Fortune ne se mut.
Por ce vuel que tu le resembles,
Et que ton cuer au mien assembles;
Et se tu l'as ou mien planté,
Il me souffist a grant plenté.
6895   Or vois cum la chose est preste :
Je ne fais que une requeste;
Pren la premiere que j'ai dite,
Et je te claim des autres quite.
Or ne tien plus ta bouche close,
6900   Respon : feras tu ceste chose ?
         — Dame, fis je, ne puet autre estre.
Il me convient servir mon mestre
Qui mout plus riche me fera
Cent mile tans quant li plera,
6905   Car la rose me doit baillier,
Se je me sai bien travaillier.
Et se par li la puis avoir,
Mestier n'avroie d'autre avoir.
Je ne priseroie trois chiches
6910   Socratés, cum bien qu'il fust riches,

Ne plus n'en querroie parler.
A mon mestre m'en vuel aler,
Tenir li vuel ses couvenans,
Car il est drois et avenans;
6915 S'en enfer me devoit mener,
Ne puis je mon cuer refrener.
Mon cuer ? ja n'est il pas a moi.
/59/ Onques encore n'entamoi,
Ne ne bee a entamer,
6920 Mon testament por autre amer.
A Bel Acuel tout le lessai,
Car tretout par cuer mon laiz sai,
Et oi par grant impacience
Confession sans repentance;
6925 Si ne vodroie pas la rose
Changier a vous par nulle chose;
La convient il que mon cuer voise.
Si ne vous tienz pas a cortoise
Que ci m'avés coilles nomees,
6930 Qui ne sont pas bien renomees
En bouche a cortoise pucele.
Vous, qui tant estes sage et bele,
Ne sai comment nommer l'osates,
Au mains que le mot ne glosates
6935 Par quelque cortoise parole,
Si cum prodefame parole.
Sovent voi neïs ces norrices,
Dont maintes sont baudes et nices,
Quant lor enfans lavent et baingnent,
6940 Et les debaillent et aplaingnent,
Si les nomment eus autrement.
Vous savés or bien se je ment. »
    Lors se prist Raison a sorrire,
En sorriant me prist a dire :
6945 « Biaus amis, je puis bien nommer,
Sanz moi faire mal renomer
Proprement, par le propre non
/b/ Chose qui n'est se bonne non.
Voire du mal seürement
6950 Puis je bien parler proprement,
Car de nulle chose n'ai honte,
Se tele n'est qu'a pechié monte.

6922. (ms : tre- omis).
6928. (ms : tienz je pas).

[Mes chose ou peché se meïst
N'est riens qui fere me feïst.]
6955   Onc en ma vie ne pechié,
N'encor n'ai je mie pechié
Se je nomme les nobles choses
Par plain texte, sanz metre gloses,
Que mes peres en paradis
6960   Fist de ses propres mains jadis,
Et touz les autres instrumens
Qui sont pilers et argumens
A soutenir nature humainne,
Qui fust sans eus et casse et vainne.
6965   Car volentiers, non pas envis,
Mist Diex en coilles et en vis
Force de generacion
Par merveillouse entencion,
Por l'espece avoir toute vive
6970   Par renouvelance naÿve,
[C'est par nessance rechaable
Et par chaance renessable,]
Par quoi Diex les fait tant durer
Que la mort ne puet endurer.
6975   Aussi fist il as bestes mues
Qui par ce resont soutenues,
Car quant les unes bestes meurent,
Les formes es autres demeurent.
    — Or vaus pis, dis je, que devant,
6980   Car bien voi ore apertement
Par vostre parleüre baude
/c/   Que vous estes fole ribaude;
Car tout ait Diex les choses fetes
Que ci devant avés retretes,
6985   Les mos au mains ne fist il mie
Qui sunt tuit plain de vilonnie.
    — Biaus amis, dist Raison la sage,
Folie n'est pas vasselage,
Ja mon cuer ne s'en movera.
6990   Tu diras quan qui te plera,
Car bien en as temps et espace.
De moi, qui t'amor et ta grace
Vuel avoir, n'estuet il douter;
Car je sui preste d'escouter
6995   Et de souffrir et de moi taire,

6993. (ms : *m'estuet*).

Mes que te gardes de pis faire,
[Con bien qu'a ledengier m'accueilles.
Si semble il, par foi, que tu veilles
Que je te respoigne folie.
(7000)   Mes ce ne te feré je mie.]
Je, qui por ton preu te chastoi,
Ne sui mie de tant a toi
Que tel vilonnie commence
Que je mesdie ne ne tence,
7005   Qu'il est voirs, et ne te desplese,
Tencier est venjance mavese,
[Et si doiz savoir que mesdire
Est encore venjance pire.]
Tout autrement m'en vengeroie
7010   Se venjance avoir en voloie;
[Car se tu meffez ou mesdiz,
Ou par mes fez ou par mes diz
Secreement t'en puis reprendre
Par toi chastier et aprendre,]
7015   Sanz blame et sanz diffamement;
Ou vengier neïs autrement,
Se tu ne me voloies croire
De ma parole bonne et voire,
Par plaindre quant temps en seroit
7020   Au juge qui droit m'en feroit;
[Ou par quelque fet resonable
Prendre autre venjance honorable.]
Mes a toi ne vuel pas tencier,
/d/   Ne par mon dit desavancier,
7025   Ne diffamer nulle personne,
Quele qu'el soit, ou maise ou bonne.
Port chascuns endroit soi son fes;
S'il vuet, si se face confés;
S'il ne vuet ja ne s'en confesse;
7030   Je ne li en feré ja presse.
N'ai talent de folie faire,
Par quoi je m'en puisse retraire,
Ne ja neïs n'iert par moi dite.

7006. (ms : *touzjors est*).
7009-7022. Tout le passage, un peu confus, a été abrégé dans notre
ms. On trouvera d'autres exemples d'une telle initiative.
7016. (ms : *De vengier*). Nous faisons d'après Langlois dépendre
vengier de *puis* au vers 7013, de même que *prendre* au vers 7022.
7017. (ms : *Et se*).
7026. H : *mauvese* ; *maise* a le même sens.

Si rest taire vertu petite;
7035   Mes dire les choses a taire
C'est trop grant dÿablie a faire.
        Langue doit estre refrenee,
Car nous lisons de Tolomee
Une parole molt honeste
7040   Au commencier de s'*Almageste*,
Que cis est sages qui mest pene
A ce que sa langue refrene,
Fors sanz plus quant de Dieu parole.
La n'a l'en pas trop de parole.
7045   Car nus ne puet Dieu trop loer,
Ne trop son seignor honorer,
Trop craindre ne trop obeïr,
Trop amer ne trop beneïr,
Crier merci ne graces rendre.
7050   A ce ne puet nus trop entendre,
Car touz jors reclamer le doivent
Tuit cil qui biens de li reçoivent.
Chaton meïsmes s'i acorde,
/60/   S'il est qui son livre recorde.
7055   La pues en escript trover tu
Que la premerainne vertu
C'est de metre en sa langue frain;
Donte dont la toe et refrain
De folie dire et d'outrages,
7060   Si feras que preus et que sages,
Qu'il fait bon croire les paiens,
Cum de lor dit granz biens aiens.
        Mes une chose te vuel dire,
7065   Sanz point de haïne ne d'ire,
Et sanz blame et sanz ataïne,
(Que fox est qui genz ataïne) :
Que, sauve ta grace et ta pez,
Envers moi, qui t'aim et t'apez,
Trop mesprens, qui si te reveles
7070   Que fole ribaude m'apeles
Et sanz deserte me ledenges,
Quant mon pere, le roi des anges,

7034. (ms : *de tel vertu*).
7038. Ptolémée, au prologue de l'*Almageste*.
7053. Sous le nom de *Caton* on se réfère ici à un célèbre recueil de distiques moraux.
7066. (ms : *Et sauve*) : notre ms ne considère pas le vers 7067 comme une parenthèse, les vers 7065/66 étant intervertis.

Diex, li cortois sans vilonnie,
De qui muet toute cortoisie,
7075   Qui m'a norrie et enseignie,
Ne m'a pas si mal enseignie,
Ainçois m'aprist ceste maniere.
Par son gré sui je coustumiere
De parler proprement des choses,
7080   Quant il me plest, sans metre gloses.
    Et quant tu revues opposer
Tu, qui me requiers de gloser,
Vues opposer ? ainçois opposes
/b/   Que, tout ait Diex faites les choses,
7085   Au mains ne fist il pas le non,
Je te respon : espoir que non,
Au mains celi qu'eles ont ores,
Si les pot bien nommer lores,
Quant il premierement cria
7090   Tout le monde et quanqu'il y a,
Mes il vot que non lor trovasse
A mon plesir, et les nomasse
Proprement et communement
Por croistre nostre entendement;
7095   Et la parole me donna
Ou mout [tres] precieus don a.
Et ce que ci t'ai recité
Pues trover en auctorité,
Car Platon lisoit en escole
7100   Que donnee nous fu parole
Por faire nos voloirs entendre,
Por enseignier et por aprendre.
Ceste sentence ci rimee
Trouveras escripte en *Thimee*
7105   De Platon qui ne fu pas nices.
Et quant tu d'autre part obices
Que vilain et lait sont li mot,
Je te di devant Dieu qui m'ot,
Se je, quant mis les nons as choses
7110   Que si reprendre et blamer oses,
Coilles reliques appelasse
Et reliques coilles nomasse,
Tu, qui si m'en mort et depiques,
/c/   Me redeïsses de reliques
7115   Que ce fust lais mos et vilains.

7112. (ms : *r. c.* intervertis).

Coilles est biaus mos et si l'ains,
Si sont par foi coillon et vit,
Honz mes plus biaus gaires ne vit.
Je fis les mos, et sui certainne
7120   Qu'onques ne fis chose vilainne;
.01   Et quant por reliques m'oïsses
.02   Coilles nommer, le mot preïsses
.03   Por si bel, et tant le prisasses,
.04   Que partout coilles aorasses
.05   Et les baisasses en eglises
.06   En or et en argent assises.
        Et diex, qui sages est et fis,
        Tient a bien fait ce que j'en fis.
        [Comment, por le cors saint Homer!
        N'oseré je mie nomer
(7125) Proprement les euvres mon pere?
        Convient il que je le compere?]
        Il convenoit que nonz eüssent,
        Ou genz nomer ne les seüssent;
        Et por ce tex nonz lor meïmes
7130   Qu'en les nomast par ceus meïmes.
        Se fames nes nomment en France,
        Ce n'est fors de acoustumance.
        Car le propre non lor pleüst,
        Qui acoustumé lor eüst;
7135   Et se proprement les nomassent,
        Ja certes de riens ne pechassent.
            Acoustumance est trop poissans,
        Et se bien la sui cognoissans,
        Mainte chose desplest novele
7140   Qui par acoustumance est bele.
        Chascune qui les va nommant
/d/   Les apelle ne sai comment,
        Borces, hernois, riens, piches, pines,
        Aussi cum ce fussent espines;
7145   Mes quant les sentent bien joignans,
        Ne les tiennent pas a poignans.
        Or les nomment si cum eus suelent,
        Quant proprement nommer nes vuelent.
        Je ne lor en feré ja force,
7150   Mes a rienz nulle ne m'efforce,
        Quant riens vuel dire apertement,
        Tant cum a parler proprement.
            Si dist l'en bien en nos escoles
        Maintes choses par paraboles

7155   Qui mout sont beles a entendre.
           Si ne doit l'en mie tout prendre
           A la lettre, quanque l'en ot.
           En ma parole autre sens ot,
           Dont si briement parler voloie
7160   Au mains quant de coilles parloie,
           Que celi que tu i vues metre;
           Et qui bien entendroit la lettre,
           Le sens verroit en l'escriture
           Qui esclarsist la chose oscure.
7165   La verité dedens repote
           Seroit clere, s'ele ert espote;
           Bien l'entendras se bien repetes
           Les integumens as poetes.
           La verras une grant partie
7170   Des secrés de philosofie
           Ou mout te vorras deliter,
/61/   Et mout y porras profiter;
           En delitant profiteras,
           En profitant deliteras;
7175   Car en lor geus et en lor fables
           Gisent profit mout delitables,
           Sous qui lor pensees covrirent
           Quant le voir des fables vestirent.
           Si te convendroit a ce tendre
7180   Se bien vues la parole entendre.
             Por ce t'ai ces deus mos rendus,
           Se tu les as bien entendus,
           Qui pris doivent estre a la lettre
           Tout proprement, sans glose metre.
7185   — Dame, bien les i puis entendre,
           Il sont si legier a aprendre
           Qu'il n'est nus qui françois seüst
           Qui prendre ne les y deüst;
           N'ont mestier d'autres eclarances.
7190   Mes des poetes les sentences,
           Les fables et les metafores,
           Pas ne les bee a gloser ores.
           Mes se je puis estre garis
           Et li services m'est meris
7195   Dont si grant guerredon atens,
           Bien les gloseré tout a tens,
           Au mains ce qui m'en afferra,

7168. (ms : *argumens*).

Si que chascuns cler [i] verra.
Si vous tieng por bien escusee
7200   De la parole ensi usee
Et des deus mos dessus nommés,
/b/   Quant si proprement les nommés
Qu'il ne m'i couvient plus muser
Ne mon temps en gloser user.
7205   Mes je vos pri, por Dieu merci,
Ne me blamés plus d'amer ci.
Se je sui fol c'est mon domage;
Mes au mains fis je lors que sage,
De ce croi je bien estre fis,
7210   Quant hommage a mon mestre fis.
Se je sui fol, ne vous en chaille,
Je vuel amer, comment qu'il aille,
La rose ou je sui voés;
Ja n'iert mon cuer d'autre doés;
7215   Et se m'amor vous prometoie,
Ja voir promesse n'en tendroie;
Lors si seroie decevierre
Vers vous, ou vers mon mestre lierre
Se je vous tenoie couvent.
7220   Mes je [vous] ai dit bien souvent
Que je ne vuel aillors penser
Qu'a la rose ou sont mi penser;
Et quant aillors penser me faites
Par vos paroles ci retraites
7225   Que je sui ja touz las d'oïr,
Ja m'en verrés de ci foïr
Se ne vous en taisiés a tant,
Puis que mon cuer aillors s'atent. »
Quant Raison m'ot, puis si s'en torne,
7230   Et me lessa pensant et morne.
Adont d'Ami me resouvint,
[Esvertuer lors me covint,]
/c/   Aler y vuel a quelque pene.
E vouz Ami que Diex m'amene;
7235   Et quant il me vit en ce point
Que la dolor au cuer me point :
« Qu'est ce, dist il, biaus dous amis ?
Qui vous a en tel torment mis ?
Bien croi qu'il vous est mescheü
7240   Des que vous voi si esmeü.

7233. « à tout prix ».

Mes or me dites, quex noveles ?
— Certes, ne bonnes ne beles.
— Contés moi tost ! » Et je li conte
Si cum avés oï ou conte,
7245 Ja plus ne vous iert recordé.
« Vois, dist il, por le dous cors Dé !
Vous aviés Dangier apaisié
Et aviés le bouton baisié !
De noient estes entrepris
7250 Se Bel Acuel a esté pris.
Puis que tant s'est abandonnés
Que le baisier vous a donnés,
Jamés prison ne le tendra.
Mes sanz faille il vous convendra
7255/d/ Plus sagement a maintenir
S'a bon chief en volés venir.
Confortés vous et bien sachiés
Qu'il iert de la prison sachiés
Ou il a por vous esté mis
7260 Avec ses mortex anemis.
S'il n'i avoit fors Malebouche !
C'est cis qui plus au cuer me touche ;
Cis a les autres esmeüs.
Ja n'i eussiés esté veüs
7265 Se li glous ne chalemelast.
Poor et Honte vous celast
Mout volentiers, neïs Dangier
S'estoit lessiés a ledengier.
Tuit trois s'estoient coi tenu
7270 Quant li dÿable i sont venu
Que li glous i fist assembler.
— Qui veïst Bel Acuel trembler
Quant Jalousie l'escria,
Car la vielle trop mal cri a,
7275 Grant pitié lor en peüst prendre.
Je m'en foï sanz plus atendre.
[Lors fu li chasteaus maçonez,
Ou li douz est enprisonez.]
Por ce, Amis, a vous me consel :
7280 Mors sui se n'i metés consel. »
    Lors dist Amis cum bien apris,
Car d'Amors ot assés apris :

7260. H commence à ce vers la réplique de l'amant.
7268. « avait renoncé à vous nuire. »
7275-7276. vers intervertis dans le ms.

« Compains, ne vous desconfortés.
En bien amer vous deportés ;
7285 Le dieu d'Amors et nuit et jor
Servés loiaument sans sejor.
/62/ Vers li ne vous desloiautés,
Trop seroit grant desloiautés
S'il vous en trovoit recreü ;
7290 Il se tendroit a deceü
De ce qu'a homme vous reçut ;
Onques cuers loiaus nel deçut.
Faites quanqu'il vous encharga,
Touz ses commandemens, car ja
7295 A son propos, cum bien qu'il tarde,
Ne faudra hons, qui bien se garde,
S'il ne li meschiet d'autre part,
Si cum Fortune se depart.
Du dieu d'Amors servir pensés,
7300 En li soit touz vostre pensés,
C'est douce pensee jolie.
Por ce seroit trop grant folie
Du lessier puisqu'il ne vous lesse.
Ne porquant il vous tient en lesse,
7305 Si vous convient vers lui plessier,
Car vous ne le poés lessier.
    Or vous dirai que vous ferés.
Une piece vous retrerés
Du fort chatel aler veoir.
7310 N'alés ne joer ne seoir,
N'oÿs n'i soiés ne veüs,
Tant que cis vens soit touz cheüs,
[Au mains tant conme vos solez,
Ja soit ce que pas ne volez,]
7315 Pres des murs ne devers la porte ;
Et s'aventure la vous porte,
Faites semblant, comment qu'il aille,
Que de Bel Acuel ne vous chaille,
/b/ Mes se de loing le veés estre
7320 Ou a crenel ou a fenestre,
Regardés le piteusement,
Mes que ce soit couvertement.
[S'il vos revoit, liez en sera,
Ja por gardes ne lessera,

7313. « au moins n'y allez plus aussi souvent que d'habitude. »

(7325) Mes n'en fera chiere ne cin,
Se n'est, espoir, en larrecin;
Ou sa fenestre, espoir, clorra
Quant aus genz parler vos orra,
S'aguetera par la fendace
(7330) Tant con vos serez en la place,
Jusque vos en soiez tornez,
Se par autre n'est destornez.]
Prenés vous garde toute voie
Que Malebouche ne vous voie.
7335 S'il vous voit, si le salués,
Mes gardés que ne vous mués,
Ne ne faites chiere nesune
De haïne ne de rancune;
Et se vous aillors l'encontrés,
7340 Nul mal talent ne li moustrés.
Sages hons son mal talent cueuvre,
Et sachiés que cis fait bon weuvre
Qui les deceveurs deçoit.
Sachiés, ensi faire le doit
7345 Chascuns amans, au mains li sage.
Malebouche et tout son linage,
S'il vous devoient acorer,
Vos los servir et honorer.
Offrés lor tout par grant faintise,
7350 Et cors et amor et servise.
L'en suet dire, et voirs est, ce cuit,
Encontre vessié, recuit.
De ceus bouler n'est pas pechiés
Qui de bouler sont entechiés.
7355 Malebouche si est boulierre,
Ostés bou, si demorra lierre ;
Lierres est il, sachiés de voir,
Bien le poés apercevoir,
N'il ne doit avoir autre non;
7360 Il emble as genz lor bon renon
N'il n'a jamés pooir du rendre.
L'en le deüst miex mener pendre
Que touz ces autres larronciaus
Qui deniers emblent a monciaus.
7365 Se uns lerres emble deniers,
Robe a perche, blé en greniers,
Par quatre tans au mains iert quites
Selonc les lois qui sont escrites,
Et soit pris au premier forfait.

7370　Mes Male Bouche trop forfait
　　　Par s'orde vil langue despite,
　　　Qu'il ne puet, des qu'il l'a dite,
　　　De sa goule mal renomee
　　　Restorer bonne renomee,
7375　N'estaindre une parole seule
　　　S'ele est meüe par sa geule.
　　　　Bon fait Male Bouche apaisier.
　　　Aucune fois seut l'en baisier
　　　Tel main qu'en vodroit qu'el fust arse.
7380　Car fust ore li glous en Tarse,
　　　Si janglast la quanqu'il vosist,
　　　Mes que il rienz ne vous tosist!
　　　Bon estoper fait Male Bouche,
　　　Que ne die blame ou reprouche.
7385　Male Bouche et touz ses parens,
　　　A qui ja Diex ne soit garens,
　　　Par barat estuet bareter,
　　　Servir, chuer, blandir, flater,
/d/　Par haors, par adulacions,
7390　Par fauces simulations
　　　Et encliner et saluer.
　　　Il fait trop bon le chien chuer
　　　Tant qu'on ait la voie passee.
　　　Bien seroit sa goule cassee
7395　S'il li pooit sans plus sembler
　　　Que n'eüssiez talent d'embler
　　　Le bouton qu'il vous a mis seure :
　　　Par ce porriés estre au desseure.
　　　　La vielle qui Bel Acuel garde
7400　Servés aussi, que mal feu l'arde.
　　　Autel faites de Jalousie,
　　　Que nostre sires la maudie!
　　　La dolereuse, la sauvage,
　　　Qui touz jors d'autrui joie errage.
7405　Elle est si crueuse et si gloute
　　　Que tel chose vuet avoir toute :
　　　S'ele en lessoit a chascun prendre,
　　　El ne la troveroit ja mendre.
　　　Mout est fox qui tel chose esperne;
7410　C'est la chandele en la lanterne :
　　　Qui mil en y alumeroit
　　　Ja moins de feu n'i troveroit.
　　　Chascuns set la similitude,
　　　Se mout n'a l'entendement rude.

7415 Se cestes ont de vous mestier,
Servés les de vostre mestier;
Fere lor devés cortoisie,
C'est une chose mout proisie,
/63/ Mes qu'il ne puissent aperçoivre
7420 Que vous les beés a deçoivre.
Ensi vous estuet demener;
Les bras au col doit l'en mener
Son anemi pendre ou noier,
Par chuer, par aplanoier,
7425 S'autrement n'en puet l'en chevir.
Mes bien puis jurer et plevir
Que ci n'a autre chevissance,
Car il sont de tele poissance,
Qui en apert les assaudroit,
7430 A son propos, ce croi, faudroit.
    Aprés ensi vous contendrés
Quant as autres portiers vendrés,
Se vous ja venir y poés.
Tex dons, cum ci dire m'oés,
7435 Biaus chapiaus de flors en clicetes,
Aumonieres et crespinetes,
Ou autres joelés petis,
Cointes et biaus et bien fetis,
Se vous en avés aisement
7440 Sans vous metre a destruisement,
Por apesier lor presentés.
Des maus aprés vous dementés
Et du travail et de la pene
Qu'Amors vous fait qui la vous mene.
7445 Et se vous ne poés donner,
Par promesse estuet sermonner.
Fort prometés sans delaier,
Comment qu'il aille du paier.
/b/ Jurés fort et la foi laissiés
7450 Ains que conclus vous en ailliés;
Si lor priés qu'il vous secorent;
Et se vos yex devant eus plorent,
Ce vous sera grant avantage;
Plorés, si ferés que sage.

7415. *cestes* : la Vieille et Jalousie.
7445. A partir d'ici Jean de Meun s'inspire d'Ovide, *Art d'aimer*
surtout du livre I.

7455 Devant eus vous agenoilliés,
      Jointes mains et vos yex moilliés
      De chaudes lermes, en la place,
      Qui vous coulent aval la face
      Si qu'il les voient bien cheoir;
7460 C'est mout grant pitié a veoir,
      Lermes ne sont pas despiteuses,
      Meïmement as genz piteuses.
         Et se vous ne poés plorer,
      Covertement, sans demorer,
7465 De vostre salive prengniés,
      Ou jus d'oignons, et l'esprengniés,
      Ou d'aus ou d'autres liquors maintes,
      Dont vos paupieres soient ointes;
      S'ainsi le faites, vous plorrés
7470 Toutes les fois que vous vorrés.
      Ainsi l'ont fait maint bouleor,
      Qui puis furent fin ameor,
      Qui les dames soloient prendre
      As las qu'il lor savoient tendre
7475 Tant que par lor misericorde
      Lor ostassent du col la corde;
      Et maint par tel barat plorerent
      Qui onques par amors n'amerent,
      Ains decevoient les puceles
7480 Par tex plors et par tex faveles.
      Lermes les cuers de tex gens sachent
      Mes que sans plus barat n'i sachent.
      Car se vostre barat savoient
      Jamés de vous merci n'avroient.
(7485) [Crier merci seroit neanz,
      Jamés n'entreriez leanz.]
      Et s'a eus ne poés aler
      Si i faites aucun parler
      Qui soit message convenables,
7490 Par lettres, par vois ou par tables;
      Mes ja n'i metés propre non,
      Ja cis n'i soit se *cele* non,
      Celle resoit *cis* appelee,
      Et la chose en iert miex celee :
7495 Cis soit dame, cele soit sire;

7474. (ms : *qui*).
7479-7604. Deux pages en parties effacées dans notre ms.

Ensi escrivés la matire,
Car maint larron ont deceü
Mains amans par l'escrit leü;
Li amant en sont accusé,
7500 Et li deduit d'amors rusé.
Mes en enfans ne vous fiés,
Car vous en seriés conchiés;
Il ne sont pas bon messagier,
Touz jors vuelent enfant ragier,
7505 Jangler ou monstrer ce qu'ils portent
As traîtres qui les enortent
Ou font nicement lor message,
Et por ce qu'il ne sont pas sage
Tout seroit tantost publié
7510 Se mout n'estoient vessié.
/d/   Cil portier, c'est chose seüre,
Sont de si piteuse nature
Que, se vos donz daignent reçoivre,
Il ne vous vodront pas deçoivre.
7515 Sachiés que receüs seriés
Aprés les donz que vous feriés;
Puis qu'il prennent, c'est chose faite;
Car si cum li loirres afaite
Por venir au soir et au main
7520 Le gentil oisel a la main,
Ainsi sont afaitié par dons
A donner graces et pardons
[Li portier aus fins amoreus;
Tuit se rendent vaincu par eus.]
7525   Et s'il avient que les truissiés
Si orguillous que ne puissiés
Flechir par dons ne par priere,
[Par pleur ne par autre maniere,]
Ainçois vous remetent arriere
(7530) [Par durs fez, par parole fiere,]
Et vous ledengent durement,
Partés vous en cortoisement
Et les lessiés en saïn :
Onques fromages de gaïn
7535 Ne se cuit mieus qu'il se cuiront :
Par votre fuite se duiront
Maintes fois a vous enchaucer
Ce vous porra mout avancier.
    Vilain cuer sont de tel fierté :
7540 Ceus qui plus les ont en cherté

Plus les prient, et moins les prisent,
Plus les servent, plus les despisent.
Mes quant il sont de gens lessié,
Tost ont lor orguel abessié.

7545/64/ Ceus qu'il desprisoient lor plesent;
Lors se dontent, lors se rapesent,
Qu'il ne lor est pas bel, mes lait,
Quant l'en si longuement les lait.
Li mariniers qui par mer nage

7550 Cerche mainte terre sauvage;
Tout regart il a une estoile,
Ne cort il pas touz jors d'un voile,
Ains le treschange assés souvent
Por eschever tempeste et vent.

7555 Et li cuer qui d'amer ne cesse
Ne cort pas touz jors d'une lesse;
Or doit chacier, or doit foïr
Qui vuet de bonne amor joïr.
D'autre part c'est bien plene chose

7560 (Je ne vous y metré ja glose,
Ou texte vous poés fier),
Bon fait ces trois portiers prier,
Car nulle rien nus n'i puet perdre
Qui au prier se veut aerdre,

7565 Cum bien qu'il soient bobancier.
Et s'il se vuet bien avancier,
Prier les puet seürement
Car il sera certainnement
Ou refusés ou receüs;

7570 Ne puet gaire estre deceüs,
Riens n'i perdent li refusé
Fors tant cum il y ont musé.
Ne ja cil maugré n'en savront
A ceus qui prié les avront,

7575/b/ Ains lor savront bon gré naïs
Quant les avront boutez laïs,
Qu'il n'est nul tant fel qui les oie
Qui n'en ait a son cuer grant joie;
Et se pensent tretuit tesant

7580 Qu'or sont il preu, bel et plesant,

7541-7542. *Prient* et *servent* ont pour sujet *ceus qui* ; *prisent* et *despisent*, *vilain cuer.*
7567. (ms : *severement*).

Et qu'il ont toutes teches bonnes
Quant amé sont de tex personnes,
Comment qu'il aille du noier,
Ou d'escuser ou d'otroier.

7585 S'il sont receü, bien le soient,
Donques ont il ce qu'il querroient;
Et se tant lor meschiet qu'il faillent,
Tuit franc et tuit quite s'en aillent.
S'est li faillirs enviz possibles,

7590 Tant est noviaus delis pesibles.
     Mes ne soient pas coustumier
De dire as portiers au premier
Qu'il se vuelent d'aus acointer
Por la flor du rosier oster,

7595 Mes par amor loial et fine
De nete pensee enterine.
Et sachiés sont tretuit dontable,
Ce n'est pas parole doutable,
Por qu'il soit qui bien les requiere,

7600 Ja n'en serez boutez arriere,
Nus n'i doit estre refusés.
Mes se de mon consel usés,
Ja d'eus prier ne vous penés
Se la chose a fin ne menés;

7605/c/ Car, espoir, se vaincu n'estoient
D'estre prié se vanteroient.
Mes ja puis ne s'en vanteront
Que du fait parçonnier seront.
Et si sont il de tel maniere,

7610 Combien qu'il facent fiere chiere,
Que, se requis avant n'estoient,
Certainnement il requerroient
Et se donroient por noient,
Qui si nes iroit aproient.

7615 Mes li chetif sermonneor
Et li fol large donneor
Si forment les enorguillissent
Que lor roses lor enchierissent.
Si se cuident faire avantage

7620 Et il font lor cruel domage,
Car tretout por noient eüssent,
Se ja requeste n'en meüssent,
Par quoi chascun autel feïst
Que nus amans nes requeïst.

7625   Et s'il se vousissent loier,
        Il en eüssent bon loier,
        Se tretuit a ce se meïssent
        Que tex convenances feïssent
        Que nus jamés ne sermonnast,
7630   Ne por noient ne se donnast,
        Ains lessast por eus miex mestir
        As portiers lor roses flestir.
        Ne por rienz honz ne me pleroit
        Qui de son cors marchié feroit,
(7635) [N'il ne me devroit mie plaire,
        Au mains por tel besoingne faire.]
/d/   Mes onques por ce n'atendés,
        Requerrés les et lor tendés
        Les las por vostre pie prendre,
7640   Car vous porriés tant atendre
        Que tost s'i porroient embatre
        Ou uns ou deus ou trois ou quatre,
        Voire cinquante et deus douzainnes
        Dedens cinquante et deus semainnes.
7645   Tost seroient aillors torné,
        Se trop aviés sejorné;
        Envis a tens y vendriés
        Por ce que trop atendriés.
        Ne lo que nus hons tant atende
7650   Que fame s'amor li demande,
        Car trop en sa biauté se fie
        Qui atent que fame le prie.
        Et quicunques vuet commencier,
        Por tost sa besoigne avancier
7655   N'ait ja poor qu'ele le fiere,
        Tant soit orguilleuse ne fiere,
        Et que sa nef a port ne vengne,
        Por que sagement se contengne.
           Ainsi, compains, esploiterés
7660   Quant as portiers venus serés,
        Mes quant correciés les verrés,
        Ja de ce ne les requerrés.
        Espiés les en lor leesce,
        Ja nes requerrés en tristece,
7665   Se la tristece n'estoit nee

7625. « Et si les hommes voulaient se mettre aux enchères. »
7627. « S'ils se mettaient tous d'accord pour que. »
7639. H : proie.

De Jalousie la desvee,
[Qui por vous les eüst batus,
Dont corrous s'i fust embatus.]

/65/ Et se poés a ce venir
7670 Qu'a privé les puissiés tenir,
Que li lieus soit si convenans
Que n'i doutés les sorvenans,
Et Bel Acuel soit eschapés
Qui por vous est ore atrapés,
7675 Quant Bel Acuel fait vous avra
Si biau semblant cum il savra,
Car mout set genz bel acuellir,
Lor devés la rose cuellir,
Tout voiés vous neïs Dangier
7680 Qui vous acuelle a ledengier,
Ou que Honte et Poor en groucent,
Mes que faintement s'en corroucent
Et que laschement se deffendent,
Que defendant vaincu se rendent,
7685 Si cum lors vous porra sembler.
Tout voiés vous Poor trembler,
Honte rougir, Dangier fremir,
Ou toutes trois plaindre et gemir,
Ne prisiés tretout une escorce;
7690 Cuelliés la rose tout a force
Et moustrés que vous estes hons,
Quant lieus est et temps et sesons,
Car riens ne lor porroit tant plere
Comme tel force, qui la set fere;
7695 Car maintes fois sont coustumieres
D'avoir si diverses manieres
Que par force vuelent donner
Ce que n'osent abandonner,
/b/ Et faingnent qu'il lor soit tolu
7700 Ce que souffert ont et volu.
Et sachiés que dolent seroient
Se par tel deffence eschapoient,
Quelque leesce qu'en feïssent
Si dout que ne vous en haïssent,
7705 Tant en seroient correcié,
Combien qu'en eüssent groucié.
Mes se par paroles apertes
Les veés correcier a certes

7699. (ms : *qui lor*).

Et viguereusement deffendre,
7710 Vous n'i devés ja la main tendre;
Mes toute fois pris vous rendés,
Merci criés et atendés
Jusques cil trois portier s'en aillent
Qui si vous grievent et assaillent,
7715 Et Bel Acuel touz seus remaingne,
Qui tout abandonner vous daingne.
Ensi vers eus vous contenés
Cum preus et vaillans et senés.
De Bel Acuel vous prenés garde
7720 Par quel semblant il vous regarde;
Comment que soit ne de quel chiere,
Conformés vous a sa maniere;
S'ele est ancienne et meüre,
Vous metrés toute vostre cure
7725 En vous tenir meürement;
Et s'il se contient nicement,
Nicement vous recontenés.
De lui ensivre vous penés :
/c/ S'il est liés, faites chiere lie;
7730 S'il est correciés correcie;
S'il rist, riés; plorés, s'il plore;
Aussi vous tenés chascune hore :
Ce qu'il amera, si amés;
Ce qu'il blamera, si blamés,
7735 Et loés ce qu'il loera;
Mout plus en vous s'en fiera.
Cuidiés que dame a cuer vaillant
Aint un garçon fol et saillant,
Qui s'en ira par nuit resver,
7740 Aussi cum s'il deüst desver,
Et chantera de mie nuit
Cui qu'il soit bel ne qu'il anuit ?
Elle craindroit estre blamee
Et vil tenue et diffamee.
7745 Tex amors sont tantost seües,
Qu'il les fleütent par les rues;
Ne lor chaut gaires qui le sache,
Fox est qui son cuer y atache.
Et s'un sages d'amors parole
7750 A une damoisele fole,
S'il li fait semblant d'estre sages,

7716. (ms : ne daingne).

Ja la ne torra ses corages;
Ne pense ja que le maintiengne,
Por quoi sagement se contiengne.
7755 Face ses meurs a siens onnis
Ou autrement il est honnis,
Qu'el cuide qu'il soit uns boulierre,
Uns renart ou uns enchantierre.
/d/ Tantost la chetive le lesse
7760 Et prent un autre ou mout s'abesse;
Le vaillant homme arriere boute
Et prent le pire de la route;
La norrist ses amors et couve
Tout autresi cum fait la louve,
7765 Cui sa folie tant empire
Qu'el prent des lous tretout le pire.
    Se Bel Acuel poés trouver
Que vous puissiés a lui joer
As eschas, as dés ou a tables,
7770 Ou a autres geus couvenables,
Des geus adés le pis aiés,
Touz jors au dessous en soiés;
Au geu dont vous entremetrés
Perdrés quanque vous i metrés;
7775 Prengne des geus la seignorie,
De vos pertes se gabe et rie.
Loés toutes ses contenances,
Toutes ses meurs et ses semblances,
Et servés de vostre pooir.
7780 Neïs quant se devra seoir,
Aportés li quarrel ou sele,
Miex en vaudra vostre querele.
Se poutie poés vooir
Sor soi de quelque part chooir,
7785 Ostés li tantost la poutie,
Neïs s'ele n'i estoit mie;
Ou se sa robe trop empoudre,
Soulevés la li de la poudre.
/66/ Briément faites en quelque place
7790 Quanque vous pensés qui li place.
S'ainsi le faites, n'en doutés,

7752. « son cœur ne s'y inclinera jamais. »
7753-54. « Qu'il ne s'imagine pas pouvoir contrôler son cœur
pourvu qu'il se conduise sagement. »
7771. « Soyez toujours à ces jeux celui qui perd. »

Ja n'i serés arrier boutés,
Ains vendrés a vostre propos
Tout aussi cum je le propos.
7795   — Douz amis, qu'est ce que vous dites ?
Nulz honz, s'il n'est faus ypocrites,
Ne feroit ceste dÿablie;
Onc ne fu grignor establie.
Vous volés que en joiant serve
7800   Ceste gent qui est fauce et serve ?
Serf sont il et faus voirement,
Fors Bel Acuel tant solement.
Vostre consel est il or tiex ?
Traïtres seroie mortiex
7805   Se servoie por decevoir;
Car bien puis dire de ce voir,
Quant je veil les genz espier,
Je les sieus avant deffier.
Souffrés au mains que je deffie
7810   Male Bouche, qui si m'espie,
Ains qu'ensi l'aille decevant;
Ou li priés que de ce vent
Qu'il a levé, que il l'abate,
Car il couvient que il le bate;
7815   Ou, s'il li plaist, qu'il le m'amende
Ou j'en prendré par moi l'amende;
Ou se il viaut que je m'en plaingne
Au juge qui justice en praingne.
/b/   — Compainz, compainz, ce doivent querre
7820   Cil qui sont en aperte guerre;
Mes Male Bouche est trop couvers,
Il n'est pas anemis ouvers,
Car quant il het ou homme ou fame,
Par derrier le blame et diffame.
7825   Traïtres est, Diex le honnisse !
Si rest drois que l'en le traïsse.
D'omme traïtre j'en di « fi »;
Puis qu'il n'a foi point ne m'i fi.
Il het les genz ou cuer dedenz,
7830   Et lor rist de bouche et des denz.
Onques tex hons ne m'abeli;
De moi se gart et je de li.
Drois est, qui a traïr s'amort,
Qu'il ait par traïson la mort,

7808. *Je les sieus :* « j'ai l'habitude de les ».

7835   Se l'en ne s'en puet autrement
        Vengier plus honorablement.
            Et se de lui vouz volez plaindre,
        Li cuidiés vous sa langue estaindre ?
        Vous nel porrés, espoir, prouver,
7840   Ne souffisanz garanz trouver.
        Et se prouvé l'aviez ore,
        Ne se tairoit il pas encore;
        Se plus provés, plus janglera,
        Plus y perdrés qu'il ne fera;
7845   S'en iert la chose plus seüe
        Et votres honte plus creüe,
        Car tex cuide abessier sa honte
        Ou vencher, qui l'acroit et monte.
/c/   Priés li que soit abatus
7850   Cis venz, ou il iert batus ?
        Ja voir por ce ne l'abatroit,
        Non, par Dieu, pas qui le batroit;
        Atendre qu'il le vouz ament
        Noient seroit, se Dieux m'ament;
7855   Ja voir amende n'en prendroie,
        Sachiés, ainçois li pardonroie;
        Et s'il y a deffiement,
        Sus sainz vous jur que vraiement
        Bel Acuel iert mis es aniaus,
7860   Ars en feu ou noiés en yaus;
        Ou sera si fort enserrés
        Espoir, jamés ne le verrés.
            Lors avrés le cuer plus dolant
        Qu'onques Karles n'ot por Rolant
7865   Quant en Renceval mort reçut
        Par Guennelon qui le deçut.
        — Ha! ce ne vois je pas querant!
        Or aut, as dyables le command.
        Je le vodroie avoir pendu
7870   Qui si m'a mon poivre espandu.
            — Compainz, ne vous chaille de pendre;
        Autre venjance convient prendre;
        Ne vous affiert pas tex offices,
        Bien en conviengne a ces justices.
7875   Mes par traïson le boulés,
        Se mon consel croire voulés.
            — Compainz, a ce consel m'acort,

7853. « Qu'il vous fasse réparation. »

Je n'istrai mes de cest acort.
/d/   Ne porquant se vous seuissiez
7880   Aucun art dont vous peuissiés
         Controver aucune maniere
         Du chastel prendre plus legiere,
         Je la vodroie bien aprendre,
         Se vous la me vouliez aprendre.
7885   — Oïl, un chemin bel et gent,
         Mes il n'est preus a povre gent.
             Compainz, au chastel desconfire
         Puet l'en bien plus brief voie eslire,
         Sanz mon art et sanz ma doctrine,
7890   Et rompre jusqu'en la racine
         La forteresse de venue;
         Ja n'i avroit porte tenue,
         Tretuit se lesseroient prendre,
         N'est riens qui les peüst deffendre;
7895   Nulz n'i oseroit mot sonner.
         Le chemin a nom Trop Donner;
         Fole Largesse le fonda
         Qui mainz amanz y afonda.
         Je connois trop bien le sentier,
7900   Car je m'en issi avant yer,
         Et pelerinz y ai esté
         Plus d'un yver et d'un esté.
             Largesse lesserés a dextre,
         Et tornerés a main senestre.
7905   Vous n'avrés ja plus d'une archie
         La sente batue marchie
         Sanz point user vostre soler,
         Que vous verrés les murs croler
/67/   Et chanceler tors et torneles,
7910   Ja tant ne seront fors ne beles,
         Et tout par eus ouvrir les portes,
         Por neant fussent les gens mortes.
         De cele part est li chastiaus
         Plus foibles que uns cuis gastiaus
7915   Est plus fort a partir en quatre
         Que ne sont les murs a abatre.
         Par la seroit il pris tantost,
         Il n'i conviendroit ja grant ost
         [Comme il feroit a Charlemaigne

7911-12. « et les portes s'ouvrir d'elles-mêmes, mieux que si les
personnes (qui les gardent) étaient mortes »

(7920)   S'il voloit conquerre Alemaigne.]
             En cest chemin, mien escientre,
         Povre honz nulle fois n'i entre;
         Jamés n'i savroit assener;
         L'en n'i puet povre homme mener.
7925   Mes qui dedens mené l'avroit,
         Maintenant le chemin savroit
         Autre si bien cum je feroie,
         Ja si bien apris ne l'avroie.
         Et, s'il vous plest, vous les savrés,
7930   Car assés tost apris l'avrés
         Se, san plus, portés grant avoir
         Por despenz outrageus avoir.
         Mes je ne vous i metré pas :
         Povreté m'a veé le pas,
7935   A l'issir le me deffendi.
         Tout mon avoir i despendi
         [Et quanque de l'autrui reçui;
         Tous mes creanciers en deçui
         Si que je n'en poi nus paier,
7940   S'en me devoit pendre ou noier.]
         « Jamés, dist elle, n'i venés
         Puis qu'au dessous estes menés. »
             Vous y entrerés a grant pene
         Se Richece ne vouz y mene;
7945/b/ Mes a touz ceus qu'ele y conduit
         Au retorner lor grieve et nuit.
         A l'aler vous convoiera,
         Mes ja ne vous ramenera;
         Et de ce soiés asseür :
7950   Se enz entrés par nul eür
         Ja n'en istrés ne soir ne main,
         Se Povreté n'i met la main,
         Par quoi sont en destresse maint.
         Dedenz Fole Largesse maint,
7955   Qui ne pense a riens fors a geus
         Et a despens faire outrageus;
             El despent aussi ses deniers
         Cum s'el les puisast en greniers,
         Sanz conter ne sanz mesurer,
7960   Cum bien que ce doie durer.
         Povreté maint a l'autre chief,
         Plene de honte et de meschief,
/c/   Que trop soffre au cuer grant moleste,
         Et fait si honteuse requeste

7965   Et tant fait de durs escondis,
           Et n'a ne bon fais ne bon dis,
           Ne delitables ne plesans.
           Ja ne seré si bien fesans
           Que chascuns ses ovres ne blame.
7970   Tout le mont Povreté diffame.
           Mes de Povreté ne vouz chaille,
           Fors de penser, comment qu'il aille,
           Comment la porriés eschiver.
           Rienz ne puet tant homme grever
7975   Comme cheoir en Povreté,
           Ce sevent bien li endeté,
           Qui tout le lor ont despendu;
           Maint ont esté par li perdu.
           Bien le resevent cil et dient
7980   Qui contre lor voloir mendient;
           Mout lor couvient soffrir dolor
           Ains que genz lor doignent le lor.
           Ainsi le doivent genz savoir
           Qui d'amors vuelent joie avoir,
7985   Car povre n'a dont s'amor pesse,
           Si cum Ovidez le confesse.
              Povreté fait homme despire
           Et haïr et vivre a martire,
           Et tost au sage neïs le sen.
7990   Por Dieu, compainz, gardés vous en,
           Et vous efforciez bien de croire
           Ma parole esprovee et voire,
           [Que j'ai, ce sachiés, esprové
           Et par experiment trové
(7995)   Neïs en ma propre personne
           Tretout quanque je vous sermonne.]
/d/   Je sai miex que Povreté monte
           Par ma mesese et par ma honte,
           Biau compainz, que vous le savés,
8000   Que tant soufferte ne l'avés,
           Si vous devés en moi fier,
           Car jel di por vous chastier.
           Mout a beneüree vie
           Cis qui par autrui se chastie.
8005   Vaillanz honz suel estre clamés
           Et de touz compaignons amés,

8005. *suel* : indicatif prés. de *soloir* ; ce verbe a une valeur d'aspect
que nous rendons ici par l'imparfait « j'avais l'habitude de ».

Et despendoie liement
En touz leuz plus que largement
Tant cum fui riche homme tenus.

8010 Or sui si povres devenus
Par le despens Fole Largesse,
Qui m'a mis en ceste destresse,
Que je n'ai riens fors que dangier,
Neïz a boire n'a mengier,

8015 Ne que chaucier, ne que vestir,
Tant me set donter et mestir
Povreté, qui tout ami tost.
Et sachiés, compains, que si tost
Comme Fortune m'ot ça mis,

8020 Je perdi tretouz mes amis,
Fors un, ce croi je, vraiement,
Qui m'est remés tant solement.
Fortune aussi les me toli
Par Povreté qui vint o li.

8025 Toli ? Par foi, non pas, je ment,
Ains prist ses choses proprement,

/68/ Car de voir sai que se mien fussent
Ja por li lessié ne m'eüssent.
Dont vers moi de riens ne mesprist

8030 Quant ses amis meïmes prist.
Siens ? Voire, mes ne savoie,
Car tant acheté les avoie
De cuer et de cors et d'avoir
Que les cuidoie touz avoir,

8035 Et quant ce vint au derrenier,
Je n'oi pas vaillant un denier;
Et quant en ce point me sentirent
Tuit cil ami, si s'en foïrent,
Et me firent tretuit la moe

8040 Quant il me virent sous la roe
De Fortune, envers abatu,
Tant m'a par Povreté batu.
    Si ne m'en doi je mie plaindre,
Qu'el m'a fait cortoisie graindre

8045 Qu'onques n'oi vers li deservi;
Car entor moi si tres cler vi,
Qu'el m'oint les yex d'un fin colire

8044. (ms : quil). Il s'agit de Fortune. Même correction aux vers
8047 et 8048.
8045. (ms : qu' omis comme souvent devant onques).

Qu'el me fist bastir et confire
Si tost comme Povreté vint,
8050   Qui d'amis m'osta plus de vint,
Voire certes, que je ne mente,
Plus de quatre cenz et cinquante;
Onc linz, se ses iex i meïst,
Ce que je vi pas ne veïst;
8055   Car Fortune tantost en place
La bonne amor a plene face
/b/   De mon bon ami me monstra,
Par Povreté qui m'encontra;
Onc ne l'eüsse cogneü
8060   Se mon besoing n'eüst veü.
Mes quant le sot il acorust
Et quanqu'il pot me secorut
Et tout m'offri quanqu'il avoit
Por ce que mon besoing savoit.
8065   « Amis, dist il, faiz vous savoir,
Vez ci le cors, vez ci l'avoir
Ou vouz avés autant cum gié.
Prenés en sanz prendre congié.
— Mes cum bien ? — Se vous ne savés,
8070   Tout, se de tout mestier avés;
Car amis ne prise une prune
Contre ami les bienz de Fortune.
Et mes [biens] naturés meïmes,
Puis que si nous entreveïmes
8075   Que bien nous entrecogneümes
Por quoi nos cuers conjoins eümes,
Et ainçois nous entresprovames
Si que bonz amis nous trouvames,
Car nus ne set sanz esprover
8080   S'il puet loial ami trover,
[Vous gard je tous jors obligiés,
Tant sont poissans d'amor li giés.]
Et moi, por vostre garison,
Poés, dist il, metre en prison
8085   Por plevines ou por ostages,
Et mes bienz vendre et metre en gages. »
Ne s'en tint pas encore a tant,
Por ce qu'il ne m'alast flatant,
/c/   Ainçois me fist a force prendre.

8073. *biens*, que nous rétablissons, est complément de *gard* au
vers 8081 omis par notre copiste.

8090 Je n'i voloie la main tendre
 Tant estoie je vergoigneus,
 A loi de povre soufraiteus
 Cui honte a si la bouche close
 Que sa mesese dire n'ose,
8095 Ains souffre et s'enclot et se caiche,
 Que nulz sa povreté ne saiche,
 Et monstre le plus biau dehors;
 Et aussi le fesoie je lors.
 Ce ne sont pas, bien le recors,
8100 Li mendiant poissant de cors
 Qui se vont partout embatant,
 Plus qu'il pueent chascun flatant,
 Et le plus let dehors demonstrent
 A tretouz ceus qui les encontrent,
8105 Et le plus bel dedenz reponnent
 Por decevoir ceus qui lor donnent;
 Et vont disant que povre sont,
 Et les grasses pitances ont
 Et les granz deniers en tresor.
8110 Mes atant me tairé des or,
 Que j'en porroie bien tant dire
 Qu'il m'en iroit de mal en pire;
 Car touz[jors] heent ypocrite
 Verité qui contr'eus est dite.
8115 Ensi es devant diz amis
 Mon fol cuer son travail a mis.
 Si sui par mon fol senz trahis,
 Destruis, diffamés et haïs,
/d/ Sanz ochoison d'autre deserte
8120 Que de la devant dite perte
 De toutez genz communement,
 Fors que de vous tant seulement,
 Qui vos amors pas ne perdés,
 Mes a mon cuer vous aerdés,
8125 Et touz jors, si cum je le croi,
 Qui d'amer pas ne vous recroi,
 Se Dieu plaist, vous y aerdrés.
 Mes por ce que vouz me perdrés
 Quant a corporel compaignie
8130 En ceste terrienne vie,
 Quant li darreniers jors vendra,
 Que Mors des cors son droit prendra

8115. *es devant diz* : « chez lesdits amis ».

(Car icil jors, bien le recors,
Ne vous todra fors que le cors
8135 Et toutes les apartenances
De par les corporés sustances,
Car ambedui, ce sai, morron,
Plus tost, espoir, que ne vorron,
Que Mors touz compaignons dessemble,
8140 Mes ce n'iert pas, espoir, ensemble),
Si sai je bien certainnement
Que se loial amor ne ment,
Se vous vivés et je moroie,
Touz jors en vostre cuer vivroie,
8145 Et se devant moi moriés,
Touz jors en mon cuer viveriés
Aprés vostre mort en memoire,
Si cum vesqui, ce dist l'istoire,
/69/ Pirotoüs aprés sa mort,
8150 Que Theseüs ama tant mort.
Tant le queroit, tant le sivoit,
Que cis dedens son cuer vivoit,
Que mort en enfer l'ala querre,
Tant l'ot amé vivant sus terre.
8155 Et Povreté vaut pis que Mort,
Car ame et cors tormente et mort
Tant cum l'un o l'autre demore,
Non pas, sanz plus, une sole hore,
Il lor ajouste dampnement,
8160 Larrecin et parjurement,
Avec toutes autres durtés
Dont chascuns est griement hurtés;
Ce que Mors ne vot mie faire,
Mes ançois les en fait retraire,
8165 Et si lor fait a souvenir
Touz temporés tormens fenir,
Et, sanz plus, comment que soit grieve,
En une sole hore les grieve.
Por ce, biau compainz, vouz semon
8170 Que vous membre de Salemon
Qui fu rois de Jherusalem,
Car de lui mout de bien a l'en.

8133. (ms : *cis touz jors*).
8143. Notez le décalage entre les deux hypothèses.
8149. Les deux amis Thésée et Pirithous étaient descendus ensemble
aux enfers.

Il dist, et bien i prenés garde :
« Biau filz, de povreté te garde
8175 Touz les jors que tu as a vivre. »
Et la cause rent en son livre :
« Car en ceste vie terrestre
Miex vaut morir que povres estre.
/b/.01 Et tous qui povres apparront,
.02 Lor propre frere les haront. »
Et por la povreté douteuse
8180 Il parle de la souffraiteuse
Que nous appellons indigence,
Qui si son oste desavance
Qu'onc si despites ne vi genz
Cum ceus que l'en voit indigenz.
8185 Por tesmoinz neïs les refuse
Chascuns qui de droit escript use,
Por ce qu'il sont en loy clamé
Equipolent et diffamé.
        Trop est povreté lede chose.
8190 Mes toute foiz, bien dire l'ose
Que, se vous aviés assés
Deniers et joiaus amassés
Et tant donner en vouliés
Comme prometre en vorriés,
8195 Vous coilleriés boutonz et roses,
Ja ne seroient si encloses.
Mes vous n'estes mie si riches,
Et si n'estes avers ne chiches.
Donnés dont amiablement
8200 Biauz petiz donz renablement,
[Si que n'en cheiez en poverté,
Damaige i avriés et perte.
Li plusors vous en moqueroient,
Qui de riens ne vous secorroient,
(8205) Se vous aviés le chaté
Outre sa valeur achaté.]
Il affiert bien que l'en present
De fruis noviaus un biau present
En toailles et en penniers.
8210 De ce ne soiés ja lenniers.

8174-77. Ecclésiaste XL, 29.
8183. (ms : *qu'* omis).
8191-8200. Ces vers figurent déjà, au f⁰ 67b, entre les vers 7952 et
7953 de cette édition.

Pommez, poirez, noiz ou serises,
Cormes, prunes, freses, merises,
/c/ Chastaingnes, coinz, figues, vinetes
Peesches, parmainz ou alietes,
8215 Nefles entees ou framboises,
Davenes, baloces, jorroises,
Roisinz noviaus lor envoiés
Et de meures franches aiés;
Et se les avés achetees,
8220 Dites que vous sont presentees
[D'un vostre ami, de loing venues,
Tout les achatiés vous es rues.]
Ou donnés roses vermoilletes,
Ou primevoire ou violetes
8225 En biauz glaonz en la seson;
En tex dons n'a pas desreson.
    Sachiés que don les genz afolent,
As mesdisans les jangles tolent;
Se mal es donneors savoient,
8230 Touz les biens du monde en diroient.
Biau don soutiennent maint bailli
Qui fuissent ore mal bailli;
Biau don de vinz et de viandes
Ont fait donner maintes provendes;
(8235) [Biaus dons si font, n'en doutés mie,
Porter tesmoing de bonne vie;]
Mout tiennent par tout leu biau don;
Qui biau don donne il est prodon.
Donz donne loz as donneors
8240 Et empire les preneors,
Quant il lor naturel franchise
Obligent a autrui servise.
Que vous diroie? A la parsomme
Par dons sont pris et dieu et homme.
8245   Compainz, entendés ceste note
Que je vous amoneste et note :
/d Sachiés, se vouz volés ce faire
Que ci m'avés oï retraire,
Li diex d'Amors ja n'i faudra,
8250 Quant le fort chastel assaudra,
Qu'il ne vous rende sa promesse;
Car il et Venus la deesse,
Tant as portiers se combatront,
Que la forterece abatront.
8255 Lors si porrés coillir la rose,

Ja si fort ne sera enclose.
Mes quant l'en a la chose aquise,
Si reconvient il grant mestrise
En bien garder et sagement,
8260 Qui joïr en veut longuement;
Car la vertu n'est mie mendre
De bien garder et de deffendre
Les choses, quant eus sont acquises,
Que d'eus aquerre en quelque guise;
8265 C'est bien drois que chetiz se claime
Valez, quant il pert ce qu'il aime,
Por quoi ce soit par sa defaute,
Car mout est digne chose et haute
De bien savoir garder s'amie
8270 Si que l'en ne la perde mie,
Meïmement quant Diex la donne
Sage, cortoise, simple et bonne,
Qui s'amor doint et point n'en vende;
Car onques amor marcheande
8275 Ne fu par fame controuvee,
Fors par ribaudie prouvee;
Il n'i a point d'amor, sanz faille,
/70/ En fame qui por don se baille :
Tel amor fainte mal feu l'arde,
8280 La ne doit l'en pas metre garde!
    Si sont eles voir presque toutes
De prendre convoiteuses, et gloutes
De ravir et de devorer,
Tant qu'il n'i puist rienz demorer
8285 A ceus qui plus por lor se claiment
Et qui plus loiaument les aiment;
Car Juvenaus si nous raconte,
Qui de Berine tient son conte,
Que miex vosist un des yex perdre
8290 Que soi a un seul homme aerdre,
Car nulz seus n'i peüst soffire
Tant estoit de chaude matire.
Car ja fame n'iert si ardans
Ne ses amors si bien gardans

8262. (ms : *despendre*).
8264. (ms : *D'autres a.*). Le copiste brouille la distinction entre la
conquête et la garde de la femme.
8267. *por quoi* : « à condition que. »
8287. Juvenal, *Satire VI*.
8291. *peüst* : subj. imparfait 3 de *pooir*, « pouvoir ».

8295   Que de son chier ami ne vuelle
        Et les tormens et la despuelle.
        Or vez que les autres feroient
        Qui por donz as autres s'otroient;
        Que nulle ne puet l'en trouver
8300   Qui ne se vueille ensi prouver,
        Tant l'ait honz en subjection;
        Toutes ont ceste entencion.
        Vez ci la regle qu'il en baille;
        Mes il n'est regle qui ne faille,
8305   Car des maveses entendi
        Quant ceste sentence rendi.
        Mes s'ele est tele que je devis,
/b/   Loial de cuer, simple de vis,
        Je vous diré que l'en doit faire.
8310   Valez cortois et debonnaire,
        Qui vuet a ce metre sa cure,
        Gart que du tout ne s'asseüre
        En sa biauté ne en sa forme;
        Drois est que son engin enforme
8315   De meurs et d'ars et de sciences;
        Car qui les finz et les provances
        De biauté savroit regarder,
        Biauté se puet trop poi garder;
        Tantost a faite sa vespree,
8320   Cum les floretes en la pree,
        Car biautez est de tel matire :
        Quant el plus vit, et plus empire.
        Mes le sen, qui le puet acquerre,
        Tant cum li puet vivre sus terre
8325   Fait a son maistre compaignie,
        Et miex vaut au chief de sa vie
        Qu'il ne fait au commencement;
        Touz jors va par avancement;
        Ja n'iert par temps apetisiés.
8330   Bien doit estre amés et prisiés
        Valez de noble entendement
        Quant il en use sagement.
        Mout redoit estre fame lie
        Quant elle a s'amor emploïe
8335   En biau valet cortois et sage
        [Qui de sens a tel tesmoignage.]

8323. *le sen* : « l'intelligence ».
8334. *emploïe* : pour *emploiée*, réduction habituelle dans notre ms.

Neporquant, s'il me requeroit
Consel, savoir se bon seroit
|c| Qu'il feïst rimes jolietes,
8340   Motés, fabliaus ou chançonnetes,
Qu'il vueille a s'amie envoier
Por la tenir et apoier,
Certes, de ce ne puet chaloir,
Biau diz y puet trop poi valoir ;
8345   Les diz, espoir, loé seront,
D'autre preu petit y feront.
Mes une grant borse pesanz
Toute farsie de besanz,
Se la veoit saillir en place,
8350   Tost i corroit a plene brace,
Qu'eles sont mes si aorsees
Que ne corent fors a borsees.

Jadiz soloit estre autrement,
Or va tout par empirement.
8355   Jadiz au temps des premiers peres
Et de nos premerainnes meres,
Si cum la lettre nous tesmoigne,
Par qui nous savons la besoigne,
Furent amors loiaus et fines,
8360   Sanz convoitise et sanz rapines ;
Li siecles ert mout precieus.
N'estoit pas si delicieus
Ne de robes ne de viandes ;
Il coilloient es bois les glandes
8365   Por pain, por char et por poissonz,
Et cerchoient par ces boissons,
Par vaus, par plains et par montaingnes
Pommes, poires, noiz et chastaingnes,
|d| Boutons et mores et proneles,
8370   Framboises, freses et cineles,
Feves et pois, et tex chosetes
Cum fruis, racines et herbetes ;
Et des espis des blés frotoient
Et des roisins des champs grapoient,
8375   Sans metre en pressoir ne en esnes.
Le miel descouvroient des chenes,
Dont habundamment se vivoient,
Et de l'iaue simple bevoient,

8357. *La lettre* : la littérature (*Métamorphoses* d'Ovide, ou *De Consolatione*).

Sanz querre piment ne claré;
8380   Onc ne burent de vin paré.
        La terre n'ert point lors aree,
    Mes, si cum Diex l'avoit paree,
    Par soi meïmes aportoit
    Ce dont chascuns se confortoit.
8385   Ne querroient saumons ne lus,
    Et vestoient les cuirs velus,
    Et faisoient robes de laines,
    Sans taindre en herbes ne en graines,
    Si cum eus venoient des bestes.
8390   Covert estoient de genestes
    Et de foillez et de ramiaus
    Lor bordetes et lor hamiaus;
    Et fesoient en terre fosses.
    En roches et en tiges grosses
8395   Es chenes crues se reboutoient
    Quant l'air tempestés redoutoient
    [De quelque tempeste aparant;
    La s'en fuioient a garant;]
    Et quant par nuit dormir voloient
8400   En leu de coites aportoient
/71/   En lor chasiaus monceaus de gerbes
    De foilles ou de mousse ou d'erbes.
        Et quant li airs ert apaisiés,
    Et li temps douz et aïsiés,
8405   Et le vent douz et delitable,
    Si cum en printemps pardurable,
    Que cil oisel chascun matin
    S'estudient en lor latin
    A l'aube du jor saluer,
8410   Qui touz lor fait les cuers muer,
    Zefirus et Flora sa fame
    Qui des flors est deesse et dame
    (Cil dui font les floretes nestre;
    Flors ne cognoissent autre mestre,
8415   Car par tout le monde semant
    Les va cis et cele ensement,
    Et les forment et les colorent
    Des colors dont les flors honorent
    Puceles et valez proisiés

8380. (ms : *vin ne claré*). Le *vin paré* est le vin fermenté.
8401. (ms : *chatiaus*).
8407. (ms : *et cil*) : fréquente substitution de *et* à *que* dans notre ms.

8420   De biauz chapelez envoisiés,
Por l'amor des fins amoreus,
Car mout ont en grant amor eus),
Des floretes lor estendoient
Les coutes pointes qui rendoient
8425   Lor resplendor par ces herbaiges,
Par ces prés et par ces ramaiges,
Il vouz fust avis que la terre
Vousist emprendre estrif ou guerre
Au ciel d'estre miex estelee,
8430   Tant estoit par flors pipelee.
/b/   Sor tex couches cum je devise,
Sanz rapine et sanz convoitise
S'entracoloient et baisoient
Cil cui li geu d'amors plesoient.
8435   Cil arbre vert par ces gaudines
Lor paveillonz et lor cortines
De lor rains sor eus estendoient,
Qui du soleil les deffendoient.
La demenoient lor quaroles,
8440   Lor geus et lor oiseuses moles
Les simples genz asseürees,
De toutes cures escurees,
Fors de mener jolivetés
Par loiaus amiabletés.
8445   Encor n'i avoit roi ne prince
Meffais, qui l'autrui tout et pince.
Tretuit pareil estre soloient,
Ne rienz propre avoir ne voloient.
Bien savoient ceste parole,
8450   Qui n'est ne mençonge ne fole,
Qu'onques amors et seignorie
Ne s'entrefirent compaignie,
Ne ne demorerent ensemble :
Cis qui mestrie les dessemble.
8455   Por ce voit l'en des mariages
Quant le mari cuide estre sages,
Et chastie sa fame et bat,
Et la fait vivre en tel debat
Et li dist qu'ele est nice et fole
8460   Dont tant demore a la quarole
/c/   Et dont escoute le couvent

8446. *tout* : indicatif. prés. 3 de *toudre*, « dérober ».
8460. *dont* : « du fait que ».

Des jolis valez si souvent,
Que bonne amor ne puet durer,
Tant s'entrefont maus endurer,
8465   Que cis vuet la mestrise avoir
Du cors sa fame et de l'avoir.
« Trop estes, fait il, vilotiere,
Et avez trop nice maniere.
Quant sui en mon labor alez,
8470   Tantost espringués et balez,
Et demenez tel esbaudie
Que ce semble grant ribaudie,
Et chantés cum une serainne.
Diex vous mete en male semainne !
8475   Et quant vois a Rome ou en Frise
Porter nostre marcheandise,
Vous devenés tantost si cointe
(Car je sai bien qui m'en acointe),
Que partout en va la parole.
8480   Et quant aucuns vous en parole
Porquoi si cointe vous tenés
En tous les leus ou vous venés,
Vous respondés : « Hari ! Hari !
C'est por l'amor de mon mari. »
8485   Por moy ? Las ! Dolereus chetis !
Qui set se je forge ou je tis,
Ou se je sui ou mors ou vis ?
L'en me devroit flatir ou vis
Une vessie de mouton.
8490   Certes, je ne vail un bouton,
/d/   Quant autrement ne vous chasti.
Mout m'avés or grant los basti
Quant de tel chose vous vantés.
Chascuns set bien que vous mentés.
(8495)   [Por moi, las ! Dolereus, por moi !
Maus gans de mes mains enformoi,]
Et mout cruelemnt me deçui
Quant onques vostre foi reçui
Le jor de nostre mariage.
8500   Por moi, mener tel rigolage !
[Por moi, menés vous tel bobant !

8463. *que* introduit une complétive dépendant de *voit* du vers 8455
selon F. Lecoy.
8465. *que* : « parce que ».
8481. « En vous demandant pourquoi. »
8488-8489. C'est donner, par dérision, une nasarde.

Qui cuidiés vous aler lobant?]
Ja n'ai je pas lors le pooir
De ceste cointerie vooir,
8505   Que cil ribaut saffre, friant,
Qui ces putains vont espiant,
Entor vous remirent et voient,
Quant par ces voies vous convoient.
A qui parés vous ces chastaignes?
8510   Qui me puet faire plus d'engaignes?
Vous faites de moi chape a pluie!
Quant orendroit lés vous m'apuie,
Je voi que vous estes plus simple
En ce sorcot, en cele guimple,
8515   Que torterele ne coulonz.
Ne vous chaut s'il est cors ou lonz,
Quant sui touz seus lés vous presenz.
Qui me donroit quatre besenz,
Cum bien que debonnaire soie,
8520   Se por honte ne le lessoie,
Ne me tendroie de vous batre,
Por vostre grant orguel abatre.
Et sachiés qu'il ne me plest mie
Qu'il ait en vous nulle cointie,
8525/72/   Soit a quarole soit a dance
Fors solement en ma presence.

    D'autre part, nel puis plus celer,
Entre vous et ce bacheler,
Robichonnet au vert chapel,
8530   Qui si tost vient a vostre apel,
Avés vous terres a partir?
Ne vous poés de lui partir?
Touz jors ensemble flajolés;
Ne sai que vous entrevolés,
8535   Que vous poés vous entredire.
Tout vif m'estuet erragier d'ire
Par vostre fol contenement.
Par iceli Dieu qui ne ment,
Se vous jamés parlés a li,
8540   Je vous ferai le vis pali,
Voire, certes, plus noir que meure,
Car de cops, se Diex me sequeure,
Ains que ne vous ost le musage,

8509. Peler des châtaignes, « chercher à tromper » (Selon F. Lecoy).
8516. *cors :* « court ».

Tant vous donré par ce visage
8545 Qui tant est a musars plaisanz,
Que vous tendrois coie et taisanz;
Ne jamés hors sanz moi n'irés,
Mes a l'ostel me servirés,
En bons aniaus de fer rivee.
8550 Dÿable vous font si privee
De ces ribauz plainz de losenge,
Dont vous deüssiés estre estrenge.
Ne vous pris je por moi servir?
Cuidiés vous m'amor deservir
8555/b/ Par acointier ces ors ribaus,
Por ce qu'il ont les cuers si baus
Et que il vous truevent si baude?
Vous estes mauvese ribaude,
Si ne me puis en vous fier.
8560 Maufé me firent marier.
Ha! se Theofrastes creüsse,
Ja fame espousee n'eüsse.
Il ne tient pas homme por sage
Qui fame prent par mariage,
8565 Soit lede ou bele ou povre ou riche,
Car il dit, et por voir affiche,
En son noble livre Aureole,
Qui est bonz a lire en escole,
Qu'il y a vie trop grevainne,
8570 Plene de torment et de painne,
Et de contenz et de riotes,
Por les orguelz des fames sotes,
Et de dangiers et de reprouches
Que font et dient par lor bouches,
8575 Et de requestes et de plaintes
Que truevent par ochoisons maintes.
Si ra grant pene en eus garder
Por lor fos voloirs retarder.
Et qui vuet povre fame prendre,
8580 A norrir la convient entendre
Et a vestir et a chaucier.
Et se tant se cuide essaucier
Qu'il la prengne riche forment,

8550. (ms : vous ont).
8561. (ms : Eufrate). Nous ne connaissons qu'indirectement
l'œuvre de Théophraste intitulée Aureole ou Livre d'or.

A soffrir la ra grant torment,
8585/c/ Tant la trueve orguilleuse et fiere
Outrecuidie et bobanciere.
S'ele est bele, tuit y aqueurent,
Tuit la porsivent et honeurent,
Tuit y hurtent, tuit y travaillent,
8590 Tuit y luitent, tuit y bataillent,
Tuit a li servir s'estudient,
Tuit li vont entor, tuit la prient,
Tuit y musent, tuit la convoitent,
Si l'ont en la fin, tant esploitent,
8595 Car tors de toutes pars porprise
Envis eschape d'estre prise.
   S'ele est lede, a tous vuet plaire.
Et comment porroit nus ce faire
Qu'il gart chose que tuit guerroient
8600 Ou qui vuet touz ceux qui la voient?
S'il prent a tout le monde guerre,
Il n'a pooir de vivre en terre.
Nulz nes garderoit d'estre prises
Por tant que fussent bien requises.
8605 Penelope neïz prendroit
Qui bien au prendre entenderoit;
Si n'ot il meillor fame en Grece.
Si feroit il, par foi, Lucrece,
Ja soit ce qu'el se soit occise
8610 Por ce qu'a force l'avoit prise
Li fix le roy Tarquinius;
N'onc, ce dit Titus Livius,
Maris ne peres ne parens
Ne li porent estre garens,
8615/d/ Por pene que nulz y meïst,
Que devant eus ne s'occeïst.
Du duel lessier mout la requistrent,
Et de beles raisons li distrent,
Et son mari meïmement
8620 La confortoit piteusement
Et de bon cuer li pardonnoit
Tout le fait, et li sarmonnoit,
Et s'estudioit a trouver
Vives raisons por li prover
8625 Que son cors n'avoit pas pechié,

8584. *ra* : *a* avec le préfixe itératif *re*.

Quant le cuer ne vot le pechié;
Car cors ne puet estre pechierres
Se le cuer n'en est consentierres;
Mes elle, qui son duel menoit,
8630   En son sain un cotel avoit
Repot, que nulz ne le veïst
Quant por soi ferir le preïst,
Si lor respondi sanz vergogne :
« Biau seignor, qui que me pardogne
8635   L'ort pechié dont si fort me poise,
Ne comment que du pardon voise,
Je ne me pardoinz pas la pene. »
Lors fiert, de grant angoise plene,
Son cuer, si le fent et se porte
8640   Devant eus a la terre morte.
Mes ains pria qu'il travaillassent
Tant por li que sa mort venjassent,
Car exemple vost procurer
Por les fames asseürer
8645/73/   Que nulz force ne lor meüst
Qui de mort morir ne deüst.
Dont li rois et ses fis en furent
Mis en exil et y morurent.
N'onc puis Romain por ce desroi
8650   Ne vodrent faire a Rome roy.
Si n'est il mes nulle Lucrece,
Ne Penelope nulle en Grece,
Ne nulle prodefame en terre,
S'il ert qui les seüst requerre.
8655   [N'onc fame ne se deffandi,
Qui bien a lui prandre antandi,]
Ensi le dient li paien,
N'onques nulz n'i trova moien.
Maintes neïs par eus se baillent,
8660   Quant li requerreor defaillent.
    Et cil qui font les mariages,
Si ont trop merveilloz usages,
Et coustume si despareille
Qu'il me vient a trop grant merveille.
8665   Ne sai d'u vient ceste folie,
Fors de rage et de desverie.
Je voi que qui cheval achete

8626. *vot* : parfait 3 de *voloir*, normalement *vost*.
8629. (ms : *son cuer m.*).

Ja n'iert si fox que rienz y mete,
Comment que l'en l'ait bien couvert,
8670 S'il ne le voit a descouvert;
Par tout le regarde et descueuvre.
Mes la fame si bien se cueuvre,
Ne ja n'i sera descouverte,
Ne por gaaingne ne por perte,
8675 Ne por solaz ne por mesese,
Por ce, sans plus, que ne desplese
/b/   Devant qu'elle soit espousee.
Et quant el voit la chose outree,
Lors primes monstre sa malice
8680 Et pert s'el a en li nul vice,
Lors fait au fol ses meurs sentir,
Quant riens n'i vaut le repentir.
Si sai je bien certainnement,
Combien qu'el se maint sagement,
8685 N'est nulz qui mariés se sente,
S'il n'est fox, qu'il ne s'en repente.
     Prode fame, par saint Denis!
Dont il est mainz que de fenis,
Si cum Valerius tesmoigne,
8690 Ne puet nul amer qu'el ne poigne
De granz poors et de granz cures
Et d'autres mescheances dures.
Mainz que de fenis? par ma teste!
Par comparoison plus honeste,
8695 Voire mainz que de blanz corbiaus,
Combien qu'el aient les cors biaus.
Et ne porquant, quoique j'en die,
Por ce que ceus qui sont en vie
Ne puissent dire que je queure
8700 A toutes fames trop a seure,
Qui prodefame vuet connoistre,
Soit seculiere ou en cloistre,
[Se travail vuet metre en li querre,
C'est oisel cler semé en terre,]
8705 Si ligierement connoissable
Qu'il est a cine noir semblable.
Juvenaus neïz le conferme,

8675. (ms : por promesse).
8689. Auteur fictif de la *Dissuasio Valerii ad Rufinum philosophum ne uxorem ducat*, de Gautier Map.
8707. Juvénal, *Satire* VI, 28-32.

Qui redist par sentence ferme :
/c/   « Se tu trueves chaste moillier,
8710   Va t'en au temple agenoillier,
Jupiter encline et aore
Et sacrefier bien labore,
[A Juno la dame honoree
Une vache toute doree. »]
8715   Onc plus merveilleuse aventure
N'avint a nulle creature.
Et or vuet les males amer,
Dont deça mer ne dela mer,
Si cum Valerius raconte,
8720   Qui de voir dire n'a pas honte,
Sont essains plus granz que de mouches
Qui se responnent en lor rouches :
A quel chief en cuide il venir ?
Mal se fait a tel rain tenir,
8725   Et qui s'i tient, bien le recors,
Il em perdra l'ame et le cors.
Valerius, qui se doloit
De ce que Rufin se voloit
Marier, qui ses compains yere,
8730   Li dist une parole fiere :
« Diex touz poissans, dist il, amis,
Gar que tu ne soies ja mis
En las de fame tout poissant,
Toutes choses par art froissant. »
8735   Juvenaus meïmes escrie
A Postumus qui se marie :
« Postumus, vues tu fame prendre ?
Ne pues tu pas trover a vendre
Ou hars ou cordes ou chevestres,
8740   Ou saillir hors par les fenestres
[Dont l'en puet hault et loing veoir,
Ou lessier toi d'un pont cheoir ?]
/d/   Quel forcenerie te mainne
A cest torment, a ceste painne ? »
8745   Li rois Foroneüs meïmes,
Qui si comme nous apreïmes,
Ses lois au peuple grec donna,
Ou lit de sa mort sermonna
[Et dist a son frere Leonce :
8750   « Frere, fait il, je te denonce]

8722. (ms : crouches).

Que tres beneürés morusse
S'onc fame espousee n'eüsse. »
Et Leonce tantost la cause
Li demanda de ceste clause.
8755 « Tuit li mari, dist il, le truevent
Et par experiment le pruevent;
Et quant tu avras fame prise,
Tu le savras bien a devise. »
Pierre Abaielart reconfesse
8760 Que suer Heloys, abbaesse
Du Paraclit, qui fu s'amie,
Acorder ne se vouloit mie
Por riens qu'il la preïst a fame;
Ains li faisoit la bonne dame,
8765 Bien entendans et bien lettree,
Et bien amans et bien amee,
Argumens a li chastier
Qu'il se gardast de marier;
Et li provoit par escritures
8770 Et par raisons que sont trop dures
Condicions de mariage,
Cumbien que la fame soit sage;
Car les livres avoit veüs
Et estudiés et seüs,
8775/74/ Et les meurs feminins savoit,
Car touz essaiés les avoit.
Et requerroit que il l'amast,
Mes que nul droit n'i reclamast
Fors que de grace et de franchise,
8780 Sans seignorie et sans mestrise,
Si qu'il peüst estudier
Touz siens, touz frans, sanz soi lier,
[Et qu'el rentendist a l'estuide,
Qui de science n'iert pas vuide;]
8785 Et li redisoit toutes voies
Que plus plesant erent lor joies
Et li solas plus encroissoient
Quant plus a tart s'entreveoient.
Mes il, si cum escrit nous a,
8790 Qui tant l'amoit, puis l'espousa
Contre son amonestement,
Si l'en meschaï ledement.
Car puisqu'el fu, si cum moi semble,

8753. ms : *Et li peuples tantost).*

Par l'acort d'ambedeus ensemble,
8795   D'Argentuel nonain revestue,
Fu la coille a Pierre tolue
A Paris en son lit de nuis,
Dont mout ot travaus et ennuis.
Et fu puis ceste mescheance
8800   Moines de saint Denis en France,
Puis abbés d'une autre abbaïe,
Puis fonda, ce dist en sa *Vie*,
Une abbaïe renomee
Qui est du Paraclit nommee,
8805   Dont Heloÿs fu abbaesse,
Qui devant ert nonain professe.
/b/   Elle meïmes le raconte
Et escrit, et n'en a pas honte,
A son ami que tant amoit
8810   Que pere et seignor le clamoit,
Une merveilleuse parole
Que mout de genz tindrent a fole,
Qui est escrite en ses epitres,
Qui bien cercheroit les chapitres,
8815   Qu'el li manda par lettre expresse,
Puis qu'el fu neïs abbaesse :
« Se li empereres de Rome,
Sous qui doivent estre tuit homme,
Me daignoit voloir prendre a fame
8820   Et faire moi du monde dame,
Si vodroie je miex, dist elle,
Et Dieu a tesmoign en appelle,
Estre ta putain appellee
Que empereris coronee. »
8825   Mes je ne croi mie, par m'ame,
C'onques puis fust une tel fame ;
Si croi je que la lettreüre
La mist a ce que la nature
Que des meurs feminins avoit
8830   Vaincre et donter miex en savoit.
Ceste se Pierres la creüst
Onc espousee ne l'eüst.

8802. Cette *Vie* est l'*Historia Calamitatum*, autobiographie envoyée
à un ami par Abélard.

8822. *appelle* : c'est déjà la forme moderne de la 1re personne.

8828-30. « lui a permis de mieux savoir vaincre et dompter la
nature féminine qui était la sienne. »

     Mariages est maus liens,
     Issi m'aïst saint Juliens,
8835   Qui pelerins errans herberge,
     Et saint Liennars, qui defferge
/c/   Les prisonniers bien repentans,
     Quant les voit a soi dementans.
     Miex me venist estre alé pendre
8840   Le jor que je dui fame prendre,
     Quant si cointe fame acointai.
     Mors sui quant fame si cointe ai.
       Vois, por le fil sainte Marie,
     Que me vaut ceste cointerie,
8845   Ceste robe cousteuse et chiere
     Qui tant vous fait lever la chiere,
     [Et tant me grieve et ataïne,
     Tant est longue et tant vous traïne,]
     Par quoi tant d'orguel demenés
8850   Que j'en deviens touz forcenés !
     Que me fait elle de profit ?
     Combien qu'ele as autres profit,
     Onques ne me fit [el] fors nuire;
     Et quant me vuel a vous deduire,
8855   Je la trueve si encombreuse,
     Si grevant et si ennoieuse
     Que je n'en puis a chief venir,
     Ne a droit ne vous puis tenir.
     Tant me faites et tors et ganches
8860   De bras, de cuisses et de hanches,
     Et tant vous alés detordant,
     Que ne sai comment ce va, fors tant
     Que bien voi que ma druerie
     Ne mon solas ne vous plaist mie.
8865   Neïs au soir, quant je me couche,
     Ains que vous reçoive en ma couche,
     Si cum prodons fait sa moillier,
     La vous estuet il despoillier.
     [N'avés sor chief, sor cors, sor hanches,
(8870)   C'une coiffe de toile blanche,
     Et les treçons yndes ou vers,
     Espoir, sous la coiffe couvers.]
/d/   Les robes et les pennes grises
     Sont adont a la perche mises,
8875   Toute la nuit pendans a l'air.

8836. Saint Léonard, en Limousin.

Que me puet or tout ce valoir,
Fors a vendre ou a engagier ?
Vif me veés vous erragier,
Et morir de mavese rage,
8880 Se je ne vent tout et engage;
[Car, puis que par jor si me nuisent
Et par nuit point ne me deduisent,]
Quel profit i puis je atendre
Fors que d'engaigier ou de vendre ?
8885 Ne vous, se par le voir alés,
De nulle riens miex ne valés,
Ne de sens ne de loiauté,
Non, par Dieu, neïs de biauté.
    Et se nus honz, por moi confondre,
8890 Voloit opposer et respondre
Que les bontés des choses bonnes
Vont [bien] es estranges personnes,
Et que biau garnement font beles
Les dames et les damoiseles,
8895 Se aucuns honz ice disoit,
Je diroie qu'il mentiroit.
Car la biauté des beles choses,
Soient violetes ou roses
Ou drap de soie ou flor de lis,
8900 Si cum escrit ou livre lis,
Sont en eus, et non pas es dames;
Et savoir doivent toutes fames
Que jamés jor que nulle vive
N'avra fors sa biauté naïve.
8905/75/ Et tout autant di de bonté
Con de biauté vous ai conté :
Je di, por ma parole ovrir,
Qui vodroit un femier covrir
De dras de soie ou de floretes,
8910 Bien colorees et bien netes,
Si seroit certes li femiers,
Qui de puïr est coustumiers,
Tex cum avant estre soloit.
Et se nus hons dire voloit
8915 Que li femiers est leiz par ens,
Et defors est plus biaus parans,
Tout aussi les dames se perent

Por ce que plus beles aperent
Et por lor ledure repondre,
8920 Par foi ci ne sai je respondre,
Fors tant que tel deception
Vient de la fole vision
Des yex qui parees les voient,
Par quoi li cuer si se desvoient
8925 Por la plesant impression
De lor ymaginacion,
Qu'il ne sevent apercevoir
Ne la mençonge ne le voir,
Ne le sofime deviser,
8930 Par defaut de bien aviser.
　　Mes s'il eüssent yex de lins,
Ja por lor mantiaus sebelins,
Ne por sorcos, ne por coteles,
Ne por guindes, ne por toueles,
8935/b/ Ne por chainses, ne por pelices,
Ne por joiaus, ne por devices,
Ne por lor moes desguisees,
Qui bien les avroit avisees,
Ne por lor luisans superfices
8940 Dont eus resemblent artefices,
Ne por chapiaus de flors noveles
Ne lor semblassent estre beles.
Car le cors Alcipiadés,
Qui de biauté avoit adés
8945 Et de color et de faiture,
Tant l'avoit bien formé Nature,
Qui dedens veoir le porroit,
Por trop leit tenir le vorroit;
Ensi le raconte Boeces,
8950 Sages hons et plains de proeces,
Et traist a tesmoing Aristote,
Qui la parole ensi li note :
Car lins a la regardeüre
Si fort, si perçant et si dure
8955 Qu'il voit quanque l'en li moustre,
Et dehors et dedens tout outre.
　　Si dist c'onques en nul aé

8944-8945. « comblé d'une beauté tant picturale que sculpturale. »
8949. *De Consolatione*, III, prose 8, 10.

Ne vit o Biauté Chastaé;
Touz jors y a si grant tençon,
8960   Onques en fable n'en chançon
Dire n'oï ne recorder
Que riens les peüst acorder;
Et ont entr'eus si mortel guerre
Que ja l'une plain pié de terre
8965/b/ A l'autre ne lera tenir
Tant cum puist au dessus venir.
Mes la chose est si mal partie
Que Chastaé pert sa partie
Quant assaut ou quant se revenche;
8970   Tant set poi de luite et de ganche
Qu'il li convient ses armes rendre;
Qu'el n'a pooir de li deffendre
Contre Biauté qui tant est fiere.
Ledor neïs, sa chamberiere,
8975   Qui li doit honor et servise,
Ne l'aime pas tant ne ne prise
Que de son ostel ne la chace,
Et li cort sus, au col la mace,
Qui mout est granz et mout li poise,
8980   Et tant forment, sachiés, li poise
Que sa dame en vie demore
La montance d'une sole hore.
Si Chastaés est mal baillie,
Qui de deus pars est assaillie,
8985   Si n'a de nulle part secors;
Si l'en estuet foïr le cors,
Qu'ele se voit en l'estor seule;
Se juré l'avoit sus sa geule
Et seüst ore assés de luite,
8990   Quant aucuns encontre li luite,
N'oseroit elle contrester,
Si que riens n'i puet conquester.
        Laidor ait ore mal dehé,
/d/   Quant si guerroie Chastaé,
8995   Qui deffendre et tencer la deüst,
Neïs se mucier la peüst
Entre sa chair et sa chemise :

8958. (ms : *avec*, *Chasté*). La rime nous donne une indication sur la vraie forme du nom Chasteté. Voir aussi 8994.
8969. (ms : *Chaasté*).
8983. (ms : *assaillie*).
8996. (ms : *deüst*).

Si l'i deüst elle avoir mise.
Mout refait certes a blamer
9000 Biauté, qui la deüst amer
Et procurer, s'ele peüst,
Que bonne pez entr'eus eüst;
Son pooir au mains en feïst,
Onqu'en sā merci se meïst,
9005 Que bien li deüst faire hommage
S'ele fust preus, cortoise et sage,
Non pas faire honte et vergoigne;
Car la lettre neïs tesmoigne
Ou sisieme livre Virgile,
9010 Par l'auctorité de Sebile,
Que nus qui vive chastement
Ne puet venir a dampnement.

Dont je jur Dieu, le roi celestre,
Que fame qui bele vuet estre,
9015 Ou qui du resembler se pene,
Et se remire et se demene
Por soi parer et cointoier,
Qu'ele vuet Chastaé guerroier.
Car mout a certes d'anemies!
9020 Par cloistre et par abbaïes
Toutes sont contre li jurees;
Ja si ne seront emmurees
[Que Chasteé si fort ne heent
Que toutes a honir ne beent.]
9025 Toutes foñt a Venus hommage,
Sanz regarder preu ne domage,
/76/ Et se cointoient et se fardent
Por bouler ceus qui les regardent,
Et vont traçant parmi les rues
9030 Por veoir, por estre veües,
Por faire as compaignons desir
De voloir avec eus gesir.
Por ce portent eus les cointises
As quaroles et as eglises,
9035 Car ja nulle ice ne feïst
S'el ne cuidast qu'en la veïst
Et que por ce plus tost pleüst
A ceus que decevoir deüst.
Et certes, qui le voir en conte,

8998. (ms : *se l'i*).
9009. Virgile, *Enéide*, VI, 563.

9040   Mout font fames a Dieu grant honte,
            Comme foles et desvoïes,
            Quant ne se tiennent a poïes
            De la biauté que Diex lor donne.
            Chascune a sor son chief coronne
9045   De floretes, d'or ou de soie,
            Et s'en orguillist et cointoie
            Quant s'en va moustrant par la vile,
            Par quoi trop malement s'avile
            La dolereuse, la lasse,
9050   Quant chose plus vile et plus basse
            De soi vuet a son chief atraire
            Por sa biauté croistre ou parfaire;
            Et va Dieu ensi despisant,
            Et le tient por non souffisant,
9055   Et se pense en son fol corage
            Que mout li fist Diex grant outrage,
/b/   Que, quant biauté li compassa,
            Trop legierement s'en passa.
            Si quiert biauté de creatures
9060   Que Diex fait par plusors figures,
            Ou de chapiaus ou de floretes
            Ou d'autres estranges chosetes.
                Sanz faille aussi est il des hommes,
            Se por plus biau estre fesommes
9065   Les chapelés et les cointises
            Sor les biautés que Diex a mises,
            Et nous, vers li, mout mesprenons
            Quant a poié ne nous tenons
            Des biautés qu'il nous a donnees
9070   Sor toutes creatures nees.
            Mes je n'ai de tex trufes cure,
            Je vuel souffisant vesteüre,
            Qui de froit et de chaut me gart.
            Aussi tres'bien, se Diex me gart,
9075   Me garantist et cors et teste,
            Par vent, par pluie, par tempeste,
            Forré d'aigniaus cis miens buriaus,
            Comme pers forré d'escuriaus.
            Mon argent, ce me semble, pers
9080   Quant je por vous robe de pers,

9042. *poïes :* « payées ».
9064. H : *fomes ;* comme *faisommes*, ind. prés. de faire.
9080. (ms : *je vous ai*).

De camelin ou de brunete,
De vers ou d'escallate achete,
Et de vair et de gris la forre.
Ce vous fait en folie encorre
9085 Et faire les tors et les moes
Par les poudres et par les boes,
/c/   Ne Dieu ne moi riens ne prisiés.
Neïs la nuit, quant vous gisiés
En mon lit lez moi toute nue,
9090 Ne poés vous estre tenue,
Car quant je vous vuel embracier,
Por baisier et por solacier,
Et sui plus forment eschaufés,
Vous reschigniés cum uns maufés;
9095 Envers moi, por riens que je face,
Ne volés torner vostre face;
Et si tres forment vous plaingniés
Et soupirés et vous faingniés,
Et faites si le dangereus
9100 Que j'en deviens touz pooureus,
Que je ne vous ose assaillir,
Tant ai grant pooir de faillir.
Et trop me vient a grant merveille,
Quant aprés dormir me resveille
9105 Comment ces ribaus y avienent,
Qui par jor vestue vous tiennent,
Se vous ensi vous detordés
Quant avec eus vous deportés,
Et se tant lor faites d'ennuis
9110 Com a moi de jors et de nuis.
Mes n'en avés, ce croi, talent,
Ains alés chantant et balent,
Par ces jardins, par ces praiaus,
Avec ces ribaus desloiaus,
9115 Qui traïnent ceste espousee
Par l'erbe vert, sor la rosee,
/d/   Qui me vont forment despisant
Et par despit entr'eus disant:
« C'est maugré le vilain jalous! »
9120 La char en soit livree as lous
Et les os as chiens erragiés!
Par vous sui si ahontagiés!
C'est par vous, dame pautonniere,

9113. (ms : *braiaus*) : « endroits boueux »; cf. v. 6566.

Et par vostre fole maniere,
9125   Ribaude, orde, vilz, pute lisse.
Ja vostre cors de cest an n'isse,
Quant a tex matins [le] livrés!
Par vous sui a honte livrés;
Par vous, par vostre lecherie
9130   Sui je mis en la confrarie
Saint Ernol, le seignor des cous,
Dont nus ne puet estre rescous
Qui fame ait, au mien essient,
Tant l'aut gardant ni espient,
9135   Bien ait neïs d'yaus un milier.
Toutes se font hurtebillier,
Qu'il n'est garde qui riens y vaille;
Et s'il avient que le fait faille,
Ja la volenté n'i faudra
9140   Par quoi, s'el puet, au fait vendra,
Car le voloir touz jors em porte.
Mes forment vous en reconforte
Juvenaus, qui dit du mestier
Que l'en appelle rafetier
9145   Que c'est li mendres des pechiés
Dont cuer de fame est entechiés,
/77/   Et lor nature lor commande
Que chascune au pis faire entende.
Ne voit l'en comment les marrastres
9150   Cuisent venin a lor fillastres,
Et font charmes et sorceries
Et tant d'autres dÿableries
Que nus nes porroit recenser,
Tant i seüst parfont penser ?
9155   Toutes serés, estes ou fustes
De fait ou de volenté putes,
.01   Et qui bien vous encercheroit
.02   Toutes putains vous troveroit;
Et qui peüst le fait estaindre,
Volenté ne puet nus contraindre.
Tel avantage ont toutes dames
9160   Qu'eles sont de lor volentés dames;
L'en ne lor puet le cuer changier
Por batre ne por ledengier.
Mes qui changier les lor peüst,
Des cors la seignorie eüst.

9143. Juvénal, *Satire* VI, 133-5.

9165   Mes lessons ce qui ne puet estre.
          Mes, por li biau douz roi celestre,
          Des ribaus que porré je faire
          Qui tant me font honte et contraire ?
          S'il avient que je les menace,
9170   Riens ne priseront ma menace.
          Se je me vois a eus combatre,
          Tost me porront tuer ou batre ;
          Il sont felon et outrageus,
          De touz maus faire corageus,
9175/b/   Jone, joli, felon, testu ;
          Ne me priseront un festu,
          Car jonece [si] les enflame,
          Qui de feu les emple et de flame
          Et touz lor fait par estevoir
9180   Les cuers a folie movoir ;
          Et si legiers et si roulans
          Que chascuns cuide estre Rolans,
          Voire Hercolés ou Sanson.
          Si orent cil dui, ce penson,
9185   Si cum en escrit le recors,
          Resemblables forces de cors.
          Cis Herculés avoit, selonc
          L'auctor Solin, set piés de lonc,
          Ne ne puet a quantité graindre
9190   Nus hons, si cum il dist, ataindre.
              Mout ot cis Herculés d'encontres :
          Il vainqui douze orribles montres,
          Et quant ot vaincu le douzieme,
          Onc ne pot chevir du tresieme,
9195   Ce fu par Deÿanira
          S'amie, qui li deschira
          Sa chair de venin toute esprise
          De sa venimeuse chemise.
          Ensi fu par fame dontés
9200   Herculés qui tant ot bontés ;
          Si ravoit il por Yolé
          Son cuer ja mort et afolé.
              Aussi Sanson, qui pas dis hommes
          Ne redoutast nes que dis pommes
9205/c/   S'il eüst ses cheveus eüs,

9177. (ms : enflame).
9184. (ms : se penson) : sur grattage.
9195. (ms : Dyanira) : « Déjanire ».

Fu par Dalida deceüs.
Si fai je que fox de ce dire,
Car je sai bien que tire a tire
Mes paroles toutes dirés,
9210   Quant vous de moi departirés.
As ribaus vous irés clamer,
Si me porrés faire entamer
La teste ou les cuisses brisier,
Ou les espaules encisier,
9215   Se ja poés a eus aler.
Mes se j'en puis oïr parler
Ains que ce me soit avenu,
Se li bras ne me sont tolu,
Ou le pastou ne m'est ostés,
9220   Je vous froisserai les costés;
Ami ne voisin ne parent
Ne vous en seront ja garent
Ne vostre licheor meïmes.
Las! por quoi nous entreveïmes!
9225   Las! de quel hore fui je nés,
Quant a tel dolor sui menés
Que cil ribaut mastin puant,
Qui vous vont flatant et chuant,
Sont de vous et seignor et mestre,
9230   Dont je deüsse sires estre,
Par qui vous estes soutenue,
Vestue, chaucie et peüe,
Et vous m'en faites parçonniers
Ces ribaus, garçons, pautonniers,
9235   Qui ne vous font se honte non.
Tolu vous ont vo bon renon,
De quoi garde ne vous prenés,
Quant entre lor bras vos tenés;
Par devant dient qu'il vous aiment,
9240   Et par derrier putain vous claiment,
Et dient ce que pis lor semble,
Quant il resont venu ensemble,
Combien que chascuns d'eus vous serve,
Car bien connois toute lor verve.
9245   Sanz faille, bien est verités,
Quant a lor bandon vous gités,

9219. *pastou* est sans doute une forme de *pestauz* (H.), « pilon ».
cf. v. 9360.
9238. (ms : *les tenés*).

Il vous sevent bien metre a point.
Car de dangier en vous n'a point,
Quant entree estes en la boule,
9250 Ou chascuns vous dehurte et foule.
Il me prent par foi grant envie
De lor solas et de lor vie.
Mes sachiés, et bien le recors,
Que ce n'est pas por vostre cors,
9255 Ne por vostre donoiement,
Ains est por ce tant solement
Qu'il ont le deduit des joiaus,
Des fremiaus d'or et des aniaus,
Et des robes et des pelices
9260 Que je vous lais cum fox et nices;
Car quant vous alés as quaroles
Ou a vos assemblees foles,
Et je remains cum fox et yvres,
Vous y portés qui vaut cent livres
9265/78/ D'or et d'argent sus vostre teste,
Et commandés que l'en vous veste
De camelin, de vert, de gris,
Si que tretous en amegris
De mal talent et de souci,
9270 Tant m'en esmay, tant me souci.
    Que me revalent ces gallandes,
Ces coiffes, et ces dorees bendes
Et ces dÿorés treceoirs,
Et ces yvorins miroirs,
9275 Ces cercles d'or bien entailliés,
Precieusement esmailliés,
Et ces corones de fin or,
Dont erragier ne me fin or,
Tant sont beles et bien polies,
9280 Ou tant a beles perreries,
Safirs, rubis et esmeraudes
Qui si vous font les chieres baudes,
Ces fermaus d'or a pierres fines
A vos colz et a vos poitrines,
9285 Et ces tissus, et ces çaintures
Dont tant valent les ferreüres
Que l'or, que les pierres menues ?

9284. Hésitation entre le pluriel (on pense aux femmes en général) et le singulier (l'épouse du jaloux) : notre ms écrit *vostre col et vos poitrines*.

Que me valent tex fanfelues ?
Et tant estroit vous rechauciés
9290   Que la robe souvent hauciés
Por moustrer vos piés as ribaus.
Aussi me confort saint Tibaus
Que tout dedens trois jors vendrai
Et vilz et sou piés vous tendrai !
9295/b/   N'avrés de moi, par le cors Dé,
Fors cote et sorcot de cordé,
Et une gonnele de chanvre,
Mes el ne sera mie tanvre,
Ains sera grosse et mal tissue,
9300   Et deschiree et desrompue,
Qui qu'en face ne duel ne plainte.
Et, par mon chief, vous serés çainte,
Mes dirai vous de quel çainture :
De cuir tout blanc sans ferreüre.
9305   Et de mes hosiaus anciens
Avrés granz solers a liens,
Larges a metre granz penufles.
Toutes vous osteré ces trufles
Qui vous donnent occasion
9310   De faire fornicacion,
Si ne vous irés plus moustrer
Por vous faire as ribaus frouter
     Mes or me dites sans contrueve,
Cele autre riche robe nueve
9315   Dont l'autre jor si vous parates
Quant as quaroles en alates,
Car bien connois, et raison ai,
Qu'onques cele ne vous donnai,
Par amors, ou l'avés vous prise ?
9320   Vous m'avés juré saint Denise
Et saint Filibert et saint Pere
Qu'ele vint de par votre mere,
Et que le drap vous envoia,
Car si grant amor en moy a,
9325/c/   Si cum vous me faites entendre,
Que bien vuet ses deniers despendre
Por moi faire les miens garder.
Vive la face l'en larder,
L'orde vielle putain prestresse,
9330   Maquerele, charrieresse,
Et vous avec par vos merites,
S'il n'est ensi comme vous dites !

Certes je li demanderai;
Mes en vain me travaillerai;
9335   Tout ne me vaudroit une bille,
Tele la mere, tele la fille.
Bien sai, parlé avés ensemble,
Andeus avés, si cum moi semble,
Les cuers d'une verge touchiés.
9340   Bien voi de quel pié vous clochiés.
L'orde vielle putain fardee
S'est a vostre acort acordee;
Autre fois a ceste hars torse,
De mains mastins a esté morse,
9345   Tant a divers chemins traciés;
Mes tant est ses vis effaciés
Que ne puet riens faire de soi,
Si vous vent ore, bien le sai.
Et vient ceens et vous emmainne
9350   Trois fois ou quatre la semmainne,
Et faint noviaus pelerinages
Selonc les anciens usages,
Car j'en sai toute la couvine,
Et de vous pormener ne fine
9355   Si cum l'en fait destrier a vendre,
Et prent et vous ensaigne a prendre.
Cuidiés que bien ne vous connoisse ?
Qui me tient que je ne vous froisse
Les os cum a poucin en paste
9360   A ce pastou ou a cest haste! »
      Lors la prent, espoir, de venue
Cis qui de mal talent tressue
Par les tresses et sache et tire,
Les cheveus li ront et detire
9365   Li jalous et sor li s'aorse,
Por noient fust lyons sor orse,
Par corrous et par ataïne,
Et par tout l'ostel la traïne,
Et la ledenge malement.
9370   Ne ne vuet, por nul serement,
Recevoir excusacion,
Tant est de male entencion.

9339. « bien accordés ».
9340. « Je vois bien ce qui cloche chez vous. »
9343. « Elle a tordu cette même corde » (elle a agi de la même façon).
9365. « Un lion sur une ourse ne ferait rien en comparaison. »

Ains fiert et frape et roille et maille
Cele qui brait et crie et baaille
9375   Et fait sa vois aler au vent
Par fenestres et par auvent,
Et tout quanque set li reprouche,
Si cum il li vient a la bouche,
/79/   Devant les voisins qui la viennent,
9380   Qui por fox ambedeus les tiennent,
Et la li tolent a grant pene
Tant qu'il est en la grosse alene.
    Et quant la dame sent et note
Cest torment et ceste riote
9385   Et ceste deduisant vïelle
Dont cis juglerres li vïelle,
Pensés vous qu'ele l'aint ja miaus ?
El vodroit ja qu'il fust a Miaus,
Voire certes en Romenie.
9390   Plus dirai, que je ne croi mie
Qu'ele le voille amer jamés.
Semblant, espoir, en fera, mes
S'il pooit voler jusqu'au nues
Ou si haut lever ses veües
9395   Qu'il peüst d'iluec, sans movoir,
Touz les fais des hommes vooir
Et s'apensast tout a loisir,
Si faudroit il bien a choisir
En quel peril il est cheüs,
9400   S'il n'a touz les baras veüs,
Por soi garantir et tencer,
Dont fame se puet porpenser.
S'il dort puis en sa compaignie,
Il met en grant peril sa vie,
9405   Voire en veillant et en dormant
La doit il douter mout forment
Que nel face, por soi vengier,
Empoisonner ou detrenchier,
[Ou mener vie enlangoree
9410   Par cautele desesperee,]
Ou qu'el ne pense a soi foïr
S'el n'en puet autrement joïr.
/b/   Fame ne prise honor ne honte
Quant riens en la teste li monte,
9415   Qu'il est verités sans doutance,

9379. (ms : qui la trouvent).

Fame n'a point de conscience.
Vers ce qu'ele het ou qu'ele aime,
Valerius neïs la claime
Hardie et artificieuse
9420   Et trop en ire estudieuse.
          Compains, cis fos vilains jalous,
Dont la char soit livree as lous,
Qui si de jalousie s'emple
Con ci vous ai mis en exemple,
9425   Qui se fait seignor de sa fame,
Qui ne redoit pas estre dame,
Mes sa pareille et sa compaigne,
Si cum la loi les acompaigne,
Et il redoit ses compains estre
9430   Sans soi faire seignor ne mestre,
Quant tex tormens li appareille
Et ne la tient cum sa pareille,
[Ains la fait vivre en tel mesaise,
Cuidiés vous qu'il ne li desplaise
9435   Et que l'amor entr'eus ne faille,
Que qu'ele die ? Oïl, sans faille.]
Ja de sa fame n'iert amés
Qui vuet estre sire clamés;
Car il convient amors morir
9440   Quant amant vuelent seignorir.
Amors ne puet durer ne vivre
Se n'est en cuer franc et delivre.
Por ce revoit l'en ensement,
De touz ceus qui premierement
9445   Par amors amer s'entrevuelent,
Et puis espouser s'entresuelent,
/c/   Envis puet entr'eus avenir
Que bonne amor s'i puist tenir;
Car cis, quant par amors amoit,
9450   Serjant a cele se clamoit
Qui sa mestresse soloit estre;
Or se claime seignor et mestre
Sor cele cui dame ot clamee
Quant elle ert par amors amee.
9455   Amee ? Voire, en quel maniere ?
En tel que se s'amie chiere
Li commandast : « Amis, sailliés ! »

9419. (ms : artifieuse).
9451. (ms : que sa m.).

Ou : « Ceste chose me bailliés ! »
Tantost li baillast sans faillir,
9460   Et saillist s'el mandast saillir;
[Voire neïs, que qu'el deïst,
Saillist il por qu'el le veïst,]
Car tout avoit mis son plesir
A faire li tout son desir.
9465   Mes puis quant sont entrespousé,
Si cum ci raconté vous é,
Lors est tornee la roele,
Que cis qui soloit servir cele
Commande que cele li serve
9470   Aussi cum s'ele fust sa serve,
Et la tient corte et li commande
Que de ses fais raison li rende,
[Et sa dame aínçois l'apela !
Envis muert qui apris ne l'a.]
9475   Lors si se tient a mal baillie
Quant se voit ensi assaillie
Du millor, du miex esprouvé
Qu'ele ait en ce siecle trouvé,
Qui si la vuet contrarier.
9480   Ne se set mes en cui fier,
/d/   Quant sus son col son mestre esgarde,
Dont onques mes ne se prist garde.
        Malement est changié li vers.
Or li vient li geus si divers,
(9485)   [Si felons et si estrangiez,
Quant cil li a les dez changiez,]
Que ne puet ne n'ose joer;
Comment s'en puet elle loer ?
S'el n'obeïst, cis se corroce
9490   Et la ledenge, et cele grouce;
Estes les vous en ire mis,
Et tantost par l'ire anemis.
        Por ce, compains, li ancien,
Sans servitute et sans lien,
9495   Pesiblement, sans vilonnie,
S'entreportoient compaignie,
N'il ne donassent pas franchise
Por tout l'or d'Arrabe et de Frise;

9460. (ms : *commandast*).
9483. « La situation a changé en mal. »
9485-9486. Ces vers ne sont pas dans Méon.

Car qui tout l'or en vodroit prendre,
9500 Ne la porroit il pas bien vendre.
N'estoit lors nul pelerinage,
Ne nus n'issoit de son rivage
Por cerchier estrange contree;
N'onques n'avoit la mer passee
9505 Jasson, qui premiers la passa,
Quant les navies compassa
Por la Toison d'or aler querre.
Bien cuida estre pris de guerre
Nepturnus, quant le vit nagier;
9510 Il en cuida vis erragier
Et Doris et toutes ses filles.
Por les merveilleuses semilles
/80/ Cuidierent bien estre trahi,
Tant furent forment esbahi
9515 Des nes qui par la mer aloient
Si cum li marinier vouloient.
    Mes li premier, dont je vous conte,
Ne savoient que nagier monte.
Tretout trovoient en lor terre
9520 Quanque lor sembloit bon a querre.
Riche estoient tuit ygaument
Et s'entramoient loiaument.
[Ausinc pesiblement vivoient,
Car naturelment s'entramoient,]
9525 Les simples genz de bonne vie.
Lors ert amors sanz seignorie,
L'un ne demandoit rienz a l'autre,
Quant Barat vint, lance sor fautre,
Et Pechiés et Male Aventure,
9530 Qui n'ot de Soffisance cure.
Orguel, qui desdaingne parel,
Vint avec, a grant apparel,
Et Covoitise et Avarice,
Envie et tuit li autre vice,
9535 Et firent saillir Povreté
D'enfer, ou tant avoit esté
Que nus de li riens ne savoit;
Onques en terre esté n'avoit.
Mar fust elle si tost venue,
9540 Car mout y ot pesme venue!

9509. Neptune, dieu des mers.
9523-9524. Texte différent dans Méon.

Povreté, qui point de feu n'a,
Larrecin son filz amena,
Qui s'en vet au gibet le cors
Por fere a sa mere secors,
9545/b/ Et se fait aucune fois pendre,
Que sa mere nel puet deffendre;
Non puet son pere, Cuer Failli,
Qui de deul en rest mal bailli;
Non fait damoisele Taverne,
9550 Qui les larrons guie et governe
(De larrecin est la deesse),
Qui les pechiés de nuis espesse
Et les baras des nues cuevre,
Qu'il n'aperent dehors par wevre,
9555 Jusqu'a tant qu'il y sont trouvé
Et pris en la fin tuit prouvé;
Point n'atent de Misericorde,
Quant l'en li met ou col la corde,
Que l'en vuelle ja garentir,
9560 Tant se sache bien repentir.
Tantost cil dolereus maufé,
De forcenerie eschaufé,
De duel, de corrous et d'envie,
Quant virent genz mener tel vie
9565 S'acorcerent par toutes terres,
Semant descors, contens et guerres,
Mesdis, rancunes et haïnes,
Par corous et par ataïnes;
Et por ce qu'il orent or chier,
9570 Firent ens la terre escorchier
Et li sachierent des entrailles
Les anciennes repotailles,
Metaus et pierres precieuses,
Dont gent devindrent envieuses,

9543. « prend en courant la direction du gibet. »
9549. H : *Laverne*, déesse des voleurs. Notre ms préfère l'allégorie à la mythologie.
9550. *Guie* : de *guier*, conduire.
9554. (ms : *Qui n'ap.*) : proposition finale.
9557. Pour la version de H : *n'a tant*, voir la note de l'édition Langlois. Mais notre texte qui fait de Larrecin le sujet de *atent* nous oblige à considérer *miséricorde* comme le sujet de *vuelle*.
9565. H : *s'escourserent* avec le même sens : s'élancèrent. Notre verbe devrait être *s'acorser*, cf. v. 17945 *s'acoursent* (ms L.) et *s'escoursent* (ms H.).
9574. (ms : *D'argent*).

9575/c/   Car Avarice et Convoitise
            Ont es cuers des hommes assise
            La grant ardor d'avoir acquerre.
            Li uns l'aquiert, l'autre l'enserre,
            Ne jamés la lasse chetive
9580   Ne despendra jor qu'ele vive,
            Ainçois en fera mains tutors
            Ses hoirs ou ses executors,
            S'il ne l'en meschiet autrement.
            Et s'ele en vait a dampnement,
9585   Ne croi que ja nus d'auz la plaigne;
            Mes s'el a bien fait, si le praigne.
              Tantost cum par ceste menie
            Fu la gent mal mise et fenie,
            La premiere vie lessierent,
9590   De mal fere puis ne cessierent,
             Et faus et tricheor devindrent.
            As proprietés [lors] se tindrent,
            La terre meïmes partirent,
            Et au partir bonnes y mirent.
9595   Et quant les bonnes y metoient,
             Mainte fois s'entrecombatoient
            Et se tolirent plus qu'il porent;
            Li plus fort les plus granz pars orent.
            Et quant a lor porchas aloient,
9600   Li pareceus qui demoroient
             S'en entroient en lor cavernes
            Et lor embloient lor espernes.
              Lors convint que l'en regardast
            Aucun qui les loges gardast
9605/d/   Et qui les maufaitors preïst
            Et droit as plaintis en feïst,
             Ne nus ne l'osast contredire.
             Lors s'assemblerent por eslire.
             Un grant vilain entr'eus eslurent,
9610   Le plus torsu de quanqu'il furent,
             Le plus corsu et le grignor,
            Si le firent prince et seignor.
            Cis jura que droit lor tendroit
            Et que les loges deffendroit,
9615   Se chascuns endroit soi li livre

9587. *menie* : la tribu des *Maufé*.
9594. bonnes : « bornes, limites ».
9610. H : *ossu*, « osseux »; le sens de *torsu* pourrait être « fourbe ».

Des bienz dont il se puisse vivre.
Ensi l'ont entr'eus acordé
Con cis l'a dit et devisé.
Cis tint longuement cest office.
9620   Li robeor, plain de malice,
S'assemblerent quant seul le virent,
Et par maintes fois le batirent,
Quant les bienz venoient embler.
Lors restut le peuple assembler
9625   Et chascun endroit soi taillier
Por serjans au prince baillier.
/81/   Communement lors se taillierent,
Et touz et toutes li baillierent
Et donnerent granz tenemens :
9630   De la vint li commencemens
Des rois, des princes terriens,
[Selonc l'escript as anciens];
Car par l'escrit que nous avons
Les fais as anciens savons,
9635   Si les en devons mercier
Et loer et regracier.
    Lors amacerent les tresors
D'argent, de pierres et d'ors.
D'or et d'argent, por ce qu'il ierent
9640   Connestable et prince, forgierent
Vaisselementes et monnoies,
Fermaus, aniaus, joiaus, corroies;
De fer [dur] forgierent lor armes,
Cotiaus, espees [et] guisarmes,
9645   Et glaives et cotes maillees,
Por faire a lor voisins mellees.
Et firent tors et roulleïs
Et murs et creniaus tailleïs;
Chatiaus fermerent et cités
9650   Et firent granz palais lités
Cil qui les tresors assemblerent,
Car tuit de grant poor tremblerent
Por les richeces assemblees,
Por ce que ne fussent emblees
9655   Ou par quelque force tolues.
Bien furent lor dolors creües
As chetis de mavés eür;

9640. H : *trestable et precieus.* Notre copiste est plus naïf.
9654. (ms : *que ce que*).

/b/   Onc puis ne furent asseür
          Que ce qui commun ert devant,
9660   Comme le solel et le vent,
          Par Convoitise approprierent,
          Quant as richeces se lierent,
          Que or en a uns plus que vint;
          Onc ce de bonté ne lor vint.

9665   Sanz faille, des vilains glotons
          Ne donnasse je deus boutons;
          Combien que bon cuer lor fausist,
          De tel faute ne me chausist;
          Bien s'entramassent ou haïssent,
9670   Ou lor amor s'entredeïssent.
          Mes cest grant duel et [granz] domages,
          Quant ces dames as clers visages,
          Ces jolives, ces renvoisies
          Par qui doivent estre proisies
9675   Les lors amors et deffendues,
          Sont a si grant vilté tenues.
          Trop est lede chose a entendre
          Que noble cors se puisse vendre.
          Mes, comment que la chose praingne,
9680   Gart li valés que ne se faingne
          De ars et de science aprendre
          Por garantir et por deffendre,
          Se mestiers est, lui et s'amie,
          Si qu'el ne le guerpisse mie.
9685   Ce puet mout valet eslever
          Et ne li puet de riens grever.
          Après li redoit souvenir
/c/   De ce mien consel retenir :
          S'il a s'amie, jone ou vielle,
9690   Et set ou pense qu'ele vuelle
          Autre ami querre, ou a ja quis,
          [Des a querre ne des aquis]
          Ne la doit blamer ne reprendre,
          Mes amiablement aprendre
9695   Sanz reprendre et sanz ledengier.
          Encor, por li mains estrengier,
          S'il la trovoit neïs en l'uevre,
          Gart que ses iex cele part n'uevre.

9659. Proposition temporelle, *que* se rattachant à *puis* du v. 9658.
9694. *aprendre* : « comprendre ».
9698. *uevre* : subj. prés. 3 de *ouvrir*.

Semblant doit faire d'estre avugle
9700 Ou plus simple que n'est uns bugle,
Si qu'ele cuide tout por voir
Qu'il n'en puist rienz apercevoir.
     Et s'aucuns li envoie lettre,
Il ne se doit pas entremetre
9705 Du lire ne du reverchier
Ne de lor secrés encerchier.
Ne ja n'ait cuer entalenté
D'aler contre sa volenté,
Mes que bien soit elle venue
9710 Quant el vendra de quelque rue,
Et raille quel part qu'el vorra
Si cum son voloir li torra;
El n'a cure d'estre tenue.
Si vuel que soit chose seüe
9715 Ce que ci aprés vous vuel dire,
Car il est bonne chose a lire :
Qui de fame vuet avoir grace,
Mete la touz jors en espace;
/d/   Jamés en reclus ne la tiengne,
9720 Mes aille a son voloir et viengne;
Car cis qui la vuet retenir
Qu'el ne puisse aler et venir,
Soit sa moillier ou sa dame,
Tantost en a l'amor perdue.
9725 Ne ja riens contre li ne croie
Por certainneté qu'il en oie;
Mes bien die a ceus ou a celes
Qui l'en aporteront noveles
Que du dire folie firent :
9730 Onc si prode fame ne virent;
[Tous jors a bien fait sans recroire,
Por ce ne la doit nus mescroire.]
Ja ses vices ne li reprouche
Ne ne la bate ne ne la touche,
9735 Car cis qui vuet sa fame batre
Por soi miex en s'amor embatre,
Quant la vuet aprés apesier,
C'est cis qui por aprivoisier
Bat son chat et puis le rapele
9740 Por le lier a sa cordele;

9713. (ms : le vorra).
9717. (ms : a dire).

Mes se le chat s'en puet saillir,
Il puet tost au prendre faillir.
Et s'ele le bat et ledenge,
Gart cis que son cuer ne [se] change.
9745 Se batre ou ledengier se voit,
Neïs se elle le devoit
Tout vif as ungles detranchier,
Ne se doit il pas revanchier,
Ains l'en doit mercier et dire
9750 Qu'il vodroit bien en tel martire
/82/ Vivre touz temps mes qu'il seüst
Que son servise li pleüst,
Voire neïz tout a delivre
Plus lors morir que sanz li vivre.

9755 Et s'il avient que il la fiere,
Por ce que trop li semble fiere,
Et qu'ele l'ait trop corroucié,
Tant a forment vers li groucié,
Ou le vuet, espoir, menacier,
9760 Tantost, por sa pez porchacier,
Gart que le geu d'amor li face
Ains que se parte de la place,
Meïmement li povres hons,
Car le povre a poi d'oichoisons
9765 Porroit elle tantost lessier
S'el nou veoit vers li plessier.

Povres doit amer sagement
Et doit soffrir mout humblement,
Sanz samblant de corrous ne d'ire,
9770 Quanque li voit ou faire ou dire,
Meïmement plus que li riches,
Qui n'en donroit, espoir, deus chiches
En son orguel, en son dangier;
Cis la porroit bien ledengier.
9775 Ou s'il est tex qu'il ne vuet mie
Loiauté porter a s'amie,
Si ne la vodroit il pas perdre,
Mes a autre se vuet aerdre,
Si vuet a s'amie novele
9780 Donner quovrechief ou toele,
/b/ Chapel, anel, fermail, çainture,
Ou joel de quelque faiture,

9764. « à la moindre occasion. »
9767-9894. L'auteur suit Ovide, *Art d'aimer*, livre II.

Gart que l'autre ne la cognoisse,
Car trop avroit au cuer angoisse
9785   Quant elle li verroit porter,
Rienz ne la porroit conforter;
Et gart que venir ne la face
En icele meïsme place
Ou venoit a li la premiere,
9790   Qui de venir ert coustumiere;
Car s'el y vient, puis que la truisse,
N'est rienz qui consel metre y puisse,
Car nulz viex sengler hericiés
Quant des chienz est bien atisiés,
9795   N'est si crueus, ne lionnesse
Si triste ne si felonnesse,
Quant le venierre qui l'assaut
Li renforce novel assaut
Quant elle alete ses cheaus,
9800   Nulz serpens n'est si desloiaus
Quant l'en li marche sus la queue,
Qui du marchier pas ne se geue,
Cum est fame quant elle trueve
Son ami o s'amie nueve :
9805   El gete partout feu et flame,
Preste de perdre cors et ame.

      Et se n'est [pas] prise prouvee
Des deus ensemble la couvee,
Mes bien en chiet en jalousie
9810   Qu'el set, ou quide, estre acoupie,
/c/   Comment qu'il aut, ou sache ou croie,
Gart soi cis que ja ne recroie
De li nier tout plenement
Ce qu'ele set certainnement
9815   Et ne soit pas lenz de jurer.
Tantost li reface endurer
En la place le geu d'amors,
Lors iert quites de ses clamors.
Et se tant l'assaut et angoisse
9820   Qu'il convient qu'il li recognoisse,
Espoir, qu'il ne s'en set deffendre,
Por ce doit adont, s'il puet, prendre
Qu'il li face a force entendant
Que ce fist sor soi deffendant;
9825   Car cele si fort le tenoit
Et si malement le menoit,
Onques eschaper ne li pot

Tant qu'il orent fait le tripot;
N'onc ne li avint fois fors ceste.
9830 Lors li jurt fiance et promete
Que jamés ne li avendra,
Si loiaument se contendra;
Et s'ele en ot jamés parole,
Bien vuet que le tut et afole,
9835 Car miex vodroit qu'el fust noïe,
La desloiaus, la renoïe,
Que jamés en place venist
Ou elle en tel point le tenist,
Et s'il avient qu'ele le mant,
9840 Jamés n'ira a son commant,
/d/ Ne ne souffrera qu'ele viengne,
S'il puet, en leu ou el le tiengne.
Lors doit tantost cele embrassier,
Baisier, blandir et solassier
9845 Et crier merci du meffait
Puis que jamés ne sera fait;
[Qu'il est en vraie repentance,
Prés de faire tel penitance
Cum cele enjoindre li saura,
9850 Puis que pardoné li aura;]
Et face d'amors la besoigne
S'il vuet que ele lui pardoigne.
  Et gart que de li ne se vante,
Elle em porroit estre dolante.
9855 Si se sont maint vanté de maintes
Par paroles fauces et faintes,
Dont les cors avoir ne pooient;
Lor non a grant tort diffamoient.
Mes a ceus sont bien cuer faillant,
9860 Ne sont pas cortois ne vaillant.
Vanterie est trop vilain vice;
Qui se vante, il fait trop que nice,
Et ja soit ce que fait l'eüssent,
Toute fois celer les deüssent.
9865 Amors vuet celer ses joiaus,
Se n'est a compaignons loiaus
Qui les vuelent taire et celer;
La les puet l'en bien reveler.
  Et s'ele chiet en maladie,
9870 Il est drois que il s'estudie
En estre li mout serviables
Por estre aprés plus agreables.

[Gart que nus anuis ne li tiengne
De sa maladie lointiengne;]
9875   Souvent voit lés li demorant,
Et la doit baisier en plorant,
/83/   Et se doit voer, s'il est sages,
En mains lontains pelerinages,
Mes que cele les veus entende.
9880   Viande pas ne li deffende,
Chose amere ne li doit tendre
Ne riens qui ne soit douz et tendre.
Si li doit faindre noviaus songes,
Touz farsis de plesans mençonges,
9885   Que quant vient au soir qu'il se couche
Tretouz seus par dedens sa couche,
Avis li est, quant il sommeille,
Que petit dort et mout y veille,
Qu'il l'ait entre ses bras tenue
9890   Toute la nuit, tretoute nue
Par solas et par druerie,
Toute sainne et toute garie,
Et par jor en leus delitables;
Tex fables li conte ou semblables.
9895   Or vous ai jusques ci chanté
Par maladie et par santé
Comment cis doit fames servir
Qui vuet lor grace deservir
Et lor amor continuer,
9900   Qui de legier se puet muer,
Qui ne vodroit par grant entente
Faire quan qui lor atalente;
Car ja fame tant ne savra
Ne si ferme cuer n'avra
9905   Ne si loial ne si meür
Que ja puisse estre hons asseür
/b/   De li tenir par nulle painne
Ne plus que s'il tenoit en Sainne
Une anguille par mi la queue,
9910   Qu'il n'a pooir qu'el ne s'esqueue

9875. *voit* : subj. prés. 3 de *aler*.
9879. *veus* : « vœux ».
9885. (ms : *Et quant*) : c'est ce que doit prétendre le mari, cf. 9894.
9897. (ms : *fame*).
9898. (ms : *sa grace*).
9900-9902. « Qui peut facilement changer, si l'on ne voulait pas faire avec empressement tout ce qu'elles désirent. »

Si que tantost est eschapee,
Ja si fort ne l'avra hapee.
N'est dont bien privee tel beste
Qui de foïr est toute preste;
9915 Tant est de diverse muance
Que nulz n'i doit avoir fiance.
　　Ce ne diz je pas por les bonnes,
Qui sor vertus fondent lor bonnes,
Dont encor n'ai nulles trovees
9920 Tant les aie bien esprouvees.
[Neis Salemon n'en pot trover,
Tant les seüst bien esprover;]
Car il meïme bien aferme
C'onques n'en trova une ferme.
9925 Et se de querre vous penés,
Se la trovés, si la prenés,
Si averés fame a eslite
Qui sera vostre toute quite.
S'el n'a pooir de tant tracier
9930 Qu'el se puisse aillors porchacier,
[Ou s'el ne trueve requerant,
Tel fame a Chasteé se rent.]
Mes encor vueil un brief mot dire
Ains que je lesse ma matire.
9935 　　Briement de toutes les puceles,
Qu'eles que soient, ledes ou beles,
Dont il vuet les amors garder,
Iceli commant doit garder,
De cesti touz jors li soviengne,
9940 Et por mout precieus le tiengne,
/c/ Qu'il doint a toutes a entendre
Qu'il ne se puet vers eus deffendre,
Tant est esbahis et sorpris
[De lor biautés et de lor pris.]
9945 Car il n'est fame, tant soit bonne,
Vielle, mondainne, jone ou nonne,
Ne si religieuse dame,
Tant soit chaste de cors et d'ame,
Se l'en va sa biauté loant,
9950 Qui ne se delit en oant.
Tout soit elle lede clamee,
Jurt qu'ele est plus bele que fee,

9921. Ecclésiaste, VII, 29. Ici *neis* est monosyllabique.
9938. « Il doit observer ce commandement. »

Et le face seürement,
Que l'en croira legierement,
9955   Car chascune cuide de soi
Que tant ait biauté, bien le soi,
Que bien est digne d'estre amee
Tant soit lede, noire, ou fumee.
Ainsi a garder lor amies,
9960   Sanz reprendre de lor folies,
Doivent tuit estre diligent
Li biau valet, li preu, li gent.
    Fames n'ont cure de chasti,
Ains ont si lor engin basti
9965   Qu'il lor semble que n'ont mestier
D'estre aprises de lor mestier;
Ne nulz, s'il ne lor vuet desplaire,
Ne blame rienz que vuellent faire.
Si cum li chas set par nature
9970   La science de surgeüre,
Ne n'en puet estre destornés,
/d/   Qu'il est tous a ce sens tornés,
N'onques n'en fu mis a escole,
Aussi fait fame, tant est fole,
9975   Par son naturel jugement,
De quanqu'el fait outreement,
Soit bien ou mal, ou tort ou droit,
Ou de tout quanqu'ele vodroit;
El ne fait chose qu'el ne doie,
9980   Si het quicunques la chastoie;
N'el ne tient pas ce senz de mestre,
Ains l'a des lors qu'ele pot nestre,
Si n'en puet estre destornee,
Qu'el est o tel senz touz jors nee,
9985   Et qui chastier la vorroit,
Ja més de s'amor ne jorroit.
    Aussi, compains, de vostre rose,
Qui tant est precieuse chose
Que vous n'en prendriés nul avoir
9990   Se vous la poïés avoir,
Quant vous en serés en sesine,
Si cum esperance devine,
Et vostre joie avrés pleniere,
Si la gardés en tel maniere
9995   Cum l'en doit garder tel florete.

9989. « ... que vous ne la céderiez à aucun prix. »

Lors si jorrés de l'amorete
A qui nulle autre ne comper ;
Vous ne porriés trover son per,
Espoir, en quatorze cotés.
10000 — Certes, dis je, c'est verités,
Non ou monde, j'en sui seür,
/84/ Tant est et fu de bon eür. »
Ainsi Amis me conforta
En qui consel grant confort a,
10005 Et m'est avis, au mainz de fait,
Qu'il set plus que Raison ne fait.
Mes ainçois qu'il eüst finee
Sa raison, qui forment m'agree,
Douz Pensers, Douz Parlers revindrent
10010 Qui pres de moi des lors se tindrent,
Qui puis gaires ne me lesserent.
Mes Douz Regart pas n'amenerent.
Nes blamai pas quant lessié l'orent,
Car bien sai qu'amener nel porent.
10015 Congié pren et m'en vois atant.
Aussi cum touz seus esbatant
M'en alai contreval la pree
D'erbes, de flors enluminee,
Escoutant les douz oiselés
10020 Qi chantoient sonz novelés.
[Tous les biens au cuer me faisoient
Lor douz chans qui tant me plesoient.]
Mes d'une chose Amis me grieve,
Qu'il m'a commandé que j'eschieve
10025 Le chastel et que je m'en tour
Ne ne m'aille deduire entour :
Ne sai se tenir m'en porroie,
Car touz jors aler y vorroie.
Lors aprés cele departie,
10030 Eschivant la dextre partie,
Vers la fenestre m'achemin
Por querre le plus brief chemin.
Volentiers ce chemin querroie ;
/b/ Se le trovoie m'i ferroie
10035 De plain eslaiz, sanz contredit,

10001. (ms : *Non pas ou m.*).
10004. « dans le conseil duquel. »
10024. (ms : *qui*).
10034. (ms : *je m'i f.*).

Se plus fort nel me contredit,
Por Bel Acuel de prison traire,
Le franc, le douz, le debonnaire,
Des que je verré le chastel
10040 Plus foible qu'un razis gastel,
Et les portes seront ouvertes,
Ne nulz nel me deffendra, certes,
Et bien avré le dyable ou ventre
Se nel pren et se je n'i entre.
10045 Lors sera Bel Acuel delivres,
N'en prendroie cent mile livres,
Ce vouz puis de voir afficher,
S'en cel chemin me puis fichier.
Toute vois le chastel esloing,
10050 Mes ce ne fu pas de trop loing.
     Joute une clere fontenele,
Pensant a la rose novele,
En un biau leu trop delitable,
Dame plesant et honorable
10055 Et de cors plesant et de forme,
Vi ombroiant dessouz un orme,
Et son ami dejouste li.
Ne sai pas le non de celi,
.01 Mes li peres qui l'engendra
.02 L'a maintenue et maintendra
.03 Sanz prejudice de nul homme,
.04 Sanz tort faire as sages de Romme,
.05 Tant qu'il le face loiaument,
.06 Ne son ami n'en a point d'ire,
.07 Por chose qu'il en oie dire;
.08 Ne Jalousie en soi n'en entre.
.09 Li peres li ot mis ou ventre
.10 Un fil qu'el tint en son geron,
.11 De celi vous dirai le non :
.12 Li enfés avoit non Tresor
.13 Et du pere dirons des or
.14 Le non sanz aller plus tardant :
.15 Le pere ot non Aquier Gardant.
.16 De lor ator n'est pas parole
.17 Asses en dit en la quarole.
     [Mes] la dame avoit non Richesse,

10046. (ms : *je n'en prendroie*).
10058. Les vers suivants semblent l'interpolation d'un esprit aux
idées tortueuses tant en amour qu'en finance.

10060 Qui mout estoit de grant noblesse.
       D'un senteret gardoit l'entree,
       Mes el n'ert pas dedens entree.
       Des que les vi, vers eus m'enclin,
       Saluay les, le chief enclin,
10065 Et il assés tost mon salu
       M'ont rendu, mes poi m'a valu.
       Je lor demandai toute voie
       A Trop Donner la droite voie.
       Richesse, qui parla la premier,
10070 Me dist par parole mout fiere :
       « Vez ci le chemin, je le gart.
       — Ma dame, dis je, que Diex vous gart !
       Je vous suppli qu'il ne vous poise
       Que m'otroiés que par ci voise
10075 Au chatel de noviau fondé,
       Que Jalousie a la fondé.

/d/   — Vassaus, ce ne sera pas ores,
       De rienz ne vous connois encores.
       Nous n'estes pas bien arivés,
10080 Puis que de moy n'estes privés.
       Non pas, espoir, jusqu'a sis anz
       Ne serez vous par moi mis enz.
       Nulz n'i entre s'il n'est des mienz,
       Tant soit de Paris ne d'Amiens.
10085 Bien y lays mes amis aler,
       Quaroler, dancier et baler,
       S'i ont un poi de plesant vie,
       Dont nulz sages hons n'a envie.
       La sont servi d'envoiseries,
10090 De treches et de baleries,
       [Et de tabors et de vïeles,
       Et de rostruenges noveles,]
       De geus de dez, d'eschaz, de tables,
       Et d'autres geuz mout delitables.
10095 La sont valet et damoiseles
       Conjoint par vielles maquereles,
       Cerchanz prés et jardinz et gaus,
       Plus envoisié que papegaus ;
       Puis revont entr'eus as estuves
10100 Et se baignent ensemble en cuves
       Qu'il ont en chambres toutes prestes,
       Biau chapelés de flors en testes,
       Dedenz l'ostel Fole Largesse
       Qui si les apovroie et blece

10105	Que puis pueent envis garir;
	Tant lor set chier vendre et merir
	Son servise et son ostelage
	Et em prent si cruel paage,
/84/	Ains que tout le li puissent rendre
10110	Il lor convient lor terre vendre.
	Je les convoie a mout grant joie
	Et Povreté les raconvoie,
	Froide, tramblant, tretoute nue.
	J'ai l'entree, et elle l'issue.
10115	Ja puis d'euz ne m'entremetré,
	Tant soient sage ne lettré;
	Lors si pueent aler bilier,
	Qu'il sont au darrenier milier.
	Je ne dis pas, se tant fesoient
10120	Que puis vers moi se rapesoient
	(Mes fors chose a faire seroit),
	Toutes les foiz qu'il lor pleroit,
	Je ne seroie ja si lasse
	Qu'encor ne les i remenasse.
10125	Mes sachiés que puis se repentent
	En la fin cil qui plus y entent,
	[N'il ne m'osent veoir de honte.
	Par poi que chascun ne s'afronte,
	Tant se corroucent, tant s'engoissent;
10130	Si les lais por ce qu'il me lessent.]
	Et si vous di bien sanz mentir
	Que tart viennent au repentir,
	Se vous ja les piés i metés.
	Nulz ours, quant il est bien betés,
10135	N'est si chetis ne si halés
	Cum serés se vous y alés.
	Se Povreté vous puet baillier,
	El vous fera de fain baaillier
	Sus un poi de chaume ou de fain,
10140	Qu'el vous fera morir de Fain,
	Qui fu jadis sa chambriere,
	Que la servi de tel maniere;
/b/	Et Povreté, par son servise,
	[Dont] Fain est ardans et esprise,

10110. H : *qu'il* ; notre ms supprime la subordination.
10122. (ms : *qui lor*).
10126. (ms : *entrent*); *entent* : « hantent ».
10143. H : *que Povreté* ; notre ms supprime encore la subordination.
10144. (ms : *De Fain*).

10145	Li enseigna toute malice
	Et la fist mestresse et norrice
	Larrecin, le valeton let.
	Ceste l'aleta de son let,
	N'ot autre boulie a li pestre.
10150	Et se savoir voulés son estre,
	Qui n'est ne souplez ne terreus,
	Ains demore en un champ perreus
	Ou ne croist blé, boisson ne broce,
	Cis chanz est en la fin d'Escoce,
10155	Si frois que por neant fust marbres.
	Fain, qui ne vuet ne blé ne arbres,
	Les erbes en errache pures,
	A trenchans ongles, as dens dures,
	Mes mout les trueve clere nees
10160	Por les pierres espés semees.
	Et se la vouloie descrivre,
	Tost em porroie estre delivre.
	Longue est et maigre et lasse et vainne,
	Grant souffraite a de pain d'avainne;
10165	Les cheveus a touz hericiés,
	Les yex crues en parfont gliciés,
	Vis pale, bauleuvres sechiés,
	Joes de ruïlle entechies;
	Par sa pel dure, qui vorroit,
10170	Les entrailles veoir porroit.
	Les os par les ylliers li saillent,
	Ou trestoutes humors defaillent,
/c/	N'el n'a, ce semble, point de ventre
	Fors le leu, qui si parfont entre
10175	Que tout le piz a la meschine
	Pent a la coe de l'eschine.
	Ses dois li a creüs maigresse,
	Des genous li pert la rondesse;
	Talonz a haus, agus, parans;
10180	Il pert que n'ait point de chair ens,
	Tant la tient maigrece compresse.
	La plenteüreuse deesse,
	Cerés, qui fait les bles venir,
	Ne set la le chemin tenir;
(10185)	[Ne cil qui ses Dragons avoie,

10154. Pour Ovide, c'est la Scythie qui est le pays de la faim.
10157. (ms : *errage*).
10165. *crues* : « creux »; ne pas confondre avec *crueus*, « cruels ».

Tritolemus, n'i set la voie.
Destinees les en esloingnent,
Qui n'ont cure que s'entrejoingnent
La deesse planteüreuse
(10190) Et Fain, la lasse dolereuse.]
Et assés tost la vous menra
Povreté, quant el vous tenra,
Se cele part aler volés
Por estre oiseus si cum solés,
10195 Car a Povreté toute voie
Torne l'en bien par autre voie
Que par cele que je ci garde,
Car par vie oiseuse et fetarde
Puet l'en a Povreté venir.
10200 Et s'il vouz plesoit a tenir
Cele voie que j'ai ci dite,
Vers Povreté lasse et despite
Por le fort chatel assaillir,
Bien porrés au prendre faillir.
10205 Mes de Fain cuide estre certainne
Que vous iert voisine prochainne,
Car Povreté set le chemin
Mies par cuer que par parchemin.
/d/ Mes sachiés que Fain la chetive
10210 Est encore si ententive
Envers la dame et si cortoise
(Si ne l'aime pas tant ne proise,
S'est elle par li soutenue,
Combien qu'ele soit megre et nue)
10215 Que la vient toute jor veoir
Et se vait avec li seoir
Et la tient au bec et la baise
Par desconfort et par mesaise.
Puis prent Larrecin par l'oreille
10220 Quant le voit dormir et l'esveille,
Et par destresse a lui s'encline,
Si le conseille et endoctrine
Comment il les doit procurer
Cum bien qu'il lor doie durer.
10225 Et Cuer Failli a li s'acorde,
Qui songe toute foiz la corde
Qui li fait hericier et tendre

10200. (ms : *Et si*).
10215. Consécutive dépendant de *si ententive* et *si cortoise*.

Tout le poil qu'il ne voie pendre
Larrecin son filz, le tremblant,
10230 Se l'en le puet trover emblant.
Mes ja par ci n'i enterrés,
Aillors vostre chemin querrés,
Car ne m'avés pas tant servie
Que m'amor aiés deservie.
10235 — Dame, par Dieu, se je peüsse,
Volentiers vostre gré eüsse;
Des lors que ou sentier entrasse,
Bel Acuel de prison getasse,
/86/ Qui leens est emprisonnés.
10240 Ce don, s'il vous plest, me donnés.
— Bien vous ai, dist elle, entendu,
Et sai que n'avés pas vendu
Tout vostre bois, gros et menu;
Un fol en avés retenu,
10245 Et sanz fol ne puet nulz hons vivre
Tant cum il vueille Amor ensivre,
Si cuident il estre mout sage
Tant cum il vivent en tel rage.
[Vivent ? certes non font, ainz meurent
10250 Tant con en tel torment demeurent,] (H)
L'en ne doit pas appeller vie
Tel rage ne tel desverie.
Bien le vous sot Raison noter,
Mes ne vous pot desassoter.
10255 Sachiés, quant vous ne la creütes,
Mout cruelment vous deceütes,
Voire, ains que Raisons y venist,
N'estoit il riens qui vous tenist
N'onques puis riens ne me prisastes
10260 Des lors que par amors amastes;
Amant ne me vuelent prisier,
Ains s'enforcent de despisier
Mes biens quant je les lor depart,
Et les getent de l'autre part.
10265 Ou dÿables porroit l'en prendre
Ce qu'uns amans vodroit despendre ?
Fuiés de ci, lessiés m'ester. »
Je qui n'i puis rienz conquester,

10228. (ms : *voise*) : « de peur qu'il ne voie pendre » ; cf. 9540-9560.
10244. Il y avait un jeu de mots sur *fou*, *fol* et *fou*, *fau* : « hêtre ».
10263. (ms : *les* omis).

Dolens m'en parti sanz demeure,
La bele o son ami demeure,
/b/   Qui bien ert vestus et parés.
Pensis m'en vois touz esgarés
Dans le jardin delicieus
Qui tant ert biaus et precieus
10275   Cum vous avés devant oï.
Mes de ce mout poi m'esjoï,
Aillors avoie mon pensé.
En touz temps, en touz leus pensé
En quel maniere sanz faintise
10280   Je feroie miex mon servise,
Car mout volentiers le feïsse
Si que de rienz n'i mespreïsse;
Car n'en creüst de rienz mon pris,
Se de rienz eüsse mespris.
10285   Mout se tint mon cuer et veilla
En ce qu'Amis me conseilla.
Male Bouche adés honoroie
En touz les leus ou le trovoie,
De touz mes autres anemis
10290   Honorer forment m'entremis
[Et de mon pooir les servi.
Ne sai se lor gré deservi,]
Mes trop me tenoie por pris
Dont je n'osoie le propris
10295   Aprochier si cum je souloie,
Et touz jors aler y vouloie.
[Si fis ainsinc ma penitence
Lonc tens en tele conscience,]
Et sachiés que touz jors faisoie
10300   Une chose et autre pensoie.
[Ausinc m'entencion double ai,
N'onc mes nul jor ne la doublai.]
Traïson me convint tracier,
Por ma besoigne porchacier;
10305   Onques traïtres n'avoie esté,
Encor ne m'en a nulz resté.
/c/   Quant Amors m'ot bien esprouvé
Et vit qu'il m'ot loial trouvé,
De tel loiauté toute voie
10310   Comme vers li porter devoie,
Si s'aparust et sor mon chief,
En sorriant de mon meschief,
Me mist sa main et demanda

Se j'ai fait ce qu'il commanda,
10315 Comment il m'est et qu'il me semble
De la rose qui mon cuer m'emble.
Si savoit il bien tout mon fait;
Car Diex sait bien quanque honz fait.
« Sont fait, dist il, tuit mi commant
10320 Que je as fins amans commant,
Qu'aillors ne les vuel departir,
N'il n'en doivent ja departir ?
— Sire, sachiés que fais les ai
Au plus loiaument que je sai.
10325 — Voire, mes trop par est muable
Ton cuer, et si n'est pas estable,
Ains est malement plainz de doute,
Bien en sai la verité toute.
/d/   L'autre jor laissier me vosis,
10330 Par poi que tu ne me tosis
Mon hommage et feïs d'Oiseuse
Et de moi plainte dolereuse,
Et si disoies d'esperance
Que n'est pas certainne science,
10335 Et por fol neïs te tenoies
Dont a mon service venoies,
Et t'acordoies a Raison.
N'estoies tu bien mavez hon ?
— Sire, merci! Confés en fui,
10340 Si savés que pas ne m'en fui,
Et fis mon lés, bien m'en sovient,
Si comme faire le convient
A ceus qui sont en vostre hommage.
Ne m'en tinz pas sanz faille a sage,
10345 Ains m'en reprist mout malement
Et me sermonna longuement,
Et bien cuida par son preschier
Vostre chier servise empeschier
Raison, quant a moy fu venue;
10350 Si ne l'en ai je pas creüe,
Tant i seüst metre s'entente;
Mes, sanz faile, que je ne mente,
Douter m'en fist, plus n'i a ; mes
10355 Raison ne m'esmovra jamés
De chose qui contre vous aille
Ne contre autre, qui gaires vaille,

10342. On lit nettement *convient*.

Se Dieu plaist, quoi qu'il m'en aviegne,
Tant cum mon cuer a vous se tiegne,
/87/ Qui bien s'i tendra, ce sachiés,
10360 S'il ne m'est du cors errachiés.
Forment neïz mau gré m'en sai
[De tant qu'onques le me pensai,]
Quant audience li donnai;
[Si pri qu'il me soit pardonné,
(10365) Car je, por ma vie amender,
Si cum vous plest a commander,]
Or vuel, sanz plus Raison ensivre,
En vostre loi morir et vivre.
[N'est riens qui de mon cuer l'efface,
10370 Ne ja por chose que je face,]
Atropos morir ne me doigne
Fors en fesant vostre besoigne,
Ainçois me prengne dedens l'euvre
Dont Venus plus volentiers euvre,
10375 Car nus n'a, de ce ne dout point,
Tant de delit cum en ce point;
Et ceus qui plorer en devront,
Quant ensi mort me troveront,
Puissent dire : « Biaus douz amis,
10380 Tu qui es en ce point la mis,
Or est il voirs, sanz nulle fable,
Bien est ceste mort convenable
A la vie que tu menoies,
Quant l'ame avec ce cors tenoies.
10385 — Par mon chief, or dis tu que sage.
Or voi je bien que mon hommage
Est en toi mout bien amploiés.
Tu n'es pas uns faus renoiés,
Des larrons qui le me renoient
10390 Quant il ont fait ce qu'il queroient.
Mout est enterinz tes corages;
Ta nef vendra, quant si bien nages,
A bon port, et je te pardon
Plus par priere que par don
10395/b/ Car je ne vueil argent ne or.
Mes, en leu de *Confiteor*,
Vueil, ains que tu vers moi t'acordes,
Que touz mes commans me recordes,
[Car dis en tendra cist rommans,
10400 Entre deffenses et commans;]
Et se bien retenus les as,

Tu n'as pas geté ambesas.
    Di les. — Volentiers. Vilonnie
Doi foïr; et que ne mesdie;
10405   Salus doi touz donner et rendre;
A dire ordure ne doi tendre;
Et toutes fames honorer
M'estuet en touz tens laborer;
Orgoil foïr; cointes me tiengne;
10410   Jolis et renvoisiés deviengne;
A larges estre m'abandoingne;
En un seul leu tout mon cuer doingne.
    — Par foi, tu ses bien ta leçon,
Je n'en sui pas en soupeçon.
10415   Comment t'est il ? — A dolor vif,
Pres que je n'é pas le cuer vif.
    — N'as tu mes trois confors ? — Nenin,
Douz Regars faut, qui le venin
Me suet oster de ma dolor
10420   Par sa [tres] doucereuse odor.
Touz trois s'en foïrent, mes d'euz
Me sont arriere venu deus.
    — N'as tu Esperance ? — Oïl, sire.
Cele ne me lait desconfire,
10425   [Car lonc tens est aprés tenue
Esperance une fois creüe.]
    — Bel Acuel, qu'est il devenus ?
    — Il est en prison detenus,
/c/   Li frans, li dous, que tant amoie.
10430   — Or ne t'en chaut et ne t'esmoie,
Encor l'avras plus, par mes iex,
A ton voloir que tu ne sieus.
Des que tu me sers loiaument,
Mes genz vuel mander erramment
10435   Por le fort chatel assegier.
Li baron sont fort et legier;
Ains que nous partons mes du siege,
Iert Bel Acuel mis fors de piege. »
    Li diex d'Amos, sans terme metre
10440   De leu ne de temps ne de lettre,
Toute sa baronnie mande;
As unz prie et as autres commande
Qu'il viengnent a son parlement.

10420. H : *ouleur : olor*, « parfum ».
10440. H : *en sa lettre.*

Tuit sont venu sans contrement,
10445   Prest d'acomplir ce qu'il vorra
Selonc ce que chascunz porra.
Briement les nommeré sans ordre
Por plus tost a ma rime mordre.
    Dame Oiseuse, la jardiniere,
10450   Y vint o la plus grant baniere,
Noblece de cuer et Richece,
Franchise, Pitié et Largece,
Hardement, Honor, Cortoisie,
Delit, Simplece, Compaignie,
10455   Seürté, Deduit et Leesce,
Joliveté, Biauté, Jonesce,
Humilité et Pacience,
Bien Celer, Contrainte Abstinence,
/d/   Qui Fausemblant o li amene,
10460   Sanz celi venist elle a pene.
Ceus i sont o toute lor gent;
Chascuns avoit mout le cuer gent,
Ne mais Abstinence Contrainte
Et Fausemblant a chiere fainte :
10465   Quelque semblant que dehors facent,
Barat en lor pensee embracent.
    Barat engendra Fausemblant,
Qui va les cuers des genz emblant;
Sa mere ot non Ypocrisie,
10470   La larronnesse, la honnie.
Ceste l'aleta et norri,
L'orde ypocrite au cuer porri,
Qui traïst mainte region
Par habit de religion.
10475   Quant li diex d'Amors l'a veü,
Tout le cuer en ot esmeü.
« Qu'est ce, dist il, ai je songié ?
Di, Fausemblant, par cui congié
Venis tu ci en ma presence ? »
10480   Atant saut Contrainte Abstinence,
Et prist Fausemblant par la main :
« Sire, dist elle, o moi l'amain,
Si vous pri que ne vous desplese.
Maint honor m'a fait, et maint ese;
10485   Il me soutient et me conforte.

10447. (ms : *par ordre*).
10448. « Pour trouver plus facilement mes rimes. »

Se il ne fust, je fusse morte,
Si m'en deveriés mainz blamer.
Tout ne vueille il les genz amer,
/88/   S'a il mestier qu'il soit amés,
10490   Et prodons et sainz hons clamés.
Mon ami est, et je s'amie,
Si vient o moi par compaignie.
— Or soit », dist il. Adonc parole
A touz une brieve parole :
10495   « Por Jalousie desconfire,
Qui nos amans met a martire,
Vouz ai, dist il, ci fait venir,
Qui contre moi bee a tenir
Ce fort chastel qu'ele a drecié,
10500   Dont j'ai forment le cuer blecié.
Tant l'a fait fierement horder,
Mout y convendra bohorder
Ains que de nous puist estre pris.
[Si sui dolent et entrepris]
10505   Por Bel Acuel qu'elle y a mis,
Qui tant avançoit nos amis.
S'il n'en ist, je sui malbaillis,
Puis que Tibulus m'est faillis,
Q ̈ connoissoit si bien mes teches,
10510   Por qui mort je brisai mes fleches,
Cassai mes ars, et mes cuiries
[Traïnai toutes desciries;]
/b/   Tant en oi d'angoisses et teles
Qu'a son tombel mes lasses d'eles
10515   Despenai toutes desrompues,
Tant les ai de duel debatues;
Por qui mort ma mere plora
Tant que pres que ne s'acora.
N'est nulz cui pitié n'en preïst
10520   Qui por lui plorer nous veïst;
En nos plors n'avoit frains ne brides.
Gaulus, Catullus et Ovides,
Qui bien sorent d'amors traitier,
Nous eüssent ore bien mestier;
10525   Mes chascuns d'euz gist mors porris.

10502. (ms : *que mout*).
10508. (ms : *Tribulus*) : Tibulle, poète élégiaque, ami d'Ovide.
10522. (ms : *Cacillus*). Gallus et Catulle sont cités par Ovide dans
le poème des *Amours*, consacré à la mort de Tibulle.

Ves ci Guillaume de Lorris
Cui Jalousie, sa contraire,
Fait tant d'angoisse et de mal traire
Qu'il est en peril de morir,
10530 Se ne pensons du secorir.
Cis me conseillast volentiers
Cum cis qui miens est touz entiers,
Et droit fust, car por li meïmes
En ceste pene nous meïmes
10535 De touz nos barons assembler
Por Bel Acuel todre et embler;
Mes il n'est pas, ce dist, si sages;
Si seroit ce mout grant domages
Se li loial serjant perdoie,
10540 Cum secorre le puisse et doie,
Qu'il m'a si loiaument servi
Que bien a vers moi deservi
/c/ Que je saille et que je m'atour
De rompre les murs et la tour
10545 Et du fort chatel asseoir
A tout quanque j'ai de pooir.
Et plus encor me doit servir
Por ma grace miex deservir;
Si a commencié ce romans
10550 Ou seront mis touz mes commans,
Et jusques la le finera
Ou il a Bel Acuel dira,
Qui languist ores en prison,
A dolor et sanz mesprison;
10555 « Mout sui durement esmaiés
Que entroblié ne m'aiés,
Si en ai duel et desconfort,
Jamés n'iert riens qui me confort
Se je pers vostre bien voillance,
10560 Car je n'ai mes aillors fiance. »
Ci se reposera Guillaume,
Le qui tombel soit plain de baume,
D'encenz, de mirre et d'aloé,
Tant m'a servi, tant m'a loé.
10565 Puis vendra Jehan Clopinel,
Au cuer joli, au cors inel,

10540. (ms : *comme*).
10555-10560. cf. 4053-58.
10566. *le cors inel* : « le corps alerte »; cette devise est une réaction

Qui nestra sor Loire a Meün,
Qui a saoul et a geün
Me servira toute sa vie,
10570   Sanz avarice et sanz envie,
Et sera si tres sagez hon
Qu'il n'avra cure de Raison
/d/   Qui mes oignemenz het et blame,
Qui olent plus soëf que bame.
10575   Et s'il avient, comment qu'il aille,
Qu'il en aucune chose faille,
Car il n'est pas honz qui ne peche,
Touz jors a chascuns quelque teche,
Le cuer vers moi tant fin avra
10580   Que touz jors a moi retorra;
Quant en coupe se sentira,
Du forfet se repentira,
Il ne me vodra pas trichier.
Cis avra le romans si chier
10585   Qu'il le vodra tout parfenir,
Se temps et leus l'en puet venir,
Car quant Guillaume cessera,
Jehanz le continuera,
Aprés sa mort, que je ne mente,
10590   Ans trespassés plus de quarente,
Et dira por la mescheance,
Por poor de desesperance
Qu'il ait de Bel Acuel perdue
La bien veillance avant eüe :
10595/89/   « Et si l'ai je perdue, espoir,
A poi que ne me desespoir »,
Et toutes les autres paroles,
Qu'eles que soient, sages ou foles,
Jusqu'a tant qu'il avra coillie
10600   Sus la branche vert et foillie
La tres bele rose vermeille
Et qu'il soit jors et qu'il s'esveille.
Puis vodra si la chose espondre
Que rienz ne s'i porra repondre.
10605   Se cil conseil metre i peüssent,
Tantost consillié m'en eüssent;
Mes par cesti ne puet or estre,
Ne par celi qui est a nestre,

contre le surnom de Clopinel. Ainsi Adam le Bossu se défendait d'être
bossu.

Car il n'est mie ci presens.
10610 Et la chose rest si pesens
Que certes, quant il sera nés,
Se je n'i vienz touz empenés
Por lire li nostre sentence
Si tost cum il istra d'enfence,
10615 Ce vouz os jurer et plevir
Qu'il n'en porroit jamés chevir.
    Et por ce que bien porroit estre
Que cis Jehanz, qui est a nestre,
Seroit, espoir, empeeschiés,
10620 Si seroit ce duel et pechiés,
Et domage as amoreus,
Car il fera granz biens por eus,
Pri je Lucina, la deesse
D'enfantement, qu'el doint qu'il nesse
10625/b/ Sanz mal et sanz encombrement
Et qu'il puist vivre longuement;
Et quant aprés a ce vendra
Que Jupiter vif le tendra
Et qu'il devra estre abevrés,
10630 Des ains neïz qu'il soit sevrés,
Des tonneaus qu'il a touz jors dobles,
Dont l'un est cler et l'autre trobles,
Li uns est douz et l'autre amer
Plus que n'est suie ne la mer,
10635 Et qu'il ou bersuel sera mis,
Por qu'il sera tant mes amis
Je l'afubleré de mes eles
Et li chanterai notes teles
Que puis qu'il sera hors d'enfance,
10640 Endoctrinés de ma sciance,
Il fleütera mes paroles
Par quarrefors et par escoles
Selonc le langage de France,
Par tout le regne, en audiance,
10645 Que jamés cil qui les orront
Des dous maus d'amer ne morront,
Por qu'il le croient sainnement;
Car tant en lira proprement
Que tretuit cil qui ont a vivre
10650 Devroient appeler ce livre
Le *Miroër as amoreus*,

10645. proposition consécutive.

Tant i verront de bienz por eus,
Mes que Raison n'i soit creüe,
La chetive, la recreüe.

10655/c/ Por ce me vuel ci consillier
Car tuit estes mi consillier;
Si vous cri merci jointes paumes
Que cis laz dolereus Guillaumes,
Qui s'est si bien vers moi portés,

10660 Soit secorus et confortés.
Et se por li ne vous prioie,
Certes prier vous en devroie
Au mainz por Jehan alegier,
Qu'il escrive plus de ligier,

10665 Que cest avantage li faites
(Car il nestra, j'en sui prophetes),
Et por les autres qui vendront,
Qui devotement entendront
A mes commandemens ensivre

10670 Qu'il troveront escript ou livre,
Si qu'il puissent de Jalousie
Sormonter l'orgoil et l'envie
Et touz les chatiaus depecier
Qu'ele osera jamais drecier.

10675 Consilliés moi, quel la ferons ?
Comment nostre ost ordenerons ?
Par quel part miex lor porrons nuire
Por plus tost le chastel destruire ? »
Ensi Amors a eus parole,

10680 Tuit retindront bien la parole.
Quant il ot sa raison fenie,
Conseilla soi la baronnie.
En plusors sentences se mistrent,
Divers diverses choses distrent;

10685/d/ Tuit a un acort s'acorderent,
Au dieu d'Amors le recorderent :
« Sire, font il, acordé sommes
Par l'acort de tretouz nos hommes,
Fors de Richesse seulement,

10690 Qui a juré son serement
Que ja ce chastel n'asserra
Ne ja, ce dist, cop n'i ferra
De dar, de lance ne de hache
Por homme qui parler en sache,

10695 Ne de nulle autre arme qui soit;
Et nostre emprise despisoit,

E s'est de nostre ost departie,
Au mainz quant a ceste partie,
Tant a ce valet en despit;
10700 Et por ce le blame et despit
C'onques, ce dist, cis ne l'ot chiere,
Por ce li fet elle tel chiere;
Si le het et hara des or
Puis qu'il ne vuet faire tresor,
10705 Onc ne li fist autre forfait.
Vez ci quan qu'il li a forfait :
Bien dist, sanz faille, qu'avant yer
La requist d'entrer ou sentier
Qui Trop Donner est appellez,
10710 Et la flatoit iluec delez,
Mes povres ert quant la pria,
Por ce l'entree li vea;
N'encor n'a pas puis tant ovré
Que un denier ait recouvré
10715/90/ Qui quites demorés li soit,
Si cum Richece le disoit.
Et quant nous ot ce recordé
Sanz li nous sommes acordé.
Si trovons en vostre acordance
10720 Que Fausemblant et Abstinance
Avec touz ceus de lor baniere
Assaudront la porte derriere
Que Male Bouche tient en garde
O ses Normans, que mal feus arde!
10725 O eus Cortoisie et Largesse
Qui la moustreront lor proesse
Contre la Vielle qui mestrie
Bel Acuel par dure mestrie.
    Aprés Delit et Bien Celer,
10730 Iront por Honte escerveler,
Sor li lor ost assembleront
Et cele porte assiegeront.
Contre Poor ont ahurté
Hardement avec Seürté;
10735 La seront o toute lor suite
Qui ne sot onques riens de fuite.
Franchise et Pitié s'offerront
Contre Dangier et l'asserront.
Dont est l'ost ordenee assés;

10737. s'offerront : futur 6 de s'offrir, « se présenter ».

10740 Par ceus iert li chastiaus cassés,
Se chascuns i met bien s'entente,
Por quoi Venus i soit presente,
Vostre mere, qui mout est sage,
Et set assés de tel usage;
10745/b/ Ne sanz li n'iert il ja parfait
Ne par parole, ne par fait;
Si fust bon que l'en la mandast,
Car la besoigne en amendast.
— Seignor, ma mere la deesse,
10750 Qui ma dame est et ma mestresse,
N'est pas du tout a mon desir,
Ne fait pas quanque je desir,
Si set elle mout bien acorre,
Quant il li plait, por moi secorre
10755 A mes besoignes achever.
Mes ne la vuel or pas grever;
[Ma mere est, si la crieng d'enfance,
Je li port mout grant reverence,
Qu'enfes qui ne crient pere et mere
10760 Ne puet estre qu'il nel compere.]
Et non porquant bien la savron
Mander quant mestier en avron.
[S'el fust si pres, tost i venist,
Que riens, ce croi, ne la tenist.]
10765 Ma mere est de mout grant proesse,
Elle a pris mainte forteresse
Qui coustoit plus de mil besens,
Ou je ne fuisse ja presens,
Et si le me metoit l'en seure;
10770 Mes je n'i entrasse nulle eure,
Ne ne me plut onques tel prise
De forteresse sanz moi prise,
Car il me semble, quoi qu'on die,
Que ce n'est fors marcheandie.
10775 Qui achete un destrier cent livres,
Paie les, il en iert delivres;
Ne doit plus riens au marcheant,
Ne cis ne l'en redoit neant.
Je n'apele pas vente don;
10780 Vente ne doit nul guerredon,
/c/ N'i affiert graces ne merites,
L'un de l'autre se part touz quites.
Si n'est ce pas vente semblable,
Car quant cis a mis en l'estable

10785   Son destrier, il le puet revendre
           Et chatel ou gaaing reprendre ;
           Au mains ne puet il pas tout perdre ;
           S'il se devoit au cuir aerdre,
           Li cuirs au mains li demorroit,
10790   Dont quelque chose avoir porroit ;
           Ou s'il a si le cheval chier
           Qu'il le gart por son chevauchier,
           Il est touz jors du cheval sire.
           Mes trop par est le marchié pire
10795   Dont Venus se vuet entremetre,
           Car nus n'i savra ja tant metre
           Qu'il ne perde tout le chaté
           Et tout quan qu'il a achaté.
           L'avoir, le pris a le vendierre
10800   Si que tout pert li achetierre,
           Qui ja tant n'i metra d'avoir
           Qu'il en puist seignorie avoir
           Ne que ja le puisse empeeschier,
           Ne por donner, ne por preschier,
10805   Que maugré sien autant n'en ait
           Uns estrange, s'il y venoit,
           Por donner tant, ou plus, ou mainz
           Fust Bretons, Englois ou Romainz,
           Voire, espoir, tretout por noiant,
10810   [Tant puet il aler fabloiant.]
           Sont dont sage tel marcheant ?
           [Mes fol, chetif et mescheant,]
/d/   Quant chose a escient achetent
           Ou tout perdent quan qu'il y metent,
10815   Ne si ne lor puet demorer,
           Ja tant n'i savront laborer.
           Ne porquant, je ne vuel noier,
           Ma mere ne vuet rienz poier ;
           N'est pas si fole ne si nice
10820   Que s'entremete de tel vice ;
           Mes sachiés bien que tex la paie
           Qui puis se repent de la paie,
           Quant Povreté l'a en destrece,
           Tout fust il desciple Richece,
10825   Qui mout est por moi en esveil,
           Quant elle vuet ce que je vueil.

10786. *chatel* comme *chaté* (v. 10797) : « capital » ; *gaaing* : « béné-
fice ».

Mes par sainte Venus, ma mere,
Et par Saturnus, son viel pere,
Qui ja l'engendra jone touse,
10830   Mes non pas de sa fame espouse,
Encore vous vueil je plus jurer,
Por miex la chose asseürer,
Par la foi que doi touz mes freres
Dont nulz ne set nommer les peres,
10835   Tant sont divers, tant en y a,
Que touz ma mere a soi lia;
Encor vous en jur et tesmoing
La palu d'enfer a tesmoing,
Or ne boivé je de piment
10840   Devant un an se je ci ment
(Car des diex savez la coustume :
Qui a parjurer s'acoustume
/91/   N'en boit jusque l'an soit passés)!
Or en ai je juré assés,
10845   Mal baillis sui se m'en parjur,
Mes ja ne m'en verrés parjur;
Puis que Richece ci me faut,
Chier li cuit vendre ce defaut;
El comparra, s'ele ne s'arme
10850   Ou d'espee ou de guisarme;
Et des puis qu'el n'ot mon huchier,
Des puis qu'el sot que trebuchier
La forteresse et la tour dui,
Mal vit ajorner ce jor d'ui.
10855   Se je puis Richece baillier,
Vous la me verrés si taillier
Que tant n'avra ja mars ne livre
Qu'ele n'en soit tantost delivre.
Voler ferai touz ses deniers,
10860   Ja tant n'en avra en greniers;
Si la plumeront nos puceles
Que li faudra plumes noveles,
Et la metront a terre vendre
S'el ne [se] set mout bien deffendre.
10865   Li povre ont fait de moi lor mestre;
Tout ne m'aient il de quoi pestre;
Ne les ai je pas en depit

10831. (ms : *conter*).
10838. le Styx, sur lequel les dieux prêtaient serment.
10855. H : *riche homme*, avec le masculin jusqu'au vers 10864.

              (N'est pas prodonz qui les despit),
              Mes richesse, l'enfrune, la gloute,
10870   Qui les vitoie, chasse et deboute.
              Miex aiment que ne font li riche,
              Li aver, li tenant, li chiche.
              [Et sunt, foi que doi mon aial,
              Plus serviable et plus laial.]
10875/b/   Si me souffist a grant plenté
              Lor bon cuer et lor volenté.
              Mis ont en moi tout lor penser,
              A force m'estuet d'eus penser,
              Touz les meïsse a grant hautesse
10880   Se je fusse diex de richesse
              Aussi cum je sui diex d'amors,
              Tel pitié me font lor clamors.
              Si convient que cesti secore
              Qui tant en moi servir labore.
10885   Car se il des ses maus moroit,
              N'apert qu'en moi point d'amor oit.
                  — Sire, font il, c'est verités
              Tretout quan que vous recités.
              Bien est le serement tenable,
10890   Et fins et bonz et convenable,
              Que fait avés des riches hommes.
              Ensi sera, certain en sommes,
              [Se riches homs vous font hommage,
              Il ne feront mie que sage,]
10895   Ne ja ne vouz en parjurrés,
              Ja la pene n'en endurrés
              Que piment en lessiés a boivre.
              Dames lor broieront tel poivre,
              S'il pueent en lor laz cheoir,
10900   Que lor en devra mescheoir;
              Dames si cortoises seront
              Que bien nous en aquiteront,
              Ja n'i querront autres viquoires,
              Car tant de blanches et de noires
10905   Lor diront, ne vous esmaiés,
              Que vous en tendrés a paiés.
/c/   Ja ne vous en mellés sor eles;
              Tant lor conteront de noveles

10874. *laial* : « loyaux ».
10898. (ms : *proieront* : « pilleront »); mais broyer du poivre c'est
« susciter des ennuis ».

[Et tant lor movront de requestes
10910 Par flateries deshonnestes,]
Et lor donront si granz colees
De baiseries et d'acolees,
S'il les croient, certainnement
Ne lor demorra tenement
10915 Qui ne vuelle le meuble ensivre
Dont il seront primes delivre.
Or commandés quanque vodrois,
Nouz le feront, soit tors, soit drois.
       Mes Fausemblant de ceste chose
10920 Por vous entremetre ne s'ose,
Car il dist que vous le haés,
Ne set se honir le baés.
Si vous prions tretuit, biau sire,
Que vous li pardonnés vostre ire
10925 Et soit de vostre baronnie
Avec Abstinence, s'amie;
C'est nostre acort, c'est nostre otroi.
— Par foi, dist Amors, je l'otroi,
Des or vuel qu'il soit de ma cort.
10930 Ça viengne avant! » et cis acort.
       « Fausemblant, par tel convenant
Seras a moi d'or en avant
Que touz nos amis aideras
Et que ja nul n'en greveras,
10935 Ains penseras d'eus eslever;
Et de nos anemis grever
Tiens soit li pooirs et li baus.
Tu seras rois de mes ribaus,
/d/   Ensi le vuet nostre chapitre.
10940 Sanz faille, tu es mal traïtre
Et lerres trop desmesurés;
Cent mile fois t'ies parjurés;
Mes toute vois en audiance,
Por nos genz oster de doutance,
10945 Commanz je que tu lors ensaignes,
Au mains par generaus ensaignes,
En quel leu miex te troveroient,
Se du trover mestier avoient,
Et comment l'en te connoistra,
10950 Car grant sens en toi connoistre a.

10914. (ms : *Il ne lor*).
10922. H : *s'a honir*.

Di nous en quel leu tu converses.
— Sire, j'ai mansions diverses,
Que ja ne vous quier reciter,
S'il vous plest a moi respiter;
10955 Car se le voir vous en raconte
Avoir i puis domage et honte.
Se mi compaignon le savoient,
Certainnement il m'en haroient
Et m'en procurroient anui,
10960 Se onc lor cruauté connui,
Car il vuelent en touz leuz taire
Verité qui lor est contraire,
Ja ne la querroient oïr.
Tost em porroient mal joïr
10965 Se je disoie d'eus parole
Qui ne lor fust plesanz et mole,
Car la parole qui les point
Ne lor pot onques plere point,
/92/ Se c'estoit neïs evangile
10970 Qui les repreïst de lor guile,
Car trop sont cruel malement.
Si sai je bien certainnement,
Se je vous en di nulle chose,
Ja si bien n'iert en vous enclose
10975 Qu'il nou sachent combien qu'il tarde.
Des prodes hommes n'ai je garde,
Car ja sor euz riens n'en prendront
Prodomme, quant il m'entendront;
Mes cis qui sor soi le prendra
10980 Por soupessonneus se tendra
Qu'il ne vuelle mener la vie
De Barat et d'Ypocrisie
Qui m'engendrerent et norrirent.
— Cum bonne engendreüre firent,
10985 Dist Amors, et mout profitable,
Qu'il engendrerent le dÿable!
Mes toute voiz, comment qu'il aille,
Convient il, dist Amors, sanz faille
Que ci tes mansions nous nommes
10990 Tantost, oians tretouz nos hommes,
Et que ta vie nous esponnes;
N'est pas droit que plus la reponnes,
[Tout convient que tu nous descuevres
Comment tu sers et de quelz euvres,]
10995 Puis que ceens t'ies embatus,

Et se por voir dire ies batus,
Si n'en ies tu pas coustumiers,
Tu ne seras pas li premiers.

/b/
11000

— Sire, quant vous vient a plesir
Se j'en devoie mors gesir,
Je feré vostre volenté,
Car du fere grant talent é. »

11005

Fausemblant, qui plus n'i atent,
Commence son sermon a tent;
Lors dist a touz, en audience :
« Baron, entendés ma sentence :
Qui Fausemblant vodra connoistre,
Si le quiere en siecle ou en cloistre.
En nul leu aillors je ne mains,

11010

Mes en l'un plus, en l'autre mains.
Briement je me vuel osteler
La ou je me puis miex celer;
C'est la celee plus seüre
Sous la plus simple vesteüre.

11015

Religieus sont mout couvert,
Li seculer sont plus ouvert.
Si ne vuel je mie blamer
Religion, ne diffamer;
En quelque habit que je la truisse,

11020

Ja religion, que je puisse,
Humble et loial ne blameré.
Ne porquant ja ne l'ameré.

J'entens des faus religieus,
Des felons, des malicieus,

11025

Qui l'abit en vuelent vestir
Et ne vuelent lor cuers mestir.
Religious sont trop piteus,
Ja n'en verrés un despiteus;
Il n'ont cure d'orgoil ensivre,

11030

Il vuelent tuit humblement vivre.

/c/

Avec tex genz ja ne maindré
Et se g'i mainz, je me faindré;
Lor habit porré je bien prendre,
Mes miex me lesseroie pendre

11035

Que je de mon propos ississe,
Quelque chiere que j'en feïsse.
Je mainz avec les orguilleus,
Les veziés, les artilleus,

11020. *Religion* : les ordres religieux.

                    Qui mout de mes honors convoitent
11040   Et les granz besoignes esploitent,
                    Et vont traçant les granz pitances
                    Et porchassent les acointances
                    Des poissanz hommes et les sivent;
                    Et se font povre, et si se vivent
11045   De bonz morsiaus delicieus
                    Et boivent les vins precieus;
                    Et la povreté vont preschant,
                    Et les granz richeces peschant
                    A saÿmes et a tramaus.
11050   Par mon chief, il en istra maus!
                    Ne sont religieus ne monde;
                    Il font un argument au monde
                    Ou conclusion a honteuse;
                    Cis a robe religieuse,
11055   Donques est il religieus.
                    Cis argumens est trop fïeus,
                    Il ne vaut pas un coutel troine :
                    La robe ne fait pas le moine.
                    [Ne porquant nus n'i set respondre,
(11060)   Tant face haut sa teste tondre,
                    Voire rere au rasoir d'Elenches,
                    Qui barat trenche en trese trenches;
                    Nus ne set si bien distinter
                    Qu'il en ose un seul mot tinter.]
11065   Mes en quelque leu que je viengne
                    Ne comment que je m'i contiengne,
/d/   Nulle riens fors barat n'i chas;
                    Ne plus que danz Tibers li chas
                    Ne quiert fors que soris et ras,
11070   N'entenz je a rien fors que baras.
                    Ne ja certes por mon habit
                    Ne savrés o quex genz j'abit;
                    Non ferés vous voir as paroles,
                    Ja tant n'ierent simples ne moles.
11075   Les ovres regarder devés,
                    Se vous n'avés les iex crevés;
                    Car s'il font el que il ne dient,
                    Certainnement il vous conchient,

11049. Ce sont deux sortes de filets de pêche.
11061. *Elenches* désigne un traité de logique d'Aristote.
11068. Tibert, personnage du *Roman de Renart*, comme Belin et Isengrin.
11077. *el :* « autre chose ».

Quelcunques robes que il aient,
11080 De quelcunques estat qu'il soient,
Soit clers ou laiz, soit hons ou fame,
Sires, serjans, baiesse ou dame. »
    Tant qu'ainsi Fausemblant sermonne,
Amors de rechief l'araisonne
11085 Et dist en rompant sa parole
Aussi cum s'el fust fauce ou fole :
« Qu'est ce, dyable, es tu affrontés ?
Quex genz nous as tu ci nommés ?
Puet l'en trover religion
11090 En seculere mansion ?
— Oïl, sire. Il ne s'ensuit mie
Que cil mainnent mauvese vie
Ne que por ce lor ames perdent
Qui a dras du siecle s'aerdent,
11095 Car ce seroit trop granz dolors.
Bien puet en robe de colors
/93/ Sainte religion florir.
Maint saint a l'en veü morir,
Et maintes saintes glorieuses,
11100 Devotes et religieuses,
Qui dras communs touz jors vestirent,
N'onques por ce mainz n'en sentirent,
Je vous en nomeroie maintes ;
Car presque [tres] toutes les saintes
11105 Qui par eglises sont priees,
Virges, chastes et mariees
Qui de biaus enfanz enfanterent,
Les robes du siecle porterent,
Et en ceus meïmes morurent :
11110 Qui saintes sont, ou monde furent.
Neïz les onze mile vierges
Qui devant Dieu tiennent lor cierges,
Dont l'en fait feste par eglises,
Furent es dras du siecle prises
11115 Quant eus reçurent lor martires.
N'encor n'en sont eus mie pires.
Bon cuer fait la pensee bonne,
La robe n'i tost ne ne donne ;

11087. *es tu affrontés* : familièrement « as-tu reçu un coup sur la tête ? » Mais H : *effrontés*.
11088. H : *contez*.
11108-11109. (ms : *La robe, en cele*).

Par la bonne pensee i uevre,
11120   Qui la religion descuevre.
Iluec gist la religion
Selonc la droite entencion.
     Qui de la toison dan Belin,
En lieu de mantel sebelin,
11125   Sire Ysengrin afubleroit,
Li louz qui mouton sembleroit,
/b/   S'il o les brebis demorast,
Cuidiés vous qu'il n'en devorast ?
Ja de lor sanc mains ne bevroit,
11130   Mes plus tost les en decevroit,
Car puis que nel cognoisteroient,
S'il voloit fuire, euz le sivroient.
     S'il a gaires de tex loviaus
Entre les apostres noviaus,
11135   Eglise, tu es mal baillie;
Se ta citez est assaillie
Par les chevaliers de ta table,
Ta seignorie est trop endable.
Se cil s'efforcent de la prendre
11140   Cui tu l'as baillie a deffendre,
Qui la puet vers eus garentir ?
Prise sera sanz cop sentir
De mangonniau ne de perriere,
Sanz desploier au vent baniere;
11145   Et se tu d'eus la vues rescorre,
Ainçois les lesses partout corre,
Lesses ? mes se tu le commandes,
Dont n'i as fors que tu te rendes
Ou lor tributeres deviengnes
11150   Par pez faisant, et d'auz la tiengnes,
Se meschief ne t'en vient grignor
Qu'il en soient du tout seignor.
Bien te sevent ore escharnir :
Par jor corent les murs garnir,
11155   Par nuit ne finent de miner.
Pense d'aillors enraciner
/c/   Les entes ou tu vues fruit prendre,
La ne [te] dois tu pas entendre.

11130. (ms : *deveceroit*) : cet *e* de transition tantôt compte, tantôt
ne compte pas dans le vers; commodité pour le rimeur. cf. 11176 et
11177 (ms : *aperceveront* et *apercevera*).

11140. *baillie* pour *bailliée ;* réduction fréquente chez notre copiste.

11145. *tu vues :* « tu veux ».

Mes a tant pez; ci m'en retour,
11160 N'en vueil plus ci dire a ce tour,
Je m'en veil ore atant passer,
Car trop vous porroie lasser.
　　Mes bien vous veil convenancier
De touz vos amis avancier,
11165 Par quoi ma compaignie vuellent;
Si sont il mort s'il ne m'acuellent.
Et m'amie aussi serviront
Ou ja, par Dieu, ne cheviront.
Sanz faille, traïtre sui gié
11170 Et por traïtre m'a Diex jugié.
Parjur sui, mes ce que j'afin
Set l'en envis jusqu'en la fin;
Car plusor por moi mort reçurent
Qui mon barat onc n'aperçurent,
11175 Et reçoivent et recevront
Que ja [més] ne l'apercevront.
Qui l'apercevra, cis iert sage;
Gar s'en, ou c'iert son grant domage.
Mes tant est fort la decevance
11180 Que trop est grief l'apercevance,
Car Protheüs, qui se soloit
Muer en tout quanqu'il voloit
Ne sot onc tant barat ne guile
Comme je faiz, car onc en vile
11185 N'entrai ou fusse congneüs,
Tant i fusse oïz ne veüs.
Je sai bien mon habit changier,
/d/ Prendre l'un et l'autre estrangier.
Or sui chevalier, or sui moine,
11190 Or sui prelat, or sui chanoine,
Or sui clerc et ore sui prestre,
Or sui desciple et or sui mestre,
Or chastelain, or forestiers,
Briement, je sui de touz mestiers.
11195 Or sui princes et or sui pages,
Or sai parler tretouz langages.
Autre hore sui vielz et chenus,
Or resui jonez devenus,
Or sui Robert, or sui Robin,

11166. (ms : si).
11192. (ms : et ore).
11195. (ms : sages).

11200	Or cordelier, or jacobin,
	Si pren por sivre ma compaigne,
	Qui me solace et acompaigne
	(C'est dame Abstinence Contrainte),
	Autre desguiseüre mainte,
11205	[Si cum il li vient a plesir
	Por acomplir le sien desir.]
	Autre [hore] vest robe de fame,
	Or sui damoisele, or sui dame;
	Autre hore sui religieuse,
11210	Or sui rendue, or sui prieuse,
	Or sui nonain, or abbaesse,
	Or sui novisse, or sui professe,
	Or vois par toutes regions
	Cerchant toutes religions;
11215	Mes de religion sanz faille
	Je pranz le grain et laiz la paille.
	Mes [por] genz embler g'i habit,
	Je n'en quier sanz plus que l'abit.
	Que vous diroie ? En itel guise
11220	Cum il me plaist je me desguise.
	[Mout est en moi mué li vers,
11222	Mout sunt li faiz aux diz divers.]
.01	Je faz cheoir dedenz mes pieges
	Le monde par mes privileges;
	Je puis confesser et assodre,
	Ce ne me puet nulz prelas todre,
.05	Fors l'apostoile seulement,
	Qui fist cest establissement
	Tout en la favor de nostre ordre.
	N'i a prelat nul qui remordre
	Ne grocier contre mes gens ose :
.10	Je lor ai bien la bouche close.
	Mes mes trais ont aperceüs,
	Si ne sui mes si receüs
	Avec eus comme je souloie,
	Por ce que trop for les bouloie.
.15	Mes ne me chaut comment qu'il aille,
	J'ai des deniers, j'ai de l'aumaille,
	Tant ai fait, tant ai sermonné,

11214. (ms : *Et autre*).
11223. Les 134 vers qui suivent sont considérés comme une interpolation par Langlois. On les retrouve dans la plupart des manuscrits avec des variantes, attestant l'intérêt suscité par la diatribe contre les ordres mendiants.

Tant ai pris, tant m'a l'en donné,
Tout le monde par sa folie,
.20 Que je mainne vie jolie,
Par la simplece des prelas
Qui trop fort redoutent mes las.
Nus d'euz a moi ne se compere
Ne ne prent qu'il ne le compere.
.25 Ainsi faiz tretout a ma guise
Par mon semblant, par ma faintise.
Mes por ce que confés doit estre
Chascuns, chascun an, a son prestre
Une fois selonc l'escripture,
.30 Ains qu'il li face sa droiture,
Car ensi le veut l'apostole,
/b/ L'estatut chascuns de nous cole,
Car nous avons un privilege
Qui de plusors fais nous alege.
.35 Mes celi mie ne taisons,
Car assés plus grant le faisons
Que l'apostole ne l'a fait,
Dont li hons, se pechiés a fait,
Si li plaist, il porra lors dire :
.40 « En confession vous di, sire,
Que cis a cui je sui confés
M'a alegié de tout mon fés ;
Absolu m'a de mes pechiés
Dont je me sentoie entechiés,
.45 Ne je n'ai pas entencion
De faire autre confession,
Ne ne vueil celi reciter,
Si m'en poés a tant quiter ;
Car, se vous l'aviés juré,
.50 Je n'en dout prelas ne curé,
Qui de confesser me contraingne
Autrement que je ne m'en plaingne,
Car je m'en ai bien a qui plaindre.
Vous ne m'en poés pas contraindre
.55 Ne faire force ne troubler
Por ma confession doubler,
Ne si n'ai pas affection
D'avoir autre absolution ;
Assés en ai de la premiere,
.60 Si vous quit ceste darreniere ;
Desliés sui, nel quier nier,
Ne me poés plus deslier

Car cis qui le pooir y a
De touz liens me deslia.
.65   Et se vous m'en osés contraindre
Si que je m'en aille complaindre,
Ja voir juges emperiaus,
Roys, prevos ni officiaus
Por moi n'en tendra jugement;
.70   Je m'en plaindré tant seulement
A mon confesseor novel,
Qui n'a pas non frere Lovel,
Mes frere Lou, qui tout devore,
Cum bien que devant les genz ore.
.75   Que cis, jurer l'ose et plevir,
Me savra bien de vous chevir,
Et si vous savra atraper
Que ne li porrés eschaper
Sanz honte et sanz diffamement,
.80   S'il n'a du vostre largement,
Qu'il n'est si fox ne si entulles
Que il n'ait bien de bonnes bulles,
S'i li plest, a vous tost semondre,
Por vous travailler et confondre,
.85   Assés plus loin que deus jornees.
Ses lettres sont a ce tornees,
Eles valent miex qu'autentiques
Communes, qui sont si eschiques
Que ne valent qu'a huit personnes.
.90   Tex letres ne sont mie bonnes;
Mes les soes par tout s'estendent
Et en touz leus, qui droit deffendent.
Ensi de vous esploitera,
Ja por prier ne le lera.
.95   Si m'aïst Diex et saint Jaques,
Se vous ne me volez a Paques
Doner le cors Nostre Seigneur,
Sanz vous fere presse grigneur
Je vous lairai, sanz plus atendre,
11222.100 Et tantost l'irai de lui prendre;
Car hors sui de vostre dangier
Et de vous me vuel estrangier. »
Ensi se puet cis estrangier
De son provoire soi lessier,
.105   Et se le prestre le refuse,
Je sui prest que je l'en accuse
Et de li punir en tel guise

Que perdre li feré s'eglise.
Et qui de tel confession
.110 Atent la consecucion,
Jamés prestres n'avra poissance
De connoistre la conscience
De celi dont il a la cure.
C'est contre la sainte escriture
.115 Qui commande a pastor honeste
Qu'il connoisse le non sa beste
Mes povres fames et povres hommes,
Qui n'ont pas de deniers granz sommes
Vueil je bien as prelas lessier,
.120 Ou au curé por confessier,
Car cil noient ne me donroient.
Por quoi ? Par foi, qu'il ne porroient,
/95/ Comme chetives genz et lasses ;
Si que j'en ai les brebis grasses
.125 Et li pastor avront les maingres,
Combien que cis mos lor soit aigres.
Et se prelas osent groucier
Et il se vuellent correcier
Quant perdirent lor grasses bestes,
.130 Tel cop lor donrai sor les testes
Que lever i ferai tex boces
Qu'il en perdront mitres et croces.
Ensi les ai touz corrigés,
Tant sui forment privilegiés. »
11223 Ci se vot taire Fausemblant,
Mes Amors ne fait pas semblant
11225 Qu'il soit ennoiés de l'oïr,
Ains li dist por eus esjoïr :
« Di nous plus especiaument
Comment tu sers desloiaument,
Ne n'aies pas du dire honte,
11230 Car si cum ton habit nous conte,
Tu sembles estre uns saint hermite.
— C'est voirs, mes je sui ypocrite.
— Tu vas preeschant abstinence.
— Voire, voir, mes j'empli ma pance
11235 De tres bons morciaus et de vins
Tex cum il affiert a devins.
— Tu revas preeschant povreté.
— Voire, riches a poëté.
Mes cum bien que povre me faingne,
11240 Nulz povres je ne contredaingne.

/b/   J'ameroie miex l'acointance
           Cent mile tans du roi de France
           Que d'un povre, par Nostre Dame,
           Tout eüst il aussi bonne ame !
11245   Quant je vois touz nus ces truans
           Trambler sor ces femiers puans
           De froit, de fain crier et braire,
           Ne m'entremet de lor afaire.
           S'il sont a l'Ostel Dieu porté,
11250   Ja n'ierent par moi conforté,
           Car d'une aumone toute seüle
           Ne me paistroient il la geule ;
           Il n'ont pas vaillant une seche.
           Que donra qui son coutiau leche ?
11255   Mes d'un riche usurier malade
           La visitance est bonne et sade;
           Celi voiz je reconforter
           Quant j'en croi deniers aporter;
           Et se la male mort l'enosse,
11260   Je le convoi jusqu'a la fosse.
           Et s'aucuns vient qui me repraingne
           Por quoi du povre me refraingne,
           Savés vous comment j'en eschape ?
           Je faiz entendant por ma chape
11265   Que li riches est entechiés
           Plus que li povres de pechiés,
           S'a grignor mestier de consel,
           Por ce y vois et le consel.
           Ne porquant autresi grant perte
11270   Reçoit l'ame en grant poverte
/c/   Cum el fait en trop grant richece,
           L'un et l'autre ygaument la blece,
           Car ce sont deus extremités,
           Richece et mendicités;
11275   Le moien a non souffisance,
           La gist la vertu d'abondance,
           Car Salemon tout a delivre
           Nous a escript en un sien livre
           Des *Paraboles*, c'est le titre,
11280   Tout droit au tresime chapitre :
           « Garde moi, Diex, par ta poissance,
           De richece et de mendiance;

11270. (ms : *povreté*).
11277. Proverbes, XXX, 8-9.

Car riches honz, quant il se dresse
A trop penser a sa richesse,
11285 Tant met son cuer en sa folie
Que son creator en oblie.
Cis cui mendicités guerroie,
De pechié comment le guerroie ?
Envis avient qu'il ne soit lerres
11290 Et parjurs », ou Diex est menterres,
[Se Salemon dist de par lui
La letre que ci vous parlui.]
    Si puis bien jurer sanz deloi
Qu'il n'est escrit en nule loi,
11295 Au mains n'est il pas ne la nostre,
Que Jhesuscrist ne si apostre,
Tant cum il alerent par terre,
Fussent onques veü pain querre,
Car mendier pas ne vouloient
11300 (Mes preeschier [si] le souloient
Jadis par Paris la cité
Li maistre de divinité);
/d/ Si peüssent il demander
De plain pooir, sanz truander,
11305 Car de par Dieu pastor estoient,
Et des ames la cure avoient.
Neïz aprés la mort lor mestre,
Recommencerent il a estre
Tantost laboreor de mains;
11310 De lor labor, ne plus ne mains,
Recevoient lor soutenance
Et vivoient en pacience;
Et se remanant en avoient,
As autres povres le donnoient;
11315 Ne fondoient palez ne sales,
Ains gisoient en maisons sales.
    Puissans honz doit, bien le recors,
As propres mains, as propre cors,
En laborer querre son vivre
11320 S'il n'a dont il se puisse vivre,
Cum bien qu'il soit religieus
Ne de servir Dieu curieus;

11288. *guerroie :* « sauverais ».
11293. Jean de Meun suit le *Tractatus de Periculis*, de Guillaume de Saint Amour, notamment le chap. XII.
11309. (ms : *laboureur*).
11317. *puissans :* « en possession de ses moyens physiques » cf. 11348.

Ensi faire le li convient,
Fors es cas dont il me sovient
11325 [Que bien raconter vous savrai
Quant tens de raconter avrai.]
Et encor devroit il tout vendre
Et du labor sa vie prendre,
S'il est bien parfais en bonté,
11330 Ce m'a l'Escripture conté.
Car qui oiseus ante autrui table,
Lobierres est et sert de fable.
    Il n'est pas, ce sachiés, raison
D'escuser soi par oraison,
11335/96/ Car il convient en toute guise
Entrelessier le Dieu servise
Por les autres necessités :
Mengier estuet, c'est verités,
Et dormir et faire autre chose;
11340 Nostre oroison lors se repose;
Aussi se convient il retraire
D'oroison por son labor faire,
Car l'Escripture s'i acorde,
Qui la verité nous recorde.
11345 Et si deffent Justiniens,
Qui fist les livres anciens,
Que nulz honz en nulle maniere,
Poissans de cors, son pain ne quiere,
Por qu'il le truisse ou gaaignier.
11350 L'en le devroit miex mehaignier
Ou faire en aperte justice
Que soutenir en tel malice.
Ne font pas ce que faire doivent
Cil qui tex aumones reçoivent,
11355 S'il n'en ont aucun privilege
Qui de la pene les alege;
Mes ne croi pas qu'il soit eüs,
Se li princes n'est deceüs,
Ne si ne recuit pas savoir
11360 Qu'il le puissent par droit avoir.
Si n'en faiz je pas terminance
Du prince ne de sa poissance,
Ne par mon dit ne vueil comprendre
S'el se puet en tel cas estendre;

11332. « raconte des mensonges. »
11351. faire en : « en faire ».

11365/b/ De ce ne me doi entremetre.
Mes je croi que, selonc la lettre,
Les aumones qui sont deües
A lasses genz, povres et nues,
Foibles et viex et mehaigniés,
11370 Par qui pains n'iert jamés gaaigniés,
Car il n'en ont pas la poissance,
Qui les mengüe en lor grevance,
Il mengüe son dampnement,
Se cis qui fist Adam ne ment.
11375 Et sachiés, la ou Diex commande
Que li prodonz quan qu'il a vende
Et doint as povres et le sive,
Por ce ne vuet il pas qu'il vive
De li servir en mendiance,
11380 Ce ne fu onques sa sentence.
Ains entent que de ses mains œuvre
Et qu'il se vive par bonne œuvre,
Quant Saint Pol commandoit ovrer
As apostres por recovrer
11385 Lor necessités et lor vies,
Et lor deffendoit truandies
Et disoit : « De vos mains ovrés,
Ja sor autrui ne recovrés. »
Ne voloit que rienz demandassent
11390 A quelque genz que il preschassent,
Ne que l'evangile vendissent;
Ains doutoit que, s'il requeïssent,
Qu'il ne tousissent en requerre,
Qu'il sont maint doneor en terre
11395/c/ Qui por ce donnent, au voir dire,
Qu'il ont honte de l'escondire;
Ou le requerant lor ennuie,
Si li donnent por qu'il s'enfuie.
Et savés que ce lor profite ?
11400 Le don perdent et la merite.
Quant les bonnes genz qui ooient
Le sermon saint Pol, li prioient
Por Dieu qu'il vosist du lor prendre,
N'i vosist il ja la main tendre,
11405 Mes du labor des mainz prenoit
Ce dont sa vie soutenoit.

11368-11369. Mélange du masculin et du féminin pour les qualifi-
catifs de *genz*.

      — Di moi donques comment puet vivre
Fors hons de cors qui Dieu veut sivre,
Puis qu'il a tout le sien vendu
11410   Et as povres Dieu despendu,
Et vuet tant solement orer
Sanz jamais de mains laborer ?
Le puet il faire ? — Oïl. — Comment ?
      — S'il entroit, selonc le commant
11415   De l'escripture, en l'abbeïe
Qui fust de propre bien garnie,
Si cum sont ore cil blanc moine,
Li noir, li regulier chanoine,
Cil de l'Ospital ou du Temple,
11420   Car bien puis fere d'euz exemple ;
Et i preïst sa soutenance ;
Car la n'a point de mendiance.
Ne porquant maint moine laborent
Et puis a Dieu servir acorent.
11425/d/ Et por ce qu'il fu grant discorde,
En un temps dont je me recorde,
Sus l'estat de mendicité,
Briement vous iert ci recité
Comment puet hons mendians estre
11430   Qui n'a dont il se puisse pestre.
Les cas en orrés tire a tire,
Si qu'il n'i avra que redire
Maugré les felonnesses jangles,
Car verités ne quiert nus angles ;
11435   Si porré je bien comparer,
Quant ont osé tel champ arer.
      Vez ci les cas especiaus :
Se li hons est si bestiaus
Qu'il n'ait de nul mestier science,
11440   Ne n'en desirre l'ignorance,
A mendiance se puet traire
Tant qu'il sache aucun mestier faire
Dont il puisse sanz truandie
Loiaument gaaignier sa vie ;
11445   Ou s'il laborer ne peüst
Por maladie qu'il eüst,
Ou por viellece ou por enfance,
Torner se puet a mendiance ;
      Ou s'il a trop, par aventure,

11415. *l'escripture* : le *De Opere monachorum* de saint Augustin.

11450   D'acoustumee norreture
      Vescu delicieusement,
      Les bonnes genz communement
      En doivent lors avoir pitié
      Et le soffrir par amitié
11455/97/ Mendier et son pain querir,
      Non pas lessier de faim morir;
       Ou s'il a d'ovrer la poissance
      Et le vouloir et la science,
      Prest de laborer bonnement,
11460   Mes ne trueve pas prestement
      Qui laborer faire li veille
      Por rienz que faire puisse ou seille,
      Bien puet lors en mendicité
      Porchacier sa necessité :
11465   Ou s'il a son labor gaaigne
      Mes il ne puet de sa gaaigne
      Souffisamment vivre sus terre,
      Il se puet lors metre a pain querre
      Et d'uis a huis partout tracier
11470   Por le remanant porchacier;
       Ou s'il vuet por la foi deffendre
      Quelque chevalerie aprendre,
      Soit d'armes ou de lettreüre
      Ou autre convenable cure,
11475   Se povreté le va grevant,
      Bien puet, si cum j'ai dit devant,
      Mendier tant qu'il puisse ouvrer
      Por ses estevoirs recouvrer,
      Mes qu'il ovre de mains itiex,
11480   Non pas de mains espiritiex,
      Mes de mains de cors proprement,
      Sanz metre double entendement.
       En touz ces cas et en semblables,
      Se plus en trovés raisonnables
11485/b/ Sor ceus que ci presens vous livre,
      Qui de mendiance vuet vivre
      Fere le puet, non autrement,
      Se cis de Saint Amor ne ment

11450. (ms : *d'acoustumance*).
11457. (ms : *d'orer*).
11462. *seille* : subj. prés. 3 de *soloir*, « avoir l'habitude de ». Cf. au vers précédent *veille* de *voloir*.
11488-11508. Allusion à la persécution dont Guillaume de Saint Amour fut l'objet en 1256.

Qui desputer soloit et lire
11490   Et preeschier ceste matire
A Paris avec les devins.
Ja ne m'aïst ne pains ne vins
S'il n'avoit en sa verité
L'acort de l'Université
11495   Et du peuple communement
Qui escoutoit son preeschement.
Nulz prodons de ce refuser
Vers Dieu ne se puet escuser;
Qui grocier en vodra, si grouce;
11500   Ou correcier, si s'en corrouce;
Car je ne m'en tendroie mie,
Se perdre en devoie la vie,
Ou estre mis, contre droiture,
Comme saint Pol, en chartre oscure,
11505   Ou estre bannis du roiaume
A tort, cum fu mestre Guillaume
De Sainte Amor, qu'Ypocrisie
Fist exillier par grant envie.
    Ma mere en exil le chassa,
11510   Le vaillant homme, tant brassa
Por verité qu'il soutenoit.
Vers ma mere trop mesprenoit,
Por ce qu'il fist un noviau livre
Ou sa vie fist toute escrivre;
11515/c/   Il vouloit que je reniasse
Mendicité et laborasse,
Si n'avoie je de quoi vivre.
Bien me vouloit tenir por yvre,
Car laborer ne me puet plaire.
11520   De laborer n'ai je que faire,
Trop a grant pene en laborer.
J'aim miex devant la gent orer
Et affubler ma renardie
De mantiau de papelardie.
11525   — Qu'est ce, diable? Quel sont ti dit?
Qu'est ce que tu as ici dit?
— Quoi? — Granz desloiautés apertes!
Dont ne crois tu pas Dieu? — Non, certes,
Envis puet a grant chose ataindre
11530   En ce siecle, qui Dieu vuet craindre.

11513. Ce livre est le *De Periculis*, paru en 1257.
11514. Cette vie est celle d'Hypocrisie la mère de Faux Semblant.

Car li bon, qui le mal eschivent
Et loiaument du lor se vivent
Et qui selonc Dieu se maintiennent,
Envis de pain a autre viennent.
11535 Tex genz boivent trop de mesaise,
N'est vie qui tant me desplaise.
Mes esgardés cum de deniers
Ont usurier en lor greniers,
Et faussonnier et termaiors,
11540 Baillif, prevoz, bediau, maiors;
Tuit vivent presque de rapine.
Li menus poplez les encline,
Et cil comme lou les devorent;
Tretuit sor les povres gens corent;
11545 [N'est nus qui despoillier nes vueille,
Tuit s'afublent de lor despueille,]
/d/ Tretuit de lor sustance hument,
Sanz eschauder touz viz les plument;
Li plus fors le plus foible robe.
11550 Mes je qui ves ma simple robe,
Lobans lobés et lobeors
Robe robés et robeors.
    Par ma lobe entasse et amasse
Grant tresor en tas et en masse,
11555 Qui ne puet por rienz afonder;
Car je en fais palais fonder
Et accompliz touz mes delis
De compaignies et de lis,
De tables plenes d'entremés,
11560 Car ne veil autre vie més;
Recroist mon argent et mon or,
Car ains que soit vuit mon tresor,
Denier me viennent a resors.
Je fais par tout tomber mes ors.
11565 En acquerre est toute m'entente,
Plus vaut mon porchas que ma rente.
S'en me devoit tuer ou batre,
Si me vueil je partout embatre,
Ne ne querroie ja cessier
11570 Ou d'empereors confessier,
Ou rois, ou dus, princes ou contes.
Mes de povres genz est ce hontes,

11560. « Je ne veux plus d'autre genre de vie. »
11564. « Je fais partout danser mes ours. »

Je n'aim pas tel confession.
Se n'est par autre occasion,
11575   Je n'ai cure de povres genz,
Lor estat n'est ne biauz ne genz.
/98/   Ces empereris, ces duchesses,
Ces roïnes et ces contesses,
Ces hautes dames palasines,
11580   Ces abaesses, ces beguines,
Ces baillives, ces chevalieres,
Ces borjoises cointes et fieres,
Ces nonains ou ces damoiseles,
Por que soient riches ou beles,
11585   Soient nues ou bien parees,
Ja ne s'en iront esgarees.
Et por le sauvement des ames
J'enquier des seignors et des dames
Et de tretoutes lor menies
11590   Lor proprietés et lor vies,
Et lor faiz croire et met es testes
Que lor prestre curé sont bestes
Envers moi et mes compaignons,
Dont j'ai mout de mavés gaignons
11595   A qui je suel, sanz rienz celer,
Les secrés des genz reveler;
Et eus aussi tout me revelent,
Que riens du monde ne me celent.
    Et por les felons aperçoivre
11600   Qui ne finent des gens deçoivre,
Paroles vous dirai ja ci
Que nous lisons de saint Maci,
C'est assavoir l'Euvangelistre,
Ou vint et troizieme chapitre :
11605   « Sor la chaiere Moÿsi,
(Car la glose l'espont issi,
/b/   C'est le Testament Ancien)
Sidrent scribe et pharisien
(Ce sont les fauces genz maudites
11610   Que l'on appelle ypocrites).
Faites ce qu'il sermonneront,
Ne faites pas ce qu'il feront.
De bien dire n'ierent ja lent,
Mes de faire n'ont il talent.

11593. *envers :* « par rapport à ».
11602. Saint Matthieu, XXIII, 2-3.

11615   Il lient as genz decevables
       Griés fais qui ne sont pas portables,
       Et sor lor espaules lor posent,
       Mes o lor doi movoir nes osent.
       — Por quoi non? — Par foi, qu'il ne vuelent;
11620   Car les espaules sovent suelent
       As porteors des fais doloir,
       Por ce fuient il le voloir.
       S'il font ovres qui bonnes soient,
       C'est por ce que les genz les voient.
(11625)   [Lors philateres eslargissent,
       Et lor fimbries agrandissent,
       Et des sieges aiment as tables
       Les plus haus, les plus honorables,
       Et les premiers es sinagogues,
(11630)   Cum fiers et orguilleus et rogues,
       Et ament que l'en les salue
       Quant il trespassent par la rue;]
       Il vuelent estre appelé mestre
       Et ne le devroient pas estre,
11635   Car l'evangile va encontre,
       Qui lor desloiauté demonstre.
           Une autre coustume ravons
       Sor ceus que contre nous savons :
       Trop les volonz forment haïr
11640   Et tuit par acort envaïr.
       Ce que l'un het, li autre heent,
       Tretuit a confondre le beent.
       Se nous veons qu'il puist conquerre
       Par quelquez genz honor en terre,
11645/c/   Provendes ou possessions,
       A savoir nouz estudions
       Par quele eschiele il puet monter;
       Et por li miex prendre et donter
       Par traïson le diffamons
11650   Par tout, puisque nous ne l'amons.
       De l'eschiele les eschielons
       Ensi rompons et le pillons
       [De ses amis, qu'il n'en savra
       Ja mot, que perdus les avra.]
11655   Et s'en apert le grevion,
       Espoir, blamé en serion

11634. (ms : *deveroient*).
11645. (ms : *ou perfections*).

Et si faudrion a nostre esme ;
Car se nostre entencion pesme
Savoit, il s'en deffenderoit
11660   Si que l'en nous en reprendroit.
　　　Grant bien se l'un de nous a fait,
Par nous touz le tenons a fait.
Voire, sanz plus, s'il le faignoit
Ou, sanz plus, vanter se daignoit
11665   D'avoir avancié quelques hommes,
Tuit du fait parçonnier nous fommes
Et disons, bien savoir devés,
Que tex est par nous eslevés.
Et por avoir des genz loenges,
11670   Des riches hommes par losenges
Empetrons que letres nous doignent
Qui la bonté de nous tesmoignent,
Si que l'en croie par le monde
Que vertus toute en nous habonde.
11675   Et touz jors povres nous faignons,
Mes comment que nous nous plaignons,
/d/   Nous sommes, ce vous fais savoir,
Ceus qui tout ont sanz rienz avoir.
　　　Je m'entremet de corratages,
11680   Je faiz et joinz les mariages,
Sor moi prenz execussions
Et vois en procuracions.
Messaigiers sui et faiz enquestes,
Si ne me sont eus mie honestes ;
11685   Les autrui besoignes traitier,
Ce m'est un trop plesant mestier ;
Et se vous avés rienz que faire
Vers ceus entor qui je repaire,
Dites le moi, c'est chose faite
11690   Si tost cum la m'avrés retraite ;
Porquoi vous m'aiés bien servi,
Mon servise avés deservi.
Mes qui chastier me voudroit,
Tantost ma grace se toudroit,
11695   Je n'aim pas homme ne ne pris
Par cui je sui de rienz repris.
Les autres vuel je touz reprendre,

11659. H : *Savoit cil, il.*
11663. (ms : *si le*).
11666. *fommes* : cf. note au v. 9064.

Mes ne vueil lor reprise entendre,
Car je, qui les autres chasti,
11700 N'ai cure d'estrange chasti.
　　Si n'ai mes cure d'ermitages,
J'ai lessié desers et bocages
Et quit a saint Jehan Baptiste
Du desert et manoir et giste.
11705 Car trop estoie loing gités;
En bors, en chatiaus, en cités
/99/ Fais mes sales et mes palaiz,
Ou je puis corre a plainz eslaiz;
Et diz que je sui hors du monde,
11710 Mes je m'i plonge et m'i affonde
Et si m'i aise et baigne et noe
Miex que nulz poissons en sa noe.
　　Je sui des valés Antecrist,
Des larrons dont il est escrist:
11715 Ils ont habit de sainteé
Et vivent en tel fainteé.
Dehors semblons agniaus pitable,
Dedenz sommes lou ravissable;
Nouz avirons et mer et terre,
11720 A tout le monde avonz pris guerre
Et voulonz du tout ordener
Quel vie l'en i doit mener.
S'il y a chatiau ne cité
Ou bougre soient recité,
11725 Neïz s'il estoient de Melen,
Car aussi les em blame l'en,
Ou se nulz honz outre mesure
Vent a terme ou preste a usure,
Tant est d'aquerre curieus,
11730 Ou s'il est trop luxurieus,
Ou lerres ou Symoniaus,
Soit prevost ou officiaus,
Ou prelas de jolive vie,
Ou prestre qui taingne s'amie,
11735 Ou vielles putainz hostelieres,
Ou maqueriaus, ou bordelieres,
[Ou repris de quiexconques vice
Dont l'en devroit faire justice,]
/b/ Par tretouz les sainz que l'en proie,

11725. *Melen* : Milan.
11735. (ms : *bordelieres*).

11740   S'il ne se deffent de lamproie,
De luz, de saumon ou d'aguile,
S'en le puet trover en la vile,
Ou de tartes, ou de flaons,
Ou de fromages en glaons,
11745   Qu'aussi est ce mout biau joël,
Ou la poire de cailloël,
Ou d'oisonz gras ou de chapons
Dont par les goules nous frapons,
Ou s'il ne fait venir en haste
11750   Chevriaus, connins, lardés en paste
Ou de porc au mains une longe,
Ou il avra ou col la longe
A quoi l'en le menra bruler,
Si que l'en l'orroit bien uler
11755   D'une grant liue tout entor,
Ou sera pris et mis en tor,
Por estre touz jors emmurés
S'il ne nous a bien procurés,
Et sera punis du meffait
11760   Plus, espoir, qu'il n'avra meffait.
     Mes s'il, se tant d'engin avoit,
Une grant tor fere savoit,
Ne li chausist ja de quel pierre,
Fust sanz compas ou sanz esquierre,
11765   Neïz de motes ou de fust
Ou d'autre rien, qu'ele que fust,
Mes qu'il eüst leens assés
De biens corporés amassés
/c/   Et dressast sus une perriere
11770   Qui lançast devant et derriere
Et de deus costés ensement
Encontre nous espessement
Tex cailloz cum m'oés nomer
Por soi faire bien renomer,
11775   Et getast a bonz mangonniaus
Vinz en barris ou en tonniaus,
Ou granz sas de centainne livre,
Tost se porroit veoir delivre.
Et s'il ne trueve tex pitances,
11780   Estudit en equipolences

11746. « poires de caillou » (à chair granuleuse).
11761. (ms : *Mes s'il set... avoir*).
11762. (ms : *savoir*).

[Et lest ester leus et fallaces,
S'il n'en cuide aquerre nos graces,]
Ou tel tesmoing li porteronz
Que tout vif ardoir le feronz,
11785   Ou nous li donronz tel pitance
Qui vaudra pis que penitance.
    Ja ne les connoistrés as robes,
Les faus traïtres plains de lobes.
Lor fais vous estuet regarder
11790   Se vous volés bien d'auz garder.
Et se ne fust la bonne garde
De l'Université, qui garde
La clef de la crestienté,
Tout eüst esté tormenté,
11795   Quant par mavese entencion,
En l'an de l'incarnacion
Mil et deus cenz cinc et cinquante,
N'est honz vivans qui m'en desmente,
Fu baillié, c'est [bien] chose voire,
11800   Por prendre commune exemploire,
/d/   Un livre de par le dÿable,
C'est l'*Evangile perdurable*,
Que li Saint Esperit menistre,
Si cum il est escrit ou tistre,
11805   Ensi est il entitulé;
Bien est digne d'estre brulé.
    A Paris n'ot homme ne fame,
Ou parvis devant Nostre Dame,
Qui lors avoir ne le peüst
11810   A transcrire, s'i li pleüst.
La trovast par grant mesprison
Mainte tele comparoison :
Autant cum par sa grant valor
Soit de clarté, soit de chalor,
11815   Sormonte li solaus la lune,
Qui trop est plus et troble et brune,
Et du noïal de nois la quoque,
Ne cuidiés pas que je me moque,
Sor m'ame le vous di sanz guile,
11820   Tant sormonte ceste evangile

11780-11781. Jargon scolastique : « qu'il cherche des arguments équivalents et laisse tomber les lieux communs et les sophismes. »

11802. C'est l'*Evangelium Eternum* du frère mineur Gérard de Borgo, qui prétendait faire succéder cet évangile du Saint Esprit au Nouveau Testament.

Ceus que li quatre Euvangeliste
Jhesucrist firent a lor tiste.
De tex comparoison grant masse
I trovast l'en, que je trespasse.

11825   L'Université, qui lors iere
Endormie, leva la chiere;
Du bruit du livre s'esveilla,
Onques puis gaires ne sourcilla,
Ains s'arma por aler encontre,

11830   Quant el vit cest orrible monstre,
/100/   Toute preste de batailler
Et du livre au juge bailler.
Mes cil qui la le livre mistrent
Saillirent sus et le represtrent

11835   Et se hasterent du repondre,
Car cil ne savoient que respondre
Par espondre ne par gloser
A ce qu'on voloit opposer
Contre les paroles maudites

11840   Qui en ce livre sont escriptes.
Or ne sai qu'il en avendra
Ne quel chief cis livres tendra,
Mes encor les convient atendre
Tant qu'il le puissent miex deffendre.

11845   Ensi Antecrist atendrons,
Tuit ensemble a li nous tendrons.
Ceus qui ne s'i vodront aerdre
La vie lor convendra perdre.
Les granz genz contre ceus movronz

11850   Par les baras que nous couvronz,
Ou les ferons deglaivier
Ou par autre mort devier,
Puis qu'il ne nous vodront ensivre;
Il est ensi escrit ou livre

11855   Qui ce raconte et segnefie :
Tant cum Pierres ait seignorie
Ne puet Jehanz monstrer sa force.
Or vous ai dit du sens l'escorce
Qui fait l'intencion repondre;

11860   Mes or en vueil la mole espondre.
/b/   Par Pierre vuet le pape entendre
Et les clers seculers comprendre

11822. H : tistre ; a lor tiste, « sous leur nom inscrit au titre ».
11835. repondre : « cacher ».

Qui la loi Jhesucrist tendront
Et garderont et deffendront
11865   Contre tretouz les empecheors;
Et par Jehan, les prescheors
Qui diront qu'il n'est loi tenable
Fors l'*Evangile pardurable,*
Que li Sains Esperis envoie
11870   Por metre genz en bonne voie.
Par la force Jehan entent
La grace dont se va vantant
Qui vuet pecheors convertir
Por eus faire a Dieu revertir.
11875   Mout y a d'autres dÿablie
Commandees et establies
En ce livre que je vous nomme,
Qui sont contre la loi de Romme
Et se tiennent a Antecrist,
11880   Si cum je truis ou livre escrist.
Lors commanderont a occierre
Touz ceus de la partie Pierre,
Mes ja n'avront pooir d'abatre,
Ne por occirre ne por batre,
11885   La loi Pierre, ce vous devis,
Qu'il n'en demore assés de vis
Qui touz jors si la maintendront
Que tuit en la fin y vendront;
Et sera la loy confondue
11890   Qui par Jehan est entendue.
/c/   Mes or ne vous en vuel plus dire,
Que trop y a longue matire.
Mes se cis livres fust passés,
En grignor estat fusse assés,
11895   S'ai je ja de mout granz amis
Qui en mout grant estat m'ont mis.
    De tout le monde est emperere
Barat, mon seignor et mon pere;
Ma mere en est empereris.
11900   Mau gré qu'en ait Sainz Esperis,
Nostre poissant linage regne.
Nous regnons, or achetons regne,
Que tretout le monde faingnons;
Si est bien drois que nous regnons,

11905   Et savonz si les genz deçoivre
           Que nulz ne s'en set aperçoivre ;
           Et s'il le set apercevoir,
           Il n'en ose dire le voir ;
           Mes cis en lire Dieu se boute,
11910   Quant plus de Dieu mes freres doute.
           N'est pas en loi bonz champions
           Qui craint tex simulations,
           Ne qui vuet pene refuser
           Qui puet venir d'euz encuser.
11915   Tex honz ne vuet entendre a voir,
           Ne Dieu devant ses yex avoir,
           Si l'en punira Diex sanz faille.
           Mes ne me chaut comment qu'il aille,
           Puis que l'onor avonz des hommes.
11920   Por si bonnes genz tenu sommes
/d/   Que de reprendre avonz le pas
           Sanz d'omme nul estre repris.
           Quex genz doit l'en donc honorer
           Fors nous, qui ne cessons d'orer
11925   Devant les genz apertement,
           Tout soit il derrier autrement ?
               Est il grignor forcenerie
           Que d'essaucier chevalerie
           Et d'amer genz nobles et cointes
11930   Qui robes ont gentes et jointes ?
           S'il sont tex genz cum il aperent,
           Si net cum netement se perent,
           Que lor dis s'acort a lor fais,
           N'est ce granz duelz et granz forfais ?
11935   S'il ne vuelent estre ypocrite,
           Tel genz puist estre la maudite !
           Ja certes tex genz n'amerons,
           Mes beguinz a granz chaperons,
           A chieres pales et alises,
11940   Qui ont ces larges robes grises
           Toutes fretelees de crotes,
           Hosiaus froncis et larges botes
           Qui resemblent borce a caillier.
           A ceus doivent prince baillier

11914. (ms : escuser).
11938. On connaît les béguines, qui vivaient en communauté régu-
lière mais dont on suspectait les mœurs ; le masculin semble injurieux ;
il est à rapprocher sans doute des bégards condamnés au concile de
Cologne en 1260.

11945 A governer eus et lor terres,
    Ou soit par pez ou soit par guerres;
    A ceus se doit princes tenir
    Qui vuet a grant honor venir.
    Et s'il sont autre qu'il ne semblent,
11950 Qu'ensi la grace du monde emblent,
/101/   La me vuel embatre et fichier
    Por decevoir et por trichier.
    Si ne vuel je pas por ce dire
    Que l'en doie humble habit despire,
11955 Par quoi dessous orgoil n'abit;
    Nus ne doit haïr por l'abit
    Le povre qui s'en est vestus;
    Mes Dieu ne prise deus festus
    S'il dist qu'il a lessié le monde,
11960 Et de gloire mondene habonde,
    Et de delices vuet user.
    Qui puet tel beguin escuser ?
    Tel papelart, quant il se rent,
    Et va mondainz delis querant
11965 Et dist que touz les a lessiés,
    S'il en vuet puis estre engressiés,
    C'est li matinz qui gloutement
    Retorne a son vomissement.
    Mes a vous n'ose je mentir;
11970 Mes se je peüsse sentir
    Que vous ne la perceüssiés,
    La mençonge ou poing eüssiés;
    Certainnement je vous boulasse,
    Ja por pechié ne le lessasse;
11975 Si vous porré je bien faillir,
    Se vous m'en deviés mal baillir. »
     Li diex sorrist de la merveille,
    Chascuns s'en rist et s'en merveille,
    Et dient : « Ci a biau sergent,
11980 Ou bien se doivent fier gent! »
/b/   « Fausemblant, dist Amors, di moi,
    Puis que de moi tant t'aprimoi
    Qu'en ma cort si grant pooir as
    Que rois des ribaus i seras,
11985 Me tendras tu ma convenance ?
    — Oïl, je vous jur et fiance,
    N'onc n'orent sergent plus leal

11972. « Vous seriez servi de mensonge. »

Vostre peres ne vostre eal.
— Comment ? c'est contre ta nature.
11990   — Metés vous en aventure,
Car se pleges en requerriés,
Ja plus a seür n'en seriés,
[Non voir, se j'en bailloie ostages,
Ou letres, ou tesmoings, ou gages.]
11995   Car a tesmoing vous en apel :
L'en ne puet oster de la pel
Le lou tant qu'il soit escorchiés,
Ja tant n'iert batus ne torchiés.
Cuidiés que je ne triche et lobe
12000   Por ce se je vest simple robe,
Sous qui j'ai maint grant mal ovré
(Ja, par Dieu, mon cuer n'en movré)
[Et se j'ai simple chiere et coie,
Que de mal faire me recroie ?]
12005   M'amie Contrainte Abstinance
A mestier de ma porveance;
Pieça fust morte et mal baillie
S'el ne m'eüst en sa baillie.
Lessiés nous, moy et li, chevir.
12010   — Or soit, je t'en croi sanz plevir. »
Et li lerres ens en la place,
Qui de traïson ot la face
Blanche dehors, dedens noircie,
S'agenoille et si l'en mercie.
12015/c/   Dont n'i a fors de l'atorner.
« Or a l'assaut sans sejorner »,
Ce dist Amors apertement.
Il s'armerent communement
De tex armes cum armer durent.
12020   Armé sunt, et quant armé furent,
Si saillent sus tuit abrivé.
Au fort chatel sont arivé,
Dont ja ne beent a partir
Tant que tuit i soient martir,
12025   Ou qu'il soit pris ains qu'il s'en partent.
Lor ost ordenerent et partent;
Si s'en vont as quatre parties,
Si cum lor genz orent parties,
Por assaillir les quatre portes
12030   Dont les gardes ne sont pas mortes

11988. *eal* forme de *aial*, « aïeul ».

Ne malades ne pareceuses,
Ains erent fors et viguereuses.
  Or vous dirai la contenance
De Fausemblant et d'Astinance,
12035 Qui contre Malebouche vindrent.
Entr'eus deus un parlement tindrent,
/d/ Comment contenir se porroient :
Ou se connoistre se feroient,
Ou s'il iroient desguisé.
12040 Si ont par acort devisé
Qu'il s'en iront en tapinage
Aussi cum en pelerinage,
Cum bonne gent piteuse et sainte.
Tantost Abstinence Contrainte
12045 Vest une robe cameline,
Et s'atorne comme beguine,
Et ot un large quevrechief
Et d'un blanc drap covert le chief.
Son psaltier mie n'oublia,
12050 Unes patenostres y a
A un blanc las de fil pendues,
Qui ne li furent pas vendues;
Donnees les li ot uns frere
Qui disoit qu'il estoit son pere,
12055 Et le visitoit mout souvent
Plus que nulle autre du couvent,
[Et il sovent la visitoit,
Maint biau sermon li recitoit.]
Ja por Fausemblant ne lessast
12060 Que sovent ne la confessast,
Et par si grant devocion
Faisoient lor confession
Que deus testes avoit ensemble
En un chaperon, ce me semble.
12065 De bele taille la devis,
Mes un poi fu pale de vis.
El resembloit, la pute lisse,
Le cheval de l'Apocalipse,
/102/ Qui segnefie la gent male,
12070 D'ipocrisie tainte et pale;
Car cis chevaus sor soi ne porte
Nulle color qui ne soit morte;

12046. (ms *cum une*).
12055. (ms : *la visitoit*). cf. le v. 12057 omis dans notre ms.

D'itel color enlangoree
Ert Abstinence coloree.
12075   De son estat se repentoit,
Si cum son vout representoit.
De larrecin ot un bordon,
Qu'el reçut de Barat por don,
De triste pensee roussi.
12080   Escherpe ot plene de soussi.
Quant el fu preste, s'i s'en torne.
Et Fausemblant, qui se ratorne,
Ot aussi, cum por essaier,
Vestus les dras frere Saier.
12085   La chiere ot simple et piteuse,
Ne regardeüre orguilleuse
N'ot il pas, mes douce et pesible.
A son col portoit une bible.
Aprés s'en va, sanz escuier,
12090   Et por ses membres apuier
Ot aussi, cum par impotence,
De Traïson une potence,
Et fist en sa manche glacier
Un bon rasoir trenchant d'acier
12095   Qu'il fist forgier a une forge
Que l'en appelle Cope Gorge.
Tant va chascuns et tant s'aprouche
Qu'il sont venu a Male Bouche
/b/   Qui a sa porte se seoit,
12100   Et touz les trespassanz veoit.
Les pelerins choisi qui viennent,
Qui mout simplement se contiennent.
Encliné l'ont mout humblement.
Abstinence premierement
12105   Le salue et de li va pres,
Fausemblant le salue aprés,
Et cis eus, mes onc ne s'emut,
Qu'il nes douta ne ne cremut;
Car quant veü les ot ou vis,
12110   Bien les connut, ce li fu vis;
Il connoissoit bien Abstinence,
Mes n'i set point de contraingnance.
[Ne savoit pas que fust contrainte
Sa larronnesse vie fainte,

12076. *vout :* « visage ».
12084. personnage inconnu, peut-être Sigier de Brabant.

(12115) Ainz cuidoit qu'el venist de gré,
    Mes el venoit d'autre degré;
    Et s'ele de gré commença,
    Failli li grez des lor en ça.]
     Semblant ravoit il bien veü,
12120 Mes faus ne l'ot pas conneü.
    Faus iert il, mes de fauceté
    Ne l'eüst il jamés reté,
    Car le semblant si fort ovroit
    Que la fauceté li covroit;
12125 Mes s'avant le congneüssiés
    Qu'en ses dras veü l'eüssiés,
/c/   Bien jurissiés le roi celestre
    Que cis, qui devant soloit estre
    De la dance li biaus Robins,
12130 Estoit devenus Jacobins.
    Mes sans faille, c'en est la somme,
    Li Jacobin sont tuit prodomme,
    Mavesement l'ordre tendroient
    Se tel menestcrel estoient,
12135 Si sont Cordelier et Barré,
    Tout soient il gros et quarré,
    Et si sont tuit li autre frere :
    N'i a cel qui prodonz n'apere.
    [Mes ja ne verrés d'aparence
(12140) Conclurre bonne consequence
    En nul argument que l'en face,
    Se default existence efface;
    Tous jors i troverés sophime
    Qui la consequence envenime,
(12145) Se vous avés sotilité
    D'entendre la duplicité.]
    Quant li pelerin venu furent
    A Male Bouche ou venir durent,
    Tout lor harnois [mout] pres d'aus misent.
12150 Delés Male Bouche s'assisent
    Qui lor dit : « Or ça venés,
    De vos noveles m'aprenés
    Et me dites quele achoison
    Vous amene en ceste maison.
12155 — Sire, dist Contrainte Abstinence,

12135. Barrés : nom donné aux Carmes à cause de leur robe.
 Cordeliers : non donné aux Franciscains à cause de la corde qui leur
sert de ceinture.

Por fere vostre penitence
De fin cuer net et enterin
Sommes ci venu pelerin.
Presque touz jors a pié alonz,
12160 Mout avons poudreus les talonz.
Si sommes andui envoié
Parmi ce siecle desvoié
Donner exemple et preeschier
Por les pecheors peeschier;
12165/d/ Autre peschaille ne volon;
Et por Dieu, si cum nous solon,
L'ostel vous volons demander,
Et por vostre vie amender,
Mes qu'il ne vous deüst desplaire,
12170 Nous vous vodrions ci retraire
Un bon sermon a brief parole. »
A tant Male Bouche parole :
« L'ostel, dist il, tel cum veez
Prenés, ja ne vous iert veez,
12175 Et dites quan qu'il vous plera,
J'escouteré que ce sera.
— Grant merci, sire. » Adont commence
Premierement dame Abstinence :
   « Sire, la vertu premerainne,
12180 La meillor, la plus souverainne,
Que nus honz mortex puisse avoir
Ne par science ne par avoir,
C'est de sa langue refrener :
A ce se doit chascuns pener,
12185 Qu'adés vient miex que l'en se taise
Que dire parole mavaise,
[Et cil qui volentiers l'escoute
N'est pas prodons, ne Dieu ne doute.]
Sire, sor touz autres pechiés
12190 De cesti estes entechiés :
Une trufe pieça deïstes
Dont [trop] malement mespreïstes,
D'un valet qui ci repairoit.
Vous deïstes qu'il ne querroit
12195 Fors a Bel Acuel decevoir,
Ne deïtes pas de ce voir,
/103/ Ains en mentites, ce devient,
N'il ne va mes ci ne ne vient,
Espoir, jamés ne le verrés.
12200 Bel Acuel en est enserrés

[Qui avec vous ci se jooit
Des plus biaus geus que il pooit,
Le plus des jors de la semaine
Sanz nule pensee vilaine.]
12205   Ne se puet mes ci solacier.
Le valet avez fait chacier
Qui se venoit ici deduire.
Qui vous esmut tant a li nuire
Fors que vostre male pensee
12210   Qui mainte mençonge a pensee ?
Ce mut vostre fole loquence,
Qui brait et crie et noise et tence,
Et les blames sor genz eslieve
Et mout les deshonore et grieve
12215   Por chose qui n'a point de prueve,
Fors d'aparance ou de contrueve.
Dire vous os tout en apert
Que n'est pas voir quan qu'il apert,
Si rest pechiés de controver
12220   Chose qui fait a reprover.
Vous meïmes bien le savés,
Por quoi plus grant tort en avés.
Et ne porquant il n'i fait force,
Il n'i donroit pas une escorce
12225   De chene, comment qu'il en soit.
Sachiés que nul mal n'i pensoit,
Car il y alast et venist,
Nul ensoine ne le tenist ;
Or n'i vient mes n'il n'en a cure,
12230   Se n'est par aucune aventure,
/b/   Entrepassant, mains que li autre.
Et vous gaitiés, lance sor fautre,
A cest porte, sanz sejour ;
La, muse musant toute jour,
12235   Par nuit et par jor y veilliés.
Por droit noient y traveilliés ;
Jalousie, qui s'en atent
A vous, ne vous vaudra ja tant.
Et est de Bel Acuel damages,
12240   Qui sanz rienz acroire est en gages,
Sanz forfait en prison demore ;
La languist li chetis et plore.

12228. *ensoine*, comme *essoine* : « excuse, prétexte ».
12240. « qui est gardé sans raison, comme en gage, sans dette. »

Se vous n'aviés plus forfait
Ou monde que cesti meffait,
12245 Vous deüst l'en, ne vous poist mie,
Bouter hors de ceste baillie,
Metre en chartre ou lier en fer.
Vous en yrés ou puis d'enfer
Se vous ne vous en repentés.
12250 — Certes, dist il, vous y mentés !
Mal soiés vous ore venu !
Vous ai je por ce retenu,
Por moi dire honte et ledure ?
Par vostre grant mal aventure
12255 Me tenissiés vous por bergier.
Or alés aillors herbergier,
Qui m'apelés ci menteor.
Vous estes dui enchanteor
Qui m'estes ci venu blamer
12260 Et por voir dire mesamer.
/c/ Aliés vous ore ce querant ?
A tous les dÿables vous rent,
Et vous, biau Diex, me confondés
S'ains que cis chatiaus fust fondés
12265 Ne passerent jor plus de dis
Qu'en le me dist, et je le dis,
Et que cis la rose baisa.
Ne sai se de plus s'en aisa.
Por quoi me feïst l'en acroire
12270 La chose, puis qu'el ne fust voire ?
Par Dieu, jou dis et le dirai,
Et croi que ja n'en mentirai,
Et corneré a mes boisines
Et a voisins et a voisines
12275 Comment par ça vint et ala. »
Adonques Fausemblant parla :
« Sire, tout n'est pas evangile
Quanque l'en dit aval la vile.
Or n'aiés pas oreilles sordes,
12280 Et je vous prueve ce sont bordes.
Vous savez bien certainnement
Que nuls n'aime enterinement,
Por tant qu'il le puisse savoir,

12260. « parce que je dis la vérité. »
12271. (ms : et lou dirai); jou = je le.
12280. prueve : Ier pers. mais H : pruis.

Tant ait en li poi de savoir,
12285 Homme qui mesdie de lui;
Et si rest voirs, s'onques le lui,
Tuit amant volentiers visitent
Les leus ou lor amors habitent.
Cis vous honore, cis vous aime,
12290 Cis son tres chier ami vous claime,
/d/ Cis partout la ou vous encontre
Bele chiere et lie vous montre,
Et de vous saluer ne cesse;
Et si ne vous fait pas grant presse,
12295 [N'estes pas trop par lui lassés;
Li autre viennent plus assés.]
Sachiés, se li cuers li pesast,
De la rose il s'en apressast,
Et si sovent le veïssiés;
12300 Voire prové le preïssiés,
Il ne s'en peüst pas garder,
S'en le deüst tout vif larder,
Il ne fust pas ore en ce point.
Dont, sachiés, ne li grieve point.
12305 Non fait Bel Acuel, vraiement,
Tout en ait il mal paiement.
Par Dieu, se tres bien le vosissent,
Maugré vous la rose coillissent.
Quant du valet mesdit avés,
12310 Qui vous aime, bien le savés,
Sachiés s'il y eüst beance,
Ja n'en soiés en mescreance,
Jamés nul jor ne vous amast,
Ne son ami ne vous clamast;
12315 Et vosist penser et veillier
Au chatiau prendre et exillier,
[S'il fust voirs, car il le seüst,
Qui que soit dit le li eüst.
De soi le poïst il savoir :
(12320) Puis qu'accés n'i poïst avoir
Si cum avant avoit eü,
Tantost l'eüst aparceü.]
Or le set il tout autrement.
Dont avés enterinement
12325 La mort d'enfer bien deservie,

12304. (ms : *que ne li*).
12319. (ms *le pooit*).

Qui tel gent avés aservie. »
Fausemblant ensi le li prueve;
Cis ne set respondre a la prueve,
/104/   Et voit iluec tel aparance,
12330   A poi ne chiet en repentance;
Et lor dist : « Par Dieu, bien puet estre.
Semblant, je vous tienz a bon mestre,
Et Abstenance mout est sage :
Bien semblés estre d'un corage;
12335   Que me loés vous que je face ?
— Confés serés en ceste place
Et ce pechié sans plus dirés,
De cesti vous repentirés;
Car je sui d'ordre et si sui prestre,
12340   De confesser le plus haut mestre
Qui soit tant cum li mondes dure.
J'ai de tout le monde la cure,
Ce n'ot onques prestres curés,
Tant fust bien au siecle jurés,
12345   Et si ai, par la haute dame !
Cent tans plus pitié de vostre ame
Que vostre prestres parochiaus,
Ja tant n'iert vostre especiaus.
Si rai je mout grant avantage;
12350   Prelat ne sont mie si sage
Ne si lettré de trop cum gié.
J'ai de divinité congié,
Voire, par Dieu, pieça leü.
Por confessor m'ont esleü
12355   Le meillor qu'en puissc savoir.
Par mon senz et par mon savoir.
Se ci vous volés confessier
Et ce pechié sanz plus lessier,
/b/   Sanz faire en jamés mencion,
12360   Vous avrés m'absolucion. »
Male Bouche tantost s'abesse,
Si s'agenoille et se confesse
Que il ja vrais repentans iert;
Et cis par la gorge l'ayert,

12333. (ms : *la contenance*).
12340. « Je suis le plus grand maître en matière de confession. »
Ce thème de la confession fait l'objet de la digression entre les vers
12222 et 12223.
12352. « j'ai la licence de théologie. »
12353. *leü* : participe passé de *lire*, « enseigner ».

12365   A deus poins l'estraint, si l'estrangle,
           Si li a tolue sa jangle;
           La langue a son rasoir li oste.
           Ensi chevirent de lor oste,
           Ne l'ont autrement enossé,
12370   Puis le tumbent en un fossé.
           Sanz deffense la porte cassent,
           Cassee l'ont, outre s'en passent,
           Si troverent leens dormans
           Tretous les sodoiers normans,
12375   Tant orent beü a guersoi
           De vin que je pas ne versoi :
           Eus meïmes l'orent versé
           Tant que tuit jurent enversé;
           Ivres et dormans les estranglent,
12380   Jamés ne seront tex qu'il janglent.
/c/   E vous Cortoisie et Largesse,
           La porte passent sanz paresse;
           La se sont tuit quatre assemblé
           Repotement et en emblé.
12385   La vielle, qui ne s'en gardoit,
           Qui Bel Acuel pieça gardoit,
           Ont tuit quatre ensemble veüe.
           De la tor estoit descendue,
           [Si s'ebatoit parmi le baile;
(12390)   D'un chaperon en leu de vaile
           Sus sa guimple ot covert sa teste.
           Contre li corurent en heste.]
           Si la saluerent tuit quatre.
           El ne se vot pas faire batre.
12395   Quant les vit touz quatre assemblés;
           « Par foi, dist elle, vous semblés
           Bonne gent, vaillant et cortoise.
           Or me dites sanz faire noise,
           Si ne me tienz je pas por prise,
12400   Que querrés en ceste proprise ?
           — Por prise, douce mere tendre ?
           Nous ne venonz pas vous prendre,
           Mes solement por vous veoir
           Et, s'il vous puet plere ou seoir,
12405   Nos cors offrir tout plenement
           A vostre doux commandement,
           Et quan que nous avonz vaillant,

12375. *a guersoi* : « à qui mieux mieux ».

Sanz estre jamés defaillant,
Et, s'il vous plesoit, douce mere

12410   Qui ne fustes onques amere,
Requerre vous qu'il vous pleüst,
Sanz ce que nul mal y eüst,
Que plus leens ne languesist
Bel Acuel, ainçois s'en issist

12415 /d/ O nous un petitet joer,
Sanz ses piés gaires emboer.
Ou vueilliés au mains qu'il parole
A ce valet une parole
Et que li uns l'autre confort :

12420   Ce lor sera mout grant confort,
Ne gaires ne vous coustera,
Et cis vostre honz liges sera,
Mes vostre sers, dont vous porrés
Faire tout quan que vous vorrés,

12425   Ou vendre, ou pendre, ou mehaignier.
Bon fait un ami gaaignier,
Et vez ci de ses joelés :
Ces fremiaus, et ces anelés
Vous donne, voire un garnement

12430   Vous donra il prochenement.
Mout a franc cuer, cortois et large,
Et si ne vous fait pas grant charge.
De li estes forment amee,
Et si n'en serés ja blamee :

12435   Il est mout sages et celés.
Si prions que vous le celés,
Ou qu'il y aut sans vilonnie,
Si li avrés rendu la vie.
Et or endroit ce chapelet

12440   De par li, de flors novelet,
S'il vous plest, Bel Acuel portés,
Et de par li le confortés
Et l'estrinés d'un biau salu,
Si li avra cent mars valu.

12445 /105/   — Se Diex m'aïst, s'estre peüst
Que Jalousie ne le seüst
Et que je blame n'en oïsse,
Dist la Vielle, bien le feïsse.
Mes trop est malement jenglerres

12411. *requerre* : le dernier d'une série d'infinitifs de but, *prendre,*
veoir, offrir.

12450   Male Bouche, li fleüterres.
         Jalousie l'a fait sa gaite,
         C'est cis qui tretouz nous agaite,
         Cis brait et crie sanz deffence
         Quan que il set et quan qu'il pense,
12455   Et contrueve neïz matire,
         Quant il ne set de qui mesdire.
         S'il en devoit estre pendus,
         N'en seroit il ja deffendus.
         S'il le disoit a Jalousie,
12460   Li lerres, il m'avroit honnie.
              — De ce, font il, n'estuet douter,
         Jamés n'en puet rienz escouter
         Ne veoir en nulle maniere;
         Mors gist la hors en une biere,
12465   En ces fosses, goule baee.
         Sachiés, se n'est chose faee,
         Jamés d'aus deus ne janglera,
         Ja plus ne resuscitera,
         Se dÿables n'i font miracles
12470   Ou par venin ou par triacles;
         Jamés ne les puet accuser.
              — Dont ne quier je ja refuser,
         Dist la Vielle, vostre requeste,
         Mes dites li que il se heste.
12475/b/ Je li troveré bien passage,
         Mes n'i passe pas a outrage
         [Ne n'i demeurt pas longuement,
         Et viengne trop celeement,]
         Car je li feré bien savoir.
12480   Et gart sor cors et sor avoir
         Que nus honz ne s'en aperçoive,
         Ne rienz n'i face qu'il ne doive,
         Bien die sa volenté toute.
              — Dame, ainsi sera il sanz doute »,
12485   Font il, et chascuns l'en mercie;
         Ensi ont cele ovre bastie.
         [Mes comment que la chose soit,
         Fausemblant, qui aillors pensoit,
         Dist a voiz basse a soi meïsmes :
(12490) « Se cil por qui nous empreïsmes

12458. « on ne saurait l'en empêcher ».
12464. H : en leu de biere.
12476. (ms : qu'il n'i passe).

Cest euvre, de riens me creüst,
Puisque d'amer ne recreüst,
S'ous ne vous i acordissiés,
Ja gueres n'y gaaingnissiés
(12495) Au loing aler, mien escient,
Qu'il i entrast en espiant,
S'il en eüst et tens et leu.
L'en ne voit pas tous jors le leu,
Ains prent bien ou tart la berbis,
(12500) Tout gart la l'en par les herbis.
Une hore alissiés au mostier,
Vous i demorastes moult yer;
Jalousie qui si le guile,
Ralast espoir hors de la vile;
(12505) Ou que soit convient il qu'il aille,
Il venist lors en repostaille,
Ou par nuit devers les cortiz,
Seus, sans chandele et san tortiz;
Se n'iert d'amis qui le guetast,
(12510) Espoir, si l'en amonestast;
Par confort tost le conduisist
Mes que la lune ne luisist,
Car la lune, par son cler luire,
Seult as amans mainte fois nuire.
(12515) Ou il entrast par les fenestres,
Qu'il set bien de l'ostel les estres,
Par une corde s'avalast,
Ainsinc en venist et alast.
Bel Acuel, espoir, descendist
(12520) Es cortiz ou cil l'atendist,
Ou s'enfoïst hors du porpris
Ou tenu l'avés maint jor pris,
Et venist au valet parler,
S'il a li ne poïst aler;
(12525) Ou quant endormis vous seüst,
Si tens et leu voair peüst,
Les huis entr'overs li lessast.
Ainsinc du bouton s'apressast
Li fins amans qui tant i pense
(12530) Et le coillist lors sans deffence,
S'il poïst par nule manire
Les autres portiers desconfire. »

12494. *S'ous : Se vous.*
12526. (Méon : *avoir p.*).

Et ge, qui gueres loing n'estoie,
Me pensai qu'ainsinc le feroie.
(12535)   Se la vielle me vuet conduire,
Ce ne me doit grever ne nuire;
Et s'el ne vuet, g'i enterrai
Par la ou miex mon point verrai,
Si cum Fausemblant l'ot pensé;
(12540)   Du tout m'en tieng a son pensé.]
    La Vielle iluec point [ne] sejorne,
Le trot a Bel Acuel retorne,
Qui la tour outre son gré garde;
Bien se souffrist de cele garde.
12545   Tant va qu'ele vint a l'entree
De la tor, ou tost est entree.
Les degrés monte liement
Au plus que pot hasteement,
Et li trambloient tuit li membre.
12550   Bel Acuel n'ert pas en la chambre,
Ains ert as creniaus apuiés,
De la prison touz ennuiés.
Pensif le trueve, triste et morne;
De li resconforter s'atorne :
12555   « Biau fis, dist elle, mout m'esmoi
Quant vous truis en si grant esmoi.
Dites moy quel sont cil pensé,
Car se consillier vous en sé,
Ja ne me verrés un jor faindre. »
12560   Bel Acuel ne s'ose complaindre
/c/   Ne dire li quoi ne comment,
Qu'il ne set s'el dit voir ou ment.
Tretout son penser li nia,
Car point de segurté n'i a;
12565   De rienz en li ne se fioit.
Neïz son cuer la deffioit,
Qu'il ot poourous et tramblant,
Mes n'en osoit fere semblant,
Tant l'avoit touz jors redoutee,
12570   La pute vielle radotee.
Si a poor de traïson;
Garder se veut de mesprison,
Ne li desclot pas sa mesaise;
En soi meïmes se rapaise.
12575   Par semblant li fait bele chiere :

12559. *Se faindre* : « être négligent ».

« Certes, dist il, ma dame chiere,
Cum bien que sus mis le m'aiés,
Je ne sui de rienz esmaiés
Fors, sans plus, de vostre demore.
12580   Sans vous envis ceens demore,
Car en vous trop grant amor é.
Ou avés vous tant demoré ?
— Ou ? Par mon chief, tost le savrés,
Et du savoir grant joie avrés
12585   Se point estes vaillans ne sages,
Car, en liu d'estranges messaiges,
Li plus cortois valés du monde,
Qui de toutes graces habunde,
Plus de mile fois vous salue,
12590   Que je vi ore en cele rue,
/d/   Si cum il trespassoit la voie;
Par moy ce chapel vous envoie.
Volentiers, ce dist, vous verroit,
Jamés plus vivre ne querroit
12595   N'avoir un seul jor de santé
Se n'iert par vostre volenté,
Si le gart Diex et sainte Fois !
Mes qu'une toute seule fois
Parler, ce dist, a vous peüst
12600   A loisir, mes qu'il pleüst.
Por vous, ce dit, aime la vie;
Touz nus vodroit estre a Pavie
Par tel couvent qu'il peüst faire
Chose qui bien vous peüst plaire;
12605   Ne li chaudroit qu'il devenist;
Mes que pres de li vous tenist. »
    Bel Acuel enquiert toute voie
Qui cis est qui ce li envoie,
Ains qu'il reçoive le present,
12610   Por ce que doutable le sent,
Qu'il peüst de tel leu venir
Que point n'en vosist retenir.
Et la vielle, sanz autre conte,
Toute la verité li conte :
12615   « C'est li valés que vous savés,
Dont tant oï parler avés,
Por qui pieça tant vous greva,
Quant le blame vous aleva,
Feu Male Bouche de jadis.
12620   Ja n'aille s'ame en paradis !

|106| Maint prodomme a desconforté,
    Or l'en ont dÿable porté,
    Il est mors : eschapé li sommes.
    Ne pris mes sa jangle deus pommes,
12625 A tous jors en sommes delivre;
    Et s'il pooit ores revivre,
    Ne nous porroit il pas grever,
    Tant nous seüst blame alever,
    Car je sai plus qu'il ne fist onques.
12630 Or me creés, et prenés donques
    Ce chapel, et si le portés,
    De tant au mains le confortés;
    Il vous aime, n'en doutés mie,
    De bonne amor, sanz vilonie.
12635 Et s'il a autre chose tent,
    Ne m'en desclot il mie tant.
    Mes bien vous y poés fier :
    Vous li savrés mout bien nier,
    S'il requiert chose qu'il ne doive :
12640 S'il fait folie, si la boive.
    Si n'est il pas fos, ainz est sages,
    Onc par lui ne fu fais outrages,
    Dont je le prise miex et l'ains;
    N'il ne sera pas si vilains
12645 Que de chose vous requeïst
    Qui a requerre ne feïst.
    Loiaus est sor touz ceus qui vivent.
    Cil qui sa compaignie sivent
    L'en ont touz jors porté tesmoing,
12650 Et je meïmes le tesmoing.
|b| Mout est de meurs bien ordenés;
    Onc ne fu honz de mere nés
    Qui de lui nul mal entendist,
    Fors tant cum Male Bouche en dist,
12655 S'a l'en ja tout mis en obli.
    Je meïmes par moi l'oubli,
    Ne me souvient neiz des paroles,
    Fors que fauces furent et foles,
    Et li lerres les controuva,
12660 Qui onques bien ne se prouva.
    Certes bien sai que mort l'eüst
    Li valés, se rienz en seüst,
    Qu'il est preus et hardis, sanz faille.

12657. *neiz* : monosyllabe.

En ce païs n'a qui le vaille,
12665 Tant a le cuer plain de noblece,
Il sormonteroit de largece
Le roi Artu, voire Alixandre,
S'il eüst autant a despendre
D'or et d'argent comme cil orent;
12670 Onques tant cil donner ne sorent
Cum cis cent tanz plus en donnast;
Par donz tout le monde estonnast
Se d'avoir eüst tel plenté;
Tant a bon cueur en soi planté;
12675 Nulz nel puet de largece aprendre.
Si vous lo ce chapel a prendre,
Dont les flors olent plus que bame.
— Par foi, je craindroie avoir blame »,
Dist Bel Acuel, qui touz fremist
12680 Et tramble et tressaut et gemist,
Rougist, palist, pert contenance
Et la Vielle es poins le li lance
Et li vuet faire a force prendre,
Car cis n'i osait la main tendre,
12680 Ains dist por soi miex escuser
Que miex le li vient refuser.
Si le vosist il ja tenir,
Quoi qu'il en deüst avenir.
« Mout est biaus, dist il, li chapiaus,
12690 Mes miex me vendroit mes drapiaus
Fussent touz ars et mis en cendre
Que de par lui l'osaisse prendre.
Mes or soit chose que le praigne,
Et Jalousie par ci vaigne,
12695 Que porrions nous ore dire ?
Bien sai qu'ele errageroit d'ire
Et sor mon chief le deschirroit
Piece a piece, et puis m'ocirroit,
S'el set qu'il soit de la venus;
12700 Ou saré pris et pis tenus
Qu'onques en ma vie ne fui;
Ou se je li eschape et fui,
Quel part m'en porré je foïr ?
Tout vif me verrés enfoïr,
12705 Se je sui pris après la fuite;

12681. (ms : par c.).
12684. (ms : nie sait) ?

Et bien croi que j'avroie suite,
Si seroie pris en fuiant,
Tous li mondes m'iroit huiant.
Nel prendré pas. — Si ferés, certes.
12710   Ja n'en avrés honte ne pertes.
/d/   — Et s'ele enquerroit dont ce vint ?
        — Responses avrés plus de vint.
        — Toute vois, se le me demande,
        Que puis [je] dire a sa demande ?
12715   Se j'en sui blamés ne repris,
        Ou dirai je que je l'ai pris ?
        [Car il me convient respondre,
        Ou aucune mençonge espondre.
        S'el le savoit, ce vous plevis,
12720   Mieulx vodroie estre mors que vis.]
        — Que vous dirés ? Se ne savés,
        Se meillor response n'avés,
        Dites que je le vous donnai.
        Bien savés que tel renon ai,
12725   N'i avrés blame ne vergoigne
        De rienz prendre que je vous doigne. »
            Bel Acuel, sans dire autre chose,
        Le chapel prent et puis le pose
        Sor ses crins blons et s'asseüre,
12730   Et la Vielle li rist et jure
        S'ame, son cors, ses os, sa pel,
        Qu'onc ne li sist si bien chapel.
        Bel Acuel sovent se remire,
        Dedenz son miroair se mire,
12735   Savoir s'il est si bien seans.
        Quant la Vielle voit que leens
/107/   N'avoit fors eus deus seulement,
        Les li s'assiet tout belement,
        Si le commence a preeschier :
12740   « Hé ! Bel Acuel, tant vous ai chier,
        Tant estes biauz et tant valez !
        Mon temps jolis est touz alez,
        Et li vostres est a venir.
        Poi me porré mes soutenir
12745   Fors a baston ou a potence.
        Vous estes encor en enfance,
        Si ne savés que vous ferés,
        Mes bien sai que vous passerés
        Quan que ce soit, ou tost ou tart,
12750   Parmi la flame qui tout art,

Et vous baignerés en la cuve
Ou Venus les dames estuve.
Bien sai, le brandon sentirés.
Si vous lo que vous atirés,
12755   Ains que la vous ailliés baignier,
Si cum vous m'orrés ensaignier,
Car perilleusement se baigne
Jones honz qui n'a qui l'ensaigne.
Mes se mon consel ensivés,
12760   A bon port estes arrivés.
    Sachiés, se je fusse aussi sage,
Quant j'estoie de vostre eage,
Des geus d'amors cum je sui ores
(Car de trop grant biauté fui lores,
12765   Mes or m'estuet plaindre et gemir,
Quant mon vis effacié remir
/b/   Et voi que froncier le convient,
Quant de ma biauté me souvient
Qui ces valés fesoit triper;
12770   Tant les fesoie defriper
Que ce n'ert se merveille non;
J'estoie lors de grant renon,
Par tout coroit la renomee
De ma grant biauté renomee,
(12775) [Tele ale avoit en ma meson,
C'onques tele ne vit mes hon,]
Mout ert la nuit mes huis hurtez,
Trop lor faisoie de durtez
Quant lor failloie de couvent,
12780   Et ce m'avenoit trop souvent,
Car j'avoie autre compaignie;
Faite en estoit mainte folie,
Dont j'avoie corrous assés,
Sovent en ert mes huis cassés
12785   Et faites maintes tex mellees
Qu'avant que fussent desmellees
Membres i perdoient et vies
Par haïnes et par envies,
[Tant i avenoit de contens;
12790   Se mestre Algus, li bien contens,
I vosist metre ses cures
Et venist o ses dix figures

12790. (Méon : *Argus*). Algus est le mathématicien arabe Al-
Khowarezmi.
12792. *figures :* les chiffres arabes.

Par quoi tout certefie et nombre,
Si ne peüst il pas le nombre
(12795)   Des grans contens certefier,
Tant seüst bien monteplier;]
Lors ert mes cors fors et delivres)
J'eüsse plus vaillans mil livres
De blans estellins que je n'ai.
12800   Mes trop nicement me menai.
    Bele ere et jone et nice et fole,
N'onc ne fui d'Amors a escole
Ou l'en leüst la theorique,
Mes je sai bien par la pratique.
12805   Experiment m'en ont fait sage,
Que j'ai hantés tout mon aage;
/c/   Or en sai jusqu'a la bataille,
Si n'est pas drois que je vous faille
Des biens aprendre que je sai,
12810   Puis que tant esprové les ai.
Bien fait qui jone gent conseille.
Sanz faille, ce n'est pas merveille
Se n'en savés quartier ne aune,
Car vous avés trop le bec jaune.
12815   Mes tant a que je ne finé
Que la science en la fin é,
Dont bien puis en chaiere lire.
Ne fait a foïr n'a despire
Tout ce qui est en grant aage,
12820   La trove l'en sens et usage;
Ce a l'en esprouvé de maint :
Au mains en la fin lor remaint
Usage et sens por le chathé,
Cum bien qu'il l'aient achaté.
12825   Et puis que j'ai sens et usage,
Que je n'ai pas sanz grant domage,
Maint vaillant homme ai deceü
Quant en mes las furent cheü;
Mes ains fui par mains deceüe
12830   Que je me fusse aparceüe.
Ce fu trop tart, lasse dolente!
J'ere ja hors de ma jovente;
Mes huis qui lors sovent ovroit,
Car par nuit et par jor ovroit,
12835   Se tient ores pres du lintier.

12803. (ms : *theuzique*) : « la théorie ».

« Car nulz n'i vint ne hui ni hier,
/d/   Lors me pensai, lasse chetive !
        En tristor estuet que je vive. »
        De duel me dust le cuer partir ;
12840   Lors m'estut du païs partir
        [Quant vi mon huis en tel repos,
        Et ge meïsmes me repos,]
        Car je ne puis honte endurer.
        Comment peüsse je durer,
12845   Quant cil jone valet venoient,
        Qui lors si chiere me tenoient
        Qu'il ne s'en pooient lasser,
        Et les veoie trespasser ?
        Il me regardoient de coste,
12850   Et jadis furent mi chier hoste ;
        Les moi s'en aloient saillant
        Sanz moi prisier un oef vaillant.
        Mes cil qui jadis plus m'amoient,
        Vielle ridee me clamoient ;
12855   Et pis disoit chascuns assés
        Ains qu'il s'en fust outre passés.
        D'autre part, mes enfés gentis,
        Nulz, se trop n'est bien ententis,
        Ou grant duel essaié n'avroit,
12860   Ne penseroit ne ne savroit
        Quel dolor au cuer me tenoit
        Quant en pensant me sovenoit
        Des biaus dis et des douz aisiers,
        Des douz deduis, des douz baisiers
12865   Et des tres douces acolees
        Qui s'en furent si tost alees.
        Alees ? voire, et sanz retor !
        Miex me venist en une tor
/108/   Estre touz jors emproisonnee
12870   Que d'avoir esté si tost nee.
        Diex, en quel souci me tenoient
        Li biau don qui failli m'estoient !
        Et ce qui remés lor estoit,
        En quel souci me remetoit !
12875   Lasse ! por quoi si tost naqui ?
        A qui m'en plainderé, a qui,
        Fors a vous, fiz, que tant ai chier ?
        Autrement ne m'en puis venchier

12836. On trouve plusieurs exemples de *ni* pour *ne* (moderne « ni »).

Que par aprendre ma doctrine.
12880   Por ce, biau fis, vous endoctrine,
Et quant endoctrinés serés,
Des ribaudiaus me vengerés;
Car, se Dieu plait, quant la vendra,
De ce sermon vous souvendra.
12885   Et sachiés que du retenir,
Si que vous en poist souvenir,
Avés vous mout grant avantage
Par la raison de vostre aage,
Car Platon dit : « C'est chose voire
12890   Que plus tenable est la memoire
De ce qu'en aprent en enfance,
De quicunques soit la science. »
      Certes, chiers fis, tendre jovente,
Se ma jonece fust presente
12895   Si comme la vostre orendroit,
Ne peüst estre escrite en droit
La venjance que j'en preïsse.
Par touz les leus ou je venisse
/b/   Je feïsse tant de merveilles,
12900   C'onques n'oïtes les pareilles,
Des ribaus qui si poi me prisent
Et me ledengent et despisent
Et si vilment lés moi s'en passent.
Et il et autre comparassent
12905   Lor grant orgoil et lor despit,
Sanz prendre en pitié ne respit;
[Car, au sens que Diex m'a donné,
Si cum ge vous ai sermonné,]
Savés en quel point jes meïsse ?
12910   Tant les plumasse et tant preïsse
Du lor, de tort et de travers,
Que mengier les feïsse as vers
Et gesir touz nuz es femiers,
Meïmement ceus les premiers
12915   Qui de plus loial cuer m'amassent
Et plus volentiers se penassent
De moi servir et honorer.
Ne lor lessasse demorer
Vaillant un ail, se je peüsse,

12896. (ms : escrit).
12900. (ms : c' omis).
12907. « avec l'intelligence que Dieu m'a donnée. »

12920 Que tant en ma borce n'eüsse.
 A povreté touz les meïsse
 Et touz aprés moy les feïsse
 Par vive rage tripeter.
 Mes rienz n'i vaut le regreter :
12925 Ce qu'est alé ne puet venir.
 Ja més n'en porré nulz tenir,
 Car tant ai ridee la face
 Qu'il n'ont garde de ma menace.
 Pieça que bien le me disoient
12930 Li ribaut qui me despisoient,
/c/ Si me pris a plorer des lores.
 Par Dieu, si me plest il encores
 Quant je me sui bien porpensee;
 Mout me delite en ma pensee
12935 Et me resbaudissent li membre
 Quant de mon bon temps me remembre
 Et de la jolivete vie
 Dont mon cuer a si grant envie;
 Touz me rejovenist li cors
12940 Quant y pense et quant le recors;
 Touz les bienz du monde me fait
 Quant me sovient de tout le fait,
 Au mains ai je ma joie eüe,
 Cum bien qu'il m'aient deceüe.
12945 Jone dame n'est pas oiseuse
 Quant el mene vie joieuse,
 Meïmement cele qui pense
 D'acquerre ou de faire despense.
  Lors m'en vins en ceste contree,
12950 Ou vostre dame ai encontree,
 Qui ci m'a mis en son servise
 Por vous garder en sa porprise.
 Diex, qui de ses iex tout esgarde,
 Doint que j'en face bonne garde!
12955 Si feré je certainnement
 Par vostre biau contenement.
 Mes la garde fust perilleuse
 Por la grant biauté merveilleuse
 Que Nature a dedenz vous mise,
12960 Se ne vous eüst tant aprise
/d/ Proesce, sens, valor et grace;
 Et por ce que temps et espace

12924. « les regrets ne servent à rien. »

Nous est [or] venu si a point,
Que de destorbier n'i a point
12965 De dire quan que nous volons
Un poi miex que nous ne solons,
Tout vous doie je consillier,
Ne vous devés pas merveillier
Se ma parole un poi recop.
12970 Je vous di bien avant le cop
Ne vous vuel pas en amor metre,
[Mes, se vous volés entremetre,]
Je vous moustreré volentiers
Et les chemins et les sentiers
12975 Par ou je deüsse estre alee
Ains que ma biautez fust alee. »
        Lors se taist la Vielle et sopire
Por oïr que cis vodroit dire;
Mes ne va gaires atendant,
12980 Car quant le voit bien entendant
A escouter et a soi taire,
A son propos se prent a traire
Et se pense : « Sans contredit,
Tout otroie qui mot ne dit;
(12985) [Quant tout li plest a escouter,
Tant puis dire sans riens douter. »]
Lors a recommencié sa verve,
Et dist la fauce vielle serve,
Qui me cuida par ses doctrines
12990 Fere lechier miel sor espines,
Quant vot que fusse amis clamés
Sanz estre par amors amés,
/109/ Si cum cis puis me raconta
Qui tout retenu le conte a;
12995 Car, s'il fust tex qu'il la creüst,
Certainnement trahi m'eüst;
Mes por rienz nulle que deïst
Son cuer en li il ne meïst :
Ce me fiançoit et juroit,
13000 Autrement ne m'asseüroit.
        « Biau tres douz filz, bele char tendre,
Des geus d'Amors vous veil aprendre,
Que vous ne soiés deceüs
Quant vous les avrés receüs;

12994. (ms : le conte retenu a).
12996. (ms : l'eüst).

13005 Selonc mon art vous conformés,
  Car nulz, s'il n'est bien enformés,
  Ne puet passer sanz beste vendre.
  Or pensés d'oïr et d'entendre
  Et de metre tout a memoire;
13010 Car j'en sai tretoute l'istoire.
   Biaus fis, qui vuet joïr d'amer,
  Des douz mauz qui tant sont amer,
  Les commandemens d'Amors sache,
  Mes gart qu'Amors a li nel sache.
13015 Et ci tretouz les vous deïsse,
  Se certainnement ne veïsse
  Que vous en avés par nature
  De chascun a comble mesure
  Quan que vous en devés avoir.
13020 Touz ceus que vous devés savoir,
  Dis en y a, qui bien les nombre;
  Mes mout est fox cis qui s'encombre
/b/ Des deus qui sont au darrenier,
  Il ne valent un faus denier.
13025 Bien vous en abandon les huit,
  Mes qui les autres deus ensuit,
  Il pert son estuide et s'afole;
  L'en nes doit pas lire en escole.
  Trop malement les amans charge
13030 Qui vuet qu'amans ait le cuer large
  Et qu'en un leu le doie metre.
  C'est faus texte, c'est fauce lettre,
  Ci ment Amors, li fis Venus,
  De ce ne le doit croire nulz.
13035 Qui l'en croist, chier le comparra,
  Si cum en la fin y parra.
   Biau fis, ja larges ne saiés;
  En plusors leu le cuer aiés,
  En un sel leu ja nel metés,
13040 Ne nel donnés, ne ne pretés,
  Mes vendés le bien chierement
  Touz jors par enchierissement;
  Et gardés que nulz qui l'achat
  N'i puisse faire bon achat;
13045 Por rienz qu'il doint ja point n'en ait,

13005. (ms : *enformés*).
13007. Pour se procurer de l'argent, donc « sans payer ».
13021. cf. v. 2077-2274, 10403-12.

Miex s'arde ou se pende ou se nait.
Sor toutes riens gardés ces poins :
A donner aiés cloz les poins,
Et a prendre les mains overtes;
13050 Donner est grant folie, certes,
Se n'est un poi, pour genz atraire,
Quant l'en i cuide son preu faire
/c/ Ou, pour le don, tel chose atendre
Cum ne la peüst [pas] miex vendre.
13055 Tel donner bien vous abandonne;
Bon est donner ou cis qui donne
Son don monteplie et gaaigne.
Qui certains est de sa gaaigne
Ne se puet du don repentir;
13060 Tel don puis je bien consentir.
    Aprés, de l'arc et des cinc fleches,
Qui tant son plain de bonnes teches
Et tant fierent soutivement,
Traire en savés si sagement,
13065 C'onques Amors, li bons archiers,
Des fleches que trait li ars chiers,
N'en trait pas miex que vous [ne] faites,
Qui maintes fois les avés traites.
Mes n'avés pas touz jors seü
13070 Quel part en sont li cop cheü,
Car quant l'en i trait a la volee,
Tex puet recevoir la colee
Dont l'archier ne se donne garde.
Mes qui vostre maniere esgarde,
13075 Si bien savés et traire et tendre
Que ne vous em puis plus aprendre;
S'en puet bien estre tex navrés
Dont grant profit, espoir, avrés.
Si n'estuet ja que je m'atour
13080 De vous aprendre de l'atour
Des robes et des garnemens
Dont vous ferés vos paremens
/d/ Por sembler as genz miex valoir,
N'il ne vous em puet ja chaloir,
13085 Car par cuer la chançon savés
Que tant oï chanter m'avés,

13046. *se nait* : subj. prés. 3 de *se neier*, « se noyer ».
13065. (ms : *c'* omis).
13075. *tendre* (ses filets).

Si cum joer nous alion,
De l'ymage Pymalion.
La prenés garde a vous parer,
13090   S'en savrés plus que buef d'arer.
De vous aprendre ces mestiers
Ne vous est il mie mestiers.
    Et se ce ne vous puet souffire,
Aucune chose m'orrois dire
13095   Ça avant, se voulés entendre,
Ou bien porrés exemple prendre.
Mes itant vous puis je bien dire,
Se vous voulés au miex eslire,
Je lo que vostre amor soit mise
13100   Ou biau valet qui tant vous prise,
Mes n'i soit pas trop fermement.
Amés les autres sagement,
Et je vous en querrai assés,
Dont granz avoirs iert amassés.
13105   Bon acointier fet hommes riches,
S'ils n'ont les cuers avers et chiches,
S'il est qui bien plumer les sache.
Bel Acuel quanqu'il vuet en sache
Por qu'il doint a chascun entendre
13110   Qu'il ne vodroit autre ami prendre
Por mil mars de fin or molu,
Et jurt que s'il eüst volu
/110/   Souffrir que par autre fust prise
La rose, qui bien ert requise,
13115   D'or fust chargiés et de joiaus;
Mes tant est ses fins cuers loiaus
Que ja nulz la main n'i tendra
Fors cis seus qui lors la tendra.
S'il sont mil a chascun doit dire :
13120   « La rose avés touz seuz, biau sire,
Jamés autre n'i avra part.
Faille moi Diex se je la part! »
Et lor jurt et sa foi lor baille.
S'el se parjure, ne li chaille;
13125   Diex se rist de tel serement
Et pardonne legierement.
Jupiter et li dieu rioient
Quant li amant se parjuroient,
Et maintes fois se parjurerent

13127. D'après Ovide, *Art d'aimer*, I.

13130 Li Dieu qui par amors amerent.
 Quant Jupiter asseüroit
 Juno sa fame, et li juroit
 La palu d'enfer hautement,
 Il se parjuroit faucement.
13135 Ce devroit mout asseürer
 Les fins amans de parjurer
 Saintes et sains, moustiers et temples,
 Quant li dieu lor donnent exemples.
 Mes mout est fox, se Diex m'ament,
13140 Qui por jurer croit nul amant,
 Car il ont trop les cuers muables.
 Jone genz ne sont pas estables,
/b/ Non sont li viel soventes fois,
 Ains mentent et sermens et fois.
13145 Et sachiés une chose voire :
 Cis qui sires est de la foire
 Doit partout prendre son tolin;
 Et qui ne puet a un molin,
 Aut a l'autre tantost le cors!
13150 Mout a soris povre secors
 Et fait en grant peril sa druige
 Qui n'a qu'un pertruis a refuige.
 Tout aussi est il de la fame
 Qui de tous ses marchiés est dame
13155 Que chascuns fait por li avoir;
 Prendre doit partout de l'avoir,
 Car mout avroit fole pensee,
 Quant bien se seroit porpensee,
 S'el ne voloit ami que un;
13160 Car, par saint Lifart de Meün,
 Qui s'amor en un seul leu livre
 N'a pas son cuer franc ne delivre,
 Ains l'a malement asservi.
 Bien a tel fame deservi
13165 Qu'ele ait assés anui et pene,
 Qui d'un sel homme amer se pene,
 S'el faut a celi de confort,
 El n'en a nul qui la confort;

13146-13147. « Celui qui est maître de la foire doit partout prélever la taxe de la *tonlieu.* »

13151. (ms : *Cruige*) : « fait ses provisions », ou « fait des gambades ».

13160. (ms : *Liennart*). Lifart est le patron de l'église de Meung-sur-Loire.

13167. « Si elle ne trouve pas de réconfort auprès de lui. »

Et ce sont ceus qui plus y faillent
13170 Qui lor cuer en un sel lieu baillent.
Tuit en la fin toutes les fuient,
Quant las en sont et s'en ennuient.
/c/   N'en puet fame a bon chief venir.
Onc ne pot Eneas tenir
13175 Dido, roÿne de Cartage,
Qui tant li ot fait avantage
Et povre l'avoit receü
Et revestu et repeü,
Las et fuitif du biau païs
13180 De Troie, dont il est naïs.
Ses compaignons mout honoroit,
Car a lui grant amor avoit;
Ses nés li fist toutes refaire
Por li servir et por li plaire;
13185 Donna li, por s'amor avoir,
Sa cité, son cors, son avoir;
Et cis [si] l'en asseüra
Et li promist et li jura
Siens seroit touz jors et sera
13190 Ne jamés ne la lessera;
Mes cele gaires n'en joÿ,
Car li traïtres s'en foÿ
Sanz congié, par mer, a navie,
Dont la bele perdi la vie,
13195 Qu'ele s'ocist ains l'endemain
D'une espee, o sa propre main,
Qu'il li ot donnée en sa chambre.
Dido, qui son ami remembre
Et voit que s'amor a perdue,
13200 L'espee prent tretoute nue,
Contremont en drece la pointe,
Souz les deus mameles la pointe,
/d/   Sus le glaive se lait cheoir.
Ce fu granz pitiés a veoir.
13205 Qui tel fait faire li veïst,
Durs fust cui pitié n'en preïst,
Quant il veïst Dido la bele
Sus la pointe de l'alemele.
Parmi le cors la se ficha,
13210 Tel duel ot dont cis la tricha.
     Phillis aussi tant atendi

Demophon qu'ele se pendi
Por le terme qu'il trespassa,
Dont serement et foi cassa.
13215 Que fist Paris de Oenoné,
Qui cuer et cors li ot donné,
Et cis s'amor li redonna ?
Le don tantost retenu a,
Si l'en ot il en l'arbre escrites
13220 A son coutel lettres petites
Dessus la rive en leu de chartre,
Qui ne valurent une tartre.
Ces letres en l'escorce estoient
En un arbre, et representoient
13225 Que Xantus s'en retorneroit
Si tost cum il la lesseroit.
Or aut Xantus a la fontainne
Qu'il la lessa puis por Helainne !
    Que refist Jasson de Medee,
13230 Qui si vilment refu boulee
Que li faus sa foi li menti
Puis que l'ot de mort garenti,
/111/ Quant les toriaus qui feu getoient
Par lor goule, et qui venoient
13235 Jasson ardoir et depecier,
Sanz feu sentir et sanz blecier
Par ses charmes l'en delivra,
Et le serpent si enyvra
Si qu'onc ne se pot esveillier,
13240 Tant le fist forment somillier ?
Des chevaliers de terres nés,
Bataillereus et forcenés,
Qui Jasson voloient occierre
Quant il entr'eus geta la pierre,
13245 Fist elle tant qu'il s'entrepristrent
Et qu'il meïmes s'entrocistrent;
Et li fist avoir la toison
Par son art et par sa poison.
Puis fist Eson regeneïr
13250 Por miex Jasson a soi tenir,
Ne riens de li plus ne voloit

13212. Phillis, fille de Lycurgue, roi de Thrace, avait pour amant
Démophoon, fils de Thésée.
13225. (ms : *Xaucus*). Ce fleuve est le père de la nymphe Oenone;
cf. Ovide, *Héroïdes*, V, 27-32.
13229. cf. Ovide, *Métamorphoses*, VII.

Fors que l'amast cum il soloit
[Et ses merites regardast,
Por ce que miex sa foi gardast.]
13255   Puis la lessa, li faus trichierres,
Li glous, li desloiaus, li lierres;
Dont ses enfans, quant el le sot,
Por ce que de Jasson les ot,
Estrangla de duel et de rage,
13260   Dont el ne fist mie que sage
Quant el lessa pitié de mere
Et fist pis que marrastre amere.
Mil exemples dire en savroie,
Mes trop grant pene au dire avroie.
13265/b/   Briement tuit les lobent et trichent,
Tant sont ribaut, par tout se fichent,
Si les doit l'en aussi trichier,
Non pas son cuer a un fichier.
Fole est fame qui si l'a mis,
13270   Ains doit avoir plusors amis
Et faire tant, s'el puet, que plese
Que touz les mete a grant mesese.
S'ele n'a grace, si l'aquiere,
Et soit touz jors vers eus plus fiere
13275   Qui plus, por s'amor deservir,
Se peneront de li servir;
Et de ceus acuellir s'efforce
Qui de s'amor ne feront force.
[Saiche de geus et de chançons,
(13280)   Et fuie noises et tençons.]
S'el n'est bele, si se cointait,
La plus lede bel ator ait.
Et s'ele veoit decheoir,
Dont granz duel feroit au veoir,
13285   Les biaus crinz de sa teste blonde,
Ou s'il convient que l'en la tonde
Par aucune grant maladie,
Dont biautez est tost enledie,
Ou s'il avient que par corrous
13290   Les ait aucuns ribaus desrous,
Si que de ceus ne puisse ovrer,
Por groces treces recouvrer
Face tant que l'en li aporte
Cheveus de quelque fame morte,

13281. *se cointait* : subj. prés. 3 de *se cointoier*, « se parer ».

13295   Ou de soie blonde borriaus,
        Et boute tout en ses forriaus.
/c/   Sus ses oreilles port tex cornes
        Que bues ne cers ne unicornes,
        S'il se devoit touz effronter,
13300   Ne puist tex cornes sormonter;
        [Et s'el ont mestier d'estre taintes,
        Taingne les en jus d'erbes maintes,
        Car mout ont forces et mecines
        Fruit, fust, feulle, escorce et racines.]
13305   Et s'ele perdoit sa coulour,
        Dont mout avroit au cuer dolor,
        Face qu'ele ait ointures moites
        En ses chambres, dedens ses boites,
        Touz jors por soi farder repotes.
13310   Mes gart bien que nus de ses otes
        Ne puist ne sentir ne veoir;
        Trop li em porroit mescheoir.
        S'ele a blanc col et gorge blanche,
        Cart que cis qui sa robe trenche
13315   Si tresbien la li escolete
        Que sa char pere blanche et nete
        Demi pié derrier et devant,
        Si en sera plus decevant.
        [Et s'ele a trop grosses espaules,
(13320)   Por plaire as dances et as baules,
        De delié drap robe port,
        Si perra de mains lait deport.
        Et s'el n'a mains beles et netes
        Ou de sirons ou de bubetes,
(13325)   Gart que lessier ne les i vueille,
        Face les oster a l'agueille,
        Ou ses mains en ses gans repoingne,
        Si n'i perra bube ne roingne.
        Et s'ele a trop lordes mameles,
(13330)   Preingne cuvrechief ou toeles
        Dont sus le pis se face estraindre,
        Et tout entor ses costés ceindre,
        Puis atachier, coudre ou noer;
        Lors si se puet aler joer.]
13335   Et comme bonne baisselete,
        Tiengne la chambre Venus nete.

13313-13314. (ms : ordre des mots dérangé).
13328. *perra* : futur 3 de *paroir*, « paraître ».

S'ele est preus et bien enseignie,
Ne laist entor nulle yreignie
Qu'el n'arde ou ree, errage ou houce,
13340 Si qu'il n'i puisse coillir mouce.
S'el a laiz piés, touz jors se chauce;
A groce jambe ait tenvre chauce.
Briement s'el set sor li nul vice,
Covrir le doit, se mout n'est nice.
13345 S'el sait qu'ele ait mavaise alene,
Ne li doit estre grief ne pene,
/d/ De garder que ja ne jeüne
Ne qu'el ne parole jeüne;
Et gart, s'el puet, si bien sa bouche
13350 Que prés du nez a genz ne touche.
  Et se li prent de rire envie,
Si bel et si sagement rie
Qu'ele descrive deus fossetes
D'ambedeus pars de ses joetes,
13355 Ne par ris n'emple trop ses joes
Ne ne retaingne pas ses moes;
Ja ses levres par ris ne s'ovrent,
Mes repongnent les denz et covrent.
Fame doit rire a bouche close
13360 Car ce n'est mie bele chose
Quant el rit a goule estendue,
Trop semble estre large et fendue.
Et s'el n'a denz bien ordenés
Mes [tres] laiz et sans ordre nés,
13365 Se les moustroit par sa risee
Mains en porroit estre prisee.
Au plorer rafiert il maniere;
Mes chascune est assés maniere
De bien plorer en quelque place;
13370 Car ja soit ce qu'en ne lor face
Ne grief ne honte ne moleste,
Touz jors ont eles lerme preste,
[Toutes plorent et plorer seulent
En tel guise cum eles veulent.]
13375 Mes honz ne s'en devroit movoir
S'il veoit tex lermes plovoir

13348. *jeüne* : « à jeun ».
13351. (ms : *de rienz li prent envie*).
13357. (ms : *onc ne se movent*).
13368. *maniere*, adj. « habile ».

Aussi espés cum onques plut;
Onques de fame tex plors ne mut
/112/   Ne tex diaus, ne tex marremens,
13380   Que ce ne fust conchiemens.
Plor de fame n'est fors agait,
Lors n'est dolors qu'ele n'agait;
Mes gart que par par vois ne par wevre
De son penser point ne descuevre.
13385   Si afiert bien qu'el soit a table
De contenance convenable.
Par l'ostel se face veoir
Ainçois que se viengne seoir,
Et a chascun entendre doigne
13390   Qu'ele fait mout bien sa besoigne;
Aille et viengne avant et arriere
Et s'assiee la derreniere;
Et se face un petit atendre
Ainçois que elle y vueille entendre;
13395   Et quant sera a table assise
Face, s'el puet, a touz servise.
Devant les autres doit taillier,
Et du pain tout entor baillier,
Et doit, por grace deservir,
13400   Devant les compaignons servir
Qui mangüent a s'escuële;
Devant eus mete ou cuisse ou ele,
Ou buef ou porc devant eus taille,
Selonc ce qu'il avront vitaille,
13405   Soit de poisson ou soit de char;
N'ait ja cuer de servir eschar,
S'il est qui souffrir le li veille.
Et bien se gart qu'ele ne mueille
/b/   Ses dois ou broet jusqu'au jointes,
13410   Ne qu'ele n'ait ses levres ointes
De soupes, d'auz ne de char grasse,
Ne que trop de morsiaus n'entasse
Ne trop gros nes mete en sa boche;
Du bout des dois le morsel toche
13415   Qu'el devra moillier en la sauce,
Soit vert ou cameline ou jauce,

13392. (ms : *si s'assiesse*).
13400. On mangeait à plusieurs, en tout cas à deux (H dit *le compaignon*) dans la même écuelle.
13408. (ms : *moille*).
13414. On mangeait avec ses doigts.

Et sagement port sa bouchie
Que sus son pis goute n'en chie
De soupe, de savor, de poivre.
13420 Et si sagement redoit boivre
Que sor soi n'en espande goute,
Car por trop rude ou por gloute
L'en porroit bien aucuns tenir
Que ce li verroit avenir,
13425 Et gart que ja hennap ne touche
Tant cum el ait morsel en bouche.
Si doit si bien sa bouche terdre
Que n'i lait nulle graisse aerdre
Au mains en la levre desseure,
13430 Car quant graisse en cele demeure,
Ou vin en perent les mailletes,
Qui ne sont ne beles ne netes.
Et boive petit a petit;
Cum bien qu'ele ait grant apetit,
13435 Ne boive pas a une alene
Ne hennap plain ne coupe plene,
Ains boive petit et souvent,
Que n'aut les autres esmouvent
/c/ A dire que trop en engorge
13440 Ne que trop boive a gloute gorge;
Mes delicieusement le coule.
Le bort du hennap trop n'engoule
Si comme font maintes norrices,
Qui sont si gloutes et si nices
13445 Que versent vin en gorge cruese
Tout aussi cum en une buese,
[Et tant a grans gors en entonnent
Qu'el s'en confondent et estonnent.]
Et bien se gart que ne s'enyvre,
13450 Car en homme ni en fame yvre
Ne puet avoir chose secree;
Car puis que fame est enyvree
Il n'a point en li de deffense
Et jangle tout ce qu'ele pense,
13455 Et est a touz abandonnee
Quant a tel meschief est tornee.
Es se gart de dormir a table,
Trop en seroit mains agreable;

13446. *buese* : une conduite d'eau, une buse; H : *heuse*, « botte ».
13456. H : *s'est donnee.*

Trop de ledes choses aviennent
13460 A ceus qui tel dormir maintiennent;
Ce n'est pas sens de someillier
Et leus establis a veillier;
Maint en ont esté deceü,
Et maintes fois en sont cheü
13465 Devent ou derrier ou encoste,
Brisent ou bras ou teste ou coste :
Gart que tex dormirs ne la tiengne!
De Palinurus li souviengne,
Qui governoit la nef Enee;
13470 Veillant l'avoit bien governee,
/d/   Mes quant dormir l'ot envaÿ,
Du governail en mer chaÿ,
Et des compaignons noia prés,
Qui mout le plorerent aprés.
13475   Si doit la dame prendre garde
Que trop a joer ne se tarde,
Car el porroit bien tant atendre
Que nulz n'i vodroit la main tendre.
Querre doit d'amors le deduit
13480 Tant cum jonece la deduit;
Car quant viellece fame assaut,
D'amors pert la joie et l'assaut.
Le fruit d'amors, se fame est sage,
Coille en la flor de son aage,
13485 Et tant pert de son temps, la lasse,
Cum sanz joïr d'amors en passe.
Et s'el ne croit le mien conseil,
Que por profit commun conseil,
Sache que s'en repentira
13490 Quant viellesce la flestira.
Mes bien sai qu'eles me croiront,
Au mains ceus qui sage seront,
[Et se tendront as regles nostres,
Et diront maintes paternostres
13495 Por m'ame, quant je serai morte,
Qui les enseigne ore et conforte;]
Et bien sai que cele parole
Sera leüe en mainte escole.

13466. *brisent* : part. prés., selon l'équivalence *-ent* = *-ant*. Cf.
13438.
13468. (ms : *Palinirus*). Virgile, *Enéide*, V, 833-71.
13476. (ms : *a loer*).

Biaus tres douz fiz, se vous vivés
13500 (Car bien voi que vous escrivés
Ou livre du cuer volentiers
Touz mes ensaignemens entiers,
Et quant de moi departirés,
Se Dieu plait, encor en lirés),
13505/113/ Si en serés mestre cum gié
Et en lirés tout sanz congié,
Maugré tretouz les chanceliers,
Et par chambres et par celiers
En prez, en jardins, en gaudines,
13510 Sous pavillons et sous cortines,
[Por enformer les escoliers,
Par garderobes, par soliers,]
Par despenses et par estables,
Se n'avés leus plus delitables,
13515 Mes que ma leçon soit leüe
Quant vous l'avrés bien retenue.
Et gart que trop ne soit enclose,
Car quant plus a l'ostel repose,
Mains est de toutes genz veüe,
13520 Et sa biauté mains cogneüe,
Mains convoitie et mains requise.
Souvent aut a la mestre eglise
Et face visitacions
A noces, a porcessions,
13525 A geus, a festes, a quaroles,
Car en tex leus tient ses escoles
Et chante a ses desciples messes
Li dieu d'Amors et les deesses.
Mes bien se soit ainçois miree
13530 Savoir s'ele est bien atiree,
Et quant a point se sentira
Et par les rues s'en ira,
Si soit de beles aleüres,
Non pas trop moles ne trop dures,
13535 Trop eslevees ne trop corbes,
Mes bien plesanz a toutes torbes.
/b/ Les espaules, les coutes mueve
Si noblement que l'en ne trueve

13506. *sanz congié :* « sans la licentia docendi ».
13517. Le sujet est la dame (cf. 13475).
13526. (ms : *en tel leu*).
13530. « Pour savoir si... »

Nulle de plus biau movement,
13540 Et marche jolivetement
De ses biauz solerés petis,
Que faire avra fait si fetis
Qu'il joindront as piés si a point
Que de fronce n'i avra point.
13545 Et de sa robe la traÿne
Ou prés du pavement s'encline,
Si la lieve encoste ou devant,
Aussi cum por prendre le vent
Ou por ce que faire le sueille
13550 Aussi cum s'escorcier se veille
Por avoir le pas plus delivre.
Lors gart que si le pié delivre
Que chascuns qui passe la voie
La bele forme du pié voie.
13555   Et s'el est tel que mantel port,
Si le doit porter de tel port
Que trop la veüe n'encombre
Du biau cors a qui il fait ombre;
Et por ce que le cors miex pere,
13560 Et le tissu dont el se pere,
Qui n'iert trop larges ne trop greles,
D'argent dorés, a menus peles,
Et l'aumoniere toute voie,
Que bien est drois que l'en la voie,
13565 A deus mains doit le mantel prendre,
Les bras eslargir et estendre,
/c/ Soit par bele voie ou par boe;
Et li soviengne de la roe
Que li paons fait de sa queue;
13570 Face aussi du mantel la seue,
Si que la penne, ou vaire ou grise,
Ou tele qu'en li avra mise,
Et tout le cors en apert montre
A ceus que voit muser encontre.
13575 Et s'el n'est bele de visaige,
Plus lor doit torner comme sage
Ses beles tresses blondes chieres
Et tout le haterel derrieres,
Quant bel et bien trecié le sent;
13580 C'est une chose bien plesent
Que biauté de cheveleüre;
Touz jors doit fame metre cure
Que puist la louve resembler;

Car quant vuet les brebis embler,
13585   Por qu'el ne puist du tout faillir
Por une en vuet mil assaillir,
Qu'ele ne set la quele prendra
Devant que prinse la tendra;
[Ainsinc doit fame par tout tendre
(13590)   Ses raiz por tous les hommes prendre,]
Car por ce qu'el ne puet savoir
Des quex porra la grace avoir,
Au mains por un a soi sachier
A touz doit son cro estachier.
13595   Lors ne devra pas avenir
Qu'el n'en doie aucun pris tenir
[Des fox entre tant de milliers
Qui li frotera ses illiers,
Voire plusors par aventure,
13600   Car art aide mout a nature.]
Et s'ele plusors en acroche,
Que tuit la veillent metre en broche,
/d/   Gart, comment que la chose core,
Qu'ele ne mete a deus une hore,
13605   Car por deceü se tendroient
Quant plusor ensemble vendroient,
Si la porroient bien lessier.
Ce la porroit bien abessier,
Car au mains li eschaperoit
13610   Ce que chascuns aporteroit.
Et ne lor doit ja rienz lessier
Dont il se puissent engressier,
Mes metre a si grant povreté
Qu'il muirent las et endeté,
13615   Et cele en soit riche manans,
Car perdus est li remanans.
D'amer povre homme ne li chaille,
Il n'est riens que povres hons vaille;
Se c'ert Ovides ou Omers,
13620   Ne vaudroit il pas deus gomers,
Ne li chaille d'amer oste,
Car aussi cum il met et oste
Son cors en divers herbergages,
Aussi li est li cuers volages.

13587-88. (ms : 2 fois *prendre* à la rime).
13595. (ms : *devera*).
13610. (ms : *emporteroit*).

13625 Oste amer ne li loz je pas;
    Mes toute voies en son trespas,
    Se deniers ou joiaus li offre,
    Prengne tout et mete en son coffre,
    Et face lors cis son plesir
13630 Tost ou en haste ou a lesir.
    Mes bien se gart que n'aint ne prise
    Nul homme de trop grant cointise
/114/ Ne qui de sa biauté se vante,
    Car c'est orgoil qui si le tante,
13635 Si s'est en l'ire Dieu boutés
    Honz qui se plaist, ja n'en doutés,
    Car aussi le dist Tholomee
    Par qui fu mout science amee.
    Tex n'a pooir de bien amer,
13640 Tant a mavés cuer et amer;
    Et ce qu'il avra dit a l'une,
    Autant dira il a chascune,
    Et plusors en reva lober
    Por eus exillier et rober.
13645 Mainte complainte en ai eüe
    De pucele ainsi deceüe.
    Et s'il vient aucuns prometerres,
    Soit loiaus hons ou hoqueterres,
    Qui la veille d'amors prier
13650 Et par promesse a soi lier,
    Et cele aussi li repromete,
    Mes bien se gart que ne se mete
    Por nulle rienz en sa manaie,
    Se ainçois ne tient la monnoie.
13655 Et s'il mande riens par escrit,
    Gart soi s'il faintement escrit
    Ou s'il a bonne entencion
    De fin cuer, sanz deception;
    Aprés li rescrive en poi d'ore,
13660 Mes ne soit pas fait sanz demore;
    Demore les amans atise,
    Mes que trop longue ne soit prise.
/b/   Et quant elle orra la requeste
    De l'amant, gart que ne se heste
13665 De s'amor du tout otroier;

13635-38. Sentence attribuée à Ptolémée par Gautier de Metz.
13645. H : veüe.
13651. Début de la proposition principale.

Ne ne la doit du tout noier,
Ains la doit tenir en balance,
Qu'il ait poor et esperance.
    Et quant il plus la requerra
13670 Et cele ne li offerra
S'amor, que si fort[ment] l'enlasse,
Gart soi la dame que tant face
Par son engin et par sa force
Que l'esperance adés enforce,
13675 Et petit a petit s'en aille
La poor tant qu'ele defaille,
Et qu'il facent pez et concorde.
Cele qui puis a lui s'acorde
Et qui tant set de guiles faintes,
13680 Dieu doit jurer et sainz et saintes
C'onc ne se vot mes otroier
A nul tant la seüst proier;
Et die : « Sire, c'est la somme,
Foi que doi Saint Pere de Romme,
13685 Par fin amor a vous me don,
Car ce n'est pas por vostre don.
N'est honz nez por qui le feïsse
Por nul don, tant grant le veïsse.
Maint vaillant homme ai refusé
13690 Et maint en ont a moi musé.
Si croi que m'avés enchantee,
Vous m'avés ma leçon chantee. »
/c/ Lors le doit estroit acoler
Et baisier por miex afoler.
13695 Mes, s'el vuet mon conseil avoir,
Ja rienz n'i vuelle fors l'avoir.
Fole est qui son ami ne plume
Jusqu'a la darreniere plume;
Car qui miex plumer le savra,
13700 C'iert cele qui meillor l'avra
Et qui plus iert chiere tenue,
Quant [plus] chier se sera vendue;
Car ce que l'en a por noient,
Trop le va l'en plus vitoient;
13705 L'en nel prise pas une escorce
Se l'en le pert, l'en n'i fait force,

13692. H : *male chançon.*
13702. (ms : *chiere*).
13705. (ms : *ne le*).

Au mains si grant ne si notee
Cum s'en l'avoit chier achetee.
   Mes au plumer afiert maniere.
13710 Son valet et sa chambriere
Et sa seror et sa norrice
Et sa mere, se mout n'est nice,
Por qu'il consentent la besoigne,
Facent tant tuit que il lor doigne
13715 Sorcot ou cote ou ganz ou mofle,
Et ravissent cum une escoufle
Quan qu'il em porront agraper,
Si que cis ne puisse eschaper
De lor mains en nulle maniere
13720 Tant qu'il ait fait sa darreniere,
Si cum cis qui joe as noiaus,
Tant lor doint argent et joiaus :
[Mout est plus tost proie achevee
Quant par pluseurs mains est levee.]
13725   Autrefois li redient : « Sire,
Puis que il le vous convient dire,
Vez qu'a ma dame robe faut.
Comment souffrés [vous] ce defaut ?
S'el vosist faire, par saint Gile,
13730 Por tel a il en ceste vile,
Comme roïne fust vestue
Et chevauchant a grant sambue.
Dame, por quoi tant atendés
Que vous ne la li demandés ?
13735 Trop par estes vers li honteuse,
Quant si vous lesse soufraiteuse. »
Et cele, cum bien qu'il li plaisent,
Lor doit dire que il se taisent,
Qui tant, espoir, en a levé
13740 Qu'ele l'a trop forment grevé.
Et s'ele voit qu'il s'aperçoive
Qu'il li doint plus que il ne doive
Et que forment grevés quide estre
Des granz donz dont il la suet pestre,
13745 Et sentira que de donner
Ne lessera mes sermonner,
Lors li doit prier qu'il li preste,
Et li jurt qu'ele est toute preste

13737. (ms : qui li).

De [le] li rendre a jor nommé
13750 Tel cum il li avra donné.
Mes bien est par moi deffendu
Que jamés rienz ne soit rendu.
 Se ses autres amis revient,
Dont el a plusors, ce devient,
13755/115/ Mes a nul d'aus son cuer n'a mis,
Tout les claime elle touz amis,
Si se complaigne comme sage
Que sa millor robe est en gage,
Et croit touz les jors a usure,
13760 Dont el est en si grant ardure
Et tant est son cuer a mesese
Que ne fera riens qui li plese
Se cis ne li raient ses gages;
Et li valés, se mout n'est sages,
13765 Por quoi pecune li soit sorce,
Metra tantost la main a borce
Ou fera aucune chevance
Dont li gaige avront delivrance,
Qui n'ont mestier d'estre reans,
13770 Ains sont, espoir, tretuit leans
Por le bacheler enserré
En aucun cofre bien ferré,
Que ne li chaut, espoir, s'il serche
Dedens sa huche ou a sa perche,
13775 Por estre miex de li creüe,
Tant qu'ele ait la pecune eüe.
 Le tiers reserve de tel lobe;
Ou çainture d'argent ou robe
Ou guimple tantost li demande,
13780 Ou deniers que elle despende.
Et s'il ne li a que porter
Et jurt, por li resconforter,
Et fiance de pié, de main,
Qu'il l'aportera l'endemain,
13785/d/ Face li les oreilles sordes,
N'en croie rienz, que ce sont bordes.
Trop sont tuit apert menteür,

13749. Non élision du *e* sourd en hiatus. Notez dans la tirade le
maintien de *que il*.

13759. « Et les intérêts (du prêt) s'accumulent de jour en jour. »
13763. *raient* : subj. prés. 3 de *raiembre*, « racheter ».
13773-74. La dame a caché les vêtements supposés être en gage.
13783. (ms : *de sa propre main*).

Plus m'ont menti, li foutëur,
Et fois et seremens jadis
13790 Qu'il n'a de sains en paradis.
Au mains, puis qu'il n'a que poier,
Face au vin son gage envoier
Por deus deniers, por trois, por quatre,
Ou s'aille hors aillors esbatre.

13795 Si doit fame, s'el n'est musarde,
Faire semblant d'estre coarde,
De trambler, d'estre pooureuse,
D'estre destroite et angoisseuse
Quant son ami doit recevoir,
13800 Et li face entendre por voir
Qu'en trop grant peril le reçoit
Quant son mari por li deçoit,
Ou ses gardes, ou ses parens;
Et que se la chose ert parens
13805 Qu'ele vuet faire en repotaille,
Morte seroit sanz nulle faille;
Et jurt qu'il ne puet demorer,
S'il la devoit vive acorer,
[Puis demeurt a sa volenté,
(13810) Quant el l'aura bien enchanté.]

Si li devroit bien souvenir,
Quant son ami devra venir,
S'el voit que nulz ne l'aperçoive,
Par la fenestre le reçoive,
13815 Tout puist il passer par la porte;
Et jurt qu'ele est destruite et morte,
/c/ Et que de li seroit neens
Se l'en savoit qu'il fust leens;
Nel garroient armes molues,
13820 Hiaume, haubert, paus ne massues,
Ne huches, ne clozés, ne chambres
Qu'il ne fust depeciés par membres.
Puis la dame doit soupirer
Et soi par semblant aïrer,
13825 Et l'assaille et li core seure
Et die que si grant demeure
N'a il pas faite sanz raison
Et qu'il tenoit en sa maison
Autre fame, qu'el qu'ele soit,

13821. *clozés* : placard aménagé dans le mur; H : *clotez*.
13829. (ms : *quele*).

13830   Dont li solas miex li plesoit,
Et que or est elle trahie
Quant il l'a por autre enhaïe;
Lors doit estre lasse clamee
Quant est amie sanz estre amee.

13835   Et bien orra ceste parole
Cis qui la pensee avra fole,
Si quidera tout erraument
Que cele l'aint trop loiaument
Et que plus soit de lui jalouse

13840   Qu'onc ne fu de Venus s'espouse
Vulcanus, quant il l'ot trouvee
Aveques Mars prise prouvee.
Es las qu'il ot d'arain forgiés
Les tenoit andeus enforgiés,

13845   Ou geu d'amors pris et liés,
Tant les ot li fox espiés.

/d/   Si tost cum Vulcanus ce sot,
Que pris provez andeus les ot
Es las qu'entor le lit posa

13850   (Mout fu fox quant faire l'osa,
Car cis a mout poi de savoir
Qui cuide seus sa fame avoir)
Les diex i fist venir en heste,
Qui mout en rirent et firent feste

13855   Quant en ce point les aparçurent.
De la biauté Venus s'esmurent
Tuit li plusor des damediex,
Qui mout fesoit plaintes et diex;
Venus estoit mout coroucie

13860   Dont ainsi ert prise et lacie,
Onc n'ot honte a cele pareille.
Si n'iert ce pas trop grant merveille
Se Venus o Mars se metoit,
Car Vulcanus si lais estoit

13865   Et si charbonés de sa forge
Par mains, par visage et par gorge
Que por riens Venus ne l'amast,
Combien que mari le clamast.
[Non, par Diex, pas, se ce fust ores

13831. (ms : *ores*).
13838. (ms : *quele*).
13840-13868. D'après Ovide, *Art d'aimer*, II, 561-592.
13858. (ms : *fesoient*).

(13870)   Absalon o ses treces sores,
             Ou Paris, fils le roi de Troie,
             Ne l'en portast el ja manoie,]
             Que bien savoit, la debonnaire,
             Que toutes fames sevent faire.
13875   D'autre part eus sont franches nees;
             Lois les a condicionnees,
             Qui les oste de lors franchises
             Ou Nature les avoit mises;
             Car Nature n'est pas si sote
13880   Qu'ele feïst naistre Marote
/116/   Tant seulement por Robechon,
             Se l'entendement y fichon,
             Ne Robechon por Mariote,
             Ne por Agnés ne por Perrote,
13885   Ains nous a fait, biau fix, n'en doutes,
             Toutes por touz et touz por toutes,
             Chascune por chascun commune
             Et commun chascun por chascune,
             Si que, quant eus sont afiees,
13890   Par loy prises et mariees,
             Por oster dissolucions
             Et contens et occisions
             Et por aidier les norretures
             Dont il ont ensemble les cures,
13895   Si s'efforcent en toutes guises,
             De retorner a lor franchises
             Les dames et les damoiseles,
             Quex que soient, ledes ou beles.
             Franchise a lor pooir maintiennent,
13900   Dont trop de maus vendront et viennent,
             Et vindrent a plusors jadis;
             Dont bien en nommeroie dis,
             Voire cent, mes je les trespasse
             Car j'en seroie toute lasse,
13905   Et vous d'oïr touz encombrés
             Ains que les eüsse nombrés;
             Car quant chascuns jadis veoit
             La fame qui miex li seoit,
             Maintenant ravir la vousist,
13910   Se plus fors ne la li tousist,
/b/   Et la lessast, se li pleüst,
             Quant son voloir fet en eüst;

13898. (ms : *queles*).

Si que jadis s'entretuoient,
Et les norretures lessoient,
13915   Ains que l'en feïst mariages
Par le consel des hommes sages.
Et qui vodroit Orace croire,
Bonne parole en dit et voire,
Car mout sot bien lire et diter,
13920   Si la vous veil ci reciter,
Car sage fame n'a pas honte
Quant bonne auctorité raconte.
      Jadis au temps Helene furent
Batailles que li con esmurent,
13925   Dont cil a grant dolor perirent
Qui por eus les batailles firent
(Mes les mors ne sont pas seües
Quant en escrit ne sont leües).
Car ce ne fu pas la premiere,
13930   Non sera ce la darreniere,
Par qui guerres vendront et vindrent
Entre ceus qui tendront et tindrent
Lor cuers mis en amor de fame,
Dont maint ont perdu cors et ame,
13935   Et perdront, se li siecles dure.
Mes prenés bien garde a Nature,
Car, por plus clerement veoir
Cum elle a merveillous pooir,
Mains exemples vous em puis metre
13940   Qui bien sont a veoir en lectre.
/c/   Li osillons du vert bocage,
Quant il est pris et mis en cage,
Norris mout ententivement
Leens delicieusement,
13945   Et chante, tant cum sera vis,
De cuer gai, si cum iert avis,
Si desirre il les bois ramés
Qu'il a naturelment amés,
Et vodroit sus les arbres estre,
13950   Ja si bien nel savra l'en pestre.
Touz jors i pense et s'estudie

13918. Horace, *Satires*, I, 3, 107-110.
13922. « quand c'est un bon auteur qui parle. »
13924. (ms : *li cuers*). « Nam fuit ante Helenam cunnus teterrima belli/Causa... »
13932. (ms : *en ceus*).
13942. (ms : *en gage*).

A recovrer sa franche vie;
[Sa viande a ses piez demarche,
Por l'ardor qui son cuer li charche,]
13955 Et va par sa cage traçant,
A grant angoisse porchassant
Comment fenestre ou pertruis truisse
Par quoi voler au bois s'en puisse.
Aussi sachiés que toutes fames,
13960 Soient damoiseles ou dames,
De quelcunque condicion,
Ont naturel entencion
Que cercheroient volentiers
Par quex chemins, par quex sentiers
13965 A franchise venir porroient,
Car touz jors avoir la vorroient.
    Aussi vous di je qui li hon
Qui [s'en] entre en religion,
Et vient aprés qu'il s'en repent,
13970 A poi que de duel ne se pent,
Et se complaint et se demente
Si que touz en soi se tormente,
/d/ Tant li set grant desir donner
Comment il porra retorner
13975 A franchise qu'il a perdue,
Car la volenté ne se mue
Por nul habit qu'il puisse prendre,
En quelque leu qu'il s'aille rendre.
C'est li fox poissons qui se passe
13980 Par mi la gorge de la nasse,
Et quant il se vuet retorner,
Maugré sien l'estuet sejorner
A touz jors en prison leens,
Car du retorner est neens.
13985 Li autre, qui dehors demeurent,
Quant il le voient, si aqueurent,
Et cuident que cis s'esbanoie
A grant deduit et a grant joie,
Quant la le voient tornoier
13990 Et par semblant esbanoier;
Et por ice meïmement
Qu'il voient bien apertement
Qu'il a leens assés viande
Tele comme chascuns demande,
13995 Mout volentiers y entreroient;
Tant vont entor et tant tornoient,

Tant hurtent et tant y aguetent
Que le tro truevent, si s'i metent.
Mes quant il sont leens venu,

14000   Pris a touz jors et retenu,
Puis ne se pueent il tenir
Que hors ne vueillent revenir;
[Mes ce n'est pas chose possible,
Qu'il sunt mieuz pris que a la trible.] (H)

14005/117/   La les convient a grant duel vivre,
Tant que la mort les en delivre.
    Tout autel vie va querant
Li jones honz quant il se rent,
Car ja si granz solers n'avra,

14010   Ne ja si faire ne savra
Grant chaperon ne large aumuce
Que Nature en son cuer ne muce.
Lors est [il] mors et mal baillis,
Quant franc estat li est faillis,

14015   S'il ne fait de necessité
Vertu, par grant humilité.
Mes Nature ne puet mentir
Qui franchise li fait sentir,
Car Oraces neïz raconte,

14020   Qui bien set que tel chose monte,
Qui vodroit une forche prendre
Por soi de Nature deffendre
Et la boutast ensus de soi,
Revendroit elle, bien le soi.

14025   Touz jors Nature retorra,
Ja por habit ne demorra.
Que vaut ce ? Toute creature
Vuet retorner a sa nature,
Ja nou lera por violence

14030   De force ne de convenance.
Ce doit mout Venus escuser
Qui voloit de franchise user,
Et toutes dames qui se gueuent,
Combien que mariage veuent,

14035/b/   Car ce lor fait Nature faire
Qui les vuet a franchise atraire.

14019. Horace, *Epitres*, I, 10-24.
14020. « qui sait bien l'importance de la chose. »
14027. *Que vaut ce* : « à quoi bon insister. »
14034. (ms : *vuelent*) : *vuent*, subj. prés. 6 de *voer*, « s'engager à ».

Trop est fors chose de Nature :
Nature passe norreture.
   Qui prendroit, biau fix, un chaton
14040   Qui onques rate ne raton
Veü n'avroit, puis fust norris
Sans ja veoir ras ne soris
Lonc temps, par ententive cure,
De delicieuse pasture,
14045   Et puis veïst soris venir,
N'est riens qui le peüst tenir,
Se l'en le lessoit eschaper,
Que tantost nes alast haper;
Tretouz ses mes en lesseroit,
14050   Ja si familleus ne seroit;
N'est [riens] qui pez entr'eus feïst,
Por pene que l'en i meïst.
   Qui norrir un polain savroit
Qui jument veüe n'avroit
14055   Jusqu'a tant qu'il fust granz destriers
Por soffrir seles et estriers,
Et puis veïst jument venir,
Vous l'orriés tantost henir,
Et le verriés contre li corre,
14060   S'il n'iert qui l'en poïst rescorre,
Non pas morel contre morele
Seulement, mes contre favele,
Contre grise et contre liarde,
Se frains ou bride nel retarde;
14065/c/ Il n'en a nulles espiees,
Mes qu'il les truisse desliees
Ou qu'il sus eus puisse saillir,
Touz jors les vodroit assaillir.
Et qui morele ne tendroit,
14070   Tout le cors a morel vendroit,
Voire a fauvel ou a liart,
Ensi cum sa chalor li art.
Le premier qu'ele troveroit,
C'est cis qui son mari seroit,
14075   Qu'ele n'en a nulz espiés,
Mes que les truisse desliés.

14051. (ms : meïst).
14060. « S'il n'y avait personne pour l'en arracher. »
14067. (ms : sus eles); une syllabe de trop; eus (els) autre forme de féminin pluriel.

             Quoi que je die de morele
             Et de favel et de favele
             Et de liart et de morel,
14080   Di je de vache et de thorel
             Et de berbis et de mouton,
             Car de ceus mie ne douton
             Qu'il ne vuelent lor fames toutes;
             Ne ja de ce, biau fis, ne doutes
14085   Que toutes aussi touz ne veillent,
             Toutes volentiers les acueillent.
             Aussi est il, biau fis, par m'ame,
             De tout homme et de toute fame
             Quant a naturel apetit,
14090   Dont loi les retrait un petit.
             Un petit ? Mes trop, ce me semble,
             Car quant loi les a mis ensemble,
             El vuet, soit valés ou pucele,
             Que cis ne puisse avoir que cele,
14095/d/   Au mains tant cum elle soit vive,
             Ne cele autre, tant cum il vive.
             Mes toute voies sont il tempté
             D'user de franche volenté,
             Car bien sai que tel chose monte;
14100   Si s'en gardent aucun por honte,
             Li autre por poor de pene,
             Mes Nature ainsi les demene
             Com les bestes que nous deïmes.
             Je le sai bien par moi meïmes,
14105   Car je me suis touz jors penee
             D'estre de touz hommes amee;
             Et se je ne doutasse honte,
             Qui refrene les cuers et donte,
             Quant par ces rues m'en aloie
14110   (Et adés aler y voloie,
             D'aornemens envelopee,
             Por noiant fusse une popee),
             Ces valés, qui tant me plesoient,
             Quant ces dous regars me fesoient
14115   (Douz Diex, quel pitié m'en prenoit
             Quant cis regars a moi venoit!)

14083. « ... qu'ils ne les vueillent avoir toutes pour femmes. »
14085. (ms : *ne les*).
14093. (ms : *Et vuet*).
14102. (ms : *les mene*).
14112. « La parure d'une poupée n'eût été rien à côté de la mienne. »

Touz ou plusors les receüsse,
S'il lor pleüst et je peüsse;
Touz les vosisse tire a tire,
14120 Se je peüsse a touz soffire.
Et me sembloit que, s'il peüssent,
Volentiers tuit me receüssent
(Je n'en met hors prelat ne moinne,
Chevalier, borjois ne chanoine,
14125/118/ Ne clerc ne lai, ne fol ne sage,
Puis qu'il eüst souffisant aage)
Et de religion saillissent,
S'il ne cuidassent qu'il faillissent
Quant requise d'amors m'eüssent.
14130 Mes, se bien mon penser seüssent
Et mes condicions tretoutes,
Il n'en fussent pas en tex doutes;
Et croi que, se plusor osassent,
Lors mariages en lessassent;
14135 Et de foy ne lor souvenist
Se unz a privé me tenist;
Nulz n'i gardast condicion,
Foi ne veu ne religion,
Se ne fust aucuns forcenés
14140 Qui fust d'amors enchifrenés
Et loialment s'amie amast :
Cis, espoir, quite me clamast
Et pensast a la soe avoir,
Dont il ne preïst nul avoir.
14145 Mes mout est poy de tex amans,
Si m'aïst Diex et sainz Amans,
Comme je croi certainnement :
Qui parlast a moy longuement,
Quoi qu'il deïst, mençonge ou voir,
14150 Tretout le feïsse esmovoir;
Quex qu'il fust, seculers ou d'ordre,
Fust çains de cuir roge ou de corde,
Quel que chaperon qu'il portast,
O moi, ce croi, se deportast
14155/b/ S'il cuidast que je le vousisse
Ou que, sans plus, je li souffrisse.

14126. *aage* : ici 1 syllabe, mais H : *qu'il fust de poissant aage.*
14127. (ms : *lor r.*).
14136. « en privé. »
14137-14138. (ms : *religion/condition*, intervertis).
14151. H : *d'orde.*

Ainsi Nature nous justise,
Qui nos cuers a delit atise;
Par quoi Venus de Mars amer
14160 A mains deservi a blamer.
  Ensi cum en ce point estoient
Mars et Venus, qui s'entramoient,
Des diex y ot mains qui vosissent
Que li autre d'auz se resissent
14165 En tel point cum il font de Mars.
Miex vosist puis deus mile mars
Avoir perdu dans Vulcanus
Que cest ovre seüst ja nus;
[Car li dui qui tel honte en orent,
(14170) Quant il virent que tuit le sorent,
Firent des lors a huis overt
Ce qu'ils faisoient en covert,
N'onques puis du fet n'orent honte.]
Li dieu tindrent d'auz par tout conte,
14175 Et tant publierent la fable
Que par tout le ciel fu notable;
S'en fu Vulcanus plus yriés
Quant plus fu li fais empiriés,
N'onques puis n'i pot consel metre;
14180 Et si cum tesmoigne la lectre,
Miex li venist estre soffers
Qu'avoir ensi les las offers,
Et que ja ne s'en esmeüst,
Et fainsist que riens n'en seüst,
14185 S'il vosist avoir bele chiere
De Venus, que tant avoit chiere.
Ci se devroit cis prendre garde
Qui sa fame ou s'amie garde
/c/ Ou par son fol aguet tant euvre
14190 Que provee la prent sor l'euvre,
Car sache que pis en fera
Quant prise provee sera;
Ne cis qui du mal felon art,
Qui si l'a prise par son art,
14195 Jamés puis n'en avra la prise
Ne biau semblant ne bon servise.
Trop est fors maus que jalousie,
Qui les jalous art et soussie;

14169-14173. (ms abrège : *Car des deux cui firent tel honte*).
14190. (ms : *l'evre*).

Mes ceste a jalousie fainte
14200   Qui faintement fait sa complainte
Et amuse ensi le musart :
Quant plus l'amuse, et plus cis art.
  Et s'il ne se daigne escondire,
Ains die, por li metre en ire,
14205   Qu'il a voirement autre amie
Gart que ne s'en corrouce mie.
Ja soit ce que semblant en face,
Se cis autre amie porchace,
Ja ne li soit a un bouton
14210   De la ribaudie au glouton,
Mes face tant que cis recroie,
Por ce que d'amer ne recroie,
Que veille autre ami porchacier
Et qu'el ne fait fors por chacier
14215   Celi dont el vuet estre estrange,
Car bien est drois que s'en estrange ;
Et die : « Trop m'avés meffait,
Vengier m'estuet de ce meffait.
Puis que vous m'avés faite coupe,
14220   Je vous ferai d'autel pain soupe. »
Lors sera cis en pire point
C'onques ne fu, s'il l'aime point,
[Ne ne s'en savra deporter ;
Car nus n'a pooir de porter
(14225)   Grant amor ardamment ou pis
S'il n'a paor d'estre acoupis.]
Lors resaille la chamberiere,
Qui reface poourouse chiere,
Et die : « Lasse, mortes sommes !
14230   Mes sires, ou ne sai quex hommes,
Est entrés dedens notre cort. »
La convient que la dame cort
Et entrelast toute besoigne,
Mes le valet ainçois repoigne
14235   Ou en estable ou en huche
Jusqu'a tant qu'ele le rehuche,
Quant el iert arrier la venue.
Cis qui desirre sa venue

14199. (ms : *cest*). Retour à la scène suggérée par les vers 13823-13839.
14219. (ms : *fait*).
14222. (ms : *si l'a*).
14228. (ms : *reface*).

Vodroit lors estre aillors, espoir,
14240   De poor ou de desespoir.
              Lors, se c'est uns autres amis,
         Cui la dame avra terme mis,
         Dont el n'avra pas esté sage,
         Qu'il n'en port du tout le musage,
14245   Combien que de l'autre li membre,
         Mener l'estuet en quelque chambre.
         Face lors tost ce qu'il vodra
         Cis qui demorer ne porra,
         [Dont mout avra pesance et ire;]
14250   Lors la dame li porra dire :
         [Du demorer est ce neans,
         Puis que mes sires est ceans,
         Et quatre miens cousins germains,
         Si m'aïst Diex et saint Germains,]
14255   Quant autre fois venir porrés,
         Je ferai quan que vous vorrés;
         Mes soffrir vous convient a tant.
         Je m'en revois, car l'en m'atent. »
         Mes ainçois le doit hors bouter,
14260   Que le ne puist hui mais douter.
         Lors doit la dame retorner
         Qu'ele ne face sejorner
         Trop longuement l'autre a mesese,
         Por ce que trop ne li desplese
(14265) [Et que trop ne se desconfort;
         Si li redoint novel confort.]
         Si convient que de prison saille
         Et que couchier avec li aille
         Entre ses bras dedens sa couche;
14270   Mes gart que sans poor n'i couche;
         Face li entendant et die
         Qu'ele est trop fole et trop hardie,
         Et jurt que par l'ame son pere
         L'amor de li trop chier compere;
14275   Si se met en tel aventure,
         Ja soit ce qu'el soit plus seüre
         Que ceus qui vont a lor talent
         Par chanz et par vignes balant;

14241. (ms : autre).
14244. (ms : qui). « Pour qu'il ne perde pas tout à fait son temps. »
14249-14254. (ms abrège : Vous ne poés demorer sire).
14257. (ms : or a tant).

Car delis a seürté pris
14280 Mains est plesanz, mains a de pris.
Et quant aler devront ensemble,
Gar que ja cis a li n'assemble,
Combien qu'il la tiengne a sejor,
Por qu'ele voie cler le jour,
14285 Que n'entrecloe les fenestres,
Que si soit ombragés li estres
Que, s'ele a [ne] vice ne tache
Sor sa char, que ja cis nel sache.
/b/ Gart que nulle ordure ne voie,
14290 Que tost se metroit a la voie
Et s'en fuiroit queue levee,
S'en seroit honteuse et grevee.
    Et quant se seront mis en l'ueuvre
Chascuns d'auz si sagement weuvre,
14295 Et si a point cum il conviengne,
Que li deliz ensemble viengne
De l'une et de l'autre partie
Ains que l'ovre soit departie ;
Et si se doivent entre atendre
14300 Por ensemble a lor bon tendre.
L'un ne doit pas l'autre lessier,
De nagier ne doivent cessier
Jusqu'il prengnent ensemble port ;
Lors avront enterin deport.
14305 Et s'el n'i a point de delit
Faindre doit que trop s'i delit,
Et faingne et face touz les signes
Qu'el set qui sont au delit dignes,
Si qu'il cuit que cele en gré prengne
14310 Ce qu'el ne prise une chatengne.
Et s'il, por eus asseürer,
Puet vers la dame procurer
Qu'ele viengne a son propre ostel,
Si rait la dame propos tel,
14315 Le jor qu'el devra l'ovre prendre :
Si se face un petit atendre,
Si que cis en ait grant desir
Ains que la taingne a son plesir.

14284. « pour peu qu'elle voie la lumière du jour. »
14300. bon, « plaisir » ; H : bonne, « but ».
14308. « qu'elle sait convenir au plaisir. »
14309. (ms : croie).

/c/   Geus d'amors est, quant plus demore,
14320   Plus agreable par demore,
             Et sont cil mains entalenté
             Qui les ont a lor volenté.
             Et quant iert a l'ostel venue
             Ou tant sera chiere tenue,
14325   Lors li jurt et li face entendre
             Qu'au jalous se fait trop atendre,
             Qu'ele en fremist et tramble toute,
             Et que trop durement se doute
             D'estre ledengie et batue
14330   Quant el iert arrier revenue;
             Mes comment qu'ele se demente,
             Cumbien qu'el die voir ou mente,
             Prengne poor seürement,
             Seürté pooureusement,
14335   Et facent en lor priveté
             Tretoute lor joliveté.
                  Et s'ele n'a loisir d'aler
             A son ostel a lui parler,
             Ne recevoir ou sien ne l'ose,
14340   Tant la tient li jalous enclose,
             Lors le doit, s'el puet, enyvrer
             Se miex ne s'en puet delivrer.
             Et se de vin nel puet faire yvre,
             D'erbes doit avoir une livre,
14345   Ou plus ou mains, dont sans dengier
             Li puet faire boivre ou mengier;
             Lors dormira cis si forment
             Qu'il li lera faire en dorment
/d/   Tretout quanque cele vorra,
14350   Car destorner ne l'en porra.
             Et sa mesnie, s'ele l'a,
             Envoit, l'un ça et l'autre la;
             Ou par legiers dons les deçoive
             Et son ami par eus reçoive;
(14355)   [Ou les repuet tous abevrer,
             Se du secré les vuet sevrer.]
             Ou s'il li plest, au jalous die :
             « Sire, ne sai quel maladie,
             Ou fievre ou goute ou apostume,

14320. (ms : plus demore).
14335. (ms : povreté).
14345. (ms : tout).

14360   Tout le cors m'embrase et alume ;
         Si m'estuet que j'aille as estuves ;
         Tout aions nous ceens deus cuves,
         N'i vaudroit riens bains sans estuve,
         Por ce convient que je m'estuve. »
14365   Quant li vilains avra songié,
         Si li donra, espoir, congié,
         Combien qu'il face lede chiere,
         Mes qu'ele maint sa chamberiere,
         Ou aucune soe voisine,
14370   Qui avra toute sa couvine,
         Et son ami aussi avra,
         Et cele aussi tout resavra.
         Lors s'en ira chiés l'estuvier,
         Mes ja ne cuve ne cuvier
14375   Par aventure n'i querra,
         Mes o son ami se gerra,
         Se n'est, por ce que bon lor semble,
         Que baignier se doivent ensemble ;
         [Car il la puet ilec atendre,
(14380) S'il set que cele part doit tendre.]
             Nulz ne puet metre en fame garde,
         S'ele meïmes ne se garde.
/120/   Se c'iert Argus qui la gardast
         Qui de ses cent yex l'esgardast,
14385   Dont l'une des moitiés veilloit
         [Et l'autre moitié sommeilloit,]
         Quant Jupiter li fist tranchier
         Le chief, por Yo revenchier
         Qu'il avoit en vache muee,
14390   De forme humaine remuee
         (Mercurius le li trancha
         Quant de Juno la revencha),
         N'i vaudroit sa garde més rien :
         Fol est qui garde tel mairrien.
14395   Mes gart que ja ne soit si sote,
         Por riens que clers ne lais li note,
         Que ja riens d'enchantement croie,
         Ne sorcerie ne charroie,

14371-14372. « et la voisine aura aussi son ami, et la dame aussi
le saura. »
14388. (ms : venchier).
14389. (ms : quant la vist).
14391. (ms : la li).
14394. tel mairrien : « une personne de cet acabit ».

Ne Balenus ne sa science,
14400   Ne magique ne nigromance,
Que por ce puisse homme esmovoir
A ce qu'il aint par estevoir
Ne que por li une autre hee.
Onques ne pot tenir Medee
14405   Jason por nul enchantement,
N'onc Circé ne tint ensement
Ulixés qu'il ne s'en foïst
Por nul sort que faire poïst.
    Si gart fame qu'a nul amant,
14410   Tant s'aille son ami clamant,
Ne doigne don qui gaires vaille.
Bien doint orillier, ou toaille,
Ou queuvrechief, ou aumoniere,
/b/   Mes que ne soit mie trop chiere,
14415   Ou aguillier, las, ou çainture,
Dont poi couste la ferreüre,
Ou un biau petit coutelet,
Ou de filé un loisselet,
Si cum font nonnains par coustume,
14420   (Mes fos est qui les acoustume;
Miex vient celes du siecle amer;
L'en ne s'en fait pas tant blamer,
Si vont miex a lor volentés;
Lor maris et lor parentés
14425   Sevent bien de parole pestre;
Et ja soit ce que ne puet estre
Que l'une et l'autre trop ne coust,
Trop sont nonains de plus grant coust).
Mes hons qui bien sages seroit,
14430   Touz donz de fame douteroit,
Car donz de fame, a dire voir,
Ne sont fors donz por decevoir;
Et contre sa nature peche
Fame qui de largesse a teche.
14435   Lessier devons largesse as hommes,
Car quant nous, fames, large sommes,
Ce est grant meschance et grant vices,
Dyables nous ont fait si nices.

14399. Balenus ou Balenas; nom d'un prétendu magicien arabe.
14401-403. (ms : *se puisse, qu'el aint, por lui;* c'est renverser les
rôles, le pouvoir de la magie devant s'exercer aux dépens de l'homme.)
14418. « ou un fuseau de dentelle. »

Mes ne me chaut, il n'en est guieres
14440 Qui de donner aient manieres.
          De tex donz, cum j'ai dit devant,
Mes que ce soit en decevant,
Biau fils, poés vous bien user
/c/   Por les musars miex amuser ;
14445 Et gardés quanque l'en vous donne,
Et vous soviengne de la bonne
Ou tretoute Jonesce tent,
Se chascuns pooit vivre tant :
C'est de Viellesce qui ne cesse,
14450 Qui chascun jor de nous s'apresse,
Si que quant la serés venus,
Ne serés pas por fol tenus,
Mes soiés d'avoir si garnis
Que vous n'i soiés escharnis,
14455 Car acquerre, se il n'a garde,
Ne vaut [pas] un grain de moutarde.
Helas ! ensi n'ai je pas fait,
Or sui povre par mon fol fait !
          Les granz donz que cil me donnoient
14460 Qui tuit a moi s'abandonnoient
As miex amés abandonnoie.
L'en me donnoit, et je donnoie,
Si que riens n'en ai retenu.
Donner m'a mise au pain menu.
14465 Ne me sovenoit de viellesce,
Qui or me tient en tel destresce ;
De povreté ne me tenoit ;
Le temps ensi cum il venoit
Lessoie aler, sanz prendre cure
14470 De despens faire par mesure.
Se je fusse sage, par m'ame,
Trop peüsse estre riche fame,
Car de trop granz gens fui acointe,
Que j'estoie mignote et cointe,
14475 Et bien en tenoie aucuns pris.
Mes quant j'avoie des uns pris,
Foi que doi Dieu et saint Tibaut,
Tretout donnoie a un ribaut
Qui trop de honte me fesoit,
14480 Mes c'ert cis qui miex me plesoit.
Touz les autres amis clamoie,

14464. (ms : mis). « ... m'a réduite au pain des pauvres. »

Mes li tant seulement amoie;
Mes sachiés qu'il ne me prisoit
Un pois, et bien le me disoit.
14485   Mavaiz ert, onques ne vi pire,
Onc ne me cessa de despire;
Putain commune me clamoit
Li ribaus, qui point ne m'amoit;
Fame a trop povre jugement,
14490   Et je sui fame droitement.
Onc n'amai homme qui m'amast;
Mes se cis ribaus m'entamast
L'espaule, ou ma teste eüst casse,
Sachiés que je l'en merciasse.
14495   Il ne me seüst ja tant batre
Que sor moi nou feïsse embatre,
Il savoit trop bien sa pez faire.
Ja tant ne m'eüst fait contraire
[Ne ja tant m'eüst mal menee,
(14500)   Ne batue, ne traïnee,]
Ne mon vis blecié ne noirci,
Qu'ainçois ne me criast merci
Que de la place se meüst;
Ja tant dit honte ne m'eüst
14505   Que de pez ne m'amonnestast
/121/   Et que lors ne me rafaitast;
Si ravions pez et concorde.
Ensi m'avoit prise a sa corde :
Il estoit trop fors rafaitierres
14510   Li faus, li traïtres, li lierres.
Sanz celı ne peüsse vivre,
Celı vosisse touz jors sivre.
[S'il foïst, bien l'alasse querre
Jusqu'a Londres en Angleterre.]
14515   Tant me plut et tant m'abeli,
Qu'il me mist a honte et je li,
Car il menoit les granz cembiaus
Des dons que de moi avoit biaus.
Il n'en metoit nulz en espernes,
14520   Tout jooit a dés en tavernes.
Onques n'aprist autre mestier,
N'il ne l'en ert lors nul mestier,
Car tant li livroie a despendre,
Et je l'avoie bien ou prendre.

14508 (ms : *pris*).

14525 Touz li mondes ert mes rentiers,
 Et il despendoit volentiers,
 Et touz jors ert en ribaudie,
 Tretouz frioit de licherie.
 [Tant par avoit la bouche tendre,
(14530) C'onc ne vost a nul bien entendre,]
 N'onc vivre ne li abelit
 Fors en oiseuse et en delit.
 En la fin l'en vi mal bailli,
 Quant li don nous furent failli;
14535 Povres devint et pain querans;
 Et je n'oi vaillant deux cerans,
 N'onques n'oi seignor espousé.
 Lors m'en vins, si cum dit vous é,
 Par ces boissons, gratant mes temples.
14540/b/ Cis miens estat vous soit exemples,
 Biau douz fis, et le retenés.
 Et sagement vous maintenés
 Qu'onor aiés de ma mestrie;
 Et quant vostre rose iert flestrie
14545 Et les chenes vous assaudront,
 Certainnement li don faudront. »
  Ensi la Vielle a sermonné
 Bel Acuel, qui mot n'a sonné;
 Mout volentiers tout escouta.
14550 De la Vielle mains se douta
 Qu'il n'avoit onques fait devant,
 Et bien se vait apercevant
 Que, se ne fust por Jalousie
 Et ses portiers ou tant se fie,
14555 Au mains les trois qui li demorent,
 Qui touz jors par le chatiau corent
 Tuit forcené por le deffendre,
 Ligiers fust li chatiaus a prendre.
 Mes ja ne l'iert, si cum je cuide,
14560 Tant i metent cil grant estuide.
 De Male Bouche, qui mors iere,
 Ne fesoit nulz d'aus male chiere;
 Il n'estoit point leens amés.
 Touz jors les avoit diffamés

14531. *abelit* : c'est une forme de présent; on attend un parfait
après *vost*, de *voloir*.
14545. (ms : *chiennes*); *chenes*, « cheveux blancs ».
14559. Réapparition du narrateur, oublié depuis un certain temps.

14565 Vers Jalousie et touz trahis,
 Si qu'il ert si forment haïs
 Qu'il ne fust mie d'un ail raiens
 De nul qui demorast laiens,
 Se n'iert, espoir, de Jalousie.
14570 Cele amoit trop sa janglerie,
 Volentiers li prestoit l'oreille;
 S'en ert elle triste a merveille
 Quant li lierres chalemeloit;
 Nulle rienz a li ne celoit
(14575) [Dont il li poïst sovenir,
 Por quoi maus en deüst venir.
 Mes de ce trop grant tort avoit
 Qu'il disoit plus qu'il ne savoit,
 Et tous jors par ses flateries
(14580) Ajoustoit as choses oïes.]
 Touz jors acresçoit les noveles
 Quant el n'erent bonnes ne beles
 Et les bonnes apetissoit.
 Ainsi Jalousie atisoit
14585 Comme cis qui toute sa vie
 Usoit en jangle et en envie.
 N'onques messe chanter n'en firent,
 Tuit furent lié quant mort le virent.
 Riens n'ont perdu, si cum lor semble,
14590 Car quant mis se seront ensemble,
 Si cuident garder la porprise
 Qu'el n'avra garde d'estre prise
 S'il y venoit cinc cent mil hommes.
 « Certes, font il, poi poissant sommes
14595 Se sanz ce larron ne savons
 Garder tout quanque nous avons.
 Ce faus traïtre, ce truant,
 Aut s'ame ou feu d'enfer puant,
 Qui le puist ardoir et destruire !
14600 Onques ne fist ceens que nuire. »
 Ce vont li trois portier disant.
 Mes quoi qu'il aillent devisant,
 Forment en sont afebloié.
 Quant la Vielle ot tant fabloié,
14605 Bel Acuel reprent la parole.

14567. « On ne l'aurait pas racheté pour le prix d'une gousse d'ail. »
14582. (ms : *elles*).
14586. (ms : *en oie*).

/d/   A tant commence un poi parole,
           Et dist comme bien enseigniés :
           « Ma dame, quant vous m'enseigniés
           Vostre art si debonnerement,
14610   Je vous en merci bonnement.
           Mes quant parlé m'avés d'amer,
           Des douz mauz ou tant a amer,
           Ce m'est trop estrange matire.
           Riens n'en sai fors par oïr dire,
14615   Ne jamés n'en quier plus savoir.
           Quant vous me reparlés d'avoir
           Qui soit par moi grans amassés,
           Ce que j'ai me soffist assés.
           D'avoir bele maniere et gente,
14620   La veil je bien metre m'entente.
           De magique, l'art au diable,
           Je n'en croi riens, soit voirs ou fable;
           Et du valet que vous me dites
           Ou tant a bontés et merites
14625   Que toutes graces y acorent,
           S'il a graces, si li demorent.
           Je ne bé pas que soient moies,
           Ains les li quit. Mes toute voies
           Nel hé je pas certainnement,
14630   Ne ne l'aim pas trop finement,
           Tout aie je pris son chapel,
           Que por ce mon ami l'apel,
           Se n'est par parole commune,
           Si cum chascuns dist a chascune :
14635   « Bien puissiés vous venir, amie !
/122/   — Amis, et Diex vous beneïe ! »
           Ne que je l'aime ne honor,
           Se n'est par bien et par honor.
           Mes puis qu'il le m'a presenté,
14640   Et receü son present é,
           Ce me doit bien plere et seoir,
           S'il puet, qu'il me vaingne veoir,
           S'il a de moy veoir talent :
           Il ne me trovera ja lent
14645   Que nou reçoive volentiers,
           Mes que ce soit endementiers
           Que Jalousie soit hors de vile,

14624. (ms : *graces et m.*).
14627. (ms : *je n'ai pas beé*).

Qui forment le het et devile ;
Si dout je mout que il n'aviengne,
14650 S'il vient ceens, qu'el n'i sorviengne,
Car puis qu'ele a fait emmaler
Tout son harnois por hors aler,
Et de remaindre avons congié,
Quant sus son chemin a songié,
14655 Souvent demi voie retorne
Et touz nous tempeste et bestorne ;
Et s'il y vient par aventure,
Tant est vers moi crueuse et dure,
S'ele le puet ceens trouver,
14660 N'en puist ele ja plus prouver,
Se sa cruauté remembrés,
Je sera touz vif demembrés. »
Et la Vielle mout l'asseüre :
« Sor moi, dist ele, soit la cure.
14665 De lui trover est ce neens,
/b/ Et fust Jalousie ceens,
Car je sai trop de repotaille,
Que plus tost en un tas de paille,
Si m'aïst Dieu et saint Remi,
14670 Troveroit un oef de fremi
Que celi, quant repot l'avroie,
Si bien repondre le savroie.
— Dont veil je bien, dist il, qu'il viengne,
Mes que sagement se contiengne,
14675 Si qu'il se gart de touz outrages.
— Par la char Dieu, tu dis que sages,
Que preus et que bien apensés,
Fis, qui tant vaus et qui tant sés. »
     Lor paroles atant faillirent ;
14680 D'iluec atant se departirent.
Bel Acuel en sa chambre va,
Et la Vielle aussi se leva
Por besoignier par les maisons.
Quant vint leus et temps et saisons
14685 Que la Vielle puet seul choisir
Bel Acuel, si que par loisir
Peüst l'en bien a lui parler,
Les degrés prent a devaler
Tant que de la tour est issue ;
14690 Onques ne cessa de l'issue
Jusqu'a mon ostel de troter ;
Por moi la besoigne conter

A moi s'en vint lasse et tagans :
« Viens je, dist elle, a tans a gans,
14695 Se je vous di bone noveles,
/c/ Toutes freches, toutes noveles ?
— As ganz ! Dame, ains vous di sans lobe
Que vous avrés mantel et robe
Et chaperon a penne grise
14700 Et botes a vostre devise,
Se me dites chose qui vaille. »
Lors me dist la Vielle que j'aille
Sus ou chatel, ou l'en m'atent.
Ne ne s'en vot partir a tant,
14705 Ains m'aprist d'entrer la maniere.
« Vous entrerés par l'uis derriere,
Dist elle, je le vous vois ovrir,
Por miex la besoigne couvrir.
Cis passages est mout couvers ;
14710 Sachiés, cis huis ne fu overs
Plus a de deus mois et demi.
— Dame, fis je, par saint Remi,
Coust l'aune dis livres ou vint
(Car mout bien d'Ami me souvint,
14715 Qui me dist que bien promeïsse,
Neïz se rendre ne poïsse),
Bon drap avrés ou pers ou vert,
Se je puis trover l'uis ouvert. »
La Vielle a tant de moi se part ;
14720 Je m'en revois de l'autre part,
A l'uis derriere, ou dit m'avoit,
Priant Dieu qu'a droit port m'avoit.
A l'uis m'en vinz, sanz dire mot,
Et la Vielle deffermé l'ot
14725 Et le tint encore entreclos.
/d/ Quant me fui mis ens, je le clos,
S'en fumes plus seürement,
Et je de ce meïmement
Que je soi Male Bouche mort ;
14730 Onques si liez ne fui de mort.
Iluec vi la porte cassee.
Je ne l'oi pas plus tost passee

14693. *tagans* : « essoufflée ».
14694-14695. « Est-ce que j'arrive à temps pour la récompense
(les gants) en vous annonçant de bonnes nouvelles ? »
14731. La porte que gardait Male Bouche.

Qu'Amors trové dedens la porte,
Et c'est ce qui confot m'aporte.
(14735)   [Diex! quel avantage me firent
Li vassal qui la desconfirent!
De Diex et de saint Beneoist
Puissent il estre beneoist!
Ce fu Faus Semblant li traïstres,
(14740)   Le filz Barat, li faus menistres
Dame Ypocrisie sa mere,
Qui tant est as vertus amere,
Et dame Astenance Contrainte,
Qui de Faus Semblant est enceinte,
(14745)   Preste d'enfanter Antecrist,
Si cum ge truis ou livre escrit.
Cil la desconfirent sans faille;
Si pri por eus, vaille que vaille.
Seignor, qui velt traïstres estre,
(14750)   Face de Faus Semblant son mestre,
Et Contrainte Astenance prengne,
Double soit, et sangle se faingne.]
Quant cele porte que j'ai dite
Vi ensi prise et desconfite,
14755   L'ost trovai aüné leens,
Prest d'assaillir, mes yex veens;
Se j'oi joie nulz nel demant.
Lors pensai mout parfondement
Comment j'avroie Douz Regart.
14760   Estez le vous, que Diex le gart!
Amors par confort le m'envoie.
Trop longuement perdu l'avoie.
[Quant gel vi, tant m'en esjoï
Qu'a poi ne m'en esvanoï;
(14765)   Mout refu liez de ma venue
Douz Regard quant il l'ot veüe;]
Tantost a Bel Acuel me moutre,
Qui saut sus et me vient encontre
Comme cortois et bien apris,
14770   Car sa mere l'ot bien apris.
Enclins le salu de venue,
Et il aussi me resalue
Et de mon chapel me mercie.
« Sire, fis je, ne vous poit mie,
14775   Ne m'en devés pas mercier;

14774. *poit*, pour *poist*, subj. prés. 3 de « peser ».

Mes je vous doi regracier
Cent mile fois quant me feïstes
/123/ Tant d'onor que vous le preïstes;
Et sachiés que s'il vous plesoit
14780 Je n'ai rienz qui vostre ne soit
Por fere tout vostre voloir,
Qui qu'en deüst rire ou doloir.
Touz me vueil a vous asservir
Por vous honorer et servir.
(14785) [Se me volés riens commander,
Ou sans commandement mander,
Ou s'autrement le puis savoir,]
Le cors y metré et l'avoir,
Voire certes l'ame en balance,
14790 Sanz nul remors de conscience.
Et que plus certains en soiés,
Je vous pri que vous m'essaiés;
Et se j'en faus, je n'aie joie
De cors ne de chose que j'oie.
14795 — Vostre merci, dist il, biau sire,
Je vous revuel bien aussi dire
Que, se j'ai chose qui vous plese,
Bien vuel que vous en aiés ese.
Prenés en neïz sans congié,
14800 Par bien et par honor, cum gié.
— Sire, fis je, vostre merci,
Cent mile fois vous en merci.
Quant ainsi puis vos choses prendre,
Dont ne quier je ja plus atendre,
14805 Quant si avés la chose preste
Dont mon cuer fera greigneur feste
[Que de tretout l'or d'Alixandre.]
Lors m'avançai por les mains tendre
A la rose que tant desir,
14810 Por acomplir tout mon desir;
Et cuidai bien a nos paroles
/b/ Qui tant erent douces et moles
[Et a nos plesans acointances,
Plaines de beles contenances,]
14815 Que trop fust fait legierement.

14785. H : S'ous = se vous.
14788. (ms : metroie pour enchaîner avec le vers 14784).
14800. gié : « je, moi ».
14806. (ms : mout grant feste, vers suivant omis).

Mes il m'avint tout autrement.
Mout remaint de ce que fox pense.
Trop i trovai cruel deffense,
Car si cum cele part tendi,
14820   Dangier le pas me deffendi,
[Li vilains, que maus leus estrangle !
Il s'estoit repost en un angle
Par derriers et nous aguetoit,
Et mot a mot toutes metoit]
14825   Nos paroles en son escrit.
Lors n'atent plus qu'il ne m'escrit :
« Fuiés, vassaus, fuiés, fuiés,
Fuiés, dist il, trop m'ennuiés.
Dyable vous y ont amené,
14830   Li maleoit, li forcené,
Qui a ce biau service partent,
Et tout prengnent ains qu'il s'en partent,
Ja n'i vaingne il sainte ne saint !
Vassaus, vassaus, se Diex me saint,
14835   A poi que je ne vous affronte ! »
Lors saut Poor, lors acort Honte
Quant oïrent le païsant
« Fuiés, fuiés, fuiés » disant,
[N'encor pas a tant ne s'en tut,
14840   Mes le deable i amentut
Et sainz et saintes en osta.
Hé ! Diex, cum ci felon oste a !]
Si se corrocent et forcennent.
Tuit trois a un acort se prennent,
14845   Si me boutent arrier mes mains :
« Ja n'en avrés, font il, més mains
Ne plus que vous eü avés ;
Malement entendre savés
Ce que Bel Acuel vous offri,
14850   Quant parler a li vous soffri.
Ses biens vous offri liement,
/ᶜ/   Mes que ce fust honnestement.
D'onesteté cure n'eüstes,
Mes l'offre simple receütes

14825. (ms : *Nos paroles metoit en e.*, pour abréger).
14831-14832. Formule qui exprime à la fois le désappointement (à l'indicatif) et la malédiction (le subjonctif). Cf. traduction par F. Lecoy, t. II, p. 296.
14847. (ms : *en avés*).
14851. (ms : *mes biens*).

14855   Non pas ou sen qu'en le doit prendre,
Car sans dire est il a entendre,
Quant prodons offre son servise,
Que ce n'est fors en bonne guise,
Ensi l'entent li prometierres.
14860   Mes or me dites, dans trichierres,
Quant ces paroles apreïtes,
Ou droit sen por quoi nes preïstes ?
Prendre les si vilainnement
Vous vint de rude entendement,
14865   Ou vous avés apris d'usage
A contrefaire le fol sage.
Il ne vous offri pas la rose,
Car ce n'est mie honeste chose
Ne que requerre la doiés,
14870   Ne que sans requerre l'aiés.
Et quant vos choses li offrites,
Ceste offre comment entendites ?
Fu ce por li venir lober
Ou por lui sa robe rober ?
14875   [Bien le traïssiés et boulés
Qui servir ainsinc le voulés ;]
Vous estes privés anemis.
Ja n'est il riens en livre mis
Qui tant puis nuire ne grever ;
14880   Se vous deviés de duel crever,
Si nou deviés vous pas cuidier.
Ce porpris vous convient vuidier.
Malfé vous i font revenir,
/d/   Car bien vous deüst souvenir
14885   Qu'autre fois en fustes chaciés.
Or hors ! aillors vous porchaciés !
[Sachiés, cele ne fu pas sage
Qui quist a tel musart passage.
Mes ne sot pas vostre pensee,
14890   Ne la traïson porpensee,
Car ja quis ne le vous eüst,
Se tel desloiauté seüst.]
Trop forment estoit deceüs
Bel Acuel, li desporveüs,
14895   Quant vous reçut en sa porprise.

_____

14874. (ms : _de sa r._).
14880-14881. « Dussiez-vous en crever de douleur, vous ne deviez
pas avoir une telle idée (cueillir la rose). »

Il vous cuidoit faire servise,
Et vous tendés a son damage.
Par foi, tant en a qui chien nage :
Quant est arivés, si l'abaie.
14900   Or querrés aillors vostre proie,
Et hors de ce porpris alés;
Nos degrés tantost avalés
Debonnerement et de gré,
Ou ja n'i conterés degré;
(14905)   [Car tiex porroit tost ci venir,
S'il vous puet baillier et tenir,
Qui les vous feroit mesconter,
S'il vous i devoit afronter.]
    Sire fox, sire outrecuidiés,
14910   De toutes loiautés vuidiés,
Bel Acuel, que vous a forfait ?
Por quel pechié, por quel forfait
L'avés si tost pris a haïr
Qui le vouliés issi trahir,
14915   Et maintenant li offriés
Tretout quanque vous aviés ?
Est ce por ce qu'il vous reçut,
Et nous et soi por vous deçut,
Et vous offri, li damoisiaus,
14920   Tantost les chiens et les oisiaus ?
Sachiés, folement se mena;
Et de tant cum il fait en a,
Et por ores et por autre fois,
/124/   Si me gart Diex et Sainte Fois,
14925   Il sera mis en tel prison
Onc en si fort n'entra pris hon;
En tex aniaus sera rivés
Que jamés jor que vous vivés
Ne le verrés aler par voie,
14930   Quant ensi nous trouble et desvoie.
Mal l'eüssiés vous tant veü !
Por li sommes tuit deceü. »
Lors le prennent et tant le batent
Que fuiant en la tor l'embatent
14935   Et l'ont, aprés tant de ledures,
A trois peres de serreüres,
Sanz plus metre en fer ne en cloz,
Sous trois peres de clés encloz.

14904. « Ou vous n'aurez pas le temps de compter les marches. »

A cele fois plus nel greverent,
14940 Mes c'iert por ce qu'il se hasterent.
Si li promistrent pis a faire
Quant il seront mis au repaire.
Ne se sont pas a tant tenu,
Sor moi sont tuit trois revenu,
14945 Qui dehors ere demorés,
Tristes, dolans, mas, emplorés,
Si me rassaillent et tormentent.
Or doint Diex que il s'en repentent
Du grant outrage qu'il me font!
14950 Pres que mon cuer de duel ne font.
Car je me voloie bien rendre,
Mes vif ne me voloient prendre.
D'avoir lor pez mout m'entremis,
/b/ Et vosisse bien estre mis
14955 Avec Bel Acuel en prison.
« Dangier, di je, biau gentis hon,
Frans de cuer et vaillans de cors,
Piteus plus que je ne recors,
Et vous Honte et Poors, les beles,
14960 Sages, franches, nobles puceles,
En fais, en dis bien ordenees,
Et du linage Raison nees,
Souffrés que vostre sers deviengne
Par tel convent que prison tiengne
14965 Avecques Bel Acuel leens,
Sans estre nul jor mes reens;
Et loiaument vous vuel prometre,
Se me volés en prison metre,
Que je vous feré tel servise
14970 Qui vous plera bien a devise.
Par foi, se je estoie lierres
Ou traïtres ou ravissierres,
Ou d'aucun murtre ochoisonnés,
Et vosisse estre emprisonnés,
14975 Por quoi la prison requeïsse,
Ne croi je pas que g'i fausisse,
Voire, par Dieu, et sans requerre
Me metroit l'en en quelque terre
Par quoi l'en me peüst baillier;
14980 S'en me devoit tout detaillier,

14966. « sans être jamais délivré. »
14979. (ms : le me). « où l'on pût me tenir sous surveillance ».
14980. (ms : se me).

Ne me leroit l'en eschaper
Se l'en me pooit atraper.
La prison por Dieu vous demant
/c/   Avec li pardurablement;
14985   Et se tex puis estre trovés,
Ou soit sans prueve, ou pris provés,
Que de bien servir y defaille,
Hors de prison a touz jors aille.
Si n'est il pas hons qui ne faut;
14990   Mes s'il y a par moy defaut,
Faites moi trosser mes peniauz
Et saillir hors par les creniaus;
Et se je jamés vous corrous
Punis vuel estre du corrous.
14995   Vous meïmes en soiés juge,
[Mes que nus fors vous ne me juge.]
Haut et bas sor vous me metroi,
Mes que vous n'i soiés que troi,
Et soit avec vous Bel Acuel,
15000   Car celi por le quart acuel.
Le fait li porrés recorder;
Et se ne poés acorder
Au mains soffrés que vous acort
Et vous tenés a son acort;
15005   Car por batre ne por tuer
Ne m'en verrés ja remuer. »
     Tantost Dangier se rescria
« Hé! Diex! quel requeste ci a!
Metre vous en prison o li,
15010   Qui tant avés le cuer joli,
Et il le ra tant debonnaire,
Ne savroit autre chose faire
Fors que par amoretes fines
Metre Renart o les gelines.
(15015)   [Quel servise nous i faciez] (H.)
/d/   Bien savons que vous ne traciés
[Fors nous faire honte et laidure.
N'avons de tel servise cure.]
Bien estes ore de sens vuidiés

14997. « je m'en remettrai à votre justice, entièrement. »
15003. (ms : *a moi soffrir*). « souffrez au moins qu'il vous mette
d'accord. »
15017-15018. (ms remplace ces deux vers par : *quel servise vous
i faciez.*)

15020	Qui juge faire le cuidiés.
	Juge! Por le biau roi celestre
	Comment porroit il juges estre
	Ne prendre sor soi nulle mise
	Persone ja jugie et prise ?
15025	Bel Acuel est pris et jugiés,
	Et tel dignité li jugiés
	Qu'il puist estre arbitre ou juge!
	Ains sera venus le deluge
	Que il isse de nostre tour,
15030	Et sera destruis au retour
	Car il l'a mout bien deservi
	Por ce sans plus qu'il s'aservi
	De tant qu'il vous offri ses choses.
	Par lui pert l'en toutes les roses ;
15035	Chascuns musars les vuet coillir
	Quant il se voit bel acoillir;
	Mes qui bien le tendroit en cage,
	Nus n'i feroit jamés damage,
(15040)	[Ne n'emporteroit hons vivant,
	Pas tant cum emporte li vent,]
	Se tex n'iert que tant mespreïst
	Que vilene force feïst;
	Et si porroit bien tant mesprendre
	Qu'il s'en feroit honir ou pendre.
15045	— Certes, diz je, mout se meffait
	Qui destruit homme sans meffait
	Et qui sanz raison l'emprisonne;
	Et quant vous si vaillant personne
/125/	Cum Bel Acuel, et si honeste,
15050	Qui fait a tout le monde feste,
	Por ce qu'il me fist bonne chiere
	Et qu'il ot m'acointance chiere,
	Sanz [autre] ochoison pris tenés,
	Malement vers lui mesprenés,
15055	Car par raison estre deüst
	Hors de prison, s'il vous pleüst.
	Si vous pri donques qu'il en isse,
	Et de la besoigne chevisse.
	Trop avés ja vers lui mespris,
15060	Gardés qu'il ne soit jamés pris.
	— Par foi, font il, cis fox nous trufe.

15024. *jugie* : participe fém.
15030. « à notre retour ».

Il nous fet bien pestre de trufe
Quant il le viaut desprisonner
Et nous trahir par sermonner.
15065 Il requiert ce qui ne puet estre.
Jamés par huis ne par fenestre
Ne metra hors neïs le chief. »
Lor m'assaillirent de rechief,
Chascuns a hors bouter me tent;
15070 Il ne me grevast mie tant
Qui me vousist crucefier.
Je, qui lor commence a crier
Merci, non pas a trop haut cri,
A ma vois basse a l'assaut cri
15075 Vers ceus qui secorre me doivent,
Tant que les gardes m'aperçoivent
Qui l'ost durent eschargaitier.
Quant m'oïrent si haut crier :
/b/   « Or sus! or sus, font il, baron!
15080 Se tantost armé n'aparon
Por secorre ce fin amant,
Perdus est, se Diex ne l'amant.
Li portier l'estranglent ou lient,
Batent, tuent ou crucefient.
15085 Devant eus brait a vois serie.
A si bas cri merci lor crie,
Envis puet l'en oïr le brait;
Car si bassement crie et brait,
Avis vous iert, se vous l'oés,
15090 Ou que de braire est enroés,
Ou que la gorge li estraingnent
Si qu'il l'estranglent ou estaingnent.
[Ja li ont si la vois enclose
Que haut crier ne puet ou n'ose;
(15095) Ne savons qu'il beent a faire,
Mes il li font trop de contraire;]
Mors est se tantost n'a secors.
Foïs s'en est tretout le cors
Bel Acuel qui le confortoit;
15100 Si convient qu'autre confort ait
Tant qu'il puist celi recovrer.

15078. H : si mautraitier.
15084. (ms : ou tuent .
15088. (ms : belement .
15101. (ms : puisse .

Des or estuet d'armes ovrer. »
Et cil sanz faille mort m'eüssent
Se cil de l'ost venu ne fussent.
15105   Li baron as armes saillirent
Quant oïrent, sorent et virent
Perdu avoie joie et solas.
Je qui estoie pris ou las
Ou Amors les autres enlasse,
15110   Sanz moi remuer de la place,
Regardai le tornoiement
Qui commença trop aprement;
/c/   Car si tost cum li portier sorent
Que si grant ost encontre eus orent,
15115   Ensemble tretuit trois s'alient
Et s'entrejurent et afient
Qu'a lor pooir s'entr'aideront,
Ne ja ne s'entrelesseront
Jor de lor vie a nulle fin.
15120   Et je, qui d'esgarder ne fin
Lor semblant et lor contenance,
Mout fui dolans de l'aliance.
Et cil de l'ost, quant il ce virent
Que cil tel aliance firent,
15125   Si s'assemblent et s'entrejoignent;
N'ont mes talent qu'il s'entr'eloignent,
Ains jurent que tant y ferront
Que mort en la place gerront,
Ou desconfit seront et pris,
15130   Ou de l'estor avront le pris,
Tant sont erragiés de combatre
Por l'orgueil des portiers abatre.
Des or venrons a la bataille,
S'orrés comment chascuns bataille.
15135/d/   Or entendés, loial amant,
Que li Diex d'Amors vous amant
Et doint de vos amors joïr!
En ce bois ci poés oïr
Les chiens glatir, se m'entendés,
15140   Au connin prendre, ou vous tendés,
Et le furet, qui sans faillir

15102. (ms : *de hors*).
15123. (ms : *se virent*).
15140. Jeu sur le mot *connin*.

          Le doit faire es resiaus saillir.
          Notés ce que ci vois disant,
          D'amors avrés art souffisant.
15145   Et se vous y trovés rienz trouble
          Qui vostre conscience trouble,
          Quant le songe m'orrés espondre,
          Bien savrés lors d'amors respondre,
          S'il est qui en sache opposer,
14150   Quant le texte m'orrés gloser;
          Et savrés lors par cest escrit
          Quanque j'avré avant escrit
          Et quanque je bee a escrire.
          Mes ains que plus m'en oiés dire,
15155   Aillors vueil un petit entendre
          Por moi de male gent deffendre,
          Non pas por vous fere muser,
          Mes por moi contre eus escuser.
              Si vous pri, seignor amoreus,
15160   Por le Dieu d'Amors savoureus,
          Que se vous y trovés paroles
          Qui soient trop baudes ne foles,
          Por quoi saillent li mesdisant,
          Qui de nous aillent mesdisant,
15165/126/ Des choses a dire ou des dites,
          Que cortoisement les desdites.
          Et quant vous les avrés des dis
          Repris ou tardés ou desdis,
          Se mi dit sont de tel maniere
15170   Que par droit pardon en acquiere,
          Pri vous que le me pardongniés,
          Et de par moi lor respongniés
          Que ce requeroit la matire
          Qui vers tex paroles me tire
15175   Par les propriétés de soi;
          Et por ce tex paroles oi.
          Car chose est droituriere et juste,
          Selonc l'auctorité Saluste,
          Qui nous dit par sentence voire :

15142. (ms : rosiaus).
15147. Le poète annonce ce qu'il va dire dans la suite du poème,
non une glose extérieure au texte.
15154. (ms : puis m'en).
15157. (ms : Por vous si pas).
15161. (ms : Et se).
15162. (ms : ne trop f.).

15180   « Tout ne soit pas semblable gloire
        De celi qui la chose a fait
        Et de l'escrivain qui le fait
        Vuet metre proprement en lettre
        Por miex savoir que dit la lettre,
15185   Si n'est ce pas chose legiere,
        Ains est mout fors de grant maniere
        Metre bien les fais en escrit;
        Car quicunques la chose escrit,
        Se du voir ne vous vuet embler,
15190   Li dis doit le fait resembler;
        Car les vois as choses voisines
        Doivent estre a lor fais coisines. »
        Si me convient ensi parler
        Se par le droit m'en vuel aler.
15195/b/   Si vous pri toutes, vaillans fames,
        Soiés damoiseles ou dames,
        Amoreuses ou sans amis,
        Que se moz i trovés ja mis
        Qui soient mordans ou chiennins
15200   Encontre les meurs feminins,
        Que ne m'en veilliés pas blamer
        Ne m'escriture diffamer,
        Qui toute est por enseignement;
        Onc n'i dis riens certainnement,
15205   Ne volenté n'ai pas du dire,
        Ne par yvresce ne par ire,
        Par haïne ne par envie,
        [Contre fame qui soit en vie.]
        Car nus ne doit fame despire,
15210   S'il n'a cuer des mavés le pire.
        Mes por ce en escrit meïmes
        Que nous et vous de nous meïmes
        Poïssions connoissance avoir,
        Car il fait bon de tout savoir.
15215   D'autre part, dames honorables,
        S'il vous semble que je di fables,
        Por menteor ne m'en tenés,
        Mes as actors vous en prenés

15180. Salluste, *Catilina*, III.
15182. (ms : *l'a fait*).
15213. (ms : *puissions*).
15216. (ms : *die*).

Qui es lor livres ont escrites
15220   Les paroles que j'en ai dites
Et celes que je en diré;
Que ja de riens n'en mentiré,
Ne li prodomme n'en mentirent
Qui les livres anciens firent.
15225   Et tuit a ma raison s'acordent,
/c/   Quant les meurs feminins recordent,
Ne ne furent ne fol ne yvres
Quant il les mirent en lor livres.
Cil les meurs feminins savoient,
15230   Car tous esprouvez les avoient,
[Et tiex es fames les troverent,
Que par divers tens esproverent;]
Par quoi miex m'en devés quiter;
Je n'i fais riens fors reciter
15235   Se par mon geu, qui pau vous couste,
Aucune chose n'i ajouste,
Si cum font li autre poete
Quant chascuns la matire trete
[Dont il li plest a entremetre :
(15240)   Car si cum tesmoigne la letre,
Profit et delectation,
C'est toute lor entencion.]
    Et se genz encontre moi groucent
Et se troblent et se corroucent,
15245   Qui sentent que je les remorde
Par le chapitre ou je recorde
Les paroles de Faus Semblant,
Et por ce s'aillent assemblant
Que blamer ou punir me vueillent,
15250   Por ce que par mon dit se duelent,
Je fais bien protestation
C'onques ne fu m'entention
De parler contre homme vivant
Sainte religion sivant,
15255   Ne qui sa vie use en bon euvre,
De quelque robe qu'il se quevre;
Ains pris mon arc et l'entesoie,

15219. (ms : *sont e.*).
15221. H : *et ceus avec que g'en dirai.*
15237. (ms : *prophete*).
15241-15242. Horace, *Art poétique*, 333-334. Mais notre ms omet ces vers qui conviennent mal à des " prophètes " (v. 15237).
15249. (ms : *qui*).

Quelque pechierres que je soie,
Si fis ma saiete voler
15260 Generaument por afoler.
Por afoler ? Mes por connoistre,
/d/ Fussent seculer ou de cloistre,
Les desloiaus genz, les maldites,
Que Jhesus appelle ypocrites,
15265 Dont maint, por sembler plus honeste,
Lessent a mangier char de beste
Touz temps en non de penitence,
Et font ensi lor abstinence,
Si cum nous en quaresme fommes,
15270 Mes touz vis mengüent les hommes
O les dens de detraction
Par venimeuse entention.
Onc d'autre saing ne fis bersaut,
La vois et veil que mon fer saut,
15275 Si trais sor eus a la volee;
Et se por avoir la colee
Avient que desous la saiete
Aucuns honz de son gré se mete,
Qui par orgoil si se deçoive
15280 Que dessus soi le cop reçoive,
Puis se plaint que je l'ai navré,
Corpe n'en ai ne ja n'avré
Neïs s'il en devoit perir;
Car je ne puis nuli ferir
15285 Qui du cop se vuelle garder,
S'il set son estat regarder.
Neïs cis qui navrés se sent
Par le fer que je li present,
Gart que plus ne soit ypocrites,
15290 Si sera de la plaie quites.
Et neporquant, qui que s'en plaingne,
/127/ Combien que prodomme se faingne,
Onc riens n'en dis, mon escient,
Cum bien qu'il m'aut contrariant,
15295 Qui ne soit en escrit trouvé
Et par experiment prouvé,
[Ou par raison au mains provable
A qui que soit desagreable.]
Et s'il y a nulle parole
15300 Que sainte Eglise tiengne a fole,
Prest sui qu'a son voloir l'amende
Se je puis soffir a l'amende.

.01	Or reviens a mes chançonnetes
.02	Si diré des geus d'amoretes
.03	Sans espondre nulle mençonge
.04	Fors ce que je vi en mon songe.
	Franchise vient premierement
	Contre Dangier mout humblement,
15305	Qui trop ert fiers et orageus,
	[Par semblant fel et outrageus.]
	En son poing porte une maçue,
	Fierement la paumoie, et rue
	Entor soi cops si perilleus
15310	Que escus, s'il n'est mervilleus
	Nel puet tenir que ne porfende
	Et que cis vaincus ne se rende
	Qui contre li se met en place,
	S'il est bien atains de la mace;
(15315)	[Ou qu'il nel confonde ou escache,
	S'il n'est tex que trop d'armes sache.
	Il la prist ou bois de Refus,
	Li lez vilains que ge refus;]
	Sa targe fu d'estoutoier,
15320	Bordee de genz vitoier.
	Franchise refu bien armee,
	Mout seroit envis entamee,
	Por qu'ele se seüst bien couvrir;
	Franchise, por la porte ouvrir,
15325/b/	Contre Dangier avant se lance,
	En sa main tint une fort lance
	Qu'ele aporta bele et polie
	De la forest de Chuerie,
	N'en croist nulle tele en Bïere.
15330	Li fers fu de douce proiere;
	Si rot, par grant devocion,
	De toute supplicacion
	Escu, c'onques ne fu de mains,
	Bordé de jointures de mains,
15335	De promesses, de convenances,
	Par seremens et par fiances
	Colorés trop mignotement :

15305. H : *corageus*.
15311. (ms *Nes puet*).
15328. *Chuerie* : dénomination allégorique, « cajolerie »
15329. *Biere* : forêt de Fontainebleau.

Vous deïssiez certainnement
Que Largesse le li bailla
15340 Et que le paint et entailla,
Tant sembloit bien estre de s'uevre.
Et Franchise, qui bien se quevre,
Brandist la hante de la lance;
Encontre le vilain la lance,
15345 Qui n'avoit pas cuers de coart,
Ains sembloit estre Renoart
Au tinel, qui fust revescus.
Touz fust porfendus li escus,
Mes tant est fors a desmesure
15350 Qu'il ne doutoit nulle armeüre,
Si que du cop si se couvri
C'onques sa panse n'en ouvri.
Li fers de la lance brisa,
Por quoi le cop mains en prisa.
15355/c/ Si riert mout d'armes angoisseus
Li vilains fel et aorseus;
La lance prent, si la depiece
A sa maçue, piece a piece,
Puis esme un cop et grant et fier.
15360 « Hé! Qui me tient que ne te fier,
Dist il, orde garce ribaude?
Comment as or esté si baude
Qu'un prodomme osas assaillir? »
En son escu fiert sans faillir
15365 La preus, la bele, la cortoise;
Bien la fait saillir d'une toise
D'angoisse, et a genous l'abat.
Mout la ledenge, et mout la bat;
Et croi qu'a ce cop morte fust
15370 S'el eüst fait escu de fust.
« Autre fois vous ai je creüe,
Dame orde, garce recreüe,
Dist il, n'onc bien ne m'en chaï.
Vostre losenge m'a trahi;
15375 Par vous soffri je le baisier
Por le ribaudel aaisier;
Il me trova fol debonnaire,
Dÿable le me firent faire.

15339. (ms : la li b.).
15347. Héros de chansons de geste (cycle de Guillaume d'Orange).
15370. (ms : s'el n'eüst fait).

Par la char Dieu, mal y venistes,
15380   Qui nostre chastel assaillistes !
Si vous estut perdre la vie. »
Et la bele merci li crie
Por Dieu, que pas ne la cravant,
Quant el ne pot plus en avant.
15385/d/   Et li vilains crole la hure
Et se forcene et sor sainz jure
Qu'il l'occirra sanz nul respit.
Mout en ot Pitié grant despit
Qui, por sa compaingne rescorre,
15390   Au vilain se hestoit de corre.

Pitié, qui a touz biens s'acorde,
Tenoit une misericorde,
En leu d'espees, en touz termes
Decoranz de plors et de lermes.
15395   Ceste, se li actor ne ment,
Perceroit pierre d'aÿment,
Por qu'ele fust bien de li pointe,
Car el a trop aguë pointe ;
Son escu ert d'aligement,
15400   [Tous] bordés de gemissement,
Plains de sopirs et de complaintes.
Pitié, qui ploroit lermes maintes,
Point le vilain de toutes pars,
Qui se deffent comme liepars.
15405   Mes quant el ot bien arousé
De lermes le vilain housé,
Si le convint amolier ;
Avis li fu qu'il dust noier
En un flueve touz estordis.
15410   Onques mes, par fais ne par dis,
Ne fu si durement hurtés ;
Du tout defailloit sa durtés.
Foibles et vains tramble et chancele,
Foïr s'en vot, Honte l'appelle :
15415/128/   « Dangier, Dangier, vilains provés,
Se recreans estes trouvés
Que Bel Acuel puisse eschaper,
Vous nous ferés touz atraper,

15381. *estut* : parfait 3 de *estovoir*, « falloir » ; H : *esteut*, ind. prés.
15390. (ms : *ne cestoit*).
15392. *misericorde* : poignard qui servait à donner le coup de grâce.
15396-15398. « Elle percerait une pierre de diamant, pourvu qu'on piquât bien la pierre avec, car la lame a une pointe très effilée. »

Qu'il baillera tantost la rose
15420 Que nous tenonz ceens enclose.
Et tant vous di je bien sans faille,
S'il au gloton la rose baille,
Sachiés qu'ele porra tost estre
Blemie ou pale, morte ou flestre.
15425 Et si me repuis bien vanter;
Tex venz porroit ceens venter,
Se l'entree trovoit overte,
Dont arion damage et perte :
Ou que trop la grene esmovroit,
15430 Ou qu'autre grene y aplovroit
Dont la rose seroit chargie.
Diex doint que tel grene n'i chie!
[Trop nous en pourroit mescheoir :
Car, ains qu'ele en poït cheoir,]
15435 Tost en porroit, sans resortir,
La rose du tout amortir.
[Ou se d'amortir eschapoit,
Et li vens tex cops i frapoit
Que les graines s'entremellassent,
(15440) Que de lors fez la flor grevassent,
Qui des foilles, en son descendre,
Feïst aucune ou que soit fendre,
Et par la fente de la foille
(Laquel chose ja Diex ne voille!)
(15445) Parust desous li vers boutons,
L'en diroit par tout que gloutons
L'avroient tenue en saisine.
Nous en avrions la haïne
Jalousie qui le savroit,
(15450) Qui du savoir tel duel avroit]
Qu'a mort en serion livré;
Maufé vous ont si enyvré. »
    Dangier crie : « Secors, secors! »
A tant e vous Honte le cors
15455 Vient a Pitié, si la menace,
Qui trop redoutoit sa menace :
« Trop avés, dist elle, vescu,
Je vous frosseré cest escu,
Vous en girrés ancui par terre.

15424. (ms : bleme).
15441. Selon F. Lecoy qui se rapporte à fez du vers 15440.
15451. (ms : Et a mort).

15460   Mal empreïstes ceste guerre! »
/b/   Honte porte une grant espee,
Clere, bien faite et bien trempee,
Qu'ele forga douteusement
De soussi d'aperçoivement.
15465 Fort targe avoit qui fu nommee
Doute de male renommee;
De tel fust l'avoit elle faite.
Mainte langue ot au bort portraite.
Pitié fiert si que tost la ruse;
15470 Pres que ne la rendi concluse.
Aprés ce est venus Delis,
Biaus bacheliers frans et eslis.
Cis fist a Honte une envaïe.
Espee avoit de plesant vie,
15475 Escu d'aise (dont point n'avoie)
Bordé de solas et de joie.
Honte fiert, et elle se targe
Si renablement de sa targe
C'onques li cops ne li greva;
15480 Et Honte requerre le va,
Et fiert Delit par grant angoisse,
Que sor le chief l'escu li froisse
Et l'abat jus tout estendu.
Jusqu'es denz l'eüst profendu
15485 Quant Diex amene un bacheler
Que l'en appelle Bien Celer.
    Bien Celer fu mout bonz guerriers,
Et si fu sages et preus et fiers,
En sa main une coie espee,
15490 Aussi cum de langue copee.
/c/ Si la brandist sans fere noise
Qu'en ne l'oïst pas d'une toise,
Qu'el ne rent son ne resbondie,
Ja si fort ne sera brandie.
15495 Ses escus ert de leu repot,
Onques geline en tel ne pot,
Bordé de seüres alees
Et de revenues celees.
L'espee hauce, et puis fiert Honte

15480. (ms : *requerra*).
15495. (ms : *l'oef repot :* cet œuf incongru est le produit de l'hyperbole qui suit).
15496. « Jamais poule ne pondit dans un tel lieu (aussi calme). »

15500   Tel cop que pres qu'il ne l'affronte.
           Honte en fu tretoute estordie.
           [« Honte, dit il, ja Jalousie
           La dolereuse, la chetive,
           Ne le saura jor qu'ele vive;
(15505)   Bien vous en asseüreroie,
           Et de ma main fianceroie;
           S'en feroie cent seremens,
           N'est ce grans asseürements ?]
           Puis que Malebouche est tués,
15510   Pris estes, ne vous remués. »
               Honte ne set a ce que dire.
           Poor saut toute plene d'ire,
           Qui trop soloit estre coarde;
           Honte sa coisine regarde;
15515   Et quant la vit si entreprise,
           S'a la main a l'espee mise,
           Qui trop est trenchans malement.
           Soupeçon d'ambofissement
           Ot non, car de ce l'avoit fete;
15520   Et quant el l'ot du fuerre trete
           Plus fu clere que nul beril.
           Escu de doute de peril,
           Bordé de travail et de pene,
           Ot Poor, qui forment se pene
15525   De Bien Celer tout detrenchier.
           Por sa cousine revenchier
           Le va sor son escu ferir
           Tel cop qu'il ne [le] pot garir.
           Tretouz estordis chancela;
15530   Adont Hardement appella.
           Cis saut, car s'ele recovrast
           L'autre cop, malement ouvrast.
           [Mort fust Bien Celer sans retor,
           S'el li donnast un autre tor.]
15535   Hardemens fu preus et hardis,
           Et apers en fais et en dis.
           Espee ot bonne et bien forbie
           De l'acier de forcenerie.

15502-15508. (ms résume : *Por poi qu'el n'en perde la vie*
                                    Et cis hautement li escrie :
                                    Rienz ne vous vaut vostre escremie.)
15520. (ms : *el ot*).
15522. (ms : *doute et peril*).
15524. (ms : *Et P.*).

Ses escus ert bien renommés,
15540 Despit de mort estoit nommés;
Bordés fu d'abandonnement
A tous periz. Trop folement
Vient a Poor, si li aesme
Por li ferir grant cop et pesme.
15545 Le cop let corre, elle se quevre,
Car el savoit assés de l'uevre
Qui affiert a ceste escremie;
Car de ce ert bien enseignie.
Puis le fiert un cop si pesant
15550 Que l'abat a terre gesant,
Onques escus nel garanti.
Quant Hardemens jus se senti,
Jointes mains li requiert et prie
Por Dieu que ne l'occie mie;
15555 Et Poor dit que si fera.
Dist Seürtés : « Ce que sera ?
/129/ Par Dieu, Poor, ici morrés :
Faites au pis que vous porrés !
Vous soliés avoir les fievres
15560 Cent tans plus que Coars li lievres;
Or estes desacoardie !
Dÿable vous font si hardie,
Qui vous prenés a Hardement,
Qui tant aime tornoiement
15565 Et tant en set, s'il y pensot,
C'onques nus plus de li n'en sot.
N'onc mes puis que terre marchates,
Fors en ce cas, ne tornoiates.
N'en savés faire aillors les tors;
15570 Aillors, en touz autres estors,
Vous fuiés ou vous vous rendés,
Vous qui ici vous deffendés.
Avec Cacus vous en foïtes,
Quant Herculés venir veïtes
15575 Le cors, a son col sa maçue.
Vous fustes lors toute esperdue
Et li meïtes es piés eles,
Qu'il n'avoit onques eü teles,
Por ce que Cacus ot emblés
15580 Ses beus, et les ot assemblés
En son recept, qui mout fu lons,

15573. Récit fait par Virgile, *Enéide*, VIII, 193-267.

Par les queues a reculons
Que la trace ne fust trovee.
La fu vostre force esprovee,
15585   La demonstrates vous sanz faille
Que ne valés riens en bataille;
Et puis que noient en savés,
Por ce que hanté ne l'avés,
Ci vous estuet non pas deffendre,
15590   [Mes] foïr ou ces armes rendre,
Ou chier vous estuet comparer :
Autre champ vous convient arer. »
    Seürtés ot espee dure
De fuite de tretoute cure,
15595   Escu de pez, bon sans doutance,
Tretout bordé de concordance.
Poor fiert, occire le cuide.
En soi covrir met son estuide
[Poor, et l'escu giete encontre,
(15600)   Qui sainement le cop encontre;]
Si ne li greva de noiant.
Le cop chiet jus en glaçoiant,
Et Poor tel cop li redonne
Sor l'escu que toute l'estonne;
15605   Mout s'en faut poi que ne l'afole.
S'espee et son escu li vole
Des poins, tant fors y a hurté.
Savés que fist lors Seürté
Por donner as autres exemples ?
15610   Poor saisist parmi les temples,
Et Poor li, [si] s'entretiennent,
Et tuit li autre s'entreviennent.
Li uns se lie a l'autre et couple,
Onc en estor ne vi tel couple.
15615   Si s'enforça li chapleïs,
La rot si fort tupineïs
C'onques en nul tornoiement
N'ot de cops itel paiement.
/c/   Tornent de ça, tornent de la,
15620   Chascuns sa menie appella,
Tuit y acorent pelle melle
Onc plus espés ne noif ne grelle

15594. (ms : de fuire).
15604. (ms : sor son escu).
15617. (ms : c' omis).

       Ne vi voler que li cop volent.
       Tuit se derompent et afolent,
15625 Onques ne furent tex mellees
       De tant de genz ensi mellees.
       Mes ne vous en mentiré ja,
       L'ost qui le chatel asseja
       En avoit adés le pior.
15630 Li diex d'Amors ot grant poor
       Que sa gent n'i fust [toute] occise.
       Sa mere mande par Franchise
       Et par Douz Regart qu'ele viengne,
       Que nulle ensoine ne la tiengne;
15635 Et prist trives endementiers
       Por dis jors ou pour doze entiers,
       Ou plus ou mains, ja recité
       Ne vous en iert certainneté.
       Voire a touz jors fussent emprises,
15640 Se a touz jors fussent requises,
       Comment qu'il fust d'eles casser,
       Qui que les deüst trespasser.
       Mes se le meillor en eüst,
       Ja trives prises n'i eüst;
15645 Et se li portier ne cuidassent
       Que li autre ne les cassassent
       Puis que fussent abandonnees,
       Ja ne fussent, espoir, donnees
       [De bon cuer, ains s'en corroçassent,
(15650) Quel que semblant qu'il en monstrassent.]
/d/   Ne ja trive n'i eüst prise,
       Se Venus s'en fust entremise.
       Mes sanz faille il le convint faire;
       Un poi s'estuet arriere traire,
15655 Ou par trive ou par quelque fuite,
       Tretoutes les fois que l'en luite
       A tel qu'en ne puet sormonter,
       Tant qu'en le puisse miex donter.
          De l'ost se partent li message
15660 [Qui tant ont erré comme sage]
       Qu'il sont a Cyteron venu.

15629. « avait toujours le dessous. »
15647. « une fois qu'elles auraient accordé. »
15654. (ms : *estut*).
15659. (ms : *messagier*).
15660. (ms : *Et tant ont tenu lor sentier*).
15661. (ms : *Cyceron*) : l'auteur a peut-être confondu l'île de

La sont a grant honor tenu.
Cyteron est une montaigne
Dedenz un bois, en une plaingne,
15665 Si haute que nulle arbaleste,
Tant soit fort ne de traire preste,
N'i trairoit ne bojon ne vire.
Venus, qui les dames espire,
La fist sont principal manoir;
15670 La vost principalement manoir.
Mes se tout l'estre descrivoie,
Espoir, trop vous ennoieroie,
Et me porroie bien lasser;
Por ce m'en vuel briement passer.
15675 Venus s'iert ou bois desvalee,
Por chacier en une valee.
.01 Mars estoit ja viex devenus,
.02 Et estoit frailes et chenus;
.03 Por ce de soi l'ot estrangié.
.04 Qu'il estoit mout afoibloié.
/130/ Li biaus Adonys ert o li
Ses douz amis au cuer joli;
Un petitet ert enfantis,
15680 A chacier ou bois ententis.
Enfes ert jones et venans,
Mes mout ert biaus et avenans.
Midis estoit pieça passés,
Chascuns ert de chacier lassés.
15685 Sous un poplier en l'erbe estoient,
Jouste un vivier ou s'onbrioient.
Li chien, qui las de corre furent,
Tagant ou ruy du vivier burent;
Lor dars, lor ars et lor cuiries
15690 Orent delés eus apoïes.
Jolivement se deduisoient
Et les osoillons escoutoient
Par ces rainsiaus tout environ.
Aprés lor geus, en son giron
15695 Venus embracié le tenoit,
Et en baisant li aprenoit
De chacier ou bois la maniere

Cythere avec le mont Citheron; quant au copiste, il prenait le Pirée pour un homme.
15676. Après ce vers une courte interpolation mal inspirée.
15677. (ms : *Adoyns*); *ert o li* : « était avec elle ». Le récit est fait d'après Ovide, *Métamorphoses*, X.

Si cum elle en ert coustumiere.
« Amis, quant vostre mute iert preste
15700   Et vous irés querant la beste,
Se vous trovés beste qui fuie,
Chaciés la, puis qu'el torne en fuie;
Corés aprés hardiement,
Mes contre ceus qui fierement
15705   Metent a deffense le cors,
Ja n'i soit tornés vostre cors.
/b/   Coars soiés et pareceus
Contre hardis, car contre ceus
Ou cuer hardi sont ahurté
15710   Nul hardement n'a seürté,
Ains fait perilleuse bataille
Qui contre cuer hardi bataille.
Cers, biches, chevriaus et chievres,
Rengiers et dains, connins et lievres,
15715   Ceus veil je bien que vous chaciés;
En tel chace nous solaciés.
Lous, ours, lyons, senglers deffens,
N'i chaciés pas sor mon deffens;
Car tex bestes qui se deffendent
15720   Les chiens occient et porfendent,
Et font les veneors meesmes
Mout sovent faillir a lor esmes;
Maint en ont occis et navré.
Jamés de vous joie n'avré,
15725   Si m'en pesera malement,
Se vous le faites autrement. »
    Ensi Venus le chastioit,
En chastiant mout li prioit
Que du chasti li souvenist
15730   Ou qu'il onques chacier venist.
Adonys, qui petit prisoit
Ce que s'amie li disoit,
Fust a mençonge, fust a voir,
Tout otroioit por pez avoir,
15735   Qu'il ne prisoit rienz le chasti.
Poi vaut quanque cele basti;
/c/   Chasti le tant cum li serra,

15701-15702. (intervertis dans le ms).
15711. (ms : *pileusement*) ?
15714. (ms : *sengliers*. En contradiction avec le récit, v. 15743).
rengiers, « rennes ».
15715. (ms : *Lyons je vous deffens*).

S'el s'en part, jamés nel verra.
Ne la crut pas, puis en morut :
15740 Onc Venus ne l'en secorut,
Qu'ele n'i ere pas presente;
Puis le plora mout la dolente :
Il chaça puis a un sengler
Qu'il cuida prendre et estrangler,
15745 Mes nel prist ne ne detrencha,
Car li senglers se revencha
Cum fiere et orguilleuse beste;
Contre Adonys escout la teste,
Ses denz ou costé li flati,
15750 Son groing estort, mort l'abati.

Biau seignor, quoi qu'il vous aviengne,
De cest exemple vous soviengne.
Vous qui ne creés vos amies,
Sachiés vous faites granz folies;
15755 Bien les deüssiés toutes croire,
Car lor dit sont voir cum istoire.
[S'el jurent : « Toutes sommes vostres »,
Creés les comme paternostres;]
Ja d'eus croire ne recreés.
15760 Se Raison vient, point n'en creés;
[S'el vous aportoit crucefiz,
Nel creés point ne que ge fiz.]
Se cis s'amie eüst creüe,
Mout eüst sa vie creüe.

15765 L'un se joe a l'autre et deduit,
Quant lor plest avoir lor deduit.
A Cyteron sont retorné
Cil qui n'erent pas sejorné.
Ainçois que Venus se despoille,
15770 Li content de fil en agoille
/d/ Tretout quanque lor apartint.
« Par foi, ce dit Venus, mal tint
Jalousie chatel ne case
Contre mon fil! Se je n'embrase
15775 Les portiers et tout lor ator
(Ou les clez rendront de la tor),
Je ne doi prisier un landon

15760. (ms : *Mes du tout adés les creés*).
15761-15762. « Même si Raison vous apportait un crucifix, ne
la croyez pas plus que je ne fis ».
15776. (ms : *cleirs*).

Moy ne mon arc ne mon brandon. »
  Lors fist sa menie appeler,
15780 Son char commande a ateler,
Qu'el ne vuet pas marchier les boes.
Li chars fu biaus, a quatre roes,
D'or et de peles estelés.
En leu de chevaus atelés
15785 Ot es limons sis colombiaus
Pris en son columbier mout biaus.
Toute lor chose ont aprestee.
Adont s'est de monter hastee
Venus, qui Chasteé querroie.
15790 Nulz des colonz ne se desroie;
Lor eles batent, si s'en partent,
L'air devant eus rompent et partent,
/131/ Viennent a l'ost. Venus venue,
Tantost du char est descendue;
15795 Contre li saillent a grant feste,
Son filz premiers, qui par sa heste
Avoit ja les trives cassees
Avant que fussent trespassees;
Onques n'i garda convenance
15800 De serement ne de fiance.
Forment a guerroier entent.
Il assaut et l'en se deffent.
Cil drecent au chatel perrieres;
Granz caillos de pesans prieres
15805 Por les murs rompre lor envoient.
Et li portier les murs hordoient
De fors cloies refuseïces,
Tissues de verges pleïces,
Qu'il orent par grans estoties
15810 En la haie Dangier coillies.
Et cil saietes barbelees,
De granz proeces empenees
Que de services que de donz,
Por tost avoir les guerredonz,
15815 (Car il n'i entra onques fust
Qui touz de promesses ne fust
D'un fer ferrees fermement
De fiance et de serement)
Traient sor eus, et cil se targent

15789. (ms : *Chaasté*).
15804. (ms : *perrieres*). *prieres* est dans la logique de l'allégorie.

15820   Qui de deffendre ne se targent,
   Car targes ont et fors et fieres,
   Ne trop pesans ne trop legieres,
/b/   D'autel fust cum erent les claies
   Que Dangier coilloit en ses haies,
15825   Si que traire riens n'i valoit.
   Si cum la chose ensi aloit,
   Amors vers sa mere se trait;
   Tout son estat li a retrait,
   Et li prie que le secore :
15830   « Male mort, dist elle, m'acore,
   Qui tantost me puist acorer
   Se je jamés laiz demorer
   Chasteé en fame vivant,
   Tant aut Jalousie estrivant!
15835   Trop souvent a grant pene en sommes.
   Biau fis, jurés aussi des hommes
   Qu'il saudront tuit par nos sentiers.
   — Certes, ma dame, volentiers
   N'en ierent mes nul respité;
15840   Ja més au mains, par verité,
   Ne seront prodomme clamé
   S'il n'aiment ou s'il n'ont amé.
   Grans dolor est quant tex genz vivent
   Qui les deduiz d'amer eschivent,
15845   Por qu'il les puissent maintenir.
   A mal chief puissent il venir!
   Tant les hé que se jes poïsse
   Confondre, je les confondisse.
   D'auz me plains et touz jors plaindré,
15850   Ne du plaindre ne me faindré,
   Cum cis qui nuire les vorroie
   En touz les cas ou je porroie,
/c/   Tant que j'en soie si venchiés
   Que lor orguex soit estenchiés
15855   Ou qu'il seront tuit condampné.
   Mal fussent onques d'Adam né
   [Qui si pensent de moi grever!
   Es cors lor puist les cuers crever]
   Quant mes deduis vuelent abatre!
15860   Certes, qui me vodroit bien batre,

15844. (ms : *douz maus*).
15847. (ms : *je poïsse*).
15848. (ms : *jes les*).

Voire affronter a quatre piz,
Ne me porroit il fere pis.
Et si ne sui je pas mortiex;
Mes corrous en reçoi or tiex
15865   Que se mortiex estre peüsse,
Du duel que j'ai la mort eüsse;
Et se mi geu vont defaillant,
J'ai perdu quanque j'ai vaillant,
Fors mon cors et mes vesteüres,
15870   Mon chapel et mes armeüres.
[Au mains, s'il n'en ont la poissance,
Deüssent il avoir pesance,
Et lor cuer a dolor plessier,
S'il les lor convenist a lessier.
(15875)   Ou puet l'en querre meillor vie
Que d'estre entre les bras s'amie ?]
      Lors font en l'ost le serement;
Et por tenir le fermement
Ont en leu de reliques tretes
15880   Lors cuiries et lor saietes,
Lor ars, lor dars et lor brandons,
Et dient : « Nous n'i demandons
Meillors reliques a ce faire,
Ne qui tant nous peüssent plaire.
15885   Se nous cestes parjurions,
Jamés creü ne serions. »
[Sor autre chose ne le jurent,
Et li barons sor ce les crurent
Autant cum sus la Trinité,
(15890)   Por ce qu'il jurent verité.]
      Et quant ce serement fait orent,
Si que tuit entendre le porent,
Nature, qui pensoit des choses
Qui sont dessous le ciel encloses,
15895/b/   Dedens sa forge entree estoit,
Ou toute s'entente metoit
A forgier singulieres pieces

15861. « voire assommer avec quatre pics ».
15864. (ms : *Mains c.*).
15865. (ms : *Et se*).
15870. (ms : *armeres*).
15874. *les* : les jeux d'Amours.
15878. « ... pour le tenir. »
15895. Selon la philosophie la plus largement répandue au

Por continuer les espieces;
Car les pieces tant les font vivre
15900 Que Mors ne les puet aconsivre,
Ja tant ne savra corre aprés;
Que Nature tant li va prés
Que quant la Mors o sa maçue
Des pieces singulieres tue
15905 Ceus qu'el trove a soi redevables
(Qu'il en y a de corrumpables
[Qui ne doutent la Mort neant,
Et toutevois vont decheant,]
Et s'usent en temps et porrissent
15910 Dont autres choses se norrissent),
Et quant Mors les cuide atraper,
Ensemble nes puet conceper;
Car quant l'une par deça hape,
L'autre par dela li eschape;
15915 Car, quant el a tué le pere,
Remaint li fis ou fille ou mere,
Qui s'enfuient devant la mort
Por avoir de vie confort;
Puis reconvient iceus morir,
15920 Ja si bien ne savront corir,
N'i vaut medecine ne veus.
Dont saillent nieces et neveus,
Qui fuient por eus deporter
Tant cum piés les pueent porter,
15925 Dont l'un s'en fuit a la quarole,
L'autre au moutier, l'autre a l'escole,
[Li autre a lor marcheandises,
Li autre as ars qu'il ont aprises,]
/132/ Li autre a lor autres deliz
15930 De vins, de viandes, de lis;
Li autre, por plus tost foïr,
Que Mors ne les face enfoïr,
S'en montent sor les granz destriers
O tout les sordorés estriers;
15935 L'autre met en un fust sa vie,
Et s'enfuit par mer a navie
Et mene au regart des estoiles

XIIIᵉ siècle, les individus *(pieces)* sont mortels, les espèces *(espieces)*
sont éternelles.
    15903. (ms : *Et quant*).

Sa nef, ses navirons, ses voiles;
L'autre, qui par veu s'umelie,
15940　Prent un mantiau d'ypocrisie,
Dont en fuiant son penser quevre
Tant qu'il pere dehors par euvre.
Ensi fuient tuit cil qui vivent,
Qui volentiers la Mort eschivent.
15945　Mors, qui de voir les vis ataint,
Cort aprés tant que les ataint
Si qu'il y a trop fiere chace.
Cil s'enfuient et Mors les chace,
Dis anz ou vint, trente ou quarente,
15950　Cinquante, soissante, septente,
Voire octante, nonante, cent;
Mors quanque tient va depecent;
Et s'il pueent outre passer,
Cort elle aprés sanz soi lasser
15955　Tant que les tient en ses liens
Maugré touz les phisiciens.
Et les fisiciens meïmes
Onc nuz eschaper n'en veïmes,
/b/　Pas Ypocras ne Galien,
15960　Tant fussent bon fisicien;
Rasis, Constantin, Avicenne
Li ont lessie la coenne.
[Et cels qui ne pevent tant corre
Nes respuet riens de mort rescorre.]
15965　Ensi Mors qui n'iert ja saoule,
Glotement les pieces engoule;
Tant les suit par mer et par terre
Qu'en la fin toutes les enterre.
Mes nes puet ensemble tenir;
15970　Si que n'en puet a chief venir
Des espieces du tout destruire,
Tant sevent bien les pieces fuire;
Car s'il n'en demoroit que une,
Si vivroit la forme commune;
15975　Et par le Fenix bien le semble,
Qu'il n'en puet estre deus ensemble.
　　Touz jors est il uns seul Fenix,
Et vit, ainçois qu'il soit fenis,

15945. H : *qui de nair le vis a taint.*
15975. La légende du Phénix, transmise notamment par le *Physiologus* se retrouve dans de nombreux *Bestiaires* du Moyen Age.

Par cinc cens ans; au darrenier
15980 Si fait un feu grant et plenier
D'espices et s'i boute et s'art.
Ensi fait de son cors essart.
Mes por ce que sa forme garde,
De sa poudre, comment qu'il s'arde,
15985 Uns autres Fenis en revient,
Ou cis meïmes redevient,
Que Nature ensi resuscite,
Qui tant a l'espece profite
Qu'ele perdroit partout son estre
15990 S'el ne faisoit celi renestre;
/c/ Si que se Mors Fenis devore,
Fenix toutevoies demore.
S'el en avoit mil devorés,
Si seroit Fenix demorés.
15995 S'est Fenix la commune forme,
Que Nature es pieces reforme,
Qui du tout perdue seroit,
Qui l'autre vivre ne leroit.
Ceste maniere neïz ont
16000 Tretoutes les choses qui sont
Dessous le cercle de la lune,
Que s'il em puet demorer une,
L'espece tant en li vivra
Que ja mors ne l'aconsivra.
16005   Mes Nature, douce et piteuse,
Quant el voit que Mors l'envieuse,
Entre li et corruption,
Vuelent metre a destrucion
Quanque trovent, dedenz sa forge
16010 Touz jors martele, touz jors forge,
Touz jors ses pieces renovele
Par generacion novele.
Quant autre consel n'i puet metre,
Si taille emprainte de tel estre
16015 Qui lor donne formes veroies
En coins de diverses monnoies,
Dont Art fesoit ses exemplaires,
Qui ne fait pas choses si vaires;
Mes par mout ententive cure
16020 A genouz est devant Nature,

15998. « Si l'on ne laissait pas vivre l'autre. »

/d/   Si prie et requiert et demande,
             Comme mendians et truande,
             Povre de science et de force,
             Qui de sivre la mout s'efforce,
16025   Que Nature li veille aprendre
             Comment elle puisse comprendre
             Par son engin, en ses figures,
             Proprement toutes creatures;
             Si garde comment Nature ovre,
16030   Car mout vodroit fere tel ovre,
             Et [la] contrefait comme cinges;
             Mes tant est son senz vuis et linges
             Qu'il ne puet fere choses vives,
             Ja si ne sembleront naïves.
16035   Car Art, cum [bien] qu'ele se pene,
             Par grant estuide, par grant pene,
             De faire choses quex que soient,
             Quelcunque figure qu'eux aient,
             Paingne, taingne, forge ou entaille
16040   Chevaliers armés en bataille
             Sor biaus destriers [tre]touz couvers
             D'armes, yndes, jaunes ou vers,
             Ou d'autre color piolés,
             Prenés le quel que vous volés,
16045   Biaus oisillons en vers boissons,
             De toutes yaues les poissons,
             Et toutes les bestes sauvages
             Qui pasturent par ces bocages,
             Toutes herbes, toutes floretes
16050   Que valeton et puceletes
/133/   Vont en printemps es gaus coillir,
             Que florir voient et foillir,
             Oisiaus privés, bestes domeches,
             Baleries, dances ou treches
16055   De beles dames bien parees,
             Bien portretes, bien figurees,
             Soit en metal, en fust, en cire,
             Ou quelcunques autre matire,
             Soit en tabliaus, ou en parois,
16060   Tenans biaus bachelers as dois,

16024. (ms : sivra).
16033. (ms : qui).
16035. (ms : Par).
16037. (ms : queles que).
16054. (ms : bacheleries).

Bien figurés et bien portrais,
Ja por figure ne por trais
Ne les fera par eus aler,
Vivre, movoir, sentir, parler.
16065 Ou d'arquemie tant aprengne
Que touz metauz en colors tengne,
Qu'el se porroit ainçois tuer
Que les especes remuer,
Se tant ne fait que les ramene
16070 A lor matire premerene ;
Et ouvre tant cum el vivra,
Ja tant Nature n'aconsivra.
Et se tant se voloit pener
Que les y peüst ramener,
16075 Si li faudroit, espoir, science
De venir a tel atrempance,
Quant el feroit son elixir,
Dont la forme devroit issir,
Qui devise entr'eus les sustances
16080 Par especiaus differences,
/b/ Si cum il pert au defenir,
Qui bien en set a chief venir.
Ne porquant, c'est chose notable,
Arquemie est ars veritable.
16085 Qui sagement en ouvreroit
Granz merveilles y troverroit,
Car comment qu'il aut des espieces,
Au mains les singulieres pieces,
Qu'en sensibles ovres sont mises,
16090 Sont muables en tant de guises
Que pueent lor compleccions,
Par diverses digestions,
Si changier entr'eus que cis changes
Les met sous especes estranges
16095 Et lor toust l'espece premiere.
Ne voit l'en comment de fougiere
Font cil [et] cendre et voirre nestre
Qui de voirrerie sont mestre
Par depuration legiere ?
16100 Si n'est pas li voirres fogieres

16065 et suiv. Idées alors courantes et prudentes, sur l'alchimie.
16068. H : transmuer.
16070. La « matière première » des alchimistes, le mercure à l'état pur.
16071. (ms : voira).

Ne fogiere ne rest pas voirre.
Et quant espars vient en tonnoirre,
Si repuet l'en souvent veoir
Des vapeurs les pierres cheoir,
16105   Qui ne monterent mie pierres.
Ce puet savoir li connoissierres
De la cause qui tel matire
A ceste estrange espiece tire.
Si sont espieces eschangies,
16110   Ou lor pieces d'auz estrangies
/c/   Et en sustance et en figure,
Ceus par art, ceste par Nature.
    Ensi porroit des metaux faire
Qui bien en savroit a chief traire
16115   Et tolir as cors lor ordure
E metre les en forme pure
Par les complexions voisines,
L'une vers l'autre assés enclines,
Qu'il sont tretuit d'une matire,
16120   Comment que Nature la tire;
Car tuit, par diverses manieres,
Dedenz les terrestres minieres,
De souffre et de vif argent nescent,
Si cum li livre le confessent.
16125   Qui savroit donques soutillier
As esperis apparillier
Si que force d'autrui eüssent
Et que voler ne s'en peüssent
Quant il dedens les cors entrassent,
16130   Mes que bien purgiés les trovassent,
Et fust li soffres sans ardure,
Par blanche ou par rouge tainture,
Son voloir des metaus avroit

16107. (ms : *que tel*).
16108. (ms : *Que ceste estrange piece*). La fougère s'est transformée
en verre, la vapeur en pierre : l'individu peut passer d'une espèce à
l'autre. Mais les espèces n'ont pas changé.
16113. « Pourrait procéder de la même façon avec les métaux. »
16115-16117. Opérations fondamentales en vue de la transmuta-
tion des métaux.
16119. (ms : *Qui sont*).
16124. *Livre :* notamment le *Speculum Naturale* de Vincent de Beau-
vais.
16125. (ms : *si soutillier*).
16129. (ms : *le cors*). Les « corps » sont les métaux, auxquels se
combinent les « esprits », comme le mercure, le soufre, l'arsenic, et le
sel ammoniacal.

Qui ensi faire le savroit;
16135 Car de fin argent font or nestre
Cil qui d'arquemie sont mestre,
Et pois et color y ajoustent
Par choses qui gaires ne coustent,
Et d'or fin pierres precieuses
16140 Font il, cleres et envieuses;
/d/ Et les autres metaus desnuent
De lor formes cil qui les muent
En fin argent par medecines
Blanches et tresperçans et fines.
16145 Mes ce ne feroient cil mie
Qui ovrent de sofisterie;
Travaillent tant cum il vivront,
Ja Nature n'aconsivront.

Nature, qui tant est soutive,
16150 Cum bien qu'ele fust ententive
A ses ovres que mout amoit,
Lasse, dolante se clamoit
Et si parfondement ploroit
Que nulz les li ne demoroit,
16155 Qui de pitié la resgardast,
Qui de plor son cuer retardast;
Car tel dolor au cuer sentoit
D'un fait dont el se repentoit,
Que ses ovres voloit lessier,
16160 Et du tout son penser cessier,
Mes que tant seulement seüst
Que de son mestre congié eüst.
Si l'en voloit aler requerre,
Tant li destraint li cuers et serre.
16165 Bien la vosisse a vous descrire :
Mes sens n'i porroit pas soffire.
Mes senz! Qu'ai je dit? c'est du mainz!
Non feroit voir nulz sens humainz
Ne par vois vives, ne par notes,
16170 Et fust Platonz ou Aristotes,
/134/ Algus, Euclidés, Tholomees,
Qui tant orent grans renommees

16135. Méon a trouvé quelque part la bonne formule : *Et d'argent vif, fin or font nestre.*
16166. H : *Mes mi sans ;* dans notre ms *mes* semble être l'ancienne forme de l'adjectif pronominal *mon* au cas sujet sing.
16167. *C'es du mainz* : « pas seulement. »
16169. *par notes* : « par écrit ».

D'avoir esté bon escrivain :
Lor engin seroient si vain,
16175   S'il osoient la chose emprendre,
Qu'il ne la porroient entendre,
Ne Pymalions entaillier;
En vain se porroit travaillier
[Parrasius; voire Apellés,
(16180)   Que ge mout bon paintre appel, les
Biautés de li jamés descrivre
Ne porroit, tant eüst a vivre;
Ne Miro, ne Policletus
Jamés ne sauroient cest us.]
16185   Zeuxis neïz par son biau paindre
Ne porroit a tel forme ataindre,
Qui por faire l'ymage au temple
De cinc puceles prist exemple,
Les plus beles que l'en pot querre
16190   Et trover en tote la terre,
Qui devant li se sont tenues
Tout en estant et toutes nues,
Por soi prendre garde a chascune
S'il trovast nul defaut en l'une,
16195   Ou fust sus cors ou fust sus membre,
Si cum Tulles le nous remembre
Ou livre de sa *Rhetorique*,
Qui mout est science autentique.
Mes ici ne puet il riens faire,
16200   Zeuxis, tant seüst bien portraire,
Ne colorer sa portraiture,
Tant est de grant biauté Nature.
[Zeuxis ? non pas : trestuit li mestre
Que Nature fist onques nestre :
(16205)   Car or soit que bien entendissent
Sa biauté toute, et tuit vosissent
A tel portraiture muser,
Ains porroient lor mains user]
Que si tres grant biauté portraire.
16210   Nulz fors Dieu ne la porroit faire.
Et por ce que, se je poïsse,
Volentiers au mains entendisse,

16185. (ms : *Seusis*). L'anecdote est racontée par Cicéron, *De Inventione rhetorica*, II, 1.
16197. (ms : *rheoritique*).
16209-16210. (ms : vers intervertis).
16210. (ms : *je ne poïsse*).

Voire escrite la vous eüsse
Se je peüsse ou je seüsse,
16215   Je meïmes y ai musé
Tant que tout mon sens y usé,
Comme fox et outrecuidiés,
Cent tans plus que vous ne cuidiés;
Car trop fis grant presumption
16220   Quant onques mis m'entencion
A si tres haute ovre achever;
Ains me poïst le cuer crever,
Tant trové noble et de grant pris
La grant biauté que je tant pris,
16225   Que par penser la compreïsse
Por nul travail que g'i meïsse,
Ne que solement en osasse
Un mot tentir, tant y pensasse.
Si sui du penser recreüs;
16230   Por ce m'en sui a tant teüs
Que, [quant] je plus y ai pensé,
Tant est bele que plus n'en sé.
Car Diex, li biaus outre mesure,
Quant il biauté mist en Nature,
16235   Il [i] en fist une fontainne
Touz jors corans et touz jors plainne,
De qui toute biauté desrive;
Nulz n'en savroit ne fonz ne rive.
Por ce n'est drois que conte en face,
16240   Ne de son cors ne de sa face,
Qui tant est avenant et bele
Que flor de liz en may novele,
/c/   Rose sus rain, ne noif sor branche,
N'est si vermeille ne si blanche.
16245   Si devroie je comparer,
Quant je l'os a riens comparer,
Puis que sa biauté ne son pris
Ne puet estre d'omme compris.
Quant elle oï cel serement,
16250   Mout li fist grant aligement
Du grant duel que elle menoit.
Por deceüe se tenoit

16226. (ms : *sanz nul*).
16231. (ms : *y aie p.*).
16245. (ms : *deveroie*). « Je devrais payer pour avoir osé. »
16249. Allusion au vers 15877.
16252. (ms : *deçue*).

Et disoit : « Lasse, qu'ai je fait !
Ne me repenti mes de fait
16255   Qui m'avenist des lors en ça
Que cis biau mondes commença,
Fors d'une chose solement,
Ou j'ai mespris trop malement,
Dont je me tiens trop a musarde ;
16260   Et quant ma musardie esgarde
Bien est drois que je m'en repente.
Lasse, fole ! lasse, dolente !
Lasse, fole ! cent mile fois,
Ou sera mes trovee fois ?
16265   Ai je bien ma pene emploïe ?
Sui je bien du sens desvoïe,
Qui touz jors ai cuidié servir
Mes amis por gré deservir,
Et tretout mon travail ai mis
16270   En exaucier mes anemis !
Ma debonereté m'afole. »
Lors a mis son prestre a parole,
/d/   Qui celebroit en sa chapele ;
Mes ce n'ert pas messe novele,
16275   Car touz jors ot fait ce servise,
Des qu'il fu prestres de l'eglise.
Hautement, en leu d'autre messe,
Devant Nature la deesse,
Li prestres, qui bien s'acordoit,
16280   En audience recordoit
Les figures representables
De toutes choses corrumpables
Qu'il ot escrites en son livre,
Si cum Nature les li livre.
16285   « Genius, dist elle, biau prestres,
Qui des leus estes diex et mestres,
Et selonc lor propriétés
Toutes en ovre les metés,
Et bien achevés la besoingne
16290   Si cum a chascun le besoingne,
D'une folie que j'ai faite,
Dont je ne me sui pas retraite,
Mes repentance mout m'apresse,

16272. Ce prêtre est Genius, dont les fonctions ont été imaginées
par Alain de Lille, dans son *De Planctu Naturae*.
16290. « Selon le besoin que chacun en éprouve. »

A vous m'en vuel faire confesse.
16295 — Ma dame, du monde roïne,
Cui toute rienz mondaine encline,
S'il est riens qui vous grieve tant
Que vous en ailliés repentant
Ou que neïs vous plese a dire,
16300 De quelcunques soit la matire,
Soit d'esjoïr, soit de doloir,
Bien me poés vostre voloir
/135/ Confesser tretout par lesir;
Et je, tout a vostre plesir,
16305 Fet Genius, metre i vorré
Tout le consel que je porré,
Et celeré bien vostre affaire,
Se c'est chose qui face a taire.
Et se mestier avés d'assodre,
16310 Ce ne vous doi je mie todre.
Mes lessiés ester vostre plor.
— Sire, dist elle, se je plor,
Biauz Genius, n'est pas merveille.
— Dame, toute vois vous conseille
16315 Que vous veilliés ce plor lessier,
Se bien vous volés confessier
Et bien entendre a la matire
Que vous m'avés empris a dire.
Car granz est, ce croi, li outrages,
16320 Car fame sai que noble corages
Ne se muet pas por poi de chose;
S'est mout fos qui trobler vous ose.
Mes sans faille il est voir que fame
Ligierement d'ire s'enflame.
16325 Virgiles meïmes tesmoigne,
Qui mout connut de lor besoigne,
Que ja fame n'iert tant estable
Qu'el ne soit diverse et muable.
Et si rest trop ireuse beste;
16330 Salemon dist qu'onc ne fu teste
Sor teste de serpent crueuse,
Ne rienz de fame plus ireuse,
/b/ N'onc riens, ce dist, n'ot tant malice.

16301. (ms : *de plorer*).
16302. (ms : *de voler*).
16325. *Enéide*, IV, 569-570.
16331. (ms : *si crueuse*). Ecclésiastique, XXV, 22-23 et 26.
16332. (ms : *N'est*).

Briement, en fame a tant de vice
16335   Que nulz ne puet ses meurs parvers
Conter par rimes ne par vers;
Et si dist Titus Livius
Qui bien connut quex sont li us
Des fames et quex les manieres
16340   Que vers lor meurs nulles proieres
Ne valent tant comme blandices,
Tant sont decevables et nices,
Et de flechissable nature.
Si redist aillors l'escriture
16345   Que de tout le feminin vice
Le fondement est avarice.
    Et quicunques dit a sa fame
Son secré, il en fait sa dame.
Nulz honz qui soit de mere nez,
16350   S'il n'est yvres ou forcenés,
Ne doit a fame reveler
Nulle rienz qui face a celer,
Se d'autrui ne la vuet oïr.
Miex vaudroit du païs foïr
16355   Que dire a fame chose a taire,
Tant soit loiaus ne debonnaire.
Ne ja nul fait secré ne face,
S'il voit fame venir en place;
Car s'il y a peril de cors,
16360   Tost le dira, bien le recors,
[Combien que longuement atende;
Et se nus riens ne l'en demande,]
Elle le dira voirement
Sans estrange amonestement :
16365   Por nulle rienz ne se teroit,
A son avis morte seroit
Se ne li sailloit de la bouche,
S'il y a peril ou reprouche.
Et cis qui dit le li avra,
16370   S'il est tex, puis que le savra,
Qu'il l'ose aprés ferir ne batre,
Une fois, non pas trois ne quatre,
Ja si tost ne la touchera

16337. Tite Live, I, 9.
16344. Paul, *Timothée*, I, VI, 10.
16359. « Même si... »
16370. (ms : *puis tex*).

Cum elle li reprouchera;
16375 Mes ce sera tout en apert.
Qui se fie en fame, il se pert;
Et li las qui en li se fie
Savés qu'il se fait ? il se lie
Les mains et se cope la geule;
16380 Car s'il une fois toute seule
Ose jamés vers li groucier,
Ne chastoier, ne correcier,
Il met en tel peril sa vie,
S'il a du fait mort deservie,
16385 Que par le col le fera pendre,
Se li juge le pueent prendre,
Ou murtrir par amis privés,
Tant est a mal port arivés.
Mes li fox, quant au soir se couche
16390 Et gist lez sa fame en sa couche,
Ou reposer ne puet ne n'ose,
Qu'il a fait, espoir, quelque chose,
Ou vuet par aventure faire
Quelque murtre, quelque contraire,
16395/d/ Dont il craint la mort recevoir
Se l'en le puet aparcevoir,
Et se torne et plaint et sopire;
Et sa fame vers li le tire,
Qui bien voit qu'il est a mesaise,
16400 Si l'aplanie, acole et baise,
Et le couche entre ses mameles :
« Sire, dist elle, quex noveles ?
Qui vous fait ensi soupirer
Et tressaillir et revirer ?
16405 Nous sommes or priveement
Ici nous dui tant solement,
Les parsones de tout le monde,
Vous li premiers, je la seconde,
Qui miex nous devons entr'amer
16410 De cuer loial, douz, sanz amer;
Et de ma main, bien m'en remembre,
Ai fermé l'uis de nostre chambre;
Et les parois, dont miex les proise,
Sont espesses plus d'une toise,

16377. (ms : en fame se fie).
16392. (ms : Qu' omis).
16404. (ms : remuer).

(16415)   [Et si haut resunt li chevron,
          Que tuit seürs estre devons;]
          Et si sommes loing des fenestres,
          Dont mout est plus seürs li estres
          Quant a nos secrés descovrir,
16420   Si ne l'avroit pooir d'ovrir
          Sans depecier nus hons vivans
          Ne plus que puet faire li vens;
          Briement cis leus n'a point d'oïe,
          Vostre vois ne puet estre oïe
16425   Fors que de moi tant solement :
          Por ce vous pri piteusement
/136/   Par amors, que tant vous fiés
          En moi que vous le me diés.
              — Dame, dist il, se Diex me voie,
16430   Por nulle riens ne le diroie
          Car ce n'est mie chose a dire.
              — Avoi, dist elle, biau douz sire,
          M'avés vous or soupeçonneuse,
          Qui sui vostre loial espeuse ?
16435   Quant par mariage assemblames,
          Jhesucrist, que pas ne trovames
          De sa grace aver ne eschar,
          Nous fist deus estre en une char;
          Et quant nous n'avons char fors une
16440   Par le droit de la loi commune,
          Nient ne puet en une char estre
          Fors que uns cuers a la senestre,
          Tuit un sont donques li cuer nostre;
          Le mien avez et j'ai le vostre.
16445   Rienz ne doit donc ou vostre avoir
          Que li miens ne doie savoir.
          Por ce vous pri que le me dites
          Par guerredons et par merites,
          [Car jamés joie ou cuer n'avrai
16450   Jusqu'a tant que ge le savrai;
          Et se dire nel me volés,
          Ge vois bien que vous me bolés;
          Si sai de quel cuer vous m'amés,
          Qui douce amie me clamés,
16455   Douce seur et douce compaingne.
          A cui parés vous tel chataingne ?]
          Certes, se vous nel gehissiés,
          Bien voi que vous me trahissiés,
          Car tant en vous me sui fiee,

16460	Puis que m'eütes afiee,
	Que dit vous ai toutes les choses
	Que j'ai dedenz mon cuer encloses.
	Et laissé por vous pere et mere,
	Oncles, nevouz, seror et frere;
(16465)	[Et tous amis et tous parens,
	Si cum il est or aparens.]
/b/	Certes, je ai fait mavés change
	Quant si vers moy vous truis estrange,
	Que je plus aim que rienz qui vive,
16470	Et tout ne me vaut une cive;
	Si cuidiés que tant mespreïsse
	Vers vous que nos secrés deïsse ?
	C'est chose qui ne porroit estre.
	Por Jhesucrist, le roi celestre,
16475	Qui vous doit miex de moi garder ?
	Plaise vous au mains regarder,
	Se de loiauté rienz savés,
	La foi que de mon cors avés.
	Ne vous soffist pas bien cis gages ?
16480	En volés vous meillors ostages ?
	Dont sui je des autres la pire,
	Se vos secrés ne m'osés dire.
	Je voi toutes ces autres fames
	Qui sont de lor ostex si dames
16485	Que lor maris en eus se fient
	Tant que touz lor secrés lor dient;
	[Tuit a lor fames se conseillent,
	Quant en lor liz ensemble veillent,
	Et priveement se confessent,
(16490)	Si que riens a dire ne lessent;
	Et plus sovent, c'est chose voire,
	Qu'il ne font neïs au provoire.
	Par eus meïmes bien le sai,
	Car maintes fois oï les ai;
(16495)	Qu'el m'ont tretuit recongneü
	Quanqu'el ont oï et veü,
	Et tout neïs quanqu'eles cuident,
	Ainsinc se purgent et se vuident;]
	Si ne sui je pas lor pareille,
16500	Nulle vers moi ne s'apareille,
	Car je ne sui pas jangleresse,
	Vilotiere ne tenceresse,

16460. (ms : *espousee*).

Et sui de mon cors prodefame,
Comment qu'il aut vers Dieu de l'ame.
16505 Ja n'oïtes vous onques dire
Que j'aie fait nul avoutire,
Se li fol qui le vous conterent
Par mavaitié nel controverent.
/c/ M'avés vous or bien esprovee ?
16510 Ou m'avés vous fauce trouvee ?
Aprés, biau sire, regardés
Comment vostre foi me gardés.
Certes malement mespreïtes
Quant anel ou doi me meïtes
16515 Et vostre foi me fiançastes !
Ne sai comment faire l'osastes.
S'en moi ne vous osés fier,
Qui vous fist a moi marier ?
Por ce vous pri que vostre fois
16520 Me soit gardee a cel fois,
Et loiaument vous asseüre
Et promet et fiance et jure
Par le bon eüré saint Pierre
Que ce sera chose sous pierre.
16525 Certes bien seroie ore fole
Se de ma bouche issoit parole
Dont eüssiés honte et domage;
Honte feroie a mon linage,
Qu'onques nul jor ne diffamai.
16530 Et tout premierement a mai.
L'en dit, et si est voirs, sans faille,
Que mout est fox qui son nez taille,
Sa face a touz jors deshonore.
Dites moi, se Diex vous secore,
16535 Ce dont vos cuers se desconforte,
Ou se ce non vous m'avés morte. »
Lors li debaille et piz et chief
Et puis le baise derechief,
/d/ Et plore sor li lermes maintes
16540 Entre les baiseries faintes.
    Adonc li mescheans li conte
Son grant domage et sa grant honte,

16524. « Je serai muette comme une tombe. »
16525-26. (ms : vers intervertis).
16530. *mai* forme de *moi*.
16539-40. (ms : rimes interverties).

Et par sa parole se pent;
Et quant dit l'a si s'en repent.
(16545) [Mes parole une fois volee
Ne puet plus estre rapelee.]
Lors li prie qu'ele se taise
Li fox, qui est plus a mesaise
C'onques avant esté n'avoit
16550 Quant sa fame rienz n'en savoit.
Et cele li redist sans faille
Qu'el s'en taira, vaille que vaille.
  Mes li chetis, que cuide il faire ?
Il ne puet pas sa langue taire,
16555 Or tent a l'autrui retenir !
A quel chief en cuide il venir ?
Or se voit la dame au desseure,
Et set que de quelcunques eure
Cis l'osera mes correcier,
16560 Ne contre li de riens groucier,
El le fera taire tout quoi,
Que bien a matire de quoi.
Convenant, espoir, li tendra,
Tant que corrous entr'eus vendra.
16565 Encore s'ele tant atent !
Mes envis atenderoit tant
Que mout ne li soit grant grevance,
Tant avra le cuer en balance.
  Et qui les hommes ameroit,
16570 Celi sermon lor prescheroit,
/137/ Qui bons est en touz leuz a dire,
Por ce que chascuns honz s'i mire,
Por soi de grant peril retraire.
Si porroit il, espoir, desplaire
16575 A fames qui mout ont de jangles;
Mes verités ne quiert nulz angles.
  Biau seignor, gardés vous des fames,
Se vos cors amés et vos ames,
Au mains que ja si mal [n'] ovrois
16580 Que vos secrés lor descovrois
Que dedenz vos cuers estuiés.
Fuiés, fuiés, fuiés, fuiés
Fuiés, enfant, fuiés tel beste,
Je vous consel et amoneste

16555. *l'autrui* : « celle d'autrui ».
16558. (ms : *euvre*).

16585   Sanz deception et sans guile,
               Et notés les vers de Virgile,
               [Mes qu'en vos cuers si les fichiés
               Qu'il n'en puissent estre sachiés :]
               Enfant qui coilliés les floretes
16590   Et les roses beles et netes,
               Ci gist li frois serpens en l'erbe;
               Fuiés, enfant, car il enherbe
               Et empoisonne et envenime
               Tout homme qui de li s'aprime.
(16595)   [Enfans qui les flors alés querre,
               Et les freses naissans sus terre,
               Li mau serpent refroidissant
               Qui se vet ici tapissant,
               La malicieuse coluevre
(16600)   Qui son venin repont et cuevre,
               Et le muce souz l'erbe tendre,
               Jusqu'a tant que le puisse espendre
               Por vous decevoir et grever,
               Pensés, enfans, de l'eschever.]
16605   Ne vous y lessiés pas haper,
               Se de mort volés eschaper,
               Car tant est venimeuse beste,
               Par cors et par queue et par teste,
/b/   Tost vous troverés entechiés,
16610   Se de li point vous aprochiés,
               Qu'il mort et point par traïson
               Quanqu'il ataint, sans garison;
               Car de cesti venin l'ardure
               Nulz triacles n'en a la cure;
16615   Riens n'i vaut herbe ne racine :
               Foïr en est la medecine.
                  Si ne di je pas toute voie,
               N'onc ne fu l'entention moie,
               Que les fames chieres n'aiés
16620   Ne que si foïr les doiés
               Que bien avec eus ne gisiés.
               Ainz commant que vous les prisiés
               Et par raison les exauciés,
               Bien les vestés, bien les chauciés,

16586 et suiv. Virgile, *Bucoliques*, III, 92-93.
16595-16604. A la place de ces vers, notre ms écrit : *Fuiés, fuiés sans reposer, | Fuiés sans le fuire cesser, | Fuiés qui saver a tant chier. | Fuiés sans le fuire estanchier.*
16622. (ms : *Et comment*).

16625   Et touz jors a ce laborés
    Que les servés et honorés
    Por continuer vostre espiece
    Si que la mort ne la depiece.
    Mes ja tant ne vous y fiés
16630   Que chose a taire lor diés.
    Bien soffrés que aillent et viengnent,
    La menie et l'ostel maintiengnent,
    Se a ce vuelent metre cure;
    Ou s'il avient par aventure
16635   Que sachent acheter et vendre,
    A ce pueent [eus] bien entendre;
    Ou s'el sevent aucun mestier,
    Facent le, s'eus en ont mestier;
/c/   Et sachent les choses apertes,
16640   Qui n'ont mestier d'estre couvertes.
    Mes se tant vous abandonnés
    Que trop de poor lor donnés,
    A tart vous en repentirés
    Quant lor malice sentirés.
16645   L'escriture neïz nous crie
    Que se la fame a seignorie,
    Elle est a son seignor contraire
    Quant il vuet raison dire ou faire.
    Prenés vous garde toute voie
16650   Que l'ostel n'aille male voie
    Car l'en pert bien en meillor garde;
    Qui sages est, sa chose garde.
    Et vous qui avés vos amies,
    Portés lor bonnes compaignies.
(16655)   [Bien affiert qu'el sachent chascunes
    Assés de besoingnes communes.]
    Et se preus estes et senés,
    Quant entre vos bras les tenés
    Et les acolés et baisiés
16660   Taisiés, taisiés, taisiés, taisiés!
.01   Taisiés, enfant, taisiés la jangle,
.02   Taisiés, ne savés qu'a en l'angle,
.03   Taisiés, taisiés, vers tex oreilles,
.04   Taisiés, taisiés, ce sont merveilles!
    Pensés de la langue tenir,
    Car rienz n'en puet a chief venir
    Quant des secrés sont parçonnieres,

16645. Ecclésiastique, XXV, 30.

Tant sont orgueilleuses et fieres
16665 Et tant ont les langues cuisans
Et venimeuses et nuisans.
/d/ Mes quant li fol sont la venu
Qu'il sont entre lor bras tenu
Et que les acolent et baisent,
16670 Et font les geus que tant lor plaisent,
Lors n'i puet riens avoir celé;
La sont li secré revelé,
La se descovrent li mari,
Dont puis sont dolent et marri;
16675 Tuit accusent ci lor pensé,
Fors li sage et li appensé.
     Dalida la malicieuse,
Par flaterie venimeuse,
A Sanson, qui tant ert vaillans,
16680 Tant preus, tant fors, tant travaillans,
Si cum el le tenoit forment
En son giron soëf dorment,
Copa ses cheveus a ses forces,
Dont il perdi toutes ses forces
16685 Quant de ses crins le despoilla,
Et touz [ses] secrés revela
Que li fox contés li avoit,
Que rienz celer ne li savoit.
Mes ne vuel plus d'exemples dire,
16690 Bien vous doit uns por touz soffire.
Salemon neïz en parole,
Dont je vous diré la parole
Tantost, por ce que je vous aing :
« De cele qui te dort ou saing,
16695 Garde les portes de ta bouche »
Por foïr peril et reprouche.
/138/ Cest sermon devroit preeschier
Quicunques avroit homme chier,
Que tuit de fames se gardassent
16700 Si que jamés ne s'i fiassent.
Si n'ai je pas por vous ce dit,
Car vous avés, sans contredit,

16677. Juges, XVI.
16681. (ms : elle le).
16683. (ms : cheves).
16686. (ms : li revela).
16693. aing, forme de aim, « aime ».
16694. Michée, VII, 5.

Touz jors esté loialz et ferme.
L'escriture neïs afferme,
16705 Tant vous en donne Diex san fin,
Que vous estes [sages] san fin. »
      Genius ensi la conforte
Et de quanqu'il puet li enorte
Que laist du tout son duel ester,
16710 Car el n'i puet riens conquester
En duel, ce dit, et en tristece.
C'est une chose qui mout blece
Et qui, ce dit, riens ne profite.
Quant il ot sa volenté dite,
16715 Sans plus faire longue priere,
Il s'assiet en une chaiere
Dejouste son autel assise;
Et Nature tantost s'est mise
A genous devant le provoire;
16720 Mes, sanz faille, c'est chose voire,
El ne puet son duel oblier,
Ne il ne la vuet plus prier,
Qu'il y perdroit sa pene toute;
Ains se taist et sa dame escoute
16725 Qui dit par grant devocion
En plorant sa confession
/b/ Que je ci vous aporte escrite,
Mot a mot, si cum il l'a dite.
« Cis Diex, qui de biauté habonde,
16730 Quant il si biau fist ce biau monde
Dont il portoit en sa pensee
La bele forme porpensee
Touz jors en pardurableté
Ains qu'ele eüst dehors esté
16735 (Car la prist il son exemplaire
Et quanqu'il li fu necessaire;
Ou s'il aillors le vosist querre,
Il n'i trovast ne ciel ne terre
Ne riens dont aidier se peüst
16740 Que nulle riens dehors eüst,
Car de noient fist tout saillir
Cis a qui riens ne puet faillir,

16705. (ms : *sanz*), *san*, « sens, sagesse ».
16728. (ms : *elle l'a*).
16729-17874. Passage inspiré du *De Planctu Naturae* d'Alain de
Lille et du *De Consolatione* de Boèce.

N'onc riens ne l'esmut a ce faire
Fors la volenté debonnaire,
16745 Large, cortoise, sans envie,
De toute grace raemplie.
Et le fist au commencement
D'une mace tant solement
/c/ Qui toute ert de confusion,
16750 Sans ordre et sans division,
Puis la devisa par parties,
Qui puis ne furent departies,
Et tout par nombres assomma
Et set cum bien en la somme a;
16755 Et par resonnables mesures
Termina toutes les figures
Et les fist en rondece estendre
Por miex movoir, por plus comprendre,
Selonc ce que movables furent
16760 Et comprenables estre durent;
[Et les mist en leus convenables,
Selonc ce qu'il les vit metables.]
Les legieres en haut volerent,
Les pesans en terre avalerent
16765 Et les moiennes en mi leu.
Ensi sont ordené li leu
Par droit compas, par droite espace);
Cis Diex meïmes, par sa grace,
Quant il [i] ot par ses devises
16770 Ses autres creatures mises,
Tant m'onora, tant me tint chiere
Qu'il m'establi sa chamberiere;
Servir m'i lesse et lessera
Tant cum sa volenté sera.
16775 Nul autre droit je n'i reclaime,
Ains l'en merci quant il tant m'aime
Que si tres povre damoisele
A si grant maison et si bele;
Icis granz sires tant me prise
16780 Qu'il m'i a por chambriere prise.
/d/ Por sa chambriere ? Certes vere,
Por connestable et por viquere,
Dont je ne fusse mie digne,
Fors par sa volenté benigne.

16746. H : *Qui fontaine est de toute vie.*
16781. *vere :* « voire, bien plus ».

16785   Je gart, Diex tant m'a honoree,
           La bele chaainne doree
           Qui les quatre elemens enlace
           Tretouz enclins devant ma face;
           Et me bailla toutes les choses
16790   Qui sont dessous la chainne encloses,
           Et commanda que jes gardasse
           Et les formes continuasse,
           Et vout que toutes m'obeïssent
           Et que mes regles apreïssent
16795   [Si que jamés nes obliassent,
           Ains les tenissent et gardassent]
           A touz jors pardurablement.
           Si font il voir communement,
           Toutes i metent bien lor cure,
16800   Fors une seule creature.
           Du ciel ne me doi je pas plaindre,
           Qui touz jors torne sans soi faindre
           Et porte en son cercle poli
           Toutes ses estoiles o li,
16805   Estancelans et vertueuses
           Sor toutes pierres precieuses.
           Va s'en le monde deduiant,
           Commençant son cors d'oriant,
           Et par occident s'achemine,
16810   Ne de torner arrier ne fine,
           Toutes les roes ravissant
           Qui vont contre li gravissant
/139/   Por son movement retarder;
           Mes ne l'en pueent si garder
16815   Que ja por eus corre si lanz
           Qu'il n'aut en trente sis mil anz,
           Por venir au point proprement
           Ou Diex le fist premierement,
           Un cercle acompli tout entier
16820   Selon la grandor du sentier
           Du Zodiaque a la grant roe

16807. Le ciel conduit le mouvement du monde.
16811. (ms : *ses roes aussi ravissent*). « Entraînant avec lui toutes les roues... ».
16812. (ms : *et gravissent*). « ... qui lui opposent résistance. » (Il s'agit des planètes.)
16819. Malgré tout le ralentissement des planètes, le firmament accomplira un cercle entier pour revenir au point de départ.
16821. (ms : *dosiach*).

Qui sor li d'une forme roe.
C'est li ciex qui cort si a point
Que d'error en son cors n'a point;

16825   *Aplanos* por ce l'apelerent
Cil qui point d'error n'i troverent,
Car *aplanos* vaut en gregeois
« Choses sans error » en françois.
Si n'est il pas veüs par homme

16830   Cis autres ciex que je vous nomme,
Mes raison ensi bien le prueve,
Qui les demonstraisons y trueve.
    Je ne me plaing des set planetes,
Cleres et [re]luisans et netes

16835   Par tout le cors de soi chascune.
Si semble il as genz que la lune
Ne soit pas bien nete ne pure
Por ce qu'el pert par leus oscure;
Mes c'est par sa nature double

16840   Qu'el pert par leus espesse et trouble;
D'une part luit, d'autre part cesse
Por ce qu'ele est clere et espesse;

/b/   Si li fait sa luor perir
Ce que ne fait pas referir

16845   La clere part de sa sustance
Les rais que li solaus y lance,
Ains s'en passent parmi tout outre;
Mes l'espesse luor demoustre
Qui bien puet as rais contrester

16850   Por sa lumiere conquester.
Et por faire entendre la chose,
Bien y puet l'en, en leu de glose,
A briés mos un exemple metre
Por miex faire entendre la lettre :

16855   Si cum li voirres tresparens,
Ou li rais s'en passe par ens,
Que par dedens ne par derriere
N'a riens espés qui le refiere,
Ne puet les figures moustrer,

16822. « tourne sur soi comme une roue. »
16835. « durant tout le cours de leur révolution propre. »
16845. « la partie claire de sa matière » (de la lune).
16846. (ms : *Des*). Les rayons que ne peut renvoyer la partie transparente de la lune.
16848. « mais la partie épaisse est lumineuse. »

16860   Quant n'i pueent entre encontrer
    Li rais des yex qui les retiengne,
    Par quoi [la forme] as yex reviengne,
    Mes plonc, ou quelque chose espesse,
    Qui les rais trespasser ne lesse,
16865   Qui d'autre part metre i vorroit,
    Tantost la forme troveroit;
    Ou s'aucuns cors bien polis yere
    Qui peüst referir la lumiere,
    Et fust espés d'autre ou de soi,
16870   Recorroit elle, bien le soi;
    Aussi la lune en sa part clere,
    Dont est resemblable a l'espere,
/c/   Ne puet pas les rais retenir,
    Par quoi luor li puist venir,
16875   Ains passent outre; mes l'espesse,
    Qui passer outre ne les lesse,
    Ains les refiert forment arrier,
    Fait a la lune avoir lumiere.
    Por ce pert par leus lumineuse,
16880   Et par leus semble tenebreuse.
     Et la part de la lune oscure
    Nous represente la figure
    D'une trop merveilleuse beste :
    C'est d'un serpent qui tient sa teste
16885   Vers occident adés encline,
    Vers orient sa queue afine,
    Sor son dos porte une arbre estant,
    Ses rains vers orient estent,
    Mes en estendant les bestorne;
16890   Sor ce bestorneïs sejorne
    Uns honz sor ses bras apoiés,
    Qui vers occident a rués
    Ses piez et ses cuisses andeus,
    Si comme pert au semblant d'eus.
16895   Mout font ces planetes bon ovre;
    Chascune d'elles si bien ovre

16860-61. « Quand les rayons des yeux (les regards) n'y peuvent
rien rencontrer qui les arrête. »
16862. (ms : *il ne reviengne*).
16863-16870. Description de la fabrication d'un miroir.
16865. « Sur la face opposée de la vitre. »
16871. *aussi* répond à *si cum* du v. 16855.
16889. (ms : *en estant les bes best.*).
16896. (ms : *chascunne*).

Que toutes set point ne sejornent;
Par lor doze maisons s'en tornent
[Et par tous les degrés s'en corent,]
16900   Et tant cum doivent i demorent;
Et por bien la besoigne faire,
Tornent par movement contraire,
Sor le ciel chascun jor aquierent
/d/   Les parties qui lor afierent
16905   A lor cercles enteriner;
Puis recommencent sanz finer,
En retardant du ciel le cors,
Por faire as elemens secors;
Car s'il pooit corre a delivre,
16910   Riens ne porroit desous li vivre.
       Li baus solaus, qui le jor cause,
Qui est de toute clarté cause,
Se tient ou mi leu comme rois,
Tretous reflamboians de rais.
16915   Ou mi leu d'auz a sa maison,
Et ce n'est mie sans raison
Que Diex li biaus, li fors, li sages
Vost que fust [ileuc] ses estages;
Car s'il plus bacement corust,
16920   N'est nus qui de chaut ne morust;
Et s'il corust plus hautement,
Froit meïst tout a dampnement.
La depart sa clarté commune
As estoiles et a la lune
16925   Et les fait apparoir si beles
Que la Nuit en fait ses chandeles,
Au soir, quant elle met sa table,
Por estre mains espoentable
Devant Acheron son mari,
16930   Qui mout en a le cuer marri,
Que il vosist miex sanz lumiere
Estre avec la Nuit toute entiere,
Si cum jadis ensemble furent
/140/   Quant de premier s'entreconnurent,
16935   Que la Nuit en lor desveries
Conçut les trois Forceneries

16900. (ms : *comme*).
16902. *Tornent* : part. prés.
16919. (ms : *corut*).
16920. (ms : *morut*).
16936. *Forceneries* : les « Furies ».

Qui sont en enfer justicieres,
Gardes felonnesses et fieres.
Mes toute voiz la Nuit s'apense,
16940   Quant el s'enyvre en sa despense,
En son celier ou en sa cave,
Que trop seroit hideuse et have,
Et face avroit trop tenebreuse
S'el n'avoit la clarté joieuse
16945   Des cors du ciel reflamboians,
Parmi l'air oscur et raians,
Qui tornoient en lor esperes,
Si cum l'establi Diex li peres.
La font entr'eus lor armonies,
16950   Qui sont cause des melodies
Et des diversetés de tons
Que par acordance metons
En toutes manieres de chant :
N'est riens qui [par] celes ne chant.
16955   Et muent par lor influances
Les accidens et les sustances
Des choses qui sont sous la lune.
Par lor diversité commune
S'espoissent li cler element,
16960   Et font cler l'espés ensement,
Et froit et chaut et sec et moiste,
Tout aussi cum en une boiste,
Font il a chascun cors venir
/b/   Por lor pars ensemble tenir ;
16965   Tout soient il contraliant,
Les vont il ensemble liant ;
Et font pez de quatre anemis
Quant si les ont ensemble mis,
Par atrempance convenable
16970   A complexion raisonnable,
Por former en la meillor forme
Toutes les choses que je forme.
Et s'il avient que soient pires,
C'est en defaut de lor matires.
16975   Mes qui bien garder i savra,
Ja si bonne pez n'i avra
Que la chalor l'umor ne succe
Et sanz cesser gaste et menguce

16949 954. L'harmonie des sphères, selon Pythagore, est à l'origine de la musique.

De jor en jor, tant que venue
16980   Soit la mors qui lor est deüe
Par mon droit establissement,
Se mors ne lor vient autrement,
Qui soit par autres cas hastee
Ains que l'umor soit degastee;
16985   Car tout soit ce que nulz ne puisse
Par medecine que l'en truisse
Ne par riens que l'en sache ongier
La vie du cors alongier,
Si sai je bien que de legier
16990   La se puet chascuns abregier.
Car maint acorcent bien lor vie,
Ains que l'umor soit defaillie,
Par eus faire noier ou pendre,
/c/   Ou par quelque peril emprendre
16995   Dont, ains que s'en puissent foïr,
Se font ardoir ou enfoïr,
Ou par quelque meschief destruire
Par lor fait folement conduire;
Ou par lor privés anemis,
17000   Qui mout en ont sanz coupe mis
Par glaive a mort ou par venins,
Tant ont les cuers faus et chenins;
Ou par cheoir en maladies
Par maus governemens de vies,
17005   Par trop dormir, par trop veillier,
Trop reposer, trop traveillier,
Trop engressier et trop sichier
(Car en tout ce puet l'en pechier),
Par trop longuement geüner,
17010   Par trop de delis aüner,
Trop esjoïr et trop doloir,
Par trop de mesaises avoir,
Par trop boivre et par trop mengier,
Par trop lor qualité changier,
17015   Si cum il pert communement
Quant il se font soudainnement
Trop chaut avoir, trop froit sentir,
Dont trop sont tart au repentir;
Ou par lor coustumes muer,
17020   Qui mout de genz refait tuer
Quant soudainement les remuent;

17020. « chose qui peut aussi tuer... »

Maint s'i grievent et maint s'i tuent,
Par les mutacions soudainnes
/d/   Qui sont a nature grevainnes,
17025   Si qu'il me font en vain pener
D'euz a naturel mort mener.
Et ja soit ce que mout meffacent
Quant contre moi tel mort porchacent,
Si me poise il mout toute voies
17030   Quant il demeurent antre voies,
[Comme chetis et recreans,
Vaincus mar mors si mescheans,]
Dont bien se peüssent garder
S'il se vousissent retarder
17035   Des outrages et des folies
Qui lor font acorcier lor vies
Ains qu'il aient atainte et prise
La bonne que je lors ai mise.
        Empedoclés mal se garda,
17040   Qui tant es livres regarda
Et tant ama philosophie,
Plainz, espoir, de melancolie,
C'onques la mort ne redouta,
Mes tout vif el feu se bouta,
17045   Et joins piés en Ethna sailli
Por moustrer que bien sont failli
Cil qui la mort vuelent douter;
Por ce s'i vot de gré bouter.
N'en preïst pas ne miel ne sucre,
17050   Ains eslut iluec son sepucre
Entre les sulfureus boillons.
Origenés, qui ses coillons
Se copa, mout poi me prisa
Quant a ses mains les encisa
17055   Por servir en devocion
/141/   Les fames de religion,
Si que nus soupeçon eüst
Que gesir o eles deüst.
Si dist l'en que les destinees
17060   Lor orent tex mors destinees
Qui tel eür lor ont meü

17030. (ms : *demainnent teles voies*).
17043. (ms : *c'* omis).
17045. (ms : *ens a travers*).
17048. (ms : *se vot*).

Des lors qu'il furent conceü,
[Et qu'il pristrent lor nacions
En teles constellacions,]
17065   Et par droite necessité,
Sanz metre possibilité
Et sanz pooir de l'eschever :
Combien qu'il lor doie grever
Lor convient tel mort recevoir.
17070   Mes je sai bien tretout de voir,
Combien que li ciel y travaillent,
Qui les meurs naturés lor baillent
Qui les esmuevent a ce faire,
Et les font a cele fin traire
17075   Par la matire obeissant,
Qui lor cuers va si flechissant,
Si pueent il bien par doctrine,
Par norreture nete et fine,
Par sivre bonnes compaignies
17080   De sens et de vertus garnies,
[Ou par aucunes medicines
Por qu'el soient bonnes et fines,]
Et par bonté d'entendement,
Procurer qu'il soit autrement,
17085   Por qu'il aient comme senés
Les meurs naturés refrenés.
Car quant de sa propre nature,
Contre bien et contre droiture,
Se vuet homme ou fame atorner,
17090/b/   Raison l'en puet bien destorner
Por qu'il la croie solement.
Lors ira la chose autrement
Car autrement puet il bien estre,
Quoi que facent li cors celestre,
17095   Qui mout ont grant pooir, sanz faille,
Por quoi Raison encontre n'aille.
Mes n'ont pooir contre Raison,
Car bien set chascuns sages hon
Qu'il n'est pas de Raison mestre
17100   N'il ne la firent mie nestre.
     Mes de sodre la question
Comment predestination

17068. (ms : *qui lor*).
17096. « A condition que Raison. »
17101. (ms : *de question*).

Et la devine prescience,
Plene de toute porveance,
17105 Puet estre o volenté delivre,
Fors est a genz laiz a decrivre;
Et qui vodroit la chose emprendre,
Trop lor seroit fort a entendre,
Qui lor avroit neïs solues
17110 Les raisons encontre meües.
Mes il est voirs, quoi qu'il lor semble,
Que s'entresoffrent bien ensemble,
Autrement cil qui bien feroient
Ja loier avoir n'en devroient,
17115 Ne cis qui de pecher se pene
Ja més n'en devroit avoir pene,
Se tele estoit la verité
Que tout fust par necessité;
Quant cis qui bien faire vorroit
17120/c/ Autrement faire ne porroit,
Ne cis qui le mal vorroit faire
Ne s'en porroit pas bien retraire :
Vousist ou non, il le feroit
Puis que destiné li seroit.
17125 Et si porroit bien aucuns dire,
Por desputer de la matire,
Que Diex n'est mie deceüs
Des fais qu'il a devant seüs;
Dont avendroit il, sanz doutance,
17130 Si cum il sont en sa science;
Mes il set quant il avendront,
Comment et quel fin il tendront,
Car s'autrement estre peüst
Que Diex avant ne les seüst,
17135 Il ne seroit pas touz poissans
Ne touz bons, ne touz connoissans,
N'il ne seroit pas soverains,
Li biauz, li douz, li premerains;
N'il ne savroit nes que nous fommes,
17140 Ains cuideroit avec les hommes
Qui sont en douteuse creance
Sans certainneté de science.
Mes cele error a Dieu retraire,

17105. (ms : *puet bien ou v.*).
17111-17186. Boèce, *De Consolatione*, V, prose 3.
17130. (ms : *font en la s.*).

Ce seroit dÿablie a faire;
17145 Nus honz ne la devroit oïr,
Qui de raison vosist joïr :
Dont convient il par vive force,
Quant voloir d'omme a rienz s'efforce,
De quanqu'il fait qu'ensi le face.
(17150) [Pense, die, voille ou porchace,]
/d/ Dont est il chose destinee
Qui ne puet estre destornee.
[Dont se doit il, ce semble, ensivre,
Que riens n'ait volenté delivre.]
17155   Et se les destinees tiennent
Toutes les choses qui avienent,
Si cum cis argumens le prueve
Par l'aparance qu'il y trueve,
Cis qui bien fait, ou malement,
17160 Quant il ne puet faire autrement,
Quel gré l'en doit dont Diex savoir
Ne quel pene en doit il avoir ?
S'il avoit juré le contraire,
N'en puet il autre chose faire;
17165 Dont ne feroit pas Diex justice
De bien rendre et de punir vice.
Car comment faire le porroit ?
Qui bien regarder y vorroit,
Il ne seroit vertu ne vice;
17170 Ne sacrefier en calice,
Ne Dieu prier rien ne vaudroit,
[Quant vices et vertus faudroit;]
Ou se Diex justice faisoit,
[Cum vices et vertus ne soit,]
17175 Il ne seroit pas droituriers,
Ains clameroit les usuriers,
Les larrons et les murtriers quites;
Et les bons et les ypocrites,
Tout peseroit a pois onni.
17180 Ensi seroient bien honni
Cil qui d'amer Dieu se travaillent,
S'il a s'amor en la fin faillent;
Et faillir les y convendroit
Puis que la chose a ce vendroit
17185/142/ Que nus ne porroit recouvrer

17165. (ms : feroit il).
17173. (ms : ne faisoit).

La grace Dieu par bien ouvrer.
Mes il est droituriers sans doute,
Car bontés reluist en li toute,
Autrement seroit en defaut
17190   Cis a qui nulle riens ne faut.
Dont rent il, soit gaaing ou perte,
A chascuns selonc sa decerte;
Et sont toutes ouvres meries,
Et les destinees peries,
(17195)   [Au mains si cum gens laiz en sentent,
Qui toutes choses lor presentent,
Bonnes, males, fauces et vaires,
Par avenemens necessaires;]
Et franc voloir est en estant,
17200   Que tex genz vont si mal traitant.
     Mes qui revodroit opposer,
Por destinees aloser
Et casser franche volenté
(Car maint en ont esté tenté),
17205   Et diroit de chose possible,
Com bien qu'el puisse estre faillible,
Au mains quant elle est avenue :
« S'aucuns l'avoit avant veüe
Et deïst : tel chose avenra
17210   Ne riens ne la destornera,
N'avroit il pas dit verité ?
Dont seroit ce necessité,
Car il s'ensuit, c'est choses voire,
Donques est elle necessoire,
17215   Par la convertibilité
De voir et de necessité.
Dont convient il qu'el soit a force,
Quant necessité s'i efforce »,
/b/   Qui sor ce respondre vorroit,
17220   Comment eschaper en porroit ?
     Certes il diroit chose voire,
Mes non pas chose necessoire;
Car comment qu'il l'ait ains veüe,
La chose n'est pas avenue
17225   Par necessaire avenement,
Mes par possible seulement;

17191-17238. Boèce, De Consolatione, V, prose 6.
17217. (ms : qu'il soit).
17225-26. (ms : fins de vers intervertis).

Car s'il est qui bien i regart,
C'est necessité en regart,
Et non par necessité simple,
17230   Si que ce ne vaut une guimple :
[Et se chose a venir est vaire,
Donc est ce chose necessaire »,
Car tele verité possible
Ne puet pas estre convertible
(17235)   Avec simple necessité
Si comme simple verité :]
Si ne puet tex raison passer
Por franche volenté casser.

    D'autre part, qui garde y prendroit,
17240   Jamés as genz ne convendroit
De nule chose consel querre
Ne faire besoignes en terre;
Car por quoi s'en conseilleroient
Ne por quoi besoignes feroient,
17245   Se tout ert avant destiné
Et par force determiné ?
[Por conseil, por euvres de mains,
Ja n'en seroit ne plus ne mains,]
Ne miex ne pis n'en porroit estre,
17250   Fust chose nee ou chose a nestre,
[Fust chose faite ou chose a faire,
Fust chose a dire ou chose a taire.]
Nulz d'aprendre mestier n'avroit,
Sans estuide des ars savroit
17255   Quanqu'il savra s'il estudie
Par grant travail toute sa vie.
Mes ce n'est pas a otroier;
Dont doit l'en plenement noier
/c/   Que les ovres d'umanité
17260   Aviengnent par necessité :
Ains font bien et mal franchement
Par lor voloir tant solement;
[N'il n'est riens fors eus, au voir dire,
Qui tel voloir lor face eslire,
(17265)   Que prendre ou laissier les poïssent,
Se de raison user vosissent.]

    Mes or seroit fort a respondre
Por touz les argumens confondre

17253. « Nul n'aurait besoin d'apprendre. »
17261. « Mais les gens font le bien et le mal librement. »

Que l'en puet encontre amener.
17270 Maint se vodrent a ce pener,
Et dirent par sentence fine
Que la prescience devine
Ne met point de necessité
Sor les ovres d'umanité;
17275 Car bien se vont apercevant
Por ce que Diex les sot devant,
Ne s'ensuit il pas que aviengnent
Par force ne que tel fin tiengnent;
Mes por ce qu'eles avendront
17280 Et tel fin ou tel chief tendront,
Por ce les set ains Diex, se dient.
Mes mavesement se deslient
Du neu de ceste question;
Car qui voit lor entencion
17285 Et se vuet a raison tenir,
Li fait qui sont a avenir,
Se cil donnent voire sentence,
Causent a Dieu la prescience
Et la font estre necessoire.
17290 Mes mout est grant folie a croire
Que Diex si foiblement entende
Que son sens d'autrui fait descende;
/d/ Et cil qui tel sentence sivent
Contre Dieu malement estrivent
17295 Quant vuelent par si fabloier
Sa prescience afebloier;
Ne raison ne puet pas entendre
Que l'en puisse a Dieu riens aprendre,
N'il ne porroit certainnement
17300 Estre sages parfetement
S'il ert en tel defaut trovés
Que cis cas fust por li provés.
Dont ne vaut rienz ceste responce
Qui la dite prescience esconce
17305 Et repont sa grant proveance
Soz les tenebres d'ignorance,
Qu'el n'a pooir, tant est certainne,
D'aprendre riens par euvre humainne :
[Et s'el le pooit sans doutance,
(17310) Ce li vendroit de non poissance,

17306. (ms : *Sor les t.*).
17308. (ms : *p. vois h.*).

Qui rest dolor a recenser,
Et pechiés neïs du penser.]
Li autre autrement sentirent
Selonc lor sens en respondirent
17315   Et s'acorderent bien sanz faille
Que des choses, comment qu'il aille,
Qui vont par volenté delivre,
Si cum election les livre,
Set Diex quanqu'il en avendra
17320   Et quel fin chascune tendra,
Par une adicion legiere,
C'est assavoir en tel maniere
Cum elles sont a avenir;
Et vuelent par ce soutenir
17325   Qu'il n'i a pas necessité,
Ains vont par possibilité,
/143/   Si qu'il set quel fin eus tendront
Et s'enz seront ou le leront;
Tout ce set il bien de chascune
17330   Que des deus voies tendra l'une;
Ceste ira par negacion,
Ceste par affirmacion,
Non pas si termineement
Que n'aviengne, espoir, autrement;
17335   Car bien puet autrement venir,
Se franc voloir sevent tenir.
Mes comment osa nulz ce dire?
Comment osa Dieu tant despire
Qu'il li dona tel prescience
17340   Qu'il ne set riens fors en doutance
Quant il n'en puet apercevoir
Determinablement le voir?
Car quant d'un fait la fin savra,
Ja si seüe ne l'avra,
17345   Quant autrement puet avenir.
S'il li voit autre fin tenir
Que cele qu'il avra seüe,
Sa prescience est deceüe
Comme mal certainne et semblable
17350   A opinion decevable,

17316. (ms : qui tel chose).
17317. (ms : va par).
17318. (ms : la livre).
17339. (ms : Qui li).
17346. (ms : Si li).

Si cum avant moustré l'avoie.
Li autre alerent autre voie,
Et maint encor a ce se tiennent,
Qui dient des fais qui aviennent
17355 Ça jus par possibilité
Qu'il vont tuit par necessité
/b/ Quant a Dieu, non pas autrement,
Car il set termineement
De touz jors, et sanz nulle faille,
17360 Comment que de franc voloir aille,
Les choses ains que faites soient,
Quelcunque fin que elles oient
Et par science necessoire.
Sans faille il dient chose voire
17365 De tant que tuit a ce s'acordent
Et por verité le recordent
Qu'il a necessaire science,
Et de touz jors sanz ignorance
Set il comment iront li fait.
17370 Mes contraignance pas n'i fait
Ne quant a soi ne quant as hommes;
Qu'a savoir des choses les sommes
Et les particularités
De toutes possibilités,
17375 Ce li vient de la grant poissance,
De la bonté de sa science
Vers qui riens ne se puet respondre.
Et qui vodroit por ce respondre
Qu'il mete en fais necessité,
17380 Il ne diroit pas verité;
Car por ce qu'il les set devant
Ne sont il pas, de ce me vant,
Ne por ce qu'il sont puis, ja voir
Ne li feront devant savoir;
17385 Mes por ce qu'il est touz poissans
Et touz bons et touz connoissans,
/c/ Por ce set il du tout le voir
Que nus ne le puet decevoir;
Rienz ne puet estre qu'il ne voie.
17390 Et por tenir la droite voie,
Qui bien vodroit la chose emprendre,
Qui n'est pas legiere a entendre,

17364. (ms : *Sans ce estoit ce*).
17375. (ms : *Ce qui*).

Un gros exemple em porroit metre
As genz laiz qui n'entendent lettre,
17395   Car tex genz vuelent grosse chose
Sanz [grant] soutiveté de glose.
      Se uns honz par voloir faisoit
Une chose, quele que soit,
Ou du fere se retardast,
17400   Por ce que s'il la ragardast,
Il en avroit honte et vergoigne,
Tel porroit estre la besoigne;
Et uns autres rienz n'en seüst
Devant que cis fete l'eüst
17405   Ou qu'il l'eüst lessie a faire
S'il se vuet miex du fait retraire;
Cis qui la chose aprés savroit
Ja por ce mise n'i avroit
Necessité ne contraingnance;
17410   Et s'il en eüst la science
Aussi bien eüe devant,
Mes que plus ne l'alast grevant,
Ains le seüst tant seulement,
Ce n'est pas empeeschement
17415   Que cis n'oit fait ou ne feïst
Ce qui li pleüst et seïst,
/d/   Ou que du fere ne cessast,
S'a sa volenté le lessast,
Qu'il a si franche et si delivre
17420   Qu'il puet le fait foïr ou sivre.
      Aussi Diex et plus noblement
Et tout determinablement
Set les choses a avenir
Et quel chief eus doivent tenir,
(17425) [Comment que la chose puist estre
Par la volenté de son mestre
Qui tient en sa subjeccion
Le pooir de l'eleccion,
Et s'encline a l'une partie
(17430) Par son sens ou par sa folie;]
Et set les choses trespassees
Avant que fussent porpensees,
Et de ceus qui des fais cesserent,
Se il a faire les lesserent,

17405. *lessie* : part. fém. se rapportant à *la chose.*
17408. (ms : *muse*).

17435   Por honte, ou por autre ochoison,
    Soit resonnable ou sans raison,
    Si cum lor volenté les mainne.
    Car je sui tretoute certainne
    Qu'il sont de genz a grant plenté
17440   Qui de mal faire sont tenté,
    Tout voies a faire le lessent;
    Dont aucuns en y a qui cessent
    Por vivre vertueusement
    Et por l'amor Dieu seulement,
17445   Qui sont de meurs bien acesmé,
    Mes cil sont mout a cler semé;
    L'autre, qui de pechié s'apense
    S'il n'i cuidoit trover deffense,
    Toute vois son corage donte
17450   Por poor de pene et de honte.
    Tout ce voit Diex apertement
    Devant ses iex presentement,
/144/   Et toutes les condicions
    Des fais et des ententions.
17455   Rienz ne se puet de li garder,
    Ja tant ne savra retarder,
    Car ja chose n'iert si lontainne
    Qui a Dieu ne soit si prochainne
    Aussi cum s'elle fust presente :
17460   Demeurt dis ans, ou vint ou trente
    Voire cinc cens, voire cent mile,
    Soit a foire, a champ ou a vile,
    [Soit honeste ou desavenant,
    Si la voit Diex des maintenant
(17465)   Ainsinc cum s'el fust avenue :
    Et de tous jors l'a il veüe]
    Par demoustrance veritable
    A son mirooir pardurable,
    Que nulz fors li ne set polir,
17470   Sanz rienz a franc voloir tolir.
    Cis mirooirs est il meïmes,
    De qui commencement preïmes
    En ce biau mirooir poli,
    Qu'il tient et tint touz jors o li,
17475   Ou tout voit quanqu'il avendra
    Et touz jors present li rendra,

17435. (ms : *Por homme*).
17458. H : *Que Dieu devant soi ne la tiegne.*

Voit il ou les ames iront
Qui loiaument le serviront,
Et de ceus aussi qui n'ont cure
17480 De loiauté ne de droiture;
Et lor promet a ses ydees,
Des ovres qu'il avront menees,
Sauvement ou dampnacion :
C'est la predestinacion,
17485 C'est la prescience devine,
Qui tout set et rienz ne devine,
[Qui seult as gens sa grace estendre
Quant el les voit a bien entendre;
Ne n'a pas por ce sozplanté
(17490) Pooir de franche volenté.
Tuit homme euvrent par franc voloir,
Soit por joïr, ou por doloir.
C'est sa presente vision;
Car qui la diffinicion
(17495) De pardurableté deslie,
Ce est possession de vie
Qui par fin ne puet estre prise
Trestoute ensemble sans devise.]
/b/   Mes de ce monde l'ordenance
17500 Que Diex par sa grant proveance
Vost establir et ordener,
Ce convient il ensi mener.
Quant as causes universeles,
Celes seront par force teles
17505 Cum eus doivent en touz tens estre.
Touz jors feront li cors celestre
Selonc lor revolutions
Toutes lor transmutations,
Et useront de lor poissances
17510 Par necessaires influances
Sus les particulieres choses
Qui sont es elemens encloses,
Quant sor eus lor rais recevront
Si cum recevoir les devront;

17485-86. (ms : vers intervertis).
17486. (ms : Et tout).
17488. (Méon : il).
17505. (ms : toutes gens estre).
17506. (ms : seront li c.).
17513. (ms : lor eis). « Quand elles (les choses) recevront leurs
rayons (des corps célestes). »
17514. (mes : le devront).

17515 Car touz jors choses engendrables
Engenderront choses semblables,
Ou feront lor commissions
Par naturés complexions
[Selonc ce qu'eus auront chascunes
(17520) Entr'eus proprietés communes;]
Et qui devra morir morra,
Et vive tant cum il porra;
Et par lor naturel desir
Vodront li cuer des uns gesir
17525 En oiseuses et en delices,
Cis en vertus et cis en vices.
Mes par aventure li fait
Ne seront pas touz jors si fait
Comme li cors du ciel l'entendent,
17530 Ne les choses dont se descendent,
/c/ Qui touz jors lor obeiront
Se destorbees n'en estoient
Ou par cas ou par volenté.
Touz jors seront il tuit tempté
17535 De ce faire ou li cuers s'encline,
Qui de traire a tel fin ne fine
Si cum la chose destinee.
Ensi otroi je destinee
[Que ce soit disposicion
17540 Sous la predestinacion
Ajoustee as choses movables,
Selonc ce qu'el sunt enclinables.]
    Ensi puet estre honz fortunés
Por estre, des lors qu'il fu nez,
17545 Preus et hardis en ses afaires,
Sages, cortois et debonnaires,
D'amis garnis et de richeces,
Et renommés de granz proeces;
Ou par fortune avoir perverse.
17550 Mes bien se gart ou il converse,
Car tost porroit estre empeichiés
Ou par vices ou par pechiés.
S'il sent qu'il soit avers ne chiches,
Car tex honz ne puet estre riches,
17555 Contre ses meurs par raison viengne

17517. (ms : *Ce furent*).
17530. H : *Se les choses d'aus se deffandent*.
17538. (ms : *otroie*).

Et soffisance a soi retiengne;
Prengne bon cuer, donne et despende
Deniers et robes et viande,
Mes que de ce son non ne charge

17560 Qu'en ne le tiengne por fol large;
Si n'avra garde d'avarice,
Qui d'entacer les genz atice
Et les fait vivre en tel martire
Que rienz [n'est qui] lor puet soffire,

(17565) [Et si les avugle et compresse,
Que nul bien faire ne lor lesse,
Et lor fait toutes vertus perdre
Quant a li se vuelent aerdre.]

/d/   Ensi puet honz, se trop n'est nices,
17570 Garder soi de touz autres vices,
Ou soi de vertus destorner
S'il se vuet a mal atorner;
Car frans voloirs est si poissanz,
S'il est de soi bien connoissanz,

17575 Qu'il se puet touz jors garentir
S'il puet dedens son cuer sentir
Que pechiés vuelle estre son mestre,
Comment qu'il aut du cors celestre.
Car qui devant savoir porroit

17580 Quel temps faire li ciex vorroit,
Bien le porroit empeeschier;
Car s'il veoit si l'air sechier
Que toutes genz de chaut morussent,
Et les genz avant le seüssent,

17585 Il feroient lor maisonz nueves
En moistes leuz, ou pres de flueves,
[Ou grans cavernes creuseroient,
Et souz terre se muceroient,]
Si que du chaut n'avroient garde;

17590 Ou s'il avient, combien qu'il tarde,
Par l'iaue viengne li deluges,
Cil qui savroient lor refuges
Lesseroient aler les plaingnes
Et s'enfuiroient es montaignes,

17595 Ou feroient si fors navies
Qu'il y sauveroient lor vies
De la grant inundacion
Comme fist ja Deucalion

Et Pirra, qui s'en eschaperent
17600 Par la nacele ou il entrerent,
/145/ Qu'il ne fussent des flots hapé.
Et quant il furent eschapé,
Si vindrent au port de salu
Et virent plenes de palu
17605 Parmi le monde les valees,
Quant les mers s'en furent alees ;
Ou monde n'ot seignor ne dame
Fors Deucalion et sa fame,
Si s'en alerent a confesse
17610 Au temple Themis la deesse,
Qui jugoit sor les destinees
De toutes choses devinees,
A genoillons iluec se mirent
Et consel a Themis requirent
17615 Comment il porroient ovrer
Por lor lignies recovrer.
      Themis, quant oï la requeste,
Qui mout estoit bonne et honeste,
Lor conseilla qu'il s'en alaissent
17620 Et qu'il aprés lor dos gitassent
Tantost les os de lor grant mere.
Tant fu ceste responce amere
A Pirra qu'el la refusoit
Et contre le sort s'escusoit
17625 Qu'el ne devoit pas depecier
Les os sa mere ne blecier,
Jusqu'a tant que Deucalion
Li en dist l'exposicion :
« N'estuet, dist il, autre senz querre :
17630 Nostre grant mere, c'est la terre,
/b/ Les pierres, se nommer les os,
Certainnement ce sont les os.
Aprés nous les convient geter
Por nos linages susciter. »
17635 Si cum dit l'ot, ensi le firent,
Et maintenant homme saillirent
Des pierres que Deucalion
Geta par bonne entention,
Et des pierres Pirra les fames

17599. Ovide, Métamorphoses, I, 318-415.
17610. (ms Themis).
17631. « Les pierres, si j'ose les nommer. »

17640   Saillirent en cors et en ames,
           Tout aussi cum dame Themis
           Lor avoit en l'oreille mis;
           Onques n'i quirrent autre pere :
           Jamés ne sera qu'il n'i pere
17645   La durté a tout le linage.
           Ensi ovrerent comme sage
           Cil qui garantirent lor vie
           Du grant deluge par navie;
           Ensi cil eschaper porroient
17650   Qui ce deluge avant savroient.
                Et se herbaus devoit saillir,
           S'il qu'il feïst les blés faillir
           Que genz de fain morir deüssent
           Por ce que point de blé n'eüssent,
17655   Tant em porroient retenir,
           Ains que ce peüst avenir
           Deus ans devant ou trois ou quatre
           Que bien porroit le fain abatre
           Touz li peuples, granz et menus,
17660   Quant li herbaus seroit venus,
/c/   Si cum fist Joseph en Egipte
           Par son sens et par sa merite,
           Et faire si grant garnison
           Qu'il em porroient garison
17665   Sanz fain et sans mesaise avoir.
           Ou s'il pooient ains savoir
           Qu'il deüst faire outre mesure
           En yver estrange froidure,
           Il metroient avant lor cures
17670   En eus vestir de vesteüres
           Et de buches a charretees
           Por fere feus en chimenees;
           Et joincheroient lor maisons,
           Quant vendroit la froide saisons,
17675   De bele paille nete et blanche
           Qu'il prenderoient en lor granche;
           Et clorroient huis et fenestres,
           Si seroit plus seürs li estres.
                Ou feroient estuves chaudes,
17680   En quoi lor baleries baudes

17651. *herbauz* : « famine, disette ».
17658. (ms : *porroient*; le sujet est *li peuples*, sing. au vers suiv.).
17670. H : *garnir*; *vestir* a le même sens, plus large qu'aujourd'hui.
17680. (ms : *En tor lor*).

[Tuit nuz porroient demener,
Quant l'air porroient forcener,
Et geter pierres et tempestes,
Qui tuassent as champs les bestes,
(17685)   Et grans flueves prendre et glacier.
Ja tant ne savroit menacier
Ne de tempestes ne de glaces
Qu'il ne risissent des menaces,]
Et quaroleroient leens,
17690   Des peris quites et joians :
Bien porroient l'air escharnir;
Si s'en porroient il garnir.
Mes se Diex n'i fesoit miracle
Par vision ou par oracle,
17695   Il n'est honz, de ce ne dout mie,
S'il ne set par astronomie
Les estranges complexions,
Les diverses possessions
/d/   Des cors du ciel, et qu'il regart
17700   Sor quex elemens ont regart,
Qui ce puisse devant savoir
Par science ne par avoir.
Et quant li cors a tel poissance
Qu'il fuit des ciex la destrempance,
17705   Et lor destorbe ensi lor euvre
Quant encontre eus ensi se queuvre,
Et plus poissant, bien le recors,
Est force d'ame que de cors,
Car ele muet le cors et porte
(S'el ne fust, il fust chose morte),
17710   Miex dont et plus legierement,
Par us de bon entendement,
Porroit eschiver franc voloir
Quan que le puet faire doloir.
17715   N'a garde que de rienz se duelle,
Par quoi consentir ne s'i vuelle;
Et sache par cuer ceste clause
[Qu'il est de sa mesaise cause.]
Forainne tribulation
17720   Ne puet fors estre occasion;
Si n'a de destinees garde,
S'il sa nativité regarde

17704. (ms : *de telz la temperance*).
17709. (ms : *Cele esmuet*).
17714. (ms : *Quant il le*).

Et connoist sa condicion.
Que vaut tel predestination ?
(17725)   [Il est sor toutes destinees,
Ja si ne seront destinees.]
Des destinees plus parlasse,
Fortune et cas determinasse
Et bien vosisse tout espondre,
17730   Plus opposer et plus respondre,
Plusors exemples en deïsse,
/146/   Mes trop longuement i meïsse
Ains que j'eüsse tout finé.
Bien iert aillors determiné.
17735   Qui nel set a clerc le demende,
Qu'il l'en lisse si qu'il l'entende.
N'encor, se faire m'en deüsse,
Ja certes parlé n'en eüsse.
Mes il afiert a ma matire,
17740   Car mes anemis porroit dire,
Qui m'orroit ensi de li plaindre,
Por ses desloiautés estaindre
Et por son creator blamer,
Que a tort le vuel diffamer ;
17745   Qu'il meïmes sovent set dire
Qu'il na pas franc voloir d'eslire,
Car Diex par sa premission
Si le tient en subjection
Que tout par destinee mainne
17750   Et l'ovre et la pensee humainne,
Si que s'il vuet a vertu traire,
Ce li fait Diex a force faire,
[Et s'il de mal faire s'efforce,
Ce li refait Diex faire a force,]
17755   Qui miex le tient que par le doit
Si qu'il fait quanque faire doit
De tout pechié, de toute aumone,
De biau parler ou de rampone,
De los et de detraction,
17760   De larrecin, d'occision,
Et de pez et de mariages,
Soit par raison ou par outrages.

17724. (ms : *Qui vaut*).
17736. « Qu'il lui en fasse un exposé pour qu'il comprenne la
question. »
17742. (ms : *ataindre*).
17747. *premission* : « initiative » (cf. v. 17783-84). H : *prevision*.

« Ensi, fait il, convenoit estre.

/b/   Ceste fist Diex por celi nestre,

17765   Ne cis ne porroit autre avoir
Par nul sens ne par nul avoir.
Destinee li estoit ceste. »
Et puis, se la chose est mal fete,
Que cis soit fox ou cele fole,

17770   Quant aucuns entre en parole
Et maudit ceus qui consentirent
Le mariage et qui le firent,
Il respont lors, li mal senés :
« A Dieu, fet il, vous em prenés,

17775   Qui vuet que la chose ensi aille.
Tout ce fait [il] faire sanz faille. »
Et conferme par serement
Qu'il ne puet aler autrement.
    Non, non! ceste responce est fauce.

17780   Ne sert pas la gent de tel sauce
Qui les face a mal consentir
Li vrais Diex qui ne puet mentir.
D'auz naist li maus commencement
Dont vient le fol expressement

17785   Qui les esmuet a ovre faire
Dont il se deüssent retraire;
Car bien retraire s'en peüssent,
Mes qu'il sans plus reconneüssent
Lor creator, et reclamassent,

17790   Qui les amast se il l'amassent;
Car cis seus aime sagement
Qui se connoist entierement.
    Sanz faille toutes bestes mues,

/c/   D'entendement vuides et nues,

17795   Se mesconnoissent par nature;
Car s'il eüssent parleüre
Et raison por eus entre entendre,
Qu'il s'entrepeüssent aprendre,
Mal fust as hommes avenu.

17800   Jamés cil biau destrier crenu
Ne se lesseroient donter
Ne chevaliers sor eus monter;

17778. (ms : Qui n.).
17780. (ms : Ne ser plus).
17788. H : se conneüssent ; cf. 17792.
17793-874. Boèce, De Consolatione, II, prose 4.

Jamés bues sa teste cornue
Ne metroit a jou de charrue;
17805   Asne, mulet, chamol por homme
Jamés ne porteroient somme,
[Nou priseroient un gastel;
Ja mes ne porteroit chastel]
Olifans sor sa haute eschine,
17810   Qui de son nez trompe et boisine
Et s'en paist au soir et au main,
Si cum uns honz fait de sa main;
Ja chien ne chat ne serviroient,
Car sans homme bien cheviroient;
17815   Ours, lous, lyons, lupars, sengler,
Tuit vodroient homme estrengler;
Li rat neïs [l']estrangleroient
Quant ou berçuel petit girroient;
Jamés oisel por nul apel
17820   Ne metroit en peril sa pel,
Ains porroit por homme grever
En dormant li les yex crever.
Et s'il voloit a ce respondre
Qu'il les quideroit touz confondre
17825   Por ce qu'il set fere armeüres,
/d/   Hiaumes, haubers, espees dures,
Et set faire ars et arbalestes,
Aussi feroient autres bestes.
Ne ront il singes et marmotes,
17830   Qui lor feroient bonnes cotes
De cuir, de fer voire porpoins ?
Il ne demorroit ja por poins,
Car cil couvreroient de mains,
Si n'en vaudroient mie mains,
17835   Et porroient estre escrivain.
Il ne seroient ja si vain
Que tretuit ne s'asoutillaissent
Comment as hommes contretassent,
[Et quiexques engins referoient
(17840)   Dont mout as hommes greveroient.]
Neïs puces et orillies,
S'eles s'ierent entortillies
En dormant dedens les oreilles,

17822. « lui crever les yeux pendant qu'il dort. »
17829. *Marmotes :* « guenons ».
17842. (ms : *s'estoient*).

Les greveroient a merveilles.
17845 Peous neïs, sirons et lentes,
Tant lor livrent sovent ententes
Qu'il lor font lor ovres lessier
Et eus flechir et abessier,
[Ganchir, torner, saillir, triper,
(17850) Et degrater et defriper
Et despoillier et deschaucier,
Tant les pueent il enchaucier.]
Mouches neïs a lor mengier
Lor metent sovent grant dengier,
17855 Et les assaillent as visages,
Ne lor chaut s'il sont roi ou pages.
Formis et petites vermines
Lor feroient trop d'ataïnes
S'il ravoient d'auz connoissance.
17860 Mes voirs est que ceste ignorance
Lor vient de lor propre nature;
/147/ Mes raisonnable creature,
Soit mortex honz ou divins anges,
Qui tuit doivent a Dieu loenges,
17865 S'il se mesconnoit comme nices,
Ce defaut li vient de ses vices,
[Qui le sens li troble et enivre,
Car il puet bien raison ensivre;]
N'est riens qui le puist escuser,
17870 Qu'il puet de franc voloir user.
Et por ce tant dit vous en ai
Et tex raisons y amenai
Que lor jangles veil estenchier,
N'est riens qui les puis revenchier.
17875 Mes por m'entencion parsivre,
Dont je vodroie estre delivre,
Por ma dolor que g'i recors,
Qui me troble l'ame et le cors,
N'en veil or plus dire a ce tour.
17880 Vers les cielz arrier m'en retour,
Qui bien font quanque faire doivent
As creatures, qu'il reçoivent
Les celestiaus influances
Selonc lor diverses sustances.
17885 Les vens font il contrarier,

17845. « Même les poux, les cirons... »
17867. *Qui* a pour antécédent : *defaut*.

L'air reflambir, braire et crier,
Et esclarsir en maintes pars
Par tonnoirres et par espars,
Qui taborent, tymbrent et trompent
17890   Tant que les nues s'en derrompent
Par les vapeurs qu'il font lever.
Si lor font les ventres crever
La chalor et li movemens
/b/   Par orribles tornoiemens,
17895   Et tempestes geter et foudres
Et par terre eslever les poudres,
Voire tors et clochiers abatre
Et maint viel arbre si debatre
Que de terre en sont errachié ;
17900   Ja si fort n'ierent estachié
[Que ja racines riens lor vaillent
Que tuit envers a terre n'aillent,
Ou que des branches n'aient routes,
Au mains une partie, ou toutes.]
17905   Si dist l'en que ce sont dÿable
A lor crochés et a lor chable,
A lor ungles et a lor havés ;
Mes tex diz ne vaut deus navés,
Qu'il en sont a tort mescreü,
17910   Car nulle rienz n'i a eü
Fors les tempestes et li vent
Que si les vont aconsivent.
Ce sont les choses qui lor nuisent,
Ceus versent blez et vignes cuisent,
17915   Et flors et fruits d'arbres abatent ;
Tant les derompent et debatent
Qu'il ne pueent es rains durer
Tant qu'il se puissent meürer.
Voire plorer a grosses lermes
17920   Refont il l'air en divers termes,
S'en ont si grant pitié les nues
Que s'en despoillent toutes nues,
[Ne ne prisent lors un festu
Le noir mantel qu'els ont vestu ;]
17925   Car a tel duel faire s'atirent

17895. (ms : geter et flambes).
17896. (ms : lever les membres).
17906. chable : « cable » ; H : chaable.
17920. Le sujet de Refont est les cielz du v. 17880.

Que tout par elles se deschirent;
Si li aïdent a plorer
Cum s'en les deüst acorer,
[Et plorent si parfondement,
17930 Si fort et si espessement,]
Que font les flueves desriver
/c/ Et contre les champs estriver,
[Et contre les forez voisines
Par lor outrageuses cretines,]
17935 Dont il convient souvent perir
Les blez, et le temps enchierir,
[Dont li povres qui les laborent
L'esperance perdue plorent.]
Et quant li flueve se desrivent,
17940 Li poisson qui lor flueve sivent
Si cum il est drois et raisons,
Car ce sont lor propres maisons,
S'en vont comme seignor et mestre
Par champs, par pres, par vignes pestre,
(17945) [Et s'esconcent contre les chesnes,
Delez les pins, delez les fresnes,]
Et tolent as bestes savages
Lor manoirs et lor heritages,
Et vont ensi partout nagant;
17950 Dont il se vont tuit erragant,
Bacus, Cerés, Pan, Cybelé,
Quant si se sont atropelé
Li poisson a lor noeüres
Par lor delectables pastures.
17955 Et [li] soterel et les fees
Sont mout dolent en lor pensees
Quant il perdent par lor cretines
Lor delicieuses gaudines;
Les ninfles plorent lor fontenes
17960 Quant des flueves les trovent plenes
[Et sorabondans et covertes,
Comme dolentes de lor pertes;]
Et li folet et les dryades
Sont de duel si forment malades
17965 Qu'il se tiennent tretuit por pris

17931. (ms : *Et font*).
17935. *cretine* : « inondation ».
17951. (ms : *Semelé*).
17963. (ms : *dyadres*).

Quant si voient lor bois propris,
Et se plaignment des diex des flueves
Qui lor font vilonnies nueves
[Tout sans desserte et sans forfait,
(17970) C'onc riens ne lor aient forfait.]
Et des prochenes basses viles,
/d/   Que trovent chetives et viles,
Resont li poisson ostelier;
N'i remaint granche ne celier
17975   Ne leu si vaillant ne si chier
Que par tout ne s'aillent fichier;
En temples vont et en eglises,
Et tolent a Dieu ses servises,
[Et chacent des chambres oscures
(17980) Les diex privés et lor figures.]
          Et quant revient a chief de piece
Que li biau temps le lait depiece,
Quant a ciex desplet et ennuie
Temps de tempestes et de pluie,
17985   L'air ostent de tretoute s'ire
Et le font esbaudir et rire;
Et quant les nues aparçoivent
Que l'air si resbaudi reçoivent,
Adont se resjoïssent eles
17990   Et por estre avenans et beles
Font robes, aprés lor dolors,
De toutes les beles colors,
Et metent lor toisons sechier
Au biau soleil plesant et chier,
17995   Et les vont par l'air charpissant
Au temps cler et resplendissant;
Puis filent, et quant on filé
Si font voler de lor filé
Granz aguillies de fil blanches
18000   Aussi cum por coudre lor manches.
          Et quant il lor reprent corage
D'aler [loing] en pelerinage,
Si font ateler lor chevaus,
/148/   Montent et passent mons et vaus,
18005   Et s'enfuient comme desvens;
Car Eolux, li diex des vens,
(Ensi est cis diex apelés)

17984. (ms : *temps et temps de pluie*).
18005. *desvens*, « égarées » : part. prés. de *desver*.

Quant il les a bien atelés
(Car eus n'ont autre charetier
18010 Qui sache les chevaus tretier)
Lor met es piés si bonnes eles
Que nus oisiaus n'ot onques teles.
Lors prent li airs son mantel ynde,
Qu'il vait trop volentiers en Ynde,
18015 Si s'[en] afuble et si s'apreste
De soi covrir et faire feste,
Et d'atendre en biau point les nues
Tant qu'eles soient revenues,
Qui por le monde solacier,
18020 Aussi cum por aler chacier,
Un arc en lor poing prendre seulent
Ou deus ou trois quant eles vuelent,
Qui sont apelés ars celestre,
Dont nus ne set, s'il n'est bon mestre,
18025 Por tenir des regars escole,
Comment li solaus les piole,
Quantes colors il ont ne queles,
Ne porquoi tant, ne por quoi teles,
Ne la cause de lor figure;
18030 Et li convendroit prendre cure
D'estre desciples Aristote,
Qui miex mist natures en note
Que nus hons puis le temps Caÿn.
/b/ Alhacen, li niés Hucaÿn,
18035 Qui ne refu ne fox ne gars,
Cis fist le livre des Regars;
De ce doit il science avoir
Qui vuet de l'arc ou ciel savoir,
[Car de ce doit estre jugierres
(18040) Clerc naturex et cognoissierres,]
Et sache de geometrie,
Dont necessaire est la mestrie
Au livre des Regars prouver.
Lors porra les causes trouver,
18045 Et les forces des miroirs,
Qui tant ont merveillos pooirs
Que toutes choses trespetites,
Letres grailes tresloing escrites
Et poudres de sablon menues,

18034. (ms : *Bucayn*). Alhazem ben Alhazem ibn Al Haïtham est un physicien égyptien auteur d'un traité d'optique.

18050 Si grans, si groces sont veües
Et si pres mises as mirans,
Que chascuns les puet choisir ens,
Car l'en les puet lire et conter
De si loing que, qui raconter
18055 Le vodroit et n'avroit veü,
Ce ne porroit estre creü
D'omme qui veü ne l'avroit
Ou qui les causes ne savroit.
Si ne seroit ce pas creance
18060 Puis qu'il en avroit la science.
    Mars et Venus, qui ja pris furent
Ensemble ou lit ou il se jurent
S'il, ains que sor le lit montassent,
En tex miroirs se mirassent,
18065 Mes que les miroirs tenissent
/c/ Si que le lit dedens veïssent,
Ja ne fussent pris ne liés
Es las soutiz et deliés
Que Vulcanus mis y avoit,
18070 De quoi nus d'aus rienz ne savoit;
Car s'il les eüst fais d'ovraigne
Plus soutille que fil d'araigne,
S'eüssent il les las veüs,
Si fust Vulcanus deceüs,
18075 Car il n'i fussent pas entré,
Car chascuns las plus granz d'un tré
Lors parust estre gros et lons,
Si que Vulcanus li felons,
Ardans de jalousie et d'ire,
18080 Ja ne provast lor avoutire;
Ne ja li dieu rienz n'en seüssent,
Se cil tex miroirs eüssent,
Car de la place s'en foïssent
Quant les laz tendus y veïssent,
18085 Et corussent aillors gesir
Ou miex celassent lor desir,
Ou feïssent quelque chevance
Por eschiver la mescheance,
Sanz estre honnis ne grevés.
18090 Di je voir, foi que me devés,
De ce que vous avés oï ?

18071. *ovraigne* : « ouvrage ».
18087. (ms : *aucune*).

    — Certes, dist li prestres, oï.
    Cil miroir, c'est chose voire
    Lors fussent por eus necessoire,
18095   Quant aillors assembler peüssent
/d/   Quant le peril y conneüssent;
    Ou a l'espee qui bien taille
    Les copassent comment qu'il aille.
    Si fust cis du jalous venchiés
18100   Qui les las eüst detrenchiés.
    Lor li peüst par bon eür
    Rafetier sa fame a seür
    Ou lit, sanz autre place querre,
    Ou pres du lit, neïs a terre;
18105   Et se par aucune aventure,
    Qui fust mout felonnesse et dure,
    Danz Vulcanus y sorvenist
    Lors neïs que Mars la tenist,
    Venus, qui mout est sage dame
18110   (Car trop a de barat en fame),
    Se, quant l'uis li oist ovrir
    Peüst a temps ses rains covrir,
    Bien eüst excusacions
    Par aucunes cavillacions,
18115   Ou controvast autre ochoison
    Par quoi Mars vint en la maison,
    Et jurast quanque l'en vousist
    Si que ses prueves li tousist
    Et li feïst a force acroire
18120   C'onques la chose ne fu voire;
    [Tout l'eüst il neïs veüe,
    Deïst ele que la veüe
    Li fust oscurcie et troblee,
    Tant eüst la langue doblee
(18125)   En diverses plicacions
    A trover excusacions.
    Car riens ne jure ne ne ment
    De fame plus hardiement;]
    Si que Mars en alast touz quites.
18130   — Certes, sire prestres, bien dites
    Comme preus et cortois et sages.
    Trop ont fames en lor corage
    Et soutillités et malices.

18099. *cis* : Mars.
18111. (ms : *Si*).

|149| Qui ce ne set fox est et nices,
18135   N'onc de ce ne les excusons.
             Plus hardiement que nus hons
             Certainnement jurent et mentent;
             Meïmement quant eus se sentent
             De quelque forfait encorpees,
18140   Ja si ne seront atrapees,
             En cest cas especiaument.
             Dont bien puis dire loiaument,
             Qui cuer de fame aparcevroit,
             Jamés fier ne s'i devroit.
18145   Non feroit [il] certainnement,
             Qu'il l'en mescherroit autrement. »
             Ensi s'acordent ce me semble
             Genius et Nature ensemble.
             Si dist Salemons toute vois,
18150   Puis que par la verité vois,
             Que hons bien eürés seroit
             Qui bonne fame troveroit.
                  « Encor ont mirooir, dist elle,
             Mainte autre force grant et bele,
18155   Car choses granz et groces, mises
             Tres pres, semblent si loing assises,
             Fust neïs la plus grant montaigne
             Qui soit en France et en Sardaigne,
             Bien y pueent estre veües
18160   Si petites et si menues
             Qu'envis les porroit l'en choisir
             Tant y gardast l'en a loisir.
             Autre miroir par verités
|b| Monstrent les propres quantités
18165   Des choses que l'en y regarde,
             S'il est qui bien y prengne garde.
                  Autre miroir sont qui ardent
             Les choses quant eus les regardent,
             Qui les set a droit compasser
18170   Por les rais ensemble amasser
             Quant li solaus reflamboians
             Est sus ces mirooirs raians.
             Autre font diverses ymages
             Aparoir en divers estages,
18175   Droites, belongues et enverses,

18149. Ecclésiastique, XXVI, 1.
18162. (ms : y regardast).

Par composicions diverses;
Et d'un en font il plusors nestre
Cil qui des miroirs sont mestre;
Et font quatre iex en une teste,
18180   S'il ont a ce la forme preste.
Et font fantomes aparans
A ceus qui regardent par ans.
[Font les neïs dehors paroir
Tous vis, soit par aigue ou par air,
(18185)   Et les puet l'en veoir joer
Entre l'ueil et le miroer
Par les diversités des angles,
Soit li moiens compoz ou sangles,
D'une matire ou de diverse,
(18190)   En quoi la forme se reverse,
Qui tant se va montepliant
Par le moien obediant
Qui vient as iex aparissans,
Selon les rais ressortissans,
(18195)   Qu'il si diversement reçoit,
Que les regardeors deçoit.]
    Aristote neïs tesmoigne,
Qui bien set de ceste besoigne,
Car toute science avoit chiere :
18200   Uns hons, ce dist, malades yere,
Si li avoit sa maladie
Sa veüe mout afoiblie,
Et li airs ert ocurs et trobles,
Et dist que par ces raisons doubles
18205   Vit il en l'air, de place en place,
Aler par devant soi sa face.
    Briement miroir, s'il n'ont ostacles,
/c/   Font aparoir trop de miracles.
Si font bien diverses distances,
18210   Sanz miroirs, granz decevances :
Sembler choses, entr'eus lontaines,
Estre conjointes et prochaines,
Et sembler d'une chose deus
Selonc la diversité d'eus,
18215   Ou sis de trois ou huit de quatre;
Qui se vuet au veoir embatre,
Ou plus ou mains em puet veoir;

18197. *Météores*, III, 4, 3.
18214. (ms : *de eus*).

Si puet il ses yex asseoir,
Et plusors choses sembler une,
18220   Qui bien les ordonne et aüne.
Neïs d'un si tres petit homme
Que chascuns a nain le renomme
Font il paroir as yex veans
Qu'il soit plus granz que dis geans,
18225   Et pert par sus les bois passer
Sanz branche ploier ne casser,
Si que tuit de poor en tramblent;
Et li gean nain y resemblent
Par les yex qui si les desvoient
18230   Quant si diversement les voient.
    Et quant ensi sont deceü
Cil qui tex choses ont veü
Par mirooirs ou par distances
Qui lor ont faites demoustrances,
18235   Puis vont au peuple et si se vantent,
Et ne dient pas voir, ains mentent,
Qu'il ont les dÿables veüs,
/d/   Tant sont es regars deceüs.
Si font bien oel enferme et troble
18240   De sengle chose sembler doble
Et paroir ou ciel double lune
Et deus chandelles sembler une;
N'il n'est nus qui si bien regart
Qui sovent ne faille en regart,
18245   Dont maintes choses jugie sont
D'estre mout autre que ne sont.
Mes ne vel or pas metre cures
En desclairoier les figures
Des mirooirs, ne ne dirai
18250   Comment sont reflechi li rai,
Ne lor angles ne vuel descrivre
(Tout est aillors escrit en livre),
Ne porquoi des choses mirees
Sont les ymages revirees
18255   As yex de ceus qui la se mirent
Quant vers les mirooirs se virent.
Ne les leus de lor apparances,
Ne les causes des decevances;
Ne ne reveil dire, biau prestre,

18235. *Puis* ouvre la proposition principale.
18254. (ms : *remirees*).

18260 Ou tex ydoles ont lor estre,
Ou es miroirs ou defores,
Je ne raconteré pas ores
Autres visions merveilleuses,
Soient beles ou dolereuses,
18265 Que l'en voit avenir soudaines,
Savoir mon, s'eles [sont] forainnes
Ou, sanz plus, en la fantasie.
/150/ Ce ne desploieré je mie
N'il ne reconvient ore pas,
18270 Ainçois les laiz et les trespas
Avec les choses devant dites,
Que ja n'ierent pas moi descrites,
Car trop y a longue matire,
Et si seroit grief chose a dire
18275 Et mout seroit fort a entendre,
S'il ert qui le seüst aprendre
As genz laiz especiaument,
Qui nel diroit generaument.
Si ne porroient il pas croire
18280 Que la chose fust ensi voir,
Des miroirs meïmement,
Qui tant ovrent diversement,
Se par instrumens ne veoient,
Se clerc lire les lor voloient,
18285 Qu'il eüssent par demoustrance
Ceste merveilleuse science.
   Ne des visions les manieres,
Tant sont merveilleuses et fieres,
Ne porroient il otroier,
18290 Qui les lor vodroit desploier,
Ne quex sont les decepcions
Qui viennent pas tex visions,
Soit en veillant soit en dormant,
Dont maint s'esbahissent forment.
18295 Por ce les veil ci trespasser,
Ne si ne vuel or pas lasser
Moi de parler ne vous d'oïr;
/b/ Bon fait prolixité foïr,
Si sont fames mout ennuieuses
18300 Et de parler contrarieuses;
Si vous pri que ne vous desplese

18260. (ms : *tex ydees*).
18264. (ms : *Ou soient*).

Por ce que du tout ne me tese,
Se bien par la verité vois.
Tant en vuel dire a ceste fois
18305   Que maint en sont si deceü
Que de lor liz se sont meü
Et se chaucent neïs et vestent
Et de tout lor harnois s'aprestent
Si cum li sen commun someillent
18310   Et tuit li particulier veillent;
Prennent et bordons et escharpes,
Ou piz ou faucilles ou sarpes,
Et vont cheminant longues voies,
Et ne sevent ou toutevoies,
18315   Et montent neïs a chevaus
Et ensi passent mons et vaus
Par seches voies ou par fanges,
Tant qu'il viennent en leus estranges;
Et quant li sen commun s'esveillent,
18320   Mout s'esbahissent et merveillent
Quant puis en lor droit sen reviennent;
Et quant avec les genz se tiennent,
Si tesmoignent, non pas por fables,
Que la les ont porté dÿables
18325   Qui de lor hostex les osterent,
Et il meïmes s'i porterent!
Si rest bien sovent avenu,
/c/   Quant aucun sont pris et tenu
Par aucune grant maladie
18330   Si cum il pert en frenesie,
Quant il n'ont gardes sofisans
Ou sont seul es ostex gisans,
Qu'il saillent sus et puis cheminent,
Et de tant cheminer ne finent
18335   Qu'il trovent aucuns leus savages,
Ou prez ou vignes ou bocages,
Et se lessent iluec cheoir;
La les puet l'en aprés veoir,
Se l'en y vient, combien qu'il tarde,
18340   Por ce qu'il n'orent point de garde
Fors, espoir, gent fole et mavese,

18309-18310. Au *sens commun*, s'oppose les sensations *particulières*.
18310. (ms : *particuliere*).
18312. *piz* : « pics ».

Touz mors de froit et de mesese.
Ou quant sont neïs en santé,
Voit l'en de ceus a grant plenté
18345   Qui mainte fois, sans ordenance,
Par naturel acoustumance,
De trop penser sont curieus,
Quant trop sont melancolieus
Ou pooureus outre mesure,
18350   Qui mainte diverse figure
Se font paroir en eus meïmes
Autrement que nous ne deïmes
Quant des miroirs parlions,
[Dont si briefment nous passions,
(18355)   Et de tout ce lor semble lores
Qu'il soit ainsinc por voir defores.
         Ou qui, par grant devocion
En trop grant contemplacion,
Font aparoir en lor pensees
(18360)   Les choses qu'il ont porpensees,
Et les cuident tout proprement
Veoir defors apertement;
Et ce n'est fors trufle et mençonge,
Ausinc cum de l'omme qui songe,
(18365)   Qui voit, ce cuide, en lor presences
Les espirituex sustances
Si cum fist Scipion jadis;
Et voit enfer et paradis,
Et ciel et air et mer et terre,
(18370)   Et tout quanque l'en i puet querre;
Il voit estoiles aparair,
Et voit oisiaus voler par air,
Et voit poissons par mer noer,
Et voit bestes par bois joer,
(18375)   Et faire tours et biaus et gens;
Et voit diversetés de gens,
Les uns en chambre solacier,
Les autres voit par bois chacier,
Par montaignes et par rivieres,
(18380)   Par prez, par vignes, par jachieres;
Et songe plaiz et jugemens

18357. (Méon : *Cil qui*).
18365. (Méon : *en sa presence*).
18367. D'après le *Songe de Scipion* de Cicéron, commenté par Macrobe. (cf. v. 10).
18368. (Méon : *Qui vit*).

Et guerres et tornoiemens
Et baleries et karoles,
Et ot vïeles et citoles,
(18385) Et flere espices odoreuses,
Et goute choses savoreuses,
Et gist entre les bras s'amie,
Et toutevois n'i est il mie;
Ou voit Jalousie venant,
(18390) Ung pestel a son col tenant,
Qui provés ensemble les trueve
Par Male Bouche qui contrueve
Les choses ains que faites soient,
Dont tuit amant par jour s'esmaient.
(18395) Car cil qui fins amans se clament,
Quant d'amors ardemment s'entr'ament,
Dont mout ont travaus et anuis,
Quant se sunt endormis de nuit
En lor lit ou moult ont pensé
(18400) (Car les proprietés en sé),
Si songent les choses amees
Que tant ont par jour reclamees;
Ou songent de lor aversaires
Qui lor font anuis et contraires.]
18405   Ou s'il sont en mortex haïnes,
Corrous songent et ataïnes
Et contens a lor anemis
Qui les ont es haïnes mis
[Et choses a guerre ensivables,
(18410) Par contraires ou par semblables.]
/d/   Ou s'il resont mis en prison
Par aucune grant mesprison,
Songent il de lor delivrance,
S'il en sont en bonne esperance;
18415   Ou songent ou gibet ou corde,
Se li cuers par jor lor recorde,
Ou quelques choses desplesans,
Qui ne sont mie hors mes ens;
Si recuident [il] por voir lores
18420   Que tex choses soient defores,
Et font de tout ou duel ou feste,
Et tout portent dedens lor teste,
Qui les cinc sens ensi deçoit

18407. *contens* : « querelles ».
18410. « par association d'idées opposées ou semblables. »

Par les fantomes qu'el reçoit.
18425 Dont maintes gens, par lor folies,
Cuident estre par nuit estries,
Errans aveques dame Habunde;
Et dient que par tout le monde
Li tiers enfant de nacion
18430 Sont de ceste condicion
Qu'il vont trois fois en la semainne
Si com destinee les mainne;
Par tretouz ces ostex se boutent,
Ne cloz ne barres ne redoutent,
18435 Ains s'en entrent par ces fendaces,
Par charnieres et par crevaces;
Et se partent des cors les ames
Et vont avec les bonnes dames
Par leus forains et par maisons,
18440 Et le pruevent par tex raisons,
/151/ Car les diversités veües
Ne sont pas en lor lit veües,
Ains sont lor ames qui laborent
Et par tout le monde ensi corent.
18445 Et tant cum il sont en tel oirre,
Si cum il font as genz acroire,
Qui lor cors bestornés avroit,
Jamés l'ame entrer n'i savroit.
Mes trop a ci folie orrible
18450 Et chose qui n'est pas possible,
Car cors humains est chose morte
Si tost cum l'ame o soi ne porte;
Donques est ce chose certainne
Que cil qui trois fois la semainne
18455 Ceste maniere d'erre sivent
Trois fois muerent, trois fois revivent
En une semainne meïmes;
Et s'il est si cum nous deïmes,
Dont resuscitent mout souvent
18460 Li desciple de ce couvent.
Mes c'est bien terminee chose,

18427. Dame Abunde, nom d'une fée qui conduit les chevauchées nocturnes des sorcières.
18429. « Un enfant sur trois. »
18432. (ms : comme).
18436. H : chatieres.
18438. les bonnes dames : « les sorcières ».
18448. (ms : l'ame entre).

Et bien le recite sanz glose,
Que nus qui doie a mort corir
N'a que d'une mort a morir,
18465 Ne ja ne resuscitera
Tant que son jugement sera,
Se n'est miracle especial
De par Dieu le celestial,
Si cum de saint Ladre lison,
18470 Car ce pas ne contredison.
/b/   Et quant l'en dit d'autre partie
Que quant l'ame s'en est partie
Du cors ensi desaorné,
S'el trove le cors bestorné,
18475 El ne set en li revenir,
Qui puet tex fables soutenir ?
Qu'il est voirs et bien le recors,
Qu'ame decevree de cors
Est plus aperte et sage et cointe
18480 Que quant elle est au cors conjointe,
[Dont el sieut la complexion
Qui li troble s'entencion.]
Dont est lors miex par li seüe
L'entree que ne fu l'issue,
18485 Par quoi plus tost la troveroit,
Ja si bestornez se seroit.
D'autre part, que li tiers du monde
Aille ensi avec dame Habunde,
Si cum foles vielles le provent
18490 Par les visions qu'eles trovent,
Dont convient il sanz nulle faille
Que tretouz li mondes y aille,
Qu'il n'est nus, soit voirs ou mençonge,
Qui mainte vision ne songe,
18495 Non pas trois fois en la semainne
Mes quinze fois en la quinzainne,
Ou plus ou mains par aventure,
Si cum fantasie l'endure.
    Ne ne revel dire des songes
18500 S'ils sont voir ou s'il sont mençonges,
Se l'en les doit du tout eslire
Ou s'il font du tout a despire,
/c/   Por quoi li un sont plus orrible,

18469. *Ladre* : Lazare.
18486. Il s'agit du corps.

Plus bel li autre et plus pesible,
18505 Selonc lor aparicions
En diverses complexions,
Et selonc les divers corages
Des meurs divers et des aages;
Ou se Diex par tex visions
18510 Envoie revelacions,
Ou li malignes esperis
Por metre les genz en peris;
De tout ce ne m'entremetrai,
Mes a mon propos me retrai.
18515   Si vous di donques que les nues,
Quant lasses sont et recreües
De traire par l'air de lor fleches,
Et plus des moites que des seches,
Car des pluies et des rosees
18520 Les ont tretoutes arousees,
Se chalor aucune n'en seche
Por traire quelque chose seche,
[Si destendent lor ars ensemble,
Quant ont trait tant cum bon lor semble,
(18525) Mes trop ont estranges manieres
Cilz ars dont traient ces archieres,
Car toutes lor colors s'en fuient,
Quant en destendant les estuient;
Ne jamés de cels meïmes
(18530) Ne retrairont que nous veïmes;
Mes s'el vuelent autre fois traire,
Noviaus arz lor convient refaire
Que li solaus puist pioler,
Nes convient autrement doler.]
18535   Encore ovre plus l'influance
Des ciex, qui tant ont poissance
Par mer et par terre et par air.
Les cometes font il parair,
Qui ne sont pas es ciex posees,
18540 Ains sont parmi l'air embrasees,
Et poi durent puis que sont faites,
Dont maintes fables sont retraites.
Les mors as princes en devinent
Cil qui de deviner ne finent;
18545/d/ Mes les cometes plus n'aguietent,

18507. (ms : *lor divers*).
18528. « les remettent dans leur étui. »

Ne plus espessement ne gietent
Lor influances ne lor rois
Sus povres hommes que sus rois
Ne sus rois que sus povres hommes,
18550   Ainçois corent, certain en sommes,
Ou monde sus les regions
Selonc les disposicions
Des climas, des hommes, des bestes
Qui sont as influances prestes
18555   Des planetes et des esteles
Qui grignor pooir ont sor eles.
Si portent les signifiances
Des celestiaus influances,
Et les complexions esmuevent
18560   Si cum obeissans les truevent.
      Si ne di je pas ne n'afiche
Que roi doient estre dit riche
Plus que les persones menues
Qui vont a pié parmi les rues ;
18565   Car soffisance fait richece,
Et convoitise fait povrece.
Soit rois ou n'ait vaillant deus miches,
Qui plus convoite mains est riches.
      Et qui vodroit croire escritures,
18570   Li roi resemblent les paintures
Dont tel exemple nous apreste
Cis qui nous escrist l'*Almageste*,
Se bien y savoit prendre garde
Cis qui les paintures regarde
18575/152/   Qui plesent qui ne s'en apresse,
Mes de pres la plesance cesse ;
Il semblent de loing deliteus,
De pres ne sont point doucereus.
      [Ainsinc va des amis poissans,
(18580)   Douz est a lor mescongnoissans
Lor servise et lor acointance
Par le defaut d'experience ;]
Car qui bien les esprouveroit
Tant d'amertume y troveroit
18585   Qu'il s'i craindroit bien a bouter
Tant fait lor grace a redouter.

18550. H : *ovrent.*
18572. (ms : *la majeste*). L'*Almageste*, l'œuvre de Ptolémée.
18575. « Qui plaisent tant qu'on ne s'en approche pas. »

Ensi nous asseüre Oraces
De lor amors et de leur graces.
   Ne li prince ne sont pas digne
18590   Que li cors du ciel facent signe
De lor mort plus que d'un autre homme,
Car lor cors ne vaut une pomme
Outre le cors d'un charretier
Ou d'un clerc ou d'un savetier,
18595   Je les faiz touz semblables estre,
Si cum il apert a lor nestre.
Par moi naiscent semblable et nu,
Fort et foible, gros et menu.
Touz les met en equalité
18600   Quant a l'estat d'umanité;
Fortune y met le remanant,
Qui ne set estre permanant,
Qui ses bienz a son plesir donne
Et ne prent garde a quel personne,
18605   Et tout retoust et retoudra
Toutes les fois qu'ele voudra.
   Et se nus contredire m'ose
Qui de gentillece s'alose,
/b/   Et die que li gentil homme,
18610   Si cum li peuples les renomme,
Sont de millor condicion
Par noblece de nation
Que cil qui les terres cultivent
Ou qui de lor labor se vivent,
18615   Je respont que nus n'est gentis
S'il n'est a vertus ententis,
Ne n'est vilains fors par ses vices,
Dont il pert outrageus et nices.
   Noblece vient de bon corage,
18620   Car gentillece de linage
N'est pas gentillece qui vaille
Puis que bonté de cuer y faille;
Porquoi doit estre en li paranz
La proesse de ses parens,
18625   Qui la gentillece conquirent
Par les travaus que granz y mirent,
Car quant du siecle trespasserent
Toutes lor vertus emporterent

18587. Horace, *Epitres*, I, 18, 81-87.
18590. (ms : *signent*).

Et lessierent as hoirs l'avoir,
18630 Que plus ne porent d'euz avoir.
L'avoir ont, rienz plus n'i a leur,
Ne gentillece ne valeur,
Se tant ne font ne gentil soient
Par sens ou par vertu qu'il aient.
18635   Si ront clerc plus grant avantage
D'estre cortois, gentis et sage
(Et la raison vous en liroi)
/c/ Que n'ont li prince ne li roy
18640 Qui ne sevent de lettreüre;
Car li clers voit en l'escriture
[Avec les sciences provees,
Raisonables et demonstrees,]
Touz maus dont l'en se doit retraire
Et touz les bienz que l'en doit faire.
(18645) [Les choses voit du monde escrites
Si cum el sunt faites et dites.]
Il voit es anciennes vies
De touz vilains les vilonnies
Et touz les faiz des cortois hommes
18650 Et des cortoisies les sommes;
Il voit briement escrit en livre
Quanque l'en doit foïr ou sivre,
Par quoi tuit clerc, desciple et mestre,
Sont gentil, ou le doivent estre.
18655 Et sachent cil qui ne le sont,
C'est par lor cuers que mavés ont,
Qu'il en ont plus bel avantage
Que cis qui cort au cerf ramage.
   Si valent pis que nulle gent
18660 Clerc qui n'ont le cuer bel et gent,
[Quant les biens congneus eschivent
Et les vices veüs ensivent;
Et plus pugnis devroient estre
Devant l'empereor celestre
(18665) Clers qui s'abandonnent as vices,
Que les gens laiz, simples et nices,
Qui n'ont pas les vertus escrites,
Que cil tiennent vilz et despites.
Et se princes sevent de letre,
(18670) Ne s'en pueent il entremetre
De tant lire et de tant aprendre,

18658. Allusion au droit de chasse, privilège des nobles.

Qu'il ont trop aillors a entendre.
Par quoi por gentillece avoir,
Ont li clerc, ce poés savoir,
(18675) Plus bel avantage et greignor
Que n'ont li terrien seignor.
Et por gentillece conquerre
Qui mout est honorable en terre,
Tuit cil qui la vuelent avoir
(18680) Ceste rieule doivent savoir.
        Quiconques tent a gentillece,
D'orguel se gart et de parece,
Aille as armes, ou a l'estuide,
Et de vilenie se vuide.
(18685) Humble cuer ait, cortois et gent
En tretous leus, vers toute gent,
Fors sans plus vers ses anemis,
Quant acort n'i puet estre mis.
Dames honeurt et damoiseles,
(18690) Mes ne se fie trop en eles,
Qu'il l'en porroit bien mescheoir,
Maint en a l'en veü doloir.
Tex hons doit avoir los et pris,
Sans estre blasmé ne repris,
(18695) Et de gentillece le non
Doit recevoir, li autre non.
Chevaliers as armes hardis,
Preuz en faiz et cortois en dis
Si cum fu mi sire Gauvains,
(18700) Qui ne fu pas pareus as vains,
Et li bons quens d'Artois Robers,
Qui des lors qu'il issi du bers
Hanta tous les jors de sa vie
Largece, honor, chevalerie,
(18705) N'onc ne li plot oiseus sejors,
Ains devint hons devant ses jors :
Tex chevaliers preus et vaillans,
Larges, cortois et bataillans,
Doit par tout estre bien venus,
(18710) Loés, amés et chier tenus.
Mout redoit l'en clerc honorer
Qui bien vuet as ars laborer,]
Et pense de vertus ensivre
Qu'il voit escrites en [son] livre,

18701. Robert II, comte d'Artois, né en 1250, mort en 1302.

18715   Si cum firent aucun jadis;
         Bien en nomeroie ja dis,
         Voire tant que, se je les nombre,
         Ennuis sera d'oïr le nombre.
             Jadiz li vaillant gentil homme,
18720   Si cum la letre le renomme,
         Empereor, duc, conte et roi,
         Dont ja ci plus ne conteroi,
         Les philosofes honorerent.
         As poetes neïs donnerent
18725   Villes, jardins, leuz honorables
         Et maintes choses delitables :
         Naples fu donnee a Virgile,
         Qui mout est delectable vile
         Plus que Orliens ne Lavardins,
18730   En Calabre ot mout biaus jardins
         Annius, qui donné li furent
         Des anciens qui le cognurent.
         Mes por quoi plus en nommeroie ?
         Par plusors le vous proveroie,
18735   Qui furent nez de bas linage
         Et plus orent noble corage
         Que maint filz de rois ne de contes
         Dont ja ci ne vous iert fais contes,
         Qui por gentil furent tenus.
18740   Or est li temps a ce venus
         Que li bon qui toute lor vie
         Travaillent en philosophie
         Et s'en vont en estrange terre
         Por sens et por valor conquerre,
18745   Et soffrent les granz povretés
         Ou mendians ou endetés,
         Et vont, espoir, deschaut et nu,
         Ne sont amé ne chier tenu.
         Prince nes prisent une pomme
18750   Et si sont il plus gentil homme,
         Si me gart Diex d'avoir les fievres,
         Que cil qui vont chacier as lievres,
         [Et que cil qui sont coustumiers
         De maindre es palais principiers.]

18730. Selon Langlois ces jardins (hortos) dérivent d'une mau-
vaise lecture d'Ovide : « Ennius emeruit, Calabris in montibus
ortus » Art d'aimer, III, 409-410.
18754. H : paternex fumiers.

18755   Et cis qui d'autrui gentillece,
         Sanz sa valor, sanz sa proece,
/153/   En vuelt porter los et renon,
         Est il gentilz ? Je di que non,
         Ains doit estre vilains clamés
18760   Et vilz tenus et mains amés
         Que s'il estoit filz d'un truant.
         Je n'en irai ja un chuant,
         Et fust neïs fils Alixandre,
         Qui tant osa d'armes emprendre
18765   Et tant continua les guerres
         Qu'il fu sires de toutes terres ;
         Et puis que cil li obeïrent
         Qui contre li se combatirent,
         [Et que cil se furent rendu,]
(18770) Qui ne s'ierent pas defendu,]
         Dist il, tant fu d'orgoil destrois,
         Que cis mondes ert si estrois
         Qu'il s'i pooit envis torner,
         N'il n'i voloit plus sejorner,
18775   Ains pensoit d'autre monde querre
         Por commencier novele guerre,
         Et s'en aloit enfer brisier
         Por soi faire par tout prisier ;
         Dont tretuit de poor tramblerent
18780   Li dieu d'enfer, car il cuiderent,
         Quant je le lor dis, que ce fust
         Cis qui par le baston de fust,
         Por les ames par pechié mortes,
         Devoit d'enfer brisier les portes
18785   Et lor grant orgueil eschacier
         Por ses amis d'enfer chacier.
              Mes posons, ce qui ne puet estre,
         Que je face aucuns gentis nestre
/b/   Et que des autres ne me chaille,
18790   Qu'il vont apelant vilenaille :
         Quel bien a il en gentillece ?
         Certes, qui son engin adrece
         A bien la verité aprendre,
         Il n'i puet autre chose entendre
18795   Qui bonté soit en gentillece,
         Fors qu'il semble que la proece

18782. Le Christ armé du bois de la croix.
18795. (ms : *Que*).

De lor parens doivent ensivre.
Souz cest faiz doit cil touz jors vivre
Qui gentilz hons vuelt resembler,
18800   S'il ne vuelt gentilece embler
Et sanz decerte los avoir.
Car je faiz bien a touz savoir
Que gentillece as genz ne donne
Nulle autre chose qui soit bonne
18805   Fors que ce faiz tant seulement,
Et sachent tuit communement
Que nus ne doit avoir loenge
Par vertus de persone estrenge,
Si ne rest pas drois que l'en blame
18810   Nulle parsone d'autrui blame.
Cis soit loés qui le dessert;
Mes cis qui de nul bien ne sert,
En qui l'en trueve mauvetiés,
Vilonnies et aigretiés
18815   Et vanteries et bobans,
Ou s'il est doubles et lobans,
D'orgoil farsis et de rampones,
Sans charité et sanz aumones,
/c/   Ou negligens ou pareceus,
18820   Car l'en trouve assés de ceus,
Tout soit il nes de tex parens
Ou toute vertus soit parens,
Il n'est pas drois, bien dire l'os,
Qu'il ait de ses parens le los,
18825   Ains doit estre plus vilz tenus
Que s'il ert de chetis venus.
     Et sachent tuit homme entendable :
Il n'est mie chose semblable
D'aquerre sens et gentillesse
18830   Et renomee de proesse,
Et d'acquerre granz tenemens,
Granz deniers, granz aornemens,
Quant a faire en ses volontés;
Car cis qui est entalentés
18835   De travaillier soi por acquerre
Deniers, aornemens en terre,
Bien ait neïs d'or amassés
Cent mile mars, ou plus assés,

18798. *faiz* : « fardeau ».
18833. « pour ce qui est d'en disposer à volonté. »

Tout puet lessier a ses amis;
18840   Mes cis qui son travail a mis
Es autres choses dessus dites,
Tant qu'il les a par ses merites,
Amors ne puet a ce plessier
Qu'il lor en puist ja riens lessier.
18845   Puet il lessier science ? Non,
Ne gentillece ne renon.
Mes il lor en puet bien aprendre,
S'il y vuelent exemple prendre.
/d/   Autre chose cis n'en puet faire
18850   Ne cil n'en pueent riens plus traire.
    Si n'i refont il pas grant force;
Il n'en donroient une escorce,
Mains en y a, fors que d'avoir
Les possessions et l'avoir;
18855   Si dient qu'il sont gentil homme
Por ce que l'en les y renomme
Et que lor bon parent le furent,
Qui furent tel cum estre durent,
Et qu'il ont et chienz et oisiaus
18860   Por sembler gentis damoisiaus,
Et qu'il vont chaçant par rivieres,
Par bois, par champs et par bruieres,
Et qu'il se vont oiseus esbatre;
Mes il sont mavés vilain natre,
18865   Qui d'autrui noblece se vantent.
Il ne dient pas voir, ains mentent,
Et au monde gentillece emblent
Quant lor bonz parens ne resemblent;
Car quant jes faiz semblables nestre,
18870   Il vuelent donques gentil estre
D'autre noblece que de cele
Que je lor doing, qui mout est bele,
Qui a non naturel franchise,
Que j'ai sor touz ygaument mise
18875   Avec raison, que Diex l'ordonne,
Qui les fait, tant est sage et bonne,
Semblables à Dieu et as anges,
Se la mors nes en fait estranges,
/154/   Qui par sa mortel difference
18880   Fait des hommes la decevrance;

18879. « la différence que fait la mort. »

Aquierent nueves gentilleces
S'il ont en eus tant de proesses,
Car s'il par eus ne les acquierent
Jamés par autrui gentil n'ierent!
18885   Je n'en met hors ne rois ne contes.
D'autre part, il est plus granz hontes
D'un fil de roi, s'il estoit nices
Et plains d'outrages et de vices,
Que s'il ert filz d'un sçavetier,
18890   D'un porchier ou d'un charretier.
         Certes plus seroit honorable
A Gauvain, le bien combatable,
Qu'il fust d'un coart engendrés
Qui sist en feu touz encendrés,
18895   Qu'il ne seroit s'il ert coars
Et fust son pere Rainnoars.
Mes, sans faille, ce n'est pas fable,
La mort d'un prince est plus notable
Que n'est la mort d'un païsant,
18900   Quant l'en le trueve mort gisant,
Et plus en vont loing les paroles;
Et por ce cuident les genz foles,
Quant il ont veü les cometes,
Que soient por les princes fetes.
18905   Mes s'il n'iert jamés rois ne princes
Par roiaumes ne par provinces,
Et fussent tuit onni en terre,
Fussent en pez, fussent en guerre,
/b/   Si feroient li cors celestre
18910   En lor temps les cometes nestre,
[Quant es regars se recevroient
Ou tiex euvres faire devroient,]
Par quoi en l'air eüst matire
Qui lor peüst a ce souffire.
18915   Dragonz volanz et estenceles
Font il par l'air sembler esteles
Qui des ciex en cheant descendent,
Si cum les foles genz entendent.
Mes raison ne puet pas veoir
18920   Que riens puisse des ciex cheoir,
Car en eus n'a riens corrumpable;
Tout est fort et ferme et estable,

18881. *Aquierent* : subjonctif d'exhortation.
18911. (Méon : *recorroient*).

N'il ne reçoivent pas empraintes,
Por que soient dehors empaintes,
18925 Ne riens ne les porroit casser,
N'il n'i leroient riens passer,
Tant fust soutive ne perçable,
S'el n'ert, espoir, esperitable.
Lor rai, sanz faille, bien y passent,
18930 Mes nes empirent ne ne cassent.
Les chaus estés, les frois yvers
Font il par lor regars divers;
Et font les noiz et font les greles
Une hore groces, autre greles,
18935 Et lor autres impressions
Selonc lor opposicions
Et selonc ce que s'entr'eloignent
Ou s'apressent ou se conjoingnent.
Dont maint homme sovent s'esmoient
18940 Quant es ciex les eclipses voient,
/c/   Et cuident estre mal bailli
Des regars qui lor sont failli
Des planetes devant veües
Dont si tost perdent les veües.
18945 Mes se les causes en seüssent
Ja de rienz ne s'en esmeüssent.
    Et par behordeïs de vens,
Les ondes de mer eslevans,
Font les flos as nues baisier;
18950 Puis refont la mer apaisier,
Qu'el n'est tex qu'ele ose grondir
Ne ses floz fere rebondir,
Fors celi que par estevoir
Li fait la lune adés movoir,
18955 Et le fait aler et venir;
N'est rienz qui le puist retenir.
Et qui vodroit plus bas enquerre
Des miracles que font en terre
Li cors du ciel et les esteles,
18960 Tant en y troveroit de beles
Que jamés n'avroit tout escrit
Qui tout vodroit metre en escrit.

18934. (ms : et autre).
18948. (ms : et les vens).
18953. (ms : qui par e.).
18953-18954. « sauf le flux que par son attraction la lune lui fait
mettre en mouvement. »

Ensi vers moi li ciel s'aquitent,
Qui par lor bontés tant profitent,
18965   Et bien m'en puis apercevoir,
Qu'il font [bien] tretuit lor devoir.
    Ne ne me plaing des elemens.
Bien gardent mes commandemens,
Bien font entr'eus lor mistions,
18970   Tornans en revolutions,
[Car quanque la lune a souz soi
Est corrumpable, bien le soi;
Riens ne s'i puet si bien norrir
Que tout ne conviengne porrir.]
18975   Tuit ont de lor complexion,
Par naturele entention,
Regle qui ne faut ne ne ment :
Tout voit a son commencement.
Ceste regle est si generaus
18980   Que ne puet defaillir vers aus.
Si ne me plains mie des plantes,
Qui d'obeïr ne sont pas lentes.
Bien sont a mes lois ententives
Et font, tant cum elles sont vives,
18985   Lor racines et lor foilletes,
Tronz et rainz et fruis et floretes.
Chascune chascun an aporte
Quanque puet, tant qu'ele soit morte,
Cum herbes, arbres et boissons,
18990   Ne des oisiaus ne des poissons,
Qui mout sont bel a regarder :
Bien sevent mes regles garder,
[Et sont si tres bon escolier
Qu'il traient tuit a mon colier.]
18995   Tuit faonnent a lor usages
Et font honor a lor linages;
Ne les lessent pas decheoir,
Dont c'est granz solas a veoir.
    Ne ne me plaing des autres bestes
19000   A qui fais encliner les testes
Et regarder toutes vers terre.
Ceus ne me muevent onques guerre,
Toutes a ma cordele tirent
Et font si cum lor pere firent.

18972. (Méon : *corruptible*).
18995. « Tous font des petits conformément à leurs mœurs »

19005 Li males vait o la femele,
 Si a couple avenant et bele;
/155/ Tuit engendrent et vont ensemble
 Toutes les fois que bon lor semble;
 Ne ja nul marchié n'i feront
19010 Quant ensemble s'acorderont,
 Ains plaist a l'un por l'autre a fere
 Par cortoisie debonnere,
 Et tretuit a paié se tiennent
 Des bienz qui de par moi lor viennent.
19015 Si font mes beles verminetes :
 Fremis, papillons et mouchetes,
 Vers qui de porreture nessent,
 De mes commanz garder ne cessent.
 Et mes serpens et mes culuevres,
19020 Tuit s'estudient a mes euvres.
  Mes seus hons cui je fait avoie
 Tretouz les biens que je savoie,
 Seus honz que je fais et devis
 Haut vers le ciel porter le vis;
19025 Seus honz que seulement faiz nestre
 En la propre forme son mestre;
 Seus hons por qui pene et labor
 (Il est la fin de mon labor,
 N'il n'a pas, se je ne li donne,
19030 Quant a la corporel personne,
 Ne de par cors ne par membre,
 Qui vaille une pomme d'ambre,
 Ne quant a l'ame voirement,
 Fors une chose seulement :
19035 Il tient de moi, qui sui sa dame,
 Trois forces, que de cors que d'ame,
/b/ Car bien puis dire, sans mentir,
 Je le fais estre, vivre et sentir;
 Mout a li chetis d'avantages,
19040 S'il vousist estre preus et sages;
 De toutes les vertus habonde
 Que Diex a mises en ce monde;
 Compains est a toutes les choses

19021. (ms : *hons que*).

19025. (ms : *Cis honz*). L'anaphore doit se prolonger jusqu'au
vers 19054 où *seus honz* est repris par *cis*.

19032. (ms : *pomme tendre*).

19036. « trois forces, tant physiques que spirituelles. »

Qui sont en tout le monde encloses,
19045   Et de lor bontés parçonnierres :
    Il a son estre avec les pierres,
    Et vit avec les herbes drues,
    Et sent avec les bestes mues ;
    Et encor puet il plus, en tant
19050   Qu'il avec les anges entent.
    Que vous puis je plus recenser ?
    Il a quanque l'en puet penser :
    C'est uns petis mondes noviaus) :
    Cis me fait pis que uns loviaus.
19055   Sanz faille, de l'entendement
    Connois je bien que voirement
    Celi ne li donnai je mie.
    La ne s'estent pas ma baillie,
    Ne sui pas sage ne poissant
19060   De faire riens si connoissant.
    Je ne fis onc riens pardurables ;
    Quant que je fais est corrumpable.
    Platons meïmes le tesmoingne
    Quant il parle de ma besoingne
19065   Et des diex qui de mort n'ont garde.
    Lor creator, ce dist, les garde,
/c/   Et soutient pardurablement
    Par son voloir tant seulement ;
    Et se cis voloirs nes tenist,
19070   Tretouz morir les convenist.
    Mi fait, ce dit, sont tuit soluble,
    Tant ai pooir povre et onuble
    Au regart de la grant poissance
    Du Dieu qui voit en sa presence
19075   La triple temporalité
    Sous un moment d'eternité.
       C'est li rois, c'est li empereres
    Qui dist as diex qu'il est lor peres,
    Ce sevent cil qui Platon lisent,
19080   Car les paroles tex i gisent,
    Au mains en est ce la sentence
    Selonc le langage de France :

19046-19050. Les trois ordres, minéral, végétal, animal sont dépassés par l'entendement qui vient du ciel (v. 19055 et suiv.).

19053. Définition d'un microcosme.

19065. (ms : *de Dieu qui de mort les garde*).

9076. (ms : *un moment de Trinité*).

19079. On lisait alors le *Timée* dans la traduction de Chalcidius.

[Diex des Diex dont ge sui faisierres,
Vostre pere, vostre crierres,]
19085   Vous estes tuit mes creatures
Et mes ovres et mes faitures,
Par nature estes corrumpable,
Et par ma volonté durable,
Car ja n'iert riens fait par Nature,
19090   Cum bien qu'ele i mete grant cure,
Qui ne faille en quelque saison.
Mes quanque par bonne raison
Vot Diex conjoindre et atremper,
Fors et bons et sages sans per,
19095   Je ne vodroi ne n'ai volu
Que ce soit jamés dissolu;
Ja n'i vendra corruption.
Dont je fais tel conclusion :
/d/   Puis que vous commençates estre
19100   Par la volenté vostre mestre
Dont fait estes et engendré,
Par quoi je vous tienz et tendré,
N'este pas de mortalité
Ne de corruption quité
19105   Du tout, que touz ne vous veïsse
Morir se je ne vous tenisse.
Par nature morir porrés,
Mes par mon vuel ja ne morrés,
Car mon voloir a seignorie
19110   Sus les liens de vostre vie,
Qui les compositions tiennent
Dont pardurabletés vous viennent. »
C'est la sentence de la lettre
Que Platon vot en livre metre
19115   Qui miex de Dieu parler osa,
Plus le prisa, plus l'alosa
C'onques ne fist nus terriens
Des philosophes anciens.
Ne il n'en pot pas assés dire,
19120   Car il ne peüst pas souffire
A bien parfaitement entendre
Ce c'onques riens ne pot comprendre,
Fors li ventres d'une pucele.

19085 et suiv. Ainsi les forces de la nature, divinisées par les anciens
sont corruptibles et ne durent que par la volonté de Dieu le Père.
19091. (ms : *Qui n'aille en aucune s.*).

Mes, sans faille, il est voirs que cele
19125 A qui li ventres en tendi
Plus que Platons en entendi;
Car el sot, des que le portoit,
Dont au porter se confortoit,
/156/ Qu'il ert li peres merveillables
19130 Qui ne puet estre terminables,
Qui par touz leus son centre lance,
Ne l'en n'a la circumferance,
Qu'il ert li merveillous triangles
Dont l'unité fait les trois angles,
19135 Ne li trois tout entierement
Ne font que l'un tant seulement.
C'est li cercles trianguliers,
C'est li triangles circuliers
Qui en la Vierge s'ostela.
19140 Platons ne sot pas jusque la,
Ne vit pas la trine unité
En ceste simple trinité,
Ne la deïté soverainne
Afublee de pel humaine.
19145   C'est Diex, qui creator se nomme.
Cis fist l'entendement de l'omme,
Et en faisant le li donna.
Et cis si li guerredonna
Mavesement, au darrenier,
19150 Que puis cuida Dieu engignier;
Mes il meïmes se deçut,
Dont mes sires la mort reçut
Quant il, sans moi, prist char humene
Por le chetif oster de pene.
19155 Sanz moi, car je ne sai comment
Fors qu'il puet tout par son comment.
Ains fui trop forment esbahie
Quant il de la Vierge Marie
/b/ Fu por le chetif en char nés
19160 Et puis pendus touz encharnés;
Car par moi ne puet ce pas estre
Que rienz puisse de vierge nestre.
Si fu jadis par maint prophete
Ceste incarnation retrete,

19131. (ms : *ceptre*).
19135. (ms : *enterinement*).
19156. « Sinon qu'il peut tout par son commandement. »

19165	Et par juïs et par païens,
	Que nous nos cuers en apaiens
	Et plus nous enforçonz a croire
	Que la prophecie soit voire;
	Car es *Bucoliques* Virgile
19170	Lisons ceste vois de Cebile,
	Du Saint Esperit enseignie :
	« Ja vous est nouvelle lignie
	Du haut ciel ça jus envoie,
	[Por avoier gent desvoiee,
(19175)	Dont li siecle de fer faudront,
	Et cil d'or ou monde saudront. »]
	Abunasar neïs tesmoigne,
	Comment qu'il seüst la besoigne,
	Que dedens le virginal signe
19180	Nestroit une pucelle digne,
	Et sera, ce dist, virge et mere
	Et si aletera son pere,
	Et son mari les li sera
	Qui ja point ne la touchera.
19185	Ceste sentence puet savoir
	Qui vuet Abunasar avoir,
	Qu'el gist ou livre toute preste;
	Dont chascun an font une feste
	Gent crestienne en septembre,
19190	Qui tel nativité remembre.
	Mes tout quanque j'ai dit dessus,
/c/	Ce sot nostre sires Jhesus,
	Ai je por homme laboré.
	Por le chetif ce labor é.
19195	Il est la fin de toute m'uevre,
	Cis seus contre mes rigles wevre;
	De riens ne se tient a poiés
	Li desloiaus, li renoiés;
	[N'est riens qui li puisse sofire :
(19200)	Que vaut ? Que porroit l'en plus dire ?]
	Les honors que je li ai faites
	Ne porroient estre retraites,
	Et il me refait tant de hontes

19173 et suiv. D'après *Bucoliques* IV, 7-10 : « Jam nova progenies
caelo dimittitur alto... ».

19177. Albumazar, astronome arabe du IXᵉ siècle.

19188. (ms : *grant feste*).

19189. Allusion à la fête de la Nativité de la Vierge (8 septembre).

Que ce n'est mesure ne contes.
19205   Biau douz prestres, biau chapelains,
Est il donques drois que je l'ains
Ne que plus li port reverence,
Quant il est de tel porveance ?
Si m'aïst Diex li crucefis,
19210   Mout me repent quant homme fis.
Mes par la mort que cis soffri
Cui Judas le baisier offri
Et que Longis feri de lance,
Je li conteré sa cheance
19215   Devant Dieu, qui le me bailla
Quant a s'ymage le tailla,
Puis qu'il me fait tant de contraire.
Fame sui, si ne me puis taire,
Ains vuel des ja tout reveler,
19220   Car fame ne puet rienz celer.
Onques ne fu miex ledengiés :
[Mar s'est de moi tant estrangiés.]
Si vice li seront recité
Et dirai de tout verité.
19225   Orguilleus est, murtriers et lerres,
Fel, convoiteus, avers, tricherres,
Desesperés, glous, mesdisans,
Et envieus et despisans ;
Mescreans est et mentïerres,
19230   Parjurs, faussaires, vantïerres,
Et inconstans et foleables,
Idolatres, desagreables,
Traîtres et faus ypocrites,
Et pareceus et sodomites :
19235   Briement tant est chetis et nices,
Qu'il est sers a tretous les vices
Et tretouz en soi les herberge.
Vez de quex fers li las s'enferge !
Vait il bien porchaçant sa mort
19240   Quant a tex mavetiés s'amort ?
Et puis que toutes choses doivent
Retorner la dont eus reçoivent
Le commencement de lor estre,

19204. « qu'on ne pourrait ni les mesurer ni les compter. »
19213. Longin, centurion aveugle qui perça le flanc de Jésus en
croix.
19221. « Il va être critiqué comme jamais auparavant. »
19236. (ms : *Qu'* omis).

Quant hons vendra devant son mestre,
19245   Que touz jors, tant cum il peüst,
Servir et honorer deüst
Et soi de mavaitié garder,
Comment l'osera regarder ?
Et cis qui juges en sera,
19250   De quel oel le regardera,
Quant vers li s'est si mal prové
Qu'il iert en tel defaut trovés,
Li las, qui a le cuer tant lent
Qu'il n'a de bien faire talent ?
19255/157/   Ains font au pis, grant et menor,
Qu'il pueent, sauve lor honor,
Et l'ont ensi juré, ce semble,
Par un acort tretuit ensemble.
Si n'i est elle pas souvent
19260   A chascun sauve par couvent,
Ains en reçoivent maint grant pene,
Ou mors, ou grant honte mondene.
Mes li las, que puet il penser,
S'il vuet ses pechiés recenser,
19265   Quant il vendra devant le juge
Qui toutes choses poise et juge,
Et tout a droit sanz fere tort,
Ne riens n'i ganchist, n'i estort ?
Quel guerredon puet il atendre,
19270   Fors la hart a li mener pendre
Au dolereus gibet d'enfer ?
Ou sera pris et mis en fer,
Rivés en aniaus pardurables,
Devant le prince des dÿables ;
19275   Ou sera boillis en chaudieres,
Ou rostis devant et derrierres
Ou sus charbons ou sus graïlles,
Ou tornoiés a granz chevilles,
Comme Yxion, a trenchans roes
19280   Que maufé tornent a lor poes ;
Ou morra de soif es palus
Et de fain, avec Tantalus,
Qui touz jors en l'iaue se baingne,

19252. (ms : *Qu'* omis).
19255. (ms : *Qui font*).
19259. *elle* : il s'agit de *lor honor* (v. 19256).
19278-308. Ovide, *Métamorphoses*, IV, 457-463.

Mes cum bien que soif le destraingne,
19285/b/ Ja n'aprochera de sa bouche
L'iaue qui au menton li touche :
Quant plus la siut, et plus s'abesse,
Et soif si fort le recompresse
Qu'il n'en puet estre assouagiés,
19290 Ains muert de soif touz erragiés;
N'il ne repuet la pomme prendre
Qu'il voit touz jors a son nez pendre;
Car quant plus a son bec l'enchauce,
Et la pomme plus se rehauce.
19295 Ou rolera la mole a terre
De roche, et puis l'ira querre
Et derechief la rolera,
Ne jamés ce ne cessera,
[Si cum tu fez, las Sisifus,
19300 Qui por ce faire mis i fus;]
Ou le tonnel sans fons ira
Emplir, ne ja ne l'emplira,
Si cum font les Belidiennes
Por lor folies anciennes.
19305 Si resavés, biau Genius,
Comment li gisiers Ticius
S'efforcent ostoer de mengier,
Ne riens nes em puet estrangier.
Mout ra leens d'autres granz penes
19310 Et felonnesses et vilenes,
Ou sera mis, espoir, li hons
Por soffrir tribulacions
A grant dolor, a grant hachie,
Tant que j'en soie bien venchie.
19315 Par foi, li juges devant dis,
Qui tout juge en fais et en dis,
/c/ S'il fust tant seulement piteus,
Bon fust, espoir, et deliteus
Li presteïs as usuriers :
19320 Mes il est touz jors droituriers,
Par quoi trop fait a redouter.
Mal se fait en pechié bouter.
    Sanz faille, de touz les pechiés

19303. Du latin *Belides*, ce sont les Danaïdes, qui égorgèrent leur
mari la première nuit de leurs noces.
19306. (ms : *Ciruis*). *Li gisiers Ticius :* « le foie de Ticius. »
19319. (ms : *li prestres*).

Dont li chetis est entechiés.
19325 A Dieu le laiz, bien s'en chevisse.
Quant li plera, si l'en punisse.
Mes por ceus dont Amors se plaint,
Car j'en ai bien oï le plaint,
Je meïmes, tant cum je puis,
19330 M'en plains et m'en doi plaindre, puis
Qu'il me revient le treü
Que tretuit homme m'ont deü
Et touz jors doivent et devront
Tant cum [mes] ostis recevront.

19335 Genius, li bien emparlers,
En l'ost au dieu d'Amors alés,
Qui mout de moi servir se pene
Et tant m'aime, j'en sui certainne,
Que par son franc cuer debonnaire
19340 Plus se vuet vers mes ovres traire
Que ne fait fers vers aïmant.
Dites li que salus li mant,
Et a dame Venus, m'amie,
Puis a toute la baronnie,
19345 Fors seulement a Fausemblant,
Por qu'il s'aut jamés assemblant
/d/ Avec les felons orguilleus,
Les ypocrites perilleus,
Des quex l'Escriture repete
19350 Que ce sont li seudo prophete.
Si j'ai mout por soupeçonneuse
Abstinence d'estre orguilleuse
Et d'estre a Fausemblant semblable,
Tout semble elle estre charitable.

19355 Fausemblant, s'il est plus trovés
Avec ces traïtres provés,
Ja ne soit en ma salutance,
Ne li ne s'amie Abstinence.
Trop font tex genz a redouter,
19360 Bien les deüst Amors bouter
Hors de son ost, s'il li pleüst,
Se certenement ne seüst
Qu'il li fussent si necessaire
Que sanz eus ne peüst rienz faire.

19331. le *treü* : « le tribut ».
19334. *ostils* : « outils » (les organes de reproduction).
19350. H : *pseudo*.

19365   Mes s'il sont advocas por eus
        En la cause des amoreus,
        Dont lor mal soient alegié,
        Celi barat lor pardon gié.
        Alés, amis, au dieu d'Amors
19370   Porter mes plains et mes clamors,
        Non pas por ce que droit m'en face,
        Mes qu'il se conforte et solace
        Quant il orra ceste novele,
        Qui mout li devra estre bele
19375   Et a nos anemis grevainne;
        Et laist ester, ne li soit painne,
/158/   Le souci que mener l'en voi.
        Dites li que la vous envoi
        Por touz ceus escommenier
19380   Qui vous vuelent contrarier,
        Et pour assoudre les vaillans
        Qui de bon cuer sont travaillans
        As regles droitement ensivre
        Qui son escrites en mon livre,
19385   Et forment a ce s'estudient
        Que lor linages monteplient
        Et qui pensent de bien amer,
        Car touz les doi amis clamer
        [Por lor ames metre en delices,
(19390) Mes qui'il se gardent bien des vices
        Que j'ai ci devant racontés,
        Et qu'il facent toutes bontés.]
        Pardon qui lor soit souffisans
        Lor donnés, non pas a sis ans,
19395   Nel priseroient un denier,
        Mes a touz jors pardon plenier
        De tretout quanque fait avront,
        Quant bien confessé se seront.
        Et quant en l'ost serés venus,
19400   Ou vous serés mout chier tenus,
        Puis que salués les m'avrois
        Si cum saluer les savrois,
        Publiés lor en audience
        Cest pardon et ceste sentence
19405   Que je vuel que ci soit escrite. »
        Lors escrit cis, cele li dite,

19368. « Je leur pardonne cette tromperie. »
19392. H : Qu'il effacent toutes bontés ; « car ils (les vices) effacent... »

Puis la saelle et la li baille,
Et li prie que tost s'en aille,
Mes qu'ele soit ainçois absote
19410   De ce qui son penser li oste.
/b/   Si tost cum ot esté confesse
Dame Nature, la deesse,
Si cum la loy vuet et li us,
Li vaillans prestres Genius
19415   Tantost l'assot et si li donne
Penitance avenant et bonne
Selon la grandor du forfait
Que du pechié avoit forfait.
Enjoingnoit li qu'el demorast
19420   Dedens sa forge et laborast
Si cum ains laborer soloit
Quant de neent ne se doloit,
.01   Et lessast dolor et plorer
.02   Qui li todroit a laborer,
Et son service adés feïst
Tant qu'autre consel y meïst
19425   Li rois qui tout puet adrecier
Et tout faire et tout depecier.
         « Sire, dist elle, volentiers.
— Et je m'en vois endementiers,
Dist Genius, plus que le cors,
19430   Por faire as fins amans secors,
Mes que desaffublés me soie
De ceste chesuble de soie,
De ceste aube et de cest rochet. »
Lors va tout pendre a un crochet,
19435   Et vest sa robe seculiere,
Qui mains encombreuse li yere,
Si cum s'il alast quaroler,
Et prent eles por tost voler.
/c/   Lors remaint Nature en sa forge
19440   Et prent ses martiaus et si forge
Tretout aussi comme devant;
Et Genius plus tost que vent
Ses eles bat et plus n'atent,
En l'ost s'en est venus a tent.
19445   Mes Fausemblant n'i trova pas,
Partis s'en ert plus que le pas
Des lors que la Vielle fu prise

19410. (ms : que).

Qui m'ovri l'uis de la porprise
Et tant me fist avant aler
19450 Qu'a Bel Acuel me loit parler.
Il n'i vot onques plus atendre,
Ains s'en foï sans congié prendre.
Mes, sanz faille, c'est chose ataint,
Il trove Abstinence Contrainte,
19455 Qui de tout son pooir s'apreste
De corre apres a si grant heste,
Quant el vit le prestre venir,
Qu'envis la peüst l'en tenir;
Car ou prestre ne se meïst,
19460 Par quoi nus autres la veïst
Qui li donnast quatre besens,
Se Fausemblant n'i fust presens.
    Genius, sans plus de demore,
En icele meïmes hore,
19465 Si cum il dut touz les salue,
Et l'ochoison de sa venue,
Sans rienz metre en obli, lor conte.
Je ne vous quier ja faire conte
/d/ De la grant joie qu'il li firent
19470 Quant ces noveles entendirent,
Ains vuel ma parole abregier
Par vos oreilles alegier,
Car maintes fois cis qui preesche,
Quant briement ne se despeesche,
19475 En fait les auditeurs aler
Par trop prolixement parler.
    Tantost li diex d'Amors afuble
A Genius une chesuble;
Anel li baille et croce et mitre
19480 Plus clere que cristal de vitre.
Ne quierent autre parement,
Tant ont grant entalentement
D'oïr ceste sentence lire.
Venus, qui ne cessoit de rire
19485 Ne ne se pooit tenir quoie,
Tant par estoit jolive et gaie,
Por plus enforcier l'anatheme

19458. (ms : *Qu'* omis).
19459. « elle ne s'en remettrait pas au prêtre. »
19477-20670. Passage composé d'après le *De Planctu Naturae*
d'Alain de Lille.
19487-88. (ms à la rime : *la machaine/sa chaine*).

Quant il avra feni son theme,
Li met ou poing un ardant cierge
19490   Qui n'estoit pas de cire vierge.
Genius, sanz pluz terme metre,
S'est lors por miex lire la lettre
Selonc les fais devant contés
Sor un grant eschafaut montés,
19495   Et li baron sidrent a terre,
N'i vodrent autres sieges querre.
Et cis sa chartre lor desploie
Et sa main entor soi tornoie
/159/   Et fait signe et dit qu'il se taisent;
19500   Et cil, cui les paroles plaisent,
S'entreguignent et s'entreboutent.
A tant s'apaisent, si escoutent,
Et par tex paroles commence
La diffinitive sentence.

19505   « De l'auctorité de Nature,
Qui de tout le monde a la cure
Comme vicaire et connestable
A l'empereor pardurable
Qui siet en la tor souverainne
19510   De la noble cité mondainne,
Dont il fist Nature menistre,
Qui touz les biens y amenistre
Par l'influance des esteles,
Car tout est ordené par eles
19515   Selonc les drois emperiaus
Dont Nature est officiaus,
Qui toutes choses a fait nestre
Puis que cis mondes vint en estre,
Et lor donna terme ensement
19520   De grandeur et d'acroissement,
/b/   N'onques ne fist riens por noient
Sous le ciel qui va tornoient
Entor la terre sans demeure,
Si biaus dessous comme desseure,
19525   Ne ne cesse ne nuit ne jor,
Mes touz jors torne sanz sejor,
Soient tuit escommenié
Li desloial, li renié,
Et condampné sans nul respit
19530   Qui les ovres ont en despit,
[Soit de grant gent, soit de menue,]
Par qui Nature est soutenue.

Et cis qui de toute sa force
De Nature garder s'efforce
19535   Et qui de bien amer se painne
Sans nulle pensee vilainne,
Et qui loiaument y travaille,
Floris en paradis s'en aille.
Mes qu'il le face bien confés,
19540   Je prens sor moi tretout son fés
De tel pooir cum je puis prendre,
Ja pardon n'en portera mendre.
        Mal lor ait Nature donné,
As faus dont j'ai ci sermonné,
19545   Grefes, tables, martiaus, enclumes,
Selonc les lois et les coustumes,
Et sos a pointes bien aguës
A l'usage de ses charrues,
Et joinchieres non pas perreuses,
19550   Mes bien plenes et bien herbeuses,
Qui d'arer et de tresfoïr
/c/   Ont mestier, qui en vuet joïr,
Quant il n'en vuelent laborer
Por li servir et honorer,
19555   Ains vuelent Nature destruire
Quant les enclumes vuelent fuire,
Et ses tables et ses joinchieres,
Que fist precieuses et chieres
Por les choses continuer,
19560   Que mort ne puisse tout tuer.
        Bien deüssent avoir grant honte
Li desloial dont je ci conte,
Quant il ne vuelent la main metre
En table por escrire lettre
(19565) [Ne por faire emprainte qui pere.
Mout sunt d'entencion amere,]
Qu'eus devendront toutes mossues,
S'eus sont en oiseuse tenues.
Quant sans cop de martel ferir
19570   Lessent les enclumes perir,
[Or s'i puet la ruïlle embatre,
Sans oïr marteler ne batre;
Les jachieres, qui n'i refiche

19547. (ms : *sont*). *Sos :* les socs des charrues. La plupart de ces
métaphores sexuelles sont empruntées à Alain de Lille.
19549. H : *jaschierres ; jonchere*, « terrain couvert de jonc ».

Le soc, redemorront en friche.]
19575   Vis les puisse l'en enfoïr,
Quant les ostis osent foïr
Que Diex de sa main entailla,
Quant a ma dame les bailla,
Et por ce les li vot baillier
19580   Qu'el seüst autex entaillier
Por donner estres pardurables
As creatures corrumpables.

    Mout ovrent mal, et bien le semble,
Car se tretuit li homme ensemble
19585   Seissante ans foïr les voloient,
Jamés homme n'engendreroient.
Et se ce plait a Dieu, sans faille

/d/   Dont vuet il que li mondes faille;
Ou les terres demorront nues
19590   A peuplier as bestes mues,
S'il noviaux hommes ne faisoit,
Se refaire les li plaisoit,
Ou ceus feïst resusciter
Por la terre arrier habiter;
(19595)   [Et se cil virge se tenoient
Soixante ans, de rechief faudroient,
Si que, se ce li devoit plaire,
Tous jors les auroit a refaire.]
Et s'il ert qui dire vousist
19600   Que Diex le voloir en tousist
A l'un par grace, a l'autre non,
Por ce qu'il a si bon renon
N'onques ne cessa de bien faire,
Dont li deveroit il bien plaire
19605   Que chascuns autretel feïst
Si qu'autel grace en li meïst;
Si ravrai ma conclusion
Que tout n'aille a perdicion.
Je ne sai pas a ce respondre,
19610   Ne foi ne vuet creance apondre,
Car Diex a lor commencement
Les aime touz uniement
Et donne raisonnables ames

19574. (Méon : *redemoreront*.)
19576. (ms : *Qu'* omis.)
19590. « ... pour être peuplées par les animaux. »
19602. *il* : Dieu.
19603. (ms : *N'* omis).

Aussic as hommes cum as fames
(19615)   [Si croi qu'il vodroit de chascune,
Non pas tant seulement de l'une,
Que le meillor chemin tenist
Par quoi plus tost a li venist.]
S'il vuet donques que vierge vive
19620   Aucuns por ce que miex le sive,
Des autres por quoi nel vorra ?
Quele raison l'en destorra ?
Dont semble il qu'il ne li chausist
Se generacion fausist.
19625   Qui vodra respondre respoigne,
/160/   Riens ne sai plus de la besoigne.
Viengnent devin qui en devinent,
Qui de ce deviner ne finent.
    Mes cil qui des grefes n'escrivent,
19630   Par qui li mortel touz jors vivent,
Es beles tables precieuses
Que Nature por estre oiseuses
Ne lor avoit pas aprestees,
Ains lor avoit por ce prestees
19635   Que tuit i fuissent escrivain,
[Cum tuit et toutes en vivain,]
Cil qui les deus martiaus reçoivent
Et n'en forgent si cum il doivent
Droitement sus la droite enclume,
19640   Cil cui si lor pechiés enfume
Par lor orgoil qui les desroie,
Qu'il depiecent la droite voie
Ou champ bel et plenteüreus,
Et vont comme mal eüreus
19645   Arer en la terre deserte
Ou lor semence vait a perte,
[Ne ja n'i tendront droite rue,
Ains vont bestornant la charrue,]
Et conferment les regles males
19650   Par excepcions anormales,
Quant Orfeüs vuelent ensivre,
Qui ne sot arer ni escrivre

19624. (ms : *se toute g.*).
19629. *cil*, comme aux vers 19637, 640, 657, est le sujet de *peüssent*,
v. 19666.
19636. (Méon : *en vivans*) : *vivain* est subjonctif prés. 6 de vivre.
19652. Ovide semble attribuer à Orphée l'invention de la pédéras-
tie, après la mort d'Eurydice (*Métamorphoses*, X, 79-85).

Ne forgier en la droite forge
(Pendus soit il parmi la gorge,
19655   Qui tex regles lor controuva,
Vers Nature mal se prouva!)
[Cil qui tel mestresse despisent,
Quant a rebors ses letres lisent,
Et qui, por le droit sens entendre,
(19660)   Par le bon chief nes vuelent prendre
Ains parvertissent l'escriture
Quant il viennent a la lecture :]
   O tout l'escommeniement
Qui touz les met a dampnement,
19665/b/ Puis que la se vuelent aerdre,
Ains qu'il muirent, puissent il perdre
Et l'aumoniere et les estales
Dont il ont signe d'estre males!
Perte lor viengne des pendans
19670   A quoi l'aumoniere est pendans!
Les martiaus dedens atachiés
Puissent il avoir errachiés!
Li grefe lor soient tolu,
Quant escrire n'en ont volu
19675   Dedens les precieuses tables
Qui lor estoient convenables!
Et des charrues et des sos,
S'il n'en arent a droit, les os
Puissent il avoir depeciés
19680   Sans estre jamés redreciés!
Tuit cil qui ceus vodront ensivre
A grant honte puissent il vivre!
Lor pechiés ors et orribles
Lor soit dolereus et penibles,
19685   Qui par touz leus fuster les face,
Si que l'en les voie en la face!
   Por Dieu, seignor, vous qui vivés,
Gardés que tex gens n'ensivés!
Soiés es ovres natureus
19690   Plus viste que uns escureus,
[Et plus legiers et plus movans
Que ne puet estre oisel ne vans!]
Ne perdés pas ce bon pardon,
Tretouz vos pechiés vous pardon,
19695   Par tant que bien y travailliés.
Remués vous, tripés, sailliés,
/c/   Ne vous lessiés pas refroidir

Ne trop vos membres enroidir!
Metés touz vos ostis en ovre :
19700   Assés s'eschaufe qui bien ovre.
Aprés, por Dieu, baron, arés,
Et vos linages reparés.
Se ne pensés forment d'arer,
N'est rienz qui les puist reparer.
19705   Rescorciés vous bien par devant,
Aussi cum por coillir le vent,
Ou, s'il vous plaist, tuit nu soiés,
Mes trop froit ne trop chaut n'aiés.
Levés a deus mains toutes nues
19710   Les mancherons de vos charrues,
As bras forment vous soutenés,
Et du soc bouter vous penés
Droitement en la droite voie
Por miex affonder en la roie;
19715   Et les chevaus devant alans,
Por Dieu, ne les lessiés ja lens,
Aprement les esperonnés,
Et les plus granz cops lor donnés
Que vous onques donner porrois,
19720   Quant plus parfont arer vorrois;
Et les bues a testes cornues,
Acouplez a jous de charrues,
Resveilliés les as aguillons.
A nos bienfais vous acuillons.
19725   Se bien les piqués et souvent
Miex en arerés par couvent.
/d/   Et quant avrés aré assés
Tant que d'arer serés lassés,
Que la besoigne a ce vendra
19730   Que reposer vous convendra,
Car chose sans reposement
Ne puet pas durer longuement,
Ne ne porrés recommencier
Tantost por l'uevre ravancier,
19735   Du voloir ne soiés pas las.
Cadmus, au dit dame Pallas,
De terre ara plus d'un arpent
Et sema les dens d'un serpent,
Dont chevalier armé saillirent
19740   Qui tant entr'eus se combatirent

19736-19750. Ovide, *Métamorphoses*, III, 102-130.

Que tuit en la place morurent
Fors cinc qui si compaignon furent,
Qui li vodrent secors donner
Quant il dut les murs massonner
19745   De Tebes, dont il fu fondierres.
Cil assistrent o li les pierres
Et peuplierent sa cité,
Qui est de grant antiquité.
Mout fist Cadmus bonne semence,
19750   Qui son peuple ensi li avence.
Se vous ensi bien commenciés,
Vos linages mout avanciés.
    Si ravés vous deus avantages
Mout granz a sauver vos linages :
19755   Se le tiers estre ne volés,
Mout avés les sens affolés.
/161/   Si n'avés qu'un seul nuisement :
Deffendés vous proeusement !
D'une part estes assailli :
19760   Trois champion sont mout failli
Et bien ont deservi a batre
S'il ne pueent le quart abatre.
Trois sereurs sont, se nes savés,
Dont les deus a secors avés.
19765   La tierce solement vous grieve,
Qui toutes les vies abrieve.
Sachiés que mout vous reconforte
Cloto, qui la quenoille porte,
Et Lachesis, qui les fiz tire ;
19770   Mes Atropos ront et deschire
Quanque ces deus pueent filer.
Atropos vous bee a guiler :
[Ceste qui parfont ne forra,
Tous vos lignages enforra,]
19775   Et vait espiant vous meïmes.
Onques jor pire ne veïmes,
N'avons nul anemi grignor.
Seignor, merci ! merci, seignor !

19753-19754. « Vous avez encore deux personnes pour vous aider à
sauver vos lignages. » Deux des Parques, Cloto et Lachesis, sont en
effet favorables.

19755. « Si vous ne voulez pas vous associer à elles. »

19557. « Et vous n'avez qu'une seule personne pour vous nuire
(Atropos). »

19769. (ms : la Thesis).

Sovengne vous de vos bons peres
19780   Et de vos anciennes meres!
Selonc lor fais les vos ligniés,
Gard´s que vous ne forligniés.
[Qu'ont il fait ? Prenés vous i garde!
S'il est qui lor proece esgarde,]
19785   Il se sont si bien deffendu
Qu'il vous ont cest estre rendu;
Se ne fust lor chevalerie,
Vous ne fussiés pas or en vie;
[Mout orent de vous grant pitié
(19790) Par amors et par amitié.]
Pensés des autres qui vendront,
Qui vos lignies maintendront.
/b/   Ne vous lessiés pas desconfire,
Grefes avés, pensés d'escrire.
19795   N'aiés pas les bras emmmouflés :
Martelés, forgiés et souflés;
Aidiés Cloto et Lachesis
Si que, se des fiz cope sis
Atropos, qui tant est vilainne,
19800   Qu'il en demore une douzainne.
Si pensés de monteplier,
Si porrés ensi conchier
La felonnesse larrenesse
Atropos, qui tout vous depesse.
19805   Ceste lasse, ceste chetive,
Qui toutes les vies estrive
Et des mors a le cuer si baut,
Norrist Cerberus le ribaut,
Qui tant desire lor morie
19810   Qu'il en frist touz de licherie,
Car de fain erragiés morust
Se la garce nel secorust;
[Car s'el ne fust, il ne peüst
Jamés trover qui le peüst.]
19815   Ceste de li pestre se painne,
Et por ce que soëf le mainne,
Cis matinz li pent a mameles,
Qu'ele a tribles, non pas jumeles;
Ses trois groins en son sain li muce
19820   Et les grongnie, tire et suce,
N'onc ne fu ne ja n'iert sevrés;

19781. « Réglez votre conduite sur la leur. »

Ne il ne quiert estre abevrés
D'autre let ne ne li demande
Estre peüs d'autre viande
19825 /c/ Fors seulement de cors et d'ames ;
Elle li gete hommes et fames
A monciaus en sa trible geule.
Ceste la li pest toute seule
Et touz jors emplir la li cuide,
19830 Mes el la trove touz jors vuide,
Cum bien que de l'emplir se pene.
De son relief sont en grant pene
Les trois ribaudes felonnesses,
Des felonnies vengeresses,
19835 Alletho et Thesifoné
(Car de chascune le non é),
La tierce ra non Megera,
Qui tous, s'el puet, vous mangera.
       Ces trois en enfer vous atendent ;
19840 Ceus lient, batent, hurtent, pendent,
Escorchent et hercent et foulent,
Noient, ardent, graïllent, boulent
Devant les trois prevos leens,
En plain consistoire seans,
19845 Ceus qui firent les vilonnies
Tant qu'il orent es cors les vies.
Cil par lor tribulacions
Escoutent les confessions
[De tous les maus qu'il onques firent
(19850) Des icele ore qu'il naquirent.]
Devant eus touz li peuplez tramble,
Si les craindroie je, ce semble,
Se dire les nons ne vous os :
C'est Radamentus et Minos,
19855 Et li tiers Eachus, lor freres.
Jupiter a ces trois fu peres,
/d/ Cil trois, si cum [l'an] les renomme,
Furent au siecle si prodomme
Et Justice si bien maintindrent
19860 Que juge d'enfer en devindrent.
Tel guerredon lor en rendi
Pluto, qui tant les atendi

19847-49. « Ceux-ci (les prévôts) par la torture recueillent les confessions de tous les crimes commis par eux *(ceux qui firent les vilonnies)*.

Que les ames des cors partirent,
Ou tel office deservirent.
19865   Por Dieu, seignor, que la n'ailliés
Contre les vices batailliés
Que Nature, nostre mestresse,
Me vint hui conter a ma messe.
Touz les me dit, onc puis ne sis;
19870   Vous en troverés vint et sis
Plus nuisans que vous ne cuidiés.
Et se vous estes bien vuidiés
De l'ordure de touz ces vices,
Vous n'entrerés jamés es lices
19875   Des trois garces devant nommees,
Qui tuit ont males renommees,
Ne ne craindrés les jugemens
Des prevos plainz de dampnemens.
Ces vices conter vous vodroie,
19880   Mes d'outrage m'entremetroie.
Assés briement les vous espose
Li jolis *Romans de la Rose*.
S'il vous plaist, la les regardés
Por ce que miex d'aus vous gardés.
19885   Pensés de mener bonne vie,
Voit chascuns embracier s'amie,
/162/   Et son ami chascune embrace
Et baise et festoie et solace.
[Se loiaument vous entr'amés,
(19890)   Ja n'en devés estre blamés.]
Et quant avrés assés joé,
Si cum je vous ai ci loé,
Pensés de vous bien confessier,
Por bien faire et por mal lessier,
19895   Et reclamés le dieu celestre
Que Nature reclaime a mestre.
Cis en la fin vous secorra,
Quant Atropos vous enforra;
Cist est salus de cors et d'ame;
19900   C'est li biaus miroirs ma dame;
Ja ma dame riens ne seüst
Se cest biau mirooir n'eüst;
Cis la governe, cis la regle,
Ma dame n'a point d'autre regle;

19870. Cf. v. 19225-234.
19889. (Méon : *Et l.*).

19905 Quanqu'ele set il li aprist,
Quant a sa chambriere la prist.
    Or vuel, seignor, que ce sermon,
Mot a mot si cum vous sermon,
Et ma dame ensi le vous mande,
19910 Que chascuns si bien y entende
(Car l'en n'a pas touz jors son livre,
Si rest uns granz ennuis d'escrivre)
Que tout par cuer le retaingniés
Si qu'en quelque leu vous vengniés,
19915 Par bois, par chatiaus, par cités
Et par viles, le recités,
Et par yver et par esté,
A ceus qui n'i ont pas esté.
/b/ Bien fait retenir la parole
19920 Quant elle vient de bonne escole,
[Et meillor la fait raconter.
Mout en puet l'en en pris monter.
Ma parole est mout vertueuse,
Ele est cent tans plus precieuse
(19925) Que saphirs, rubis, ne balai.
Biaus seignor, ma dame en sa lai]
A bien mestier de prescheors
Por amender les pecheors
Quant de ses regles se desvoient,
19930 Que tenir et garder devoient.
    Et se vous ensi preeschiés,
Ja ne serés empeeschiés,
Selonc mon dit et mon acort,
Mes que li dis au fait s'acort,
19935 D'entrer ou parc du champ joli,
Ou les brebis conduit o li,
Saillant devant par les herbis,
Li fis de la Vierge, berbis
O toute sa blanche toison.
19940 En prez, dont il ont a foison,
Et o compaignie escherie,
Par la noble sente serie
Qui toute est florie et herbue,
Tant est poi marchie et batue,
19945 S'en vont les brebisetes blanches,
Bestes debonneres et franches,

19926. lai : « loi ».
19927. (ms abrège : Il faut, ma dame, prescheors).

Qui l'erbete broutent et pescent,
Et les floretes qui la naissent.
Et sachiés qu'ens ont la pasture
19950   De si merveilleuse nature
Que les delitables floretes
Qui la naiscent freches et netes,
Toutes en lor printemps noveles,
Tant sont jones et tant sont beles,
19955/c/   Cum estoiles reflamboians
Par les herbetes verdoians
Au matinet a la rousee,
Tant ont toute jor ajornee
De lor propres biautés naïves
19960   Fines colors, freches et vives,
N'i sont pas au soir enviellies,
Ains y pueent estre cueillies
Itex le soir comme le main,
Qui au cueillir vuet metre main,
(19965)   [N'el ne sunt point, sachiés de certes,
Ne trop closes ne trop overtes,
Ains flamboient par les herbages
El meillor point de lor aages,]
Car li solaus leens luisans,
19970   Qui ne lor est mie nuisans,
[Ne ne degaste les rousees
Dont el sunt toutes arousees,]
Les tient adés en biautés fines,
Tant lor adoucist lor racines.
19975   Si vous di que les brebisetes
Ne des herbes ne des floretes
Jamés tant brouter ne porront,
Con touz jors brouter les vorront,
Que touz jors nes voient renestre,
19980   Tant les sachent broter ne pestre.
Plus vous di, nel tenez a fables,
Que ne sont mie corrumpables,
Cum bien que les brebis les brotent,
Cui les pastures riens ne coustent,
19985   Car lor piaus ne sont pas vendues
Au derrenier, ne despendues
[Lor toisons por faire dras langes
Ne covertoirs a gens estranges;]
Ja ne seront d'eus estrangies
19990   Ne les chars en la fin mengies
[Ne corrompues ne maumises

Ne de maladies sorprises.]
Mes sanz faille, quoi que je die,
Du bon pastor ne dout je mie,
19995/d/ Qui devant soi pestre les mene,
Qu'il ne soit vestus de lor lene,
Si nes despoille il ne ne plume
Qui lor coust le pris d'une plume,
Mes il li plest et bon li semble
20000 Que sa robe la lor resemble.
    Plus dirai, mes ne vous anuit,
Onques n'i virent nestre nuit.
Si n'ont il q'un jor seulement,
Mes il n'a point d'avesprement,
20005 Ne matins n'i puet commencier,
Tant se sache l'aube avancier,
Car li jors au matin s'assemble
Et li matins le soir resemble.
Autel vous di de chascune hore;
20010 Touz jors en un moment demore
Cis jors qui ne puet anuitier,
Tant sache a lui la nuit luitier;
Il n'a pas temporel mesure,
Cis jors tant biaus qui tous temps dure
20015 Et de clarté presente rit;
Il n'a futur ne preterit,
Car qui bien la verité sent,
Tuit li trois temps i sont present,
Li quex presens le jor compasse;
20020 Mes ce n'est pas presens qui passe
En partie por defenir,
Ne dont soit partie a venir,
C'onc preteris presens n'i fu;
Et si vous redi que li fu-
20025/163/ Turs n'i avra jamés presence,
Tant est d'estable permenence,
Car li solaus resplendissans,
Qui touz jors lor est parissans,
Fait le jor en un point estable,
20030 Tel cum en printemps pardurable.
Si bel ne vit ne si pur nus,
Neïs quant regnoit Saturnus,
Qui tenoit les dorés aages,
Cui Jupiter fist tant domages,

20023. (ms : C' omis).

20035 Son filz, et tant le tormenta
 Que ses coillons li souplanta.
 Mes certes, qui le voir en conte,
 Il fait a prodomme grant honte
 Et grant domage qui l'escoille;
20040 Car qui des coillons le despoille,
 Ja soit ce neïs que je taise
 Sa grant honte et son grant domage,
 Au mains de ce ne dout je mie,
 Li tost il l'amor de s'amie,
20045 Ja si bien n'iert a li liés;
 Ou s'il ert, espoir, mariés,
 Puis que si mal va ses afaires,
 Pert mout, ja tant n'iert debonnaires
 L'amor de sa loial moillier.
20050 Granz pechiés est d'omme escoillier.
.01 Si m'aïst Diex et saint Yvurtre,
.02 Je le prise poi mains de murtre,
.03 Car cis n'ocist qu'une personne
.04 D'un cop mortel, qui plus ne donne,
.05 Mes li fel qui les coillons trenche
.06 L'engendrement d'enfans estenche,
.07 Dont les ames sont si perdues
.08 Que ne pueent estre rendues
.09 Ne par miracle ne par pene.
.10 Ceste perte est [par] trop vilene,
.11 Et est si vilainne l'injure
.12 Que tant cum li escoilliés dure
.13 Touz jors mes procurra haïne
.14 Au massecrier et ataïne,
.15 Ne ne puet de cuer pardonner
.16 Ains desirre guerredonner.
.17 Si l'estuet en pechié morir
.18 Et en enfer l'ame corir.
 Ensorquetout cis qui l'escoille
 Ne li tost pas, sanz plus, la coille
 Ne s'amie que tant a chiere,
 Dont jamés n'avra belle chiere,
20055 Ne sa moillier, car c'est du mains,
 Mes hardement et meurs humains
 Qui doivent estre es vaillans hommes;
 Car escoillié, certain en sommes,
 Sont coart, pervers et chenins,

20041. (ms : *qu'il se taise*).

20060	Por ce qu'il ont meurs feminins.
	Nus escoilliés certainnement,
	N'a point en soi de hardement
	Se n'est, espoir, en aucun vice
	Por fere aucune grant malice
20065	Car a faire granz dyablies
	Sont toutes fames trop hardies;
/c/	Escoillié en ce les resemblent,
	Por ce que lor meurs s'entresemblent.
	Ensorquetout li escoillieres,
20070	Tout ne soit il murtrier ne lierres,
	[Ne n'ai fait nul mortel pechié,
	Au mains a il de tant pechié]
	Qu'il a fait grant tort a Nature
	De li tolir s'engendreüre.
20075	Nus escuser ne l'en savroit,
	Ja si bien pensé n'i avroit,
	[Au mains ge; car se g'i pensoie
	Et la verité recensoie,]
	Ains porroie ma langue user
20080	Que l'escoilleor escuser
	De tel pechié, de tel forfait,
	Tant a vers Nature forfait.
	Mes quelcunques pechiés ce soit,
	Jupiter force n'i faisoit,
20085	Mes que, sans plus, a ce venist
	Que le regne en sa main tenist;
	Et quant il fu rois devenus
	Et sires du monde tenus,
	Si bailla ses commandemens,
20090	Ses lois, ses establissemens,
	Et fist tantost tout a delivre,
	Por les genz enseignier a vivre,
	Son ban crier en audience,
	Dont je vous diré la sentence :
20095	« Jupiter, qui le monde regle,
	Commande et establit por regle
	Que chascuns pense d'estre aaise;
	Et s'il est chose qui li plaise,
	Qu'il la face s'il la set faire,
20100	Por solas a son cuer atraire. »

20073. (ms : *Mes il*).
20079. (ms : *porroit l'en sa langue*).
20099. (ms : *le face*).

[Onc autrement ne sarmonna,
Communement abandonna
Que chascuns en droit soi feïst
Quanque delitable veïst.]

20105   Car solas, si cum il disoit,
Est la meillor chose qui soit
Et li souverains biens de vie
Dont chascuns doit avoir envie.
Et por ce que tuit l'ensivissent
20110   Et a ses ovres se preïssent
Exemple de vivre, faisoit
A son cors quanqu'il li plaisoit
Dans Jupiter, li renvoisiés,
Par qui deliz ert tant proisiés.

20115   Et si cum dit en *Georgiques*
Cis qui nous escrit *Bucoliques*
(Car es livres grigois trouva
Comment Jupiter se prouva),
Avant que Jupiter venist,
20120   N'ert nus qui charrue tenist;
Nus n'avoit onques champ aré
Ne treffoï ne reparé,
N'onques n'avoit assise bonne
La simple gent plesant et bonne;
20125   Communement entr'eus querroient
Les biens qui de lor gré venoient.
Cis commanda partir la terre
Dont nus sa part ne savoit querre,
Et la devisa par arpens;
20130   Cis mist le venin es serpens;
Cis aprist les lous a ravir,
Tant fist malice en haut gravir;
Cis les chenes mieleus trencha,
Les ruissiaus vineus estencha,
20135/164/   Cis fist le feu par tout estaindre,
Tant semilla por genz destraindre,
Et le lor fist querir es pierres,
Tant fu soutis et barretierres;
Cis fist diverses ars noveles;
20140   Cis mist nons et numbre es esteles;

20112. (ms : *quanqui li*).
20114. (ms : *Qui par deliz*).
20115. Virgile, *Géorgiques*, I, 125-140.
20117. *Grigois :* « grecs ».
20136. « tant s'ingénia à tourmenter les gens. »

Cis las et roiz et glus fist tendre
Por les bestes savaiges prendre,
Et lor huya les chiens premiers,
Dont nus n'ert avant coustumiers.
20145 Cis donta les oisiaus de proie
Par malice, qui genz aproie.
Assaut mist en leu de batailles
Entre esperviers, perdris et cailles,
Et fist tornoiement es nues
20150 D'otoirs, de faucons et de grues;
Et les fist au loirre venir;
Et por lor grace retenir,
Qu'il retornassent a sa main,
Les pascoit au soir et au main.
20155 Ensi tant fist li damoisiaus
Est hons sers as felons oisiaus,
Et s'est en lor servage mis
Por ce qu'il erent anemis,
Comme ravisseors orribles,
20160 As autres osillons pesibles
Qu'il ne pooit pas aconsivre,
Ne sans lor chars ne voloit vivre,
Ains en voloit estre mengierres,
Tant ert delicieus lechierres,
20165/b/ Tant ot les volatilles chieres.
Cist mist les furez es tenieres,
Cis fist les connins assaillir
Por eus faire es roisiaus saillir,
Cis fist, tant par ot le cors chier,
20170 Eschauder, rostir, escorchier
Les poissons de mer et de flueves,
Et fist les sauces toutes nueves
D'espices de diverses guises,
Ou il a maintes herbes mises.
20175 Ensi sont ars avant venues,
Car toutes choses sont vaincues
Par travail, par povreté dure
Par quoi les genz sont en grant cure;
Car li mal les engins esmuevent
20180 Par les angoisses qu'il y truevent.

20154. *pascoit* : « nourrissait ».
20155-20156. « le damoiseau fit si bien que l'homme est devenu l'esclave des oiseaux cruels. » (ms : *ou felons*).

Ensi le dit Ovides, qui
Ot assés, tant cum il vesqui,
De bien, de mal, d'onor, de honte,
Si cum il meïmes raconte.
20185   Briement Jupiter n'entendi,
Quant a terre tenir tendi,
Fors l'estat muer de l'empire
De bien en mal, de mal en pire.
Mout ot en li mol justicier.
20190   Cis fist printemps apeticier
Et mist l'an en quatre parties
Si cum eus sont ores parties,
Esté, printemps, autonne, yvers,
Ce sont li quatre temps divers
20195/c/ Que touz printemps tenir soloit :
Mes Jupiter plus nel voloit,
Car, quant au regne s'adreça,
Les aages d'or depeça
Et fist les aages d'argent,
20200   Qui puis furent d'arain, quar gent
Puis ne finerent d'empirier,
Tant se vodrent mal atirier.
Or sont d'arain en fer changié,
Tant ont lor estat estrangié,
20205   Dont mout son [lié] li dieu des sales
Touz jors tenebreuses et sales,
Qui sor les hommes ont envie
Tant cum il les voient en vie.
Si ront en lor cort atachies,
20210   Dont jamés ne seront lachies,
Les noires brebis dolereuses,
Lasses chetives, morineuses,
Qui ne vodrent aler la sente
Que li biaus agnelés presente,
20215   Par quoi toutes fussent franchies,
Et lor noires toisons blanchies,
Quant le grant chemin ample tindrent
Par quoi la herbergier se vindrent,
O compaignie si pleniere
20220   Qu'el tenoit toute la charriere.

20181-204. Ovide, *Métamorphoses*, I, 114-174.
20196. (ms : *ne voloit*).
20200. (ms : *plus furent*).
20212. *morineuses :* souffrant d'une maladie mortelle.

Mes ja beste qui leens aille
Ne portera toison qui vaille
Ne dont l'en puist neïs drap fere,
Se n'est a aucune orrible here,
20225   Qui plus est aguë et poignans
Quant elle est as costés joignans,
Que ne seroit uns peliçons
De piaus de velus heriçons.
Mes qui vodroit charpir la lene,
20230   Tant est mole et soëf et plene,
Por qu'il en eüst tel foison,
Et fere dras de la toison
Qui seroit [prise] es blanches bestes,
Bien s'en vestiroient as festes
20235   Empereor ou roy, voire ange
S'il se vestoient de drap lange.
Por quoi, bien le poés savoir,
Qui tex robes porroit avoir,
Il seroit vestus noblement;
20240   Et por ice meïmement
Les devroit l'en tenir plus chieres,
Car de robes tex n'i a guieres.
Ne li pastors qui n'est pas nices
Qui le bestau garde et les lices
20245   En ce biau parc, c'est chose voire,
Ne leroit entrer beste noire
Por riens qu'en li seüst prier,
Tant li plaist les blanches trier,
Qui bien connoissent lor bergier.
20250   Por ce vont o li herbergier,
Et bien sont de lui cogneües,
Por quoi miex en sont receües.
Si vous di que le plus piteus,
Le plus biau, le plus deliteus,
20255   De toutes les bestes saillans,
C'est li douz agnelés vaillans
Qui les brebis au parc amene
Par son travail et par sa pene;
Car bien set, se nulle en desvoie,
20260   Que li lous solement la voie,
Qui nulle autre chose ne chace

20246. ne leroit : « ne laisserait » (ms : *il ne lesseroit*).
20260. « Pour peu que le loup l'aperçoive. »
20261. (ms : *Quil*).

Ne mes qu'ele isse de la trace
A l'engnel qui mener les pense,
Qu'il l'emportera sanz deffense
20265 Et la mengera toute vive;
Riens ne l'en puet garder qui vive.
    Seignor, cis agniaus vous atent.
Mes de li nous tairons a tant,
Fors que nous prions Dieu le pere
20270 Que, par la requeste sa mere,
Li doint si les brebis conduire
Que li lous ne lor puisse nuire,
Et que par pechié ne failliés
Que joer en ce parc n'ailliés
20275 Qui tant est biaus, tant delitables
D'erbes, de flors tant bien flerables,
De violetes et de roses
Et de tretoutes bonnes choses;
Car, qui du biau jardin quarré
20280 Cloz au petit guichet barré,
Ou cis amans vit la quarole,
Ou Deduiz o ses genz quarole
A ce biau parc que je devise,
Tant par est biaus a grant devise,
20285/b Fere en vodroit comparoison,
Il feroit trop grant mesproison,
S'il ne la fait tel ou semblable
Cum il feroit de voir a fable.
Car qui dedens ce parc seroit,
20290 A seür jurer oseroit,
Ou meïst sanz plus l'oel leens,
Que le jardin seroit neens
Au regart de ceste cloture,
Qui n'est pas faite en quarreüre,
20295 Ains est si ronde et si soutille
C'onques ne fu beril ne bille
De forme si bien arondie.
Que volés vous que je vous die ?
    Parlons des choses qu'il vit lores

20273-20274. (ms : *failliens vailliens* ; mais Genius parle aux êtres humains dont il ne fait pas partie).
20279. Il s'agit du jardin décrit par Guillaume de Lorris, v. 1323 et suiv.
20282. (ms : *Vodroit comparer par parole*).
20290. (ms : *joer*).
20292. (ms : *Qui le j.*).
20296. (ms : *C'* omis .

20300   Et par dedens et par defores,
    Et par briés mos nous en passons,
    Por ce que trop ne vous lassons.
    Il vit dix laides ymagetes,
    Hors du jardin, ce dit, portretes.
20305   Mes qui dehors ce parc querroit,
    Toutes figures y troveroit,
    Enfer et tretouz les dÿables,
    Mout laiz et mout espoentables,
    [Et tous defauz et tous outrages
20310   Qui font en enfer lor estages,]
    Et Cerberus qui tout enserre;
    Si troveroit toute la terre
    O ses richeces anciennes,
    Et toutes choses terriennes;
20315   Et verroit proprement la mer
    Et touz poissonz qui ont amer,
/c/   Et tretoutes choses marines,
    Yaues douces, troubles et fines,
    Et les choses granz et menues
20320   Es yaues douces contenues;
    Et l'air et touz les osillons,
    Et mochetes et papillons,
    Et tout quanque par l'air resonne;
    Et le feu qui tout avironne,
20325   Les meubles et les tenemens
    Et tous les autres elemens.
    Si verroit toutes les esteles
    Cleres et reluisans et beles,
    Soient errans, soient fichies,
20330   En lor esperes estachies.
    Qui la seroit, toutes [ces] choses
    Verroit de ce biau parc forcloses
    Aussi apertement portraites
    Cum proprement aperent faites.
20335   Or au jardin nous en alons
    Et des choses dedens parlons.

20313. (ms : *richesseces*).
20325. (ms : *moles et elemens*). Selon F. Lecoy les *meubles* s'opposent
à *tenemens*. Méon : *Les muances et les tenemens.*
20326. (ms : *tenemens*).
20329. Les planètes, et les étoiles fixes.
20330. « attachées à leur sphère propre. »
20332. (ms : *encloses*). Au paradis s'oppose le reste de l'univers
ici évoqué. (cf. v. 20305).

Il vit, ce dit, sor l'erbe freche
Deduit qui demenoit la treche
Et ses genz o li quarolans
20340 Sor les floretes bien olans;
Et vit, ce dit li damoisiaus,
Herbes, arbres, bestes, oisiaus,
Et si oï les fonteneles
Bruire et fremir par les graveles,
20345 Et la fontainne sous le pin;
Et se vante que puis Pepin
/d/ Ne fu tex pins, et la fontainne
Refu de trop grant biauté plainne.
 Por Dieu, seignor, prenés ci garde,
20350 Qui bien la verité regarde,
Et les choses ci contenues,
Ce sont trufes et fanfelues.
Ci n'a chose qui soit estable;
Tout quanqu'il vit est corrumpable.
20355 Il vit quaroles qui saillirent,
Et tuit faudront cil qui les firent;
Aussi feront toutes les choses
Qu'il vit leens partout encloses;
Car la norrice Cerberus,
20360 A qui ne puet rienz embler nus
Humains, que tout ne face user,
Quant el veust de sa force user
(Et sanz lasser touz jors en use)
Atropos, qui riens ne refuse,
20365 Par derrier touz les espiot,
Fors les diex, se nus en y ot;
Car, sans faille, choses devines
Ne sont pas a la mort enclines.
Mes or parlons des beles choses
20370 Qui sont en ce biau parc encloses.
Je vous en di generaument,
Car taire m'en veil erraument;
Et qui vodroit a droit aler,
N'en sai je proprement parler,
20375 Car nus cuers ne porroit penser
Ne bouche d'omme recenser
/166/ Les granz biautés, les granz values
Des choses leens contenues,

20361-20362. Rime du même au même : leçon suspecte. H n'est
pas meilleur (ms : *Ne ja ne cessera d'user*).

Ne les biauz geus, ne les granz joies
20380 Tant pardurables et tant vroies
Que li quaroleor demainnent
Qui dedens la porprise mainnent.
Tretoutes choses delitables
Et veraies et pardurables
20385 Ont cil qui leens se deduisent ;
Et bien est drois, car leens puisent
A meïmes une fontainne
Qui tant est precieuse et sainne
Et bele et clere et nete et pure,
20390 Que toute arouse la cloture,
Duquel ruissel les bestes boivent
Qui la vuelent entrer et doivent,
Car des noires sont decevrees,
Que, puis qu'eus en sont abevrees,
20395 Jamés soif avoir ne porront,
Et tant vivront cum eus vorront
Sans estre malades ne mortes.
De bonne hore entrerent es portes,
De bonne hore l'agnelet virent
20400 Que par l'estroit sentier sivirent
En la garde au sage bergier
Qui les vot o li herbergier ;
Ne jamés nus hons ne morroit
Qui boire une fois en porroit.
20405 Ce n'est pas cele desous l'arbre,
Qu'il vit en la pierre de marbre.
/b/ L'en li devroit faire la moe
Quant il tele fontainne loe :
C'est la fontainne perilleuse
20410 Tant amere et tant venimeuse
Qu'el tua le bel Narcisus
Quant il se miroit par dessus.
Il meïmes n'a pas vergoigne
De reconnoistre la besoigne,
20415 Et sa cruauté pas ne cele
Quant perillous miroir l'apele
Et dit que, quant il s'i mira,
Maintes fois [puis] en soupira,
Tant se trova grief et pesant.

20399. (ms : *Et de bonne h.*).
20400. (ms : *foïrent*).
20416. cf. v. 1571.

20420   Vez quel douçor en l'yaue sent !
Diex, cum bonne fontene et sade,
Ou li sain deviennent malade !
Et cum il s'i fait bon virer
Por soi dedens l'iaue mirer !

20425   Ele sort, ce dit, a granz ondes
Par deus doiz creuses et parfondes ;
Mes el n'a pas, car bien le soi,
Ses doiz ne ses yaues de soi ;
N'est nulle chose qu'ele tiengne
20430 Qui tretout d'aillors ne li viengne.
Puis si redit que c'est sans fins
Qu'ele est plus clere qu'argens fins.
Vez de quex trufes il vous plede !
Ains est [si] noire et troble et lede,
20435 Chascuns qui la sa teste boute
Por soi mirer, il n'i voit goute.
[Tuit s'i forcenent et s'angoissent
Por ce que point ne s'i congnoissent.]

/c/
20440 Au fons, ce dist, a cristaus doubles,
Que li solaus, qui n'est pas troubles,
Fait luire, quant ses rais i giete,
Si cler que cis qui les aguiete
Voit touz jors la moitié des choses
Qui sont en ce jardin encloses,
20445 Et puet le remanant veoir,
S'il se vuet d'autre part seoir,
Tant sont cler, tant sont vertuous.
Certes, ains sont trouble et nuous.
Por quoi ne font il demoustrance,
20450 Quant li solaus ses rais y lance,
De toutes les choses ensemble ?
Par foi ne pueent, ce me semble,
Por l'occurté qui les onuble,
Qu'il ont si troble et onuble
20455 Qu'il ne pueent par eus soffire
A celi qui leens se mire,
Quant la clarté d'aillors aquierent.
Se li rai du solau s'i fierent
Si qu'il les puissent encontrer,

20423. (ms : *mirer*).
20425. cf. v. 1532.
20431. cf. v. 1527.
20439. cf. v. 1537.
20454. (ms : *Si qu'il*).

20460   Il n'ont pooir de rienz moustrer.
         Mes cele que je vous devise
         Est fontene bele a devise.
         Or levés un poi vos oreilles,
         Si m'en orrés dire merveilles.
20465   Cele fontene que j'ai dite,
         Qui tant est bele et tant profite
         Por garir, tant sont savourees,
         Toutes bestes enlangorees,
         Rent touz jors par trois doiz sotives
20470   Yaues douces, cleres et vives ;
         Si sont si pres a pres chascune
         Que toutes s'assemblent a une
         Si que, quant toutes les verrois
         Et une en trois en troverois,
20475   Se volés au conter esbatre,
         Ne ja n'en y troverés quatre,
         Mes touz jors trois et touz jors une,
         C'est la propriété commune.
             N'onc tel fontene ne veïmes,
20480   Car elle sort de soi meïmes.
         Ce ne font pas autres fontenes,
         Qui sordent par estranges venes.
         Ceste tout par soi se conduit,
         Ne n'a mestier d'autre conduit,
(20485) [Et se tient en soi toute vive
         Plus ferme que roche naïve.]
         N'a mestier de pierre de marbre,
         Ne d'avoir couverture d'arbre,
         Car d'une sorce vient si haute
20490   L'yaue, qui ne puet faire faute,
         Qu'arbres ne puet si haut ataindre
         Que sa grandesse ne soit graindre
         Fors que, sanz faille, en un pendant,
         Si cum elle vient descendant,
20495   La trove une olivete basse
         Sous qui l'iaue toute s'en passe ;
         Et quant l'olivete petite
         Sent la fontene que j'ai dite,
         Qui li arouse ses racines

20467. Selon Langlois *savourees* ne peut se rapporter qu'à *eves*
(yaues) du v. 20470.
20490. (ms : *Si tres lontainne et si tres haute*).
20495. (ms : *olive*).

20500 Par ses yaues douces et fines,
/167/ Si em prent tel norrissement
       Qu'ele en reçoit acroissement
       De fruit et de foille se charge,
       Et devient si haute et si large
20505 C'onques li pins qu'il vous conta
       Si haut de terre ne monta
       Ne ses rains si bien n'estendi
       Ne si bel arbre ne rendi.
          Ceste olive, tout en estant,
20510 Ses rains sor la fontene estent,
       Ensi la fontene s'enombre
       Et por le roisant du bel ombre
       Les besteletes la se mucent,
       Qui les douces rousees sucent
20515 Que li douz roisans fait espandre
       Par les flors et par l'erbe tendre;
       Si pendent a l'olive escrites
       En un rolet lettres petites,
       Qui dient a ceus qui les lisent,
20520 Qui sous l'olive en l'ombre gisent :
       « Ci cort la Fontene de Vie
       Par dessous l'olive foillie
       Qui porte le fruit de salu. »
       Quex fu li pins qui l'a valu ?
20525 Si vous di qu'en cele fontene,
       (Ne croient fole gent a pene
       Et le tiennent plusor a fable)
       Luist uns charboucles merveillable
       Sor toute merveilleuse pierres,
20530 Tretouz reons et en trois quierres,
/b/   Et est emmi si hautement
       Que l'en le voit apertement
       Par tout le parc reflamboier;
       Ne ses rais ne puet desvoier
20535 Ne vens ne pluie ne nublece,
       Tant est biauz et de grant noblece.
       Si sachiés que chascune quierre,
       Tex est la vertu de la pierre,
       Vaut autant cum les autres deus,

20512. « Pour la fraîcheur du bel ombrage. »
20523. L'olivier symbolise la croix; le fruit de salut le Christ.
20530. Paradoxe géométrique, symbole religieux : « tout rond, et
avec trois faces. »

20540   Tex sont entr'eus les forces d'euz.
         Ne les deux ne valent que cele,
         Cum bien que chascune soit bele;
         Ne nus ne les puet deviser,
         Tant i sache bien aviser,
20545   Ne si joindre par avisees
         Qu'il ne les truisse devisees.
         Ne nus solaus ne l'enlumine,
         Qu'il est d'une color si fine,
         Si clers et si resplendissans
20550   Que li solaus esclarcissans
         En l'autre yaue les cristaus doubles
         Lés lui seroit oscurs et troubles.
             Briement, que vous en conteroie ?
         Autre soleil leens ne roie
20555   Que l'escharboucle flamboians.
         C'est li solaus qu'il ont leens,
         Qui plus de resplendor habonde
         Que nus solaus qui soit ou monde.
         Cis la nuit en exil envoie :
20560   Cis fait le jor que dit avoie,
/c/   Qui dure pardurablement
         Sans fin et sans commencement,
         Et se tient en un point de gré,
         Sanz passer signe ne degré,
(20565) [Ne minuit, ne quelque partie
         Par quoi puisse estre ore partie.]
         Si ra si merveillous pooir
         Que cil qui la vodrent vooir,
         Si tost cum cele part se virent,
20570   [Et] lor face en l'iaue remirent,
         Touz jors, de quelque part qu'il soient,
         Toutes les choses du parc voient,
         [Et les congnoissent proprement,
         Et eus meïmes ensement;]
20575   Et puis que la se sont veü
         Jamés ne seront deceü
         De nulle chose qui puisse estre,
         Tant y deviennent sage et mestre.
             Autres merveilles vous dirai,

20551. Dans la fontaine de Narcisse.
20554. *ne roie :* « ne brille ».
20565. H : *minut.*
20570. (ms : *faces*).

20580   Que de cesti soleil li ray
         Ne troblent pas ne ne retardent
         Les yex a ceus qui les regardent,
         [Ne ne les font essaboïr,
         Mes enforcier et resjoïr,]
20585   Et resvigourent la veüe
         Par sa bele clarté veüe
         Plene d'atrempee chalor,
         Qui par merveilleuse valor
         Tout le parc d'odor replenist
20590   Par la grant doçor qui en ist.
         Et por ce que trop ne vous tiengne,
         D'un brief mot veil qu'il vous soviengne,
         Car, qui la forme et la matire
         Du parc verroit, bien porroit dire
20595   C'onques en si biau paradis
         Ne fu formés Adam jadis.
/d/   Por Dieu, seignor, dont que vous semble
         Du parc et du jardin ensemble ?
         Donés en renables sentences
20600   Et d'accidens et de sustances ;
         Dites par vostre loiauté
         Li quex est de grignor biauté,
         Et regardés des deus fontenes
         La quele rent yaues plus senes,
20605   Plus vertueuses et plus pures ;
         Et des deus jugiés les natures
         [Lesqueles sunt plus vertueuses.
         Jugiés des pierres precieuses,]
         Et puis du pin, et de l'olive
20610   Qui couvre la fontene vive.
         Je m'en tiens a vos jugemens,
         Se vous, selonc les erremens
         Que leüs vous ai ça arriere,
         Donés sentence droituriere.
20615   Mes bien vous di, sanz flaterie,
         Haut et bas je ne m'i met mie ;
         Car se tort y voliés faire,
         Dire faus, ou verité taire,
         Tantost, ja ne vous quier celer,
20620   Aillors en vodroie apeler.

20585. (ms : *Mes resvig.*).
20607-20608. (intervertis chez Méon).
20616. « Je ne me soumets pas sans réserve à votre jugement. »

Et por vous plus tost acorder,
Je vous vuel briement recorder,
Selonc ce que vous ai conté,
Lor grant vertu, lor grant biauté :
20625 Cele le vis de mort enyvre,
Mes ceste fait les mors revivre.

Seignor, sachiés certainnement,
Se vous vous menés sagement
/168/ Et faites ce que vous devrés,
20630 De ceste fontene bevrés.
Et por tout mon enseignement
Retenir plus legierement
(Car leçon a briez moz leüe
Plus est de legier retenue),
20635 Je vous vuel ci briement retraire
Tretout quanque vous devés faire.
Pensés de Nature honorer,
Servés la par bien laborer;
Et se de l'autrui riens avés,
20640 Rendés le, se vous le savés;
Et se vous rendre ne poés
Les bienz despendus ou joés,
Aiés en bonne volenté,
Quant des bienz avrés a plenté.
20645 D'occision nus ne s'aprouche,
Netes aiés et mains et bouche,
Soiés loial, soiés piteus :
Lors yrois ou champ deliteus
Par trace l'agnelet sivant,
20650 En pardurableté vivant,
Boivre de la bele fontene
Qui tant est clere et tant [est] sene,
Que ja mort ne receverois
Si tost cum de l'yaue bevrois,
20655 Ains irois par joliveté
Chantant en pardurableté
Motés, conduis et chançonnetes,
Par l'erbe vert, sor les floretes,
Sous l'olivete quarolant.
20660 Que vous voi je ci flajolant ?
/b/ Drois est que mon fretel estuie,
Car biau chanter sovent ennuie.

20624. H : bonté.
20641. (ms : nes poés).

Trop vous porroie huimés tenir,
Ci vous veil mon conte fenir.
20665   Or y parra que vous ferés
Quant en haut encroé serés
Por preeschier sus la breteche. »
Genius ensint lor preesche
Et les resbaudist et solace.
20670   Lors gete le cierge en la place,
Dont la flame toute enfumee
Par tout le monde en est alee.
N'est dame qui s'en puist deffendre,
Tant la set bien Venus esprendre,
20675   Et l'a cueilli si haut li vens
Que toutes les fames vivens
Lor cuers, lor cors et lor pensees
Ont de ceste odor encensees.
Amors de la chartre leüe
20680   A si la novelle espandue
Que jamés n'iert honz de vaillance
Qui ne s'acort a la sentence.
      Quant Genius ot tout leü,
Li baron, de joie esmeü,
20685   (Car onques mes, si cum disoient,
Si bon sermon oï n'avoient,
N'onc puis qu'il furent conceü
Si grant pardon n'orent eü,
N'onques n'oïrent ensement
20690   Si droit escommeniement),
/c/   Por ce que le pardon ne perdent,
Tuit a la sentence s'aerdent
Et respondent tost et vias :
« Amen, amen, fiat, fias ! »
20695   Si cum la chose ert en ce point,
N'i ot plus de demore point.
Chascuns qui le sermon amot
Le note en son cuer mot a mot,
Car mout lor semble saluable
20700   Por le bon pardon charitable,
Et mout l'ont volentiers oï.
Et Genius s'esvanoÿ,

20667. « pour prêcher du balcon. »
20672. H : *alumee*.
20674. H : *espandre*.
20693. *vias* : « vivement ».
20694. *fiat* : « qu'il en soit ainsi »; la forme *fias* est inexpliquée.

Onques ne sorent qu'il devint.
Lors crient en l'ost plus de vint :
20705 « Or a l'assaut sans plus atendre !
Qui bien set la sentence entendre,
Mout sont nostre anemi grevé. »
Lors se sont tuit en piés levé,
Prest de continuer la guerre,
20710 De tout prendre et metre par terre.
     Venus, qui d'assaillir est preste,
Premierement les amoneste
Qu'il se rendent. Et il que firent ?
Honte et Poor li respondirent :
20715 « Certes, Venus, ce est neens.
Ja ne metrés le pié ceens.
— Non voir, s'il n'i avoit que moy,
Dist Honte, point ne m'en esmoy. »
Quant la deesse entendi Honte :
20720 « Vie, orde garce, a vous que monte,
/d/ Dist ele, de moi contrester ?
Vous verrés ja tout tempester
Se li chatiaus ne m'est rendus.
Par vous n'iert il ja deffendus.
20725 Ja contre moi nel deffendrés,
Par la char Dieu ! vous le rendrés
Ou je vous ardrai toutes vives
Comme dolereuses chetives.
Tout le propris vuel embraser,
20730 Et tors et torneles raser.
Je vous eschauferé les naches,
J'ardré pilers, j'ardré estaches,
Vostre fossé seront empli ;
Je feré toutes metre en pli
20735 Vos barbaquenes la drecies ;
Ja si haut nes avrés drecies
Que nes face par terre estendre.
Et Bel Acuel lera tout prendre,
Boutons et roses a bandon,
20740 Une hore en vente, et autre en don.
     Ne vous ne serés ja si fiere
Que touz li mondes ne s'i fiere.
Tuit iront a procession,

20703. « ce qu'il devint. »
20703. (ms : vi !). Vie, « arrière ! »
20727. (ms : arderai).

Sans faire y point d'exception,
20745 Par les rosiers et par les roses,
Quant j'avré les lices descloses.
Et por Jalousie bouler,
Ferai je partout defouler
Et les preiaus et les herbages,
20750 Tant eslargirai les passages
/169/ Tuit y coilleront sans delai
Boutonz et roses, clerc et lai,
Religieus et seculer;
N'est nus qui s'en puist reculer,
20755 Tuit i feront lor penitence;
Mes ce n'iert pas sanz difference.
Li un vendront repotement,
Li autre trop apertement;
Mes li repotement venu
20760 Seront a prodomme tenu;
Li autre en seront diffamé,
Ribaut et bordelier clamé,
Tout n'i aient il [pas] tel coupe
Com ont aucun que nus n'encoupe.
20765 Si rest voirs qu'aucun mavés homme
(Que Diex et saint Pere de Rome
Confonde et eus et lor afaire)
Leront les roses por pis faire;
Et lor donra chapel d'ortie
20770 Dÿables qui si les ortie.
Car Genius de par Nature,
Por lor vice, por lor ordure,
Les a touz en sentence mis
Avec nos autres anemis.
20775 Honte, se je ne vous engin,
Poi pris mon arc et mon engin,
Ja aillors ne m'en clamerai.
Certes, Honte, ja n'amerai
Ne vous ne Raison, vostre mere,
20780 Qui tant est as amans amere.
/b/ Qui vostre mere et vous croiroit,
Jamés par amors n'ameroit.
[Venus a plus dire n'entent,
Qu'il li soufisoit bien de tant.]
20785 Lors s'est Venus haut secorcie,
Bien semble fame correcie;

20748. (ms : *partout fouler*).

Et quant el ot bien mis en coche,
L'arc tent et le brandon encoche;
Jusqu'à l'oreille l'arc entoise,
20790   Qui n'iert pas plus lons d'une toise;
Puis avise, cum bonne archiere,
Par une petitete archiere
Qu'ele vit en la tour repote,
Par devant, non pas par encoste,
20795   Que Nature ot par grant mestrise
Entre deus pilerés assise.
Li pileret d'argent estoient,
Mout gent, et d'argent soutenoient
Une ymagete en leu de chasse,
20800   Qui n'ert trop haute ne trop basse,
Trop grosse ou trop grele, non pas,
Mes toute taillie a compas
De bras, d'espaules et de mains,
Il n'i failloit ne plus ne mains.
20805   Mout erent gent li autre membre,
Et plus olant que pomme d'embre
Dedens avoit uns saintuaire
Covert d'un precieus suaire,
Le plus gentil et le plus noble
20810   Qui fust jusqu'en Constantinoble.
Et se nus, usans de raison,
Voloit faire comparoison
/c/   D'ymage a autre bien portrete,
Autel la puet fere de ceste
20815   A l'ymage Pymalion
Comme de soris a lyon.

    Pymalions, uns entaillierres,
Portreans en fust et en pierres,
En metaus, en os et en cires
20820   Et en toutes autres matires
Qu'en puet en tex ovres trover,
Por son grant engin esprouver,
[Car onc de li nus ne l'ot mieudre,
Ausinc cum por grans los aquieudre,]

20800. (ms : *n'est*).
20801. (ms : *ne trop grosse*).
20810. Méon fait une place ici à 52 vers, empruntés aux manuscrits Ba et Ce, où l'on compare les vertus de ce sanctuaire (le sexe de la femme) à celles de Méduse.
20817-21186. L'histoire de Pygmalion est refaite d'après Ovide, *Métamorphoses*, X, 242-297.
20823. (Méon : *onc de li hons*).

20825	Se vost a portrere deduire.
	Si fist une ymage d'ivuire;
.01	Si fist et portret l'ymagete
.02	Si bien compassee et si nete,
	Et mist au fere tel entente
	Qu'el fu si plesans et si gente
	Qu'ele sembloit estre aussi vive
20830	Cum la plus bele riens qui vive;
	Onques Elainne ne Lavine
	N'orent la color aussi fine
	Ne ne furent miex façonnees,
	Tant fussent bien en façon nees,
20835	Ne de biauté n'orent la dime.
	Touz s'esbahist a soi meïsme
	Pymalions, quant la regarde.
	Et lors qu'il ne s'en donne garde
	Amors en son regart le lasse
20840	Si fort qu'il ne set que il face.
	A soi meïmes se complaint,
	Et ne puet estanchier son plaint :
/d/	« Las ! Que fai je ? dist il, dor gié ?
	Mains ymages ai je forgié
20845	Dont nus n'assommeroit le pris,
	Onc d'euz amer ne fui sorpris.
	Or sui par ceste mal baillis,
	Par li m'est touz li sens faillis.
	Las ! Dont me vient ceste pensee ?
20850	Comment fu ceste amor pensee ?
	J'aime une ymage sorde et mue
	Qui ne se crole ne se mue
	Ne ja de moi merci n'avra.
	Tel amor, comment me navra ?
20855	Il n'est nus qui parler en oie
	Qui trop merveillier ne s'en doie.
	Or sui je li plus fox du sicle !
	Que puis je faire en cest article ?
	Car se une roïne amasse,
20860	Merci avoir en esperasse
	Por ce que c'est chose possible;
	Mes ceste amor est si orrible,

20830. (ms : *fame qui v.*).
20831. (ms : *ne la fine*). Lavinie, qu'épousa Enée.
20839. H : *raiseaus.*
20852. (ms : *ne ne se mue*).

N'ele ne vient pas de Nature,
Trop mavesement m'i nature;
20865   Nature en moi mavés fil a;
Quant me fist, forment s'avila.
Si ne la doi je pas blamer,
Se je vuel folement amer;
Ne m'en doi plaindre s'a moi non.
20870   Puis que Pymalion oi non
Et poi sus mes deus piés aler,
N'oï de tel amor parler.
/170/   Si n'ain je pas trop folement,
Car se l'escriture ne ment,
20875   Maint ont plus folement amé.
N'ama jadis au bois ramé
Narcisus sa propre figure,
A la fontaine clere et pure,
Quant cuida son ombre embracier?
20880   Onques ne s'en pot solacier,
Puis en fu mors, selonc l'istoire,
Qui encor est de grant memoire.
Dont sui je mains fox toute vois,
Car, quant je vuel, a ceste vois,
20885   Et la prens et acole et baise,
Si en souffre miex ma mesaise;
Mes cis ne pot onc avoir cele
Qu'il veoit en la fontenele.
    D'autre part, en maintes contrees,
20890   Ont maint maintes dames amees
Et les servirent quanqu'il porent
N'onques un sol baisier n'en orent,
Si s'en sont il forment pené.
Donc m'a miex Amors assené?
20895   Non a, car a quelque doutance
Ont il toute voie esperance
Et du baisier et d'autre chose;
Mes l'esperance m'est forsclose
Quant au delit que cil entendent
20900   Qui les deduiz d'Amors atendent;
/b/   Car quant je me vuel aaisier
Ou d'acoler ou de baisier,
Je truis m'amie autresi roide

20864. « Je me conforme très mal à la nature. »
20892. (Notre ms develope ce vers ainsi : *Ne onques riens avoir n'en porent | Baisier ne regart ne parole|Riens qui vaille une poire mole.*)

Cum est uns fus, et aussi froide
20905 Que, quant por li baisier i touche,
Toute me refroidist la bouche.
Ha! Trop ai folement parlé;
Merci, douce dame, por Dé!
Et pri que l'amende en prengniés,
20910 Car de tant cum vous me dengniés
.01 De vostre dous ris savoureus
.02 Et de vos biaus yex amoreus
Doucement regarder et rire,
Me doit il bien, ce croi, soufire;
Car dous regard et ris piteus
Sont as amans mout deliteus. »
20915 Pymalions lors s'agenoille,
Qui de lermes sa face moille.
Son gage tent, si li amende;
Mes el n'a cure de s'amende,
Car el n'entent riens ne ne sent,
20920 Ne ne vuet li ne son present,
/c/ Et cis de li servir se pene
Et si crient il perdre sa pene;
N'il n'en reset son cuer avoir,
Car Amors tost sens et savoir,
20925 Si que tretouz s'en desconforte.
Ne set s'ele est ou vive ou morte;
Sovelment as mains la detaste,
Et croit, aussi cum se fust paste,
Que ce soit sa char qui li fuie,
20930 Mes c'est sa main qu'il y apuie.
    Ensi Pymalions estrive;
A son estrif n'a pez ne trive.
En un estat point ne demore :
Or aime, or het, or rist, or plore,
20935 Or est liés, or est a mesaise,
Or se tormente, or se rapaise;
Puis li revest en maintes guises
Robes fetes par granz mestrises
De biaus dras de soie ou de lene,
20940 D'escarlate ou de tiretaine,
De pers, de vert ou de brunete,
De color fresche, fine et nete,
Ou mout a riches pennes mises,
Erminees, veres ou grises,
20945 Puis les li oste, puis assoie
Cum li siet bien robe de soie,

Cendaus, malaquins, arrabis,
Indes, vermaus, jaunes et bis,
Samis, dyapres, camelos.
20950 Por neant fust uns angelos,
/d/ Tant est de contenance simple.
Autre fois li met une guimple,
Et pardessus un quevrechief
Qui couvre la guimple et le chief,
.01 Por sembler de gentil parage,
.02 Humble, cortoise, sanz outrage
.03 Et fame de haute lignie,
.04 Honorable et bien enseignie;
20955 Mes ne covre pas le visage,
Qu'il ne vuet pas tenir l'usage
Des Sarrazins, qui d'estamines
Couvrent les vis des Sarrazines
Quant eus trespassent par la voie,
20960 Que nus trespassans ne les voie,
Tant sont plain de jalouse rage.
Autre fois li reprent corage
D'oster tout et de metre guindes
Jaunes, vermeilles, vers et indes,
20965 Et treceoirs gentiz et greles
De soie, et d'or, a menus peles;
Une mout precieuse atache
Par dessus la crespine atache,
Et par dessus la crepinete
20970 Une corone d'or grelete,
Fete de precieuses pierres,
En biaus chatons en quatre quierres
Et a quatre demi compas,
Sanz ce que je ne vous cont pas
20975 L'autre pierrerie menue
Qui est entors, espesse et drue,
/171/ Et met en ses deus oreilletes
Deus verges d'or pendans, greletes;
Et por tenir la chevessaille,
20980 Deus fermaus d'or au col li baille;
En mi le pis un l'en remet;
Et de [li]çaindre s'entremet,
Mes c'est d'un si tres riche çaint,

20972-20973. « formant un carré dont chaque côté porte un demi-cercle. »
20984. (ms : C' omis).

C'onques pucele tel ne çaint;
20985   Et pent au çaint une aumoniere,
Qui mout ert precieuse et chiere,
Et unes pierres y met petites,
Du rivage de mer eslites,
Dont puceles as martiaus joent
20990   Quant beles et rondes les trouent.
Et par grant entente li chauce
En chascun pié soler et chauce,
Entailliés jolivetement,
A deus doie du pavement;
(20995)   [N'ert pas de hosiaus estrenee,
Car el n'ert pas de Paris nee;
Trop par fust rude chaucemente
A pucele de tel jovente.]
D'une aguille bien afilee
21000   D'or fin, de fil d'or enfilee,
Li a, por miex estre vestues,
Ses deus manches estroit cosues;
[Et li porte flors noveletes,
Dont ces jolies puceletes
(21005)   Font en printens lor chapelez,
Et pelotes et oiselez,
Et diverses choses noveles
Delitables a damoiseles;]
Et chapelés de flors li fait,
21010   Mes ne veïstes nul si fait,
Car il y met s'entente toute.
Anelés d'or es dois li boute,
Et dit cum fins loiaus espous :
« De cest anel je vous espous,
21015   Et deviens vostres, et vous moie;
Ymeneus et Juno m'en oie,
/b/   Qu'il vuelent a nos noces estre.
Je n'i quier plus ne clerc ne prestre,
Ne de prelaz mitres ne croces,
21020   Car ce sont li vray dieu de noces. »
Lors chante a haute vois serie,
Touz plains de grant renvoiserie,
En leu de messe, chançonnetes
Et jolis sons trais d'amoretes,

20990. *trouent*, ou *troent*, forme ancienne de « trouvent ».
20999. (ms : *enfilee*).
21017. (ms : *Qui*).
21019-21020. (ms : les deux vers ont été rajoutés ultérieurement).

21025	Et fait ses instrumens sonner;
	L'en n'i oïst pas Dieu tonner,
	Qu'il en a trop de manieres
	Et plus en a les mains manieres
	C'onques n'ot Amphions de Tebes
21030	De citoles et de rubebes.
	Si ra guiternes esleüs
	Por soi deporter, et leüs.
	Puis si fait sonner ses reloges
	Par ses sales et par ses loges
(21035)	[A roes trop sotivement
	De pardurable movement.]
	Et avoit orgues maneables
	A une seule main portables,
	Ou il meïmes soufle et touche,
21040	Et chante avec a plene bouche
	Motés ou treble ou teneüre.
	Puis met en cimbales sa cure,
	Puis prent fretiaus et si fretele,
	Puis chalemiaus et chalemele,
21045	Puis tabor, et fleüte et tymbre,
	Si tabore et fleüte et tymbre;
	Citole prent, trompe et chievrete,
	Si citole, trompe et chievrete;
/c/	Psalterion prent et vïele,
21050	Et psalterionne et vïele;
	Puis prent sa muse, si travaille
	As estives de Cornuaille,
.01	Et chalemele et estivele
.02	Aussi cum por une pucele,
	Et espringue et sautele et bale
	Et fiert du pié par mi la sale,
21055	Et la prent par la main et dance,
	Mes mout a au cuer grant pesance
	Qu'el ne puet chanter ne respondre
	Ne por prier ne por semondre.
	Puis la rembrace et si la couche
21060	Entre ses bras, dedens sa couche,
	Et puis la baise et si l'acole,
	Mes ce n'est pas de bonne escole

21028. (Notre ms introduit ici deux vers : *Que n'ot Orpheus de Tieles/Harpes et gigues et vïeles.*)
21029-21030. (ms : vers intervertis).
21032. (ms : *esleüs*). « et luths ».
21033. H : *orloiges*.

[Quant deus personnes s'entrebaisent,
Et li baisiers as deus ne plaisent.]

21065 Ensint occist, ensi afole
Son cuer et sa pensee fole
Pymalions li deceüs,
Por sa sorde ymage esmeüs.
Quanqu'il puet la pere et aorne,

21070 Et touz a li servir s'atorne;
Et n'apert pas, quant ele est nue,
Moins bele que s'ele ert vestue.

  Lors avint qu'en cele contree
Ot une feste celebree,

21075 Ou mout avenoit de merveilles.
La vint touz li poples as veilles
D'un temple que Venus y ot.
Li valet, qui mout se fiot,

/d/ Por soi de s'amor conseillier,
21080 Vint a ceste feste veillier.
Lors se plaint as diex et demente
De l'amor qui si le tormente

.01 Car maintes fois les ot servi.
.02 Li valés, au soutil cervi,
.03 Qui mout ert bons ovriers et sages,
.04 Lor avoit fait mains bons ymages
.05 Et avoit tretout son aé
.06 Vescu en droite Chastaé.

  Biaus Diex, dist il, se tout poés,
S'il vous plest ma requeste oés.

21085 Et tu, qui dame es de ce temple,
Sainte Venus, de grace m'emple;
Aussi es tu mout corroucie
Quant Chastaé est essaucie;
J'en ai grant pene deservie

21090 De ce que je l'ai tant servie.
Or m'en repens sanz plus d'aloingnes
Et te pri que le me pardoingnes;
Si m'otroie par ta pitié,
Par douçor et par amitié,

21095 Par couvent que m'en fuie eschif
Se Chastaé des or n'eschif,
Que la bele que mon cuer emble,
Qui si bien yvuire resemble,
Deviengne ma loial amie,

21081. (ms : a Diex).

21100   Et de fame ait cors, ame et vie.
         Et se de ce fere te hastes,
         Se je sui jamés trovés chastes,
/172/   J'otroi que je soie pendus
         Ou a granz haches porfendus,
21105   Ou que dedens sa goule trible,
         Tout vif me transgloutisse et trible,
         Ou me lit en corde ou en fer
         Cerberus, li portiers d'enfer. »
             Venus, qui la requeste oï
21110   Du valet, forment s'esjoï
         Por ce que Chastaé lessoit
         Et de li servir s'apressoit,
         Cum hons de bonne repentance,
         Prest de faire la penitance
21115   Touz nus entre les bras s'amie,
         S'il la puet ja tenir en vie.
.01   Por joïr et por fere chief
.02   Au valet de son grant meschief,
         A l'ymage envoia lors ame,
         Si devint si tres bele dame
         C'onques mes en nulle contree
21120   N'avoit l'en si bele encontree.
         Au temple n'est pas sejornés,
         A son ymage est retornés
         Pymalions, a mout grant heste,
         Puis qu'il ot fete sa requeste,
21125   Car plus ne se pooit tarder
         De la tenir et regarder.
         A li s'en cort les saus menus
         Tant qu'il est jusques la venus.
         Du miracle riens ne savoit,
21130   Mes grant fiance es diex avoit;
/b/   Et quant de plus prés la regarde,
         Plus art son cuer et frit et larde.
         Lors vit qu'ele ert vive et charnue;
         Si prent et taste sa char nue
21135   Et voit ses biauz crinz ondoians,
         Comme fins ors reflamboians,
         Et sent les os et sent les venes,
         Qui de sanc erent toutes plenes,

21106. *trible* : « broie ».
21107. *lit* : subj. prés. 3 de *lier*.
21119. (ms : *C'* omis).

Et le pouz et batre et movoir.
21140   Ne set se c'est mençongne ou voir,
Arrier se traist, ne set que faire,
Ne s'ose mes pres de li traire,
Qu'il a poor d'estre enchantés.
« Qu'est ce, dist il, sui je temptés ?
21145   Voille je pas ? Nennil, ains songe.
Mes onc ne vi si apert songe.
Songe ? par foi, non fais, ains veille.
Dont vient donques ceste merveille ?
Est ce fantome, ou anemis,
21150   Qui s'est en mon ymage mis ? »
    Lors li respondi la pucele,
Qui tant ert avenans et bele,
Et tant avoit bele la come :
« Ce n'est anemis ne fantome,
21155   Douz amis, ains sui vostre amie,
Preste de vostre compaignie
Recevoir, et m'amor vous offre,
S'il vous plest recevoir tel offre. »
Cis voit que la chose est a certes,
21160   Et voit les miracles apertes.
/c/   Lors se trait pres et s'asseüre.
Por ce que la chose est seüre,
A li s'otroie volentiers
Cum cis qui siens est touz entiers,
21165   Et cele a li; si s'entrefient
D'amors, et de dons se mercient,
N'est joie qu'il ne s'entrefacent;
Et par granz amors s'entrebracent;
Cum deus columbiaus s'entrebaisent
21170   Mout s'entr'aiment et mout se plaisent.
A dieux andui graces rendirent
Qui tel cortoisie lor firent;
Especiaument a Venus
Qui lor ot aidié miex que nus.
21175   Or est Pimalions aaise,
Or n'est il riens qui li desplaise,
Car riens qu'il vueille el ne refuse.
Se rienz oppose, el est concluse;
S'ele commande, il obeïst :
21180   Por riens ne la contredeïst

21146. « un songe aussi réaliste. »
21165. (ms : *se s'entrefient*).

D'acomplir li tout son desir.
Or puet o s'amie gesir,
Qu'ele n'en fait dangier ne plainte.
Tant ont joé qu'ele est enceinte

21185   De Pafus, dont dit Renomee
Que l'ile en fu Paphos nomee,
Dont li rois Cynaras nasqui.
Prodons fu, fors en un cas, qui
Touz bons eürs eüst eüs

21190   S'il n'eüst esté deceüs
/d/   Par Mirra, sa fille, la blonde,
Que la vielle, que Diex confonde,
Qui de pechié doutance n'a,
Par nuit a son lit li mena.

21195   La roïne ert a une feste.
La pucele sesist en heste
Li rois, sans ce que mot seüst
Qu'o sa fille gesir deüst.
Si ot trop estrange semille :

21200   Le roi let gesir o sa fille.
Quant les ot ensemble aünés,
Li biaus Adonys en fu nés,
Puis en fu en arbre muee.
Car son pere l'eüst tuee

21205   Quant il aperçut le tripot
(Mes onques avenir n'i pot),
Quant ot fait aporter le cierge;
Et cele qui n'ere pas vierge
Eschapa, par ynele fuite,

21210   Il l'eüst autrement destruite.
Mes c'est trop loing de ma matire,
Por ce est drois qu'arrier m'en tire.
Bien orrois que ce segnefie
Ains que ceste ovre soit fenie.

21215   Ne vous vuel or ci plus tenir,

21185. *Pafus* : Paphus, dont l'histoire est évoquée par Ovide
Métamorphoses, X, 298-477.
21186. (ms : *Phanos*).
21187. (ms : *Tinaras*).
21191. (ms : *la fille*).
21194. (ms : *l'amena*).
21200. Le sujet de *let* est *la vielle*.
21202. (ms : *Adoyns*).
21212. (ms : *estrois*).
21213. Encore une fois, il ne faut pas attendre d'autre explication
que celle fournie par le texte lui-même.

A mon propos m'estuet venir,
Autre champ me convient arer.
Qui vodroit donques comparer
De ces deus ymages ensemble
21220   Les biautés, si cum il me semble,
/173/   Tel similitude i puet prendre :
Autant cum la soris est mendre
Que li lyons, et mains cremue,
De cors, de force et de value,
21225   Autant, sachiés en loiauté,
Ot ceste ymage mains biauté
Que n'a cele que tant ci pris.
Bien avisa dame Cypris
Ceste ymage que je devise,
21230   Sus ces deus pilerés assise,
Ens en la tor, droit ou mi leu.
Onques encore ne vi leu
Que si volentiers regardasse,
Voire a genoillons l'aorasse
21235   Et le saintuaire et l'archiere;
Ja ne lessasse por l'archiere
Ne por l'arc ne por le brandon
Que je n'i entrasse a bandon;
Mon pooir au mains en feïsse
21240   A quelque chief que j'en venisse,
Se trovasse qui le m'offrist
Ou sans plus qui le me soffrist.
Si m'i sui je pieça voés,
As reliques que vous oés,
21245   Et se Dieu plaist jes requerrai
Si tost cum temps et leu avrai,
D'escherpe et de bordon garnis.
Or me gart Diex d'estre escharnis
Ne destorbés par nulle chose
21250   Que ne joïsse de la rose!
/b/   Venus n'i va plus atendant.
Le brandon plain de feu ardant
Tout empené lesse voler
Por ceus du chatel afoler.
21255   Mes sachiés por voir que Venus

21228. (ms : *de pris*). Vénus, adorée à Chypre.
21236. *l'archiere :* Vénus. Mais au vers précédent : « meurtrière »
21241-42. (ms : rimes interverties).
21244. (ms : *A ces reliques*).
21250. C'est la panoplie du pèlerin, mais aussi un emblème sexuel.

Le trast si soutiment que nus
Ne l'ot onc pooir de choisir,
Tant i regardast a loisir.
          Quant li brandons i fu volés
21260   E vouz ceus dedens afolés.
Li feus porprent tout le porpris,
Bien se durent tenir por pris.
.01   N'est nus qui le feu rescousist,
.02   Et bien rescorre le vousist.
Tuit s'escrient : « Trahi, trahi !
Dÿable nous ont envaï.
21265   Foïr nous estuet du païs. »
Chascuns gete ses clefs laïs.
          Dangiers, li orribles maufés,
Quant il se senti eschaufés,
S'enfuit plus tost que cers de lande.
21270   N'i a nul d'auz qui l'autre atende,
/c/.01   Por compaignie, por pitié,
.02   Por solas ne por amitié.
Chascuns, les pans a la çainture,
Met au foïr toute sa cure.
          Fuit s'en Poor, Honte s'eslesse,
Tout embrasé le chatel lesse,
(21275) [N'onc puis ne volt riens metre a pris,
Que Raison li eüst apris.]
Estez vous venir Cortoisie,
La preus, la bele, la proisie.
Quant el vit la desconfiture,
21280   Por son filz geter de l'ardure,
Avec li Pitié et Franchise,
S'embatent dedens la proprise.
[N'onc por l'ardure de lessierent,
Jusqu'a Bel Acueil ne cessierent.]
21285   Cortoisie prent la parole,
Premiers a Bel Acuel parole,
Car de bien dire n'est pas lente :
« Biau fis, mout ai esté dolente,
Mout ai au cuer tristece eüe
21290   Que tant avés prison tenue.
Mal feus et male flame l'arde
Qui vous avoit mis en tel garde !

21256. *trast*, normalement *traist*, parfait 3 de *traire*, « tirer ».
21257. (ms : *onques*).
21264. (ms : *ont ci env.*).

Or estes, Dieu merci, delivres,
Car la fors, o ces Normans yvres,
21295   En ces fossés est mors gisans
Male Bouche li mesdisans;
Veoir ne puet ne escouter;
Jalousie n'estuet douter;
L'en ne doit pas por Jalousie
21300   Lessier a mener bonne vie
Ne solacier meïmement
O son ami priveement
/d/   Quant a ce vient qu'el n'a pooir
De la chose oïr ne veoir,
(21305) [N'il n'est qui dire la li puisse,
N'el n'a pooir que ci vous truisse.]
Et li autre desconsillié
S'en sont foÿ tuit exillié,
Tretuit ont le païs vuidié,
21310   Li felon, li outrecuidié.
.01   Por vous m'ont mise a tel dolor
.02   Que j'en ai perdu ma color,
.03   Mes or sera mon cuer aaise
.04   Se faites chose qui me plaise.
        Biau tres douz fis, por Dieu merci,
Ne vous lessiés pas bruler ci.
Nous vous prions par amitié
Et je et Franchise et Pitié,
21315   Que vous icel loial amant
Recevés, que Diex vous amant;
Trop lonc temps a por vous mal trait;
Onques ne vous fist un faus trait
Li frans, qui onques ne guila.
21320   Recevés le, car quanqu'il a,
Voire l'ame neïs, vous offre.
Por Dieu ne refusés tel offre,
Biau douz fils, ains le recevés
Par la foi que vous me devés,
21325   Et par Amors qui s'en efforce,
Qui mout y a mise grant force.
        Biau fis, Amors vaint toutes choses,
Toutes sont sous sa clef encloses.
Virgile neïs le conferme
21330   Par sentence cortoise et ferme;
/174/   Quant *Bucoliques* cercherés,
« Amors vaint tout » i trouverés,
« Et nous la devons recevoir. »

Certes il dist bien de ce voir;
21335 En un seul ver tout ce nous conte,
Ne puet conter nul millor conte.
    Biau fis, secorés cel amant.
Que Diex ambedeus vous amant!
Otriés li la rose en dons.
21340 — Dame, je [la] li abandons,
Fet Bel Acuel, mout volentiers.
Coillir la puet endementiers
Que nous ne sommes ci que dui.
Pieça que recevoir le dui,
21345 Car bien voi qu'il aime sanz guile. »
    Je, qui l'en rens mercis cent mile,
Tantost, comme bons pelerins,
Hastis, fervens et enterins,
De cuer comme fins amoreus,
21350 Aprés cest otroi savoureus
Vers l'archiere acuel mon voiage
Por furnir mon pelerinage,
Et port o moi par grant confort
Escharpe et bordon roit et fort,
21355 Tel qu'il n'a mestier de ferrer
Por jornoier ne por errer.
L'escharpe est de bonne feture,
D'une pel souple sans couture;
Mes sachiés qu'el n'iere pas vuide
21360 Deus martelés par grant estuide,
/b/ Par estevoir et par grant cure
I avoit dedens mis Nature.
Nature, qui les me bailla
Des lors que premiers les tailla,
21365 Soutiment forgiés les avoit
Cum cele qui forgier savoit
Miex c'onques Dedalus ne sot.
Si croi que por ce fais les ot
Qu'el pensoit que j'en ferreroie
21370 Quelque chemin ou quelque voie :
Si ferai je certainement
Se j'en puis avoir l'esement,
Car Dieu merci bien sai forgier.
Si vous di bien que plus ai chier

21355. (ms : *Qui n'a*).
21359. (ms : *Qui n'ere*).
21366. (ms : *bien forgier*).

21375　　　Mes deus martelés et m'escharpe
　　　　　Que ma citole ne ma harpe.
　　　　　　Mout me fist grant honor Nature
　　　　　Quant m'arma de tel armeüre
　　　　　Et m'en enseigna si l'usage
21380　　　Qu'el men fist bon ovrier et sage.
　　　　　Elle meïmes le bordon
　　　　　M'avoit appareillié por don,
　　　　　Et vot au doler la main metre
　　　　　Ains que je fusse mis a lettre;
21385　　　Mes du ferrer ne li chalut;
　　　　　Onques por ce mains n'en valut.
　　　　　[Et puis que ge l'oi receü,
　　　　　Pres de moi l'ai tous jors eü,
　　　　　Si que nel perdi onques puis,
(21390)　　Ne nel perdrai ja se ge puis,
　　　　　Car n'en voldroie estre delivres
　　　　　Por cinc cens fois cent mile livres.
　　　　　Biau don me fist, por ce le gart;
　　　　　Et moult sui liés quant le regart,
(21395)　　Et la merci de son present
　　　　　Liés et jolis, quant je le sent.]
　　　　　Maintes fois m'a puis conforté
　　　　　En mains lieus ou je l'ai porté.
　　　　　Bien me sert, et savés de quoi ?
21400　　　Quant je sui en aucun leu recoi
　　　　　Et je chemine, je le boute
　　　　　Es fosses ou je ne voi goute
　　　　　Aussi cum por les gués tenter,
　　　　　Si que je me puis bien vanter
21405　　　Que n'i ai garde de noier,
　　　　　Tant sai bien les gués essoier,
　　　　　Et fier par rives et par fons.
　　　　　Mes j'en retruis de si parfons
　　　　　Et qui tant ont larges les rives
21410　　　Qu'il me greveroit mains deus lives
　　　　　Sus la marine esbanoier
　　　　　Et le rivage costoier,
　　　　　Et mains m'i porroie lasser,
　　　　　Que si perilleus gués passer;
21415　　　Trop en ai de grans essaiés,
　　　　　Et si n'i sui je pas naiés,

21407. *fier*, ind. prés. 1 de *ferir*.
21410. *lives*, forme de *lieues*.

Car si tost cum je les tentoie
Et d'entrer ens m'entremetoie,
Et tex les avoie esprovés
21420   Que jamés fons n'i fust trovés
Par perche ne par naviron,
Je m'en aloie a l'environ
Et pres des rives me tenoie.
Tant que hors en la fin venoie.
21425   Mes jamés issir n'en peüsse
Se les armeüres n'eüsse
Que Nature m'avoit donnees.
Mes or lessons ces voies lees
A ceus qui les vont volentiers;
21430   Et nous les deduisans sentiers,
Non pas le chemin a charretes,
Mes les jolives senteletes,
Jolif et renvoisié tenons,
Qui les jolivetés menons.
21435   Si rest plus de gaaing rentiers
Viex chemins que noviaus sentiers,
Et plus i trove l'en d'avoir
Dont l'en puet grant profit avoir.
Juvenaus meïmes afiche
21440   Que qui se met en vielle riche,
S'il vuet a grant estat venir,
Ne puet plus brief chemin tenir :
S'el prent son servise de gré,
Tantost le met en haut degré.
21445   Ovides meïmes aferme,
Par sentence esprovee et ferme,
Que qui se veut a vielle prendre,
Il en puet grant loier atendre;
Tantost a grant richece aquise
21450   Par mener tele marcheandise.
Mes bien se gart qui vielle prie
Que riens ne face ne ne die
/175/   Qui ja puist aguet resembler,
Quant il li vuet s'amor embler,
21455   Ou loiaument neïs acquerre

21426. (dans le ms après ce vers une interpolation de sept méchants vers ajoutant des détails au prétendu sauvetage).
21439. *Satire* I, 38-39.
21445. *Art d'aimer*, II, 667-68.
21453. *aguet*, « ruse »; *resembler* est transitif.

Quant Amors en ses las le serre ;
Car les dures vielles chenues
Qui de jonesce sont venues
Ou jadis ont esté flatees
21460 Et sorprises et barretees
Quant plus ont esté deceües,
Plus tost se sont aperceües
Des barreteresses faveles
Que ne sont les jones puceles,
21465 Qui les agués noient ne doutent
Quant les flaioleors escoutent,
Ains croient que barat et guile
Sont aussi voir cum evangile,
Car onc ne furent eschaudees.
21470 Mes les dures vielles ridees,
Malicieuses et recuites,
Sont en l'art de barat si duites,
Dont eus ont toute la science
Par temps et par experience,
21475 Et quant li flaioleor viennent,
Qui par faveles les detiennent
[Et as oreilles lor taborent,
Quant de lor grace avoir laborent,
Et soplient et s'umilient,
(21480) Joignent lor mains et merci crient,
Et s'enclinent et s'agenoillent,
Et plorent si que tuit se moillent,]
Et devant eus se crucefient
Por ce que plus en eus se fient,
21485 Et lor prometent par faintise
Cuer et cors, avoir et servise,
[Et lor fiancent et lor jurent
Les sains qui sont, seront et furent,]
Et les vont ensi decevent
21490 Par parole ou il n'a que vent,
/b/ Aussi cum fait li oiselierres
Qui tent a l'oisiau comme lierres
Et l'apele par dous sonnés,
Muciés entre les boissonnés,
21495 Por li faire a son bray venir
Tant que pres le puisse tenir ;

21470. Le sujet de la phrase *(les dures vielles)* sera repris au v. 21514
(Aussi les vielles devant dites), le verbe n'apparaissant qu'au vers
21519.

Li fox oisiaus de li s'aprime,
Qu'entendre ne set le sofime
Qui l'a mis en deception
21500   Par figure de diction,
Si cum fait li cailliers la caille,
Por ce que dedens la rois saille;
Et la caille le son escoute,
Si s'en apresse et puis se boute
21505   Sous la rois que cis a tendue
Sus l'erbe qui est vers et drue,
Se n'est aucune caille vielle,
Qui venir au caillier ne vuelle,
Tant est eschaudee et batue,
21510   Qu'ele a bien autre rois veüe
Dont elle est, espoir, eschapee
Quant elle i dut estre hapee
Par entre les herbes petites,
Aussi les vielles devant dites
21515   Qui jadis ont esté requises
Et des requereors sorprises,
Par les paroles qu'eles oient
Et les contenances que voient
De loing les agués aperçoivent,
21520   Par quoi plus envis les deçoivent.
/c/   Ou s'il le font neïs a certes
Por avoir d'Amors les decertes,
Comme cil qui sont pris ou las
Dont tant sont plesant li solas
21525   Et li travail tant delitable
Que rienz ne lor est si greable
Cum est ceste esperance grieve
Qui tant lor plest et tant lor grieve,
Sont eles en grant soupeçon
21530   D'estre prises an l'ameçon,
[Et oreillent et estuidient
Se cil voir ou fable lor dient,]
Et vont paroles soupesant,
Tant redoutent barat pesant,

21500. (ms : *adicion*). La diction est selon F. Lecoy un des argu-
ments sophistiques énumérés par Aristote dans *De Sophisticis elenchis*.
21508. (ms : *ne vielle*) ; comme par dépalatalisation nous avons
dans notre manuscrit *vielle* pour *vieille*, nous attendons *vuelle* pour
vueille.
21520. « C'est pourquoi ils les trompent plus difficilement. »
21526. (ms : *grevable*).

21535   Por ceus qu'eus ont jadis passés,
           Dont il lor membre encor assés.
           Por ce cuide chascune vielle
           Que chascuns decevoir la vuelle.
             Et s'il vous plest a ce flechir
21540   Vos cuers por plus tost enrichir,
           Ou vous qui delit y savés,
           Se regart au delit avés,
           Bien poés ce chemin tracier
           Por vous deduire et solacier.
21545   Et vous qui les jones voulés,
           Que par moi ne soiés boulés,
           [Que que mes mestres me commant,
           Si sunt mout bel tuit si commant,]
           Bien vous redi por chose voire,
21550   Croie m'en qui m'en vodra croire,
           Qu'il fait bon de tout essaier
           Por soi miex es biens esgaier,
           Si comme fait li bons lichierres
           Qui des morsiaus est connissierres
21555/d/   Et de plusors viandes taste
           En pot, en rot, en sous, en paste,
           En friture et en galentine,
           Quant entrer puet en la cuisine;
           Et set loer et set blamer
21560   Liquel sont dous, li quel amer,
           Car de plusors en a goutés.
           Aussi sachiés, et n'en doutés,
           Que qui mal essaié n'avra
           Ja du bien guieres ne savra;
21565   Ne qui ne set d'onor que monte
           Ja ne savra connoistre honte;
           N'onc nus ne sot quel chose est aise
           S'il n'ot avant apris mesaise,
           Ne n'est pas dignes d'aise avoir
21570   Qui ne vuet mesaise savoir;
           Et qui bien ne la set souffrir,
           Nus ne li devroit aise offrir.
           Aussi va des contraires choses,
           Les unes sont des autres gloses;
21575   Et qui l'une en vuet defenir,

21538. (ms : *vielle*; cf. 21508).
21556. *soust* : sorte de marinade pour accommoder la viande de porc.

De l'autre li doit sovenir,
Ou ja par nulle entencion
N'i metra diffinicion;
Car qui des deus n'a connoissance
21580   Ja n'i metera difference,
Sanz quoi ne puet venir en place
Diffinicion que l'en face.
Tout mon hernois, tel cum je port,
Se le puis porter jusqu'au port,
21585/176/   Vodrai as reliques touchier,
Se je les puis tant aprochier.
     Lors ai tant fait et tant erré
A tout mon bordon defferré
Qu'entre les deus [biaus] pilerés,
21590   Cum viguereus et legerés,
M'agenoillé sans demorer,
Car mout ai fain de aorer
De cuer devot et piteable
Le biau saintuaire honorable,
.01   Sans vilonnie et sans malice.
.02   Il n'i avoit barre ne lice
21595   Que tout ne fust tumbé par terre,
Au feu ne pot riens tenir guerre
Que tout par terre mis n'eüst,
Sans ce que de riens i neüst.
[Trais en sus ung poi la cortine
21600   Qui les reliques encortine;]
De l'ymagete m'apressoi
Que du saintuaire pres soi;
Mout le baisai devotement,
Et por l'estuier sauvement
21605   Veil mon bordon metre en l'archiere
Ou l'escharpe pendoit derriere.
Bien le cuidai lancier de bout,
Mes il resort, et je rebout;
Mes riens n'i vaut, ainçois recule,
21610   Enrer n'i puet por chose nule,
Car un palis dedens trovai
Que je bien sent, mes pas nel voi,
Dont l'archiere est dedens hordee
Des lors qu'el fu primes fondee,
21615/b/   Auques pres de la bordeüre;
Plus fort en ert et plus seüre.

21604. *sauvement*, adverbe : « en toute sécurité ».

Forment m'i convint assaillir,
Souvent hurter, souvent faillir.
Se bohorder me veïssiés
21620   Par quoi bien garde y preïssiés,
D'Erculés vous peüst membrer,
Quant il vot Cacus desmembrer.
Trois fois a la porte assailli,
Trois fois hurta, trois fois failli,
21625   Trois fois s'assist en la valee
Touz las, por avoir s'alenee,
Tant ot souffert pene et travail.
Et je, qui tant ci me travail
Que tretouz en tressu d'angoisse
21630   Quant ce palis tantost ne froisse,
Sui bien, ce cuit, autant lassés
Cum Herculés, et plus assés.
Tant ai hurté que toute voie
M'aperçui d'une estroite voie
21635   Par ou bien cuit outre passer,
Mes le palis m'estuet casser.
        Par la sentele que j'ai dite,
Qui tant est estroite et petite,
Par ou le passage quis ai,
21640   Le palis au bordon brisai,
Dedens l'archiere me sui mis,
Mes je n'i entrai pas demis.
Pesoit moi que plus n'i entroie,
Mes outre pooir ne pooie.
21645/c/ Ne por rienz nulle ne lessasse
Que le bordon tout n'i passasse.
Outre le passai sans demore,
Mes l'escharpe dehors demore
O les martelés rebillans,
21650   Qui dehors erent pendillans.
Et si m'en mis en grant destroit,
Tant trové le passage estroit,
Car largement ne fu ce pas
Que je trespassasse ce pas.
21655   [Et se bien l'estre du pas sé,
Nus n'i avoit onques passé;]

21621-27. Virgile, *Enéide*, VIII, 230-232.
21653. *fust-ce*, correction de H. se justifiant, selon Langlois, par le
subjonctif du vers suivant.
21655-21656. A ces deux vers notre ms substitue 14 vers de rimes
équivoquées sur la figure étymologique *pas*, *trespas*, etc.

Je le passai touz li premiers;
Encor n'ere pas coustumiers
Li leus de recevoir passage.
21660 Ne sai s'il fist puis avantage
Autant as autres cum a moi;
Mes bien vous di que tant l'amoi
/d/ Que je ne le poi onques croire,
Neïs se ce fust chose voire.
21665 Car nus de legier chose amee
Ne mescroit, tant soit diffamee,
Ne je ne le croi pas encores.
Mes au mains sai ge bien que lores
N'ert il ne froiés ne batus.
21670 Et por ce m'i sui embatus
Que d'autre entree n'i a point
Por le bouton coillir a point.
Si savrés cum je me contins,
Tant qu'a mon gré le bouton tins.
21675 Le fait orrés et la maniere,
Por ce que, se mestiers vous yere,
Quant la douce saison vendra,
Seignor valés, qu'il convendra
Que vous ailliés coillir les roses,
21680 Ou les ouvertes ou les closes,
Que si sagement et alliés
Que vous au coillir ne failliés.
Faites si cum vous m'orrés faire,
Se miex ne savés a chief traire;
21685 Car se vous plus largetement,
Ou miex, ou plus soutivement,
Poés le passage passer
Sans vous destraindre ne lasser,
Si le passés a vostre guise,
21690 Quant vous avrés la moie aprise.
Tant avés au mains d'avantage
Que je vous apren mon usage
/177/ Sans prendre riens de vostre avoir,
Si m'en devés bon gré savoir.
21695 Quant iere iluec si empressiés
Que fui du rosier apressiés,
Qu'a mon voloir poi les mains tendre
As ramiaus por le bouton prendre,

21668. (ms : *sage*).
21695. (ms : *d'iluec*).

Bel Acuel por Dieu me prioit
21700 Que nul outrage fait n'i oit;
Et je li mis mout en couvent,
Por ce qu'il m'en prioit souvent,
Que ja nulle riens n'i feroie
Fors ma volenté et la soie.

21705   Par les rains saisi le rosier,
Qui plus sont franc que nul osier;
Et quant a deus mains m'i poi joindre,
Sovelement et sans moi poindre
Le bouton pris a eslochier;
21710 Envis l'eüsse sans hochier.
Toutes en fis par estevoir
Les branches croler et movoir,
Sans ja nul des rainz depecier,
Car n'i voloie riens blecier;
21715 Et si m'en couvint il a force
Entamer un poi de l'escorce;
Autrement avoir ne savoie
Ce dont si grant desir avoie.

En la parfin, tant vous en di,
21720 Un poi de grene y espandi,
Quant j'oi le bouton eslochié.
Ce fu quant dedens l'oi tochié
/b/ Por les fueilletes reverchier,
Car je voloie tout cerchier
21725 Jusques au fons du boutonet,
Si cum moi semble que bon est.
Et fis lors si meller les grenes
Que se desmellassent a penes,
Si que tout le boutonnet tendre
21730 En fis eslargir et estendre.
Vez ci [tout] quanque g'i forfis,
Mes de tant sui je bien lor fis
C'onques nul mau gré ne m'en sot
Li dous, qui nul mal n'i pensot,
21735 Ains me consent et soffre a faire
Quanqu'il set qui me doie plaire.
Si m'appelle il de couvenant,
Que je li faiz desavenant,
Et trop sui outrageus, ce dit.

21705. *rains* : « rameaux », mais aussi « reins ».
21708. (ms : *Sovelment*).
21728. (ms : *demellessent*).

21740 Mes il n'i met nul contredit
Que ne prengne, debaille et cuelle
Rosier et rose, flor et fuelle.
    Quant en si grant degré me vi
Que j'oi si noblement chevi
21745 Que mon procés n'iert mes doutables,
Por ce que fins et agreables
Fusse vers touz mes bienfaitors,
Si cum doit faire bonz detors,
Car mout estoie a eus tenus
21750 Quant par eus ere devenus
Si riches que, por voir afiche,
Richesse n'estoit pas si riche,
/c/ Au dieu d'Amors et a Venus
Qui m'orent aidié miex que nus,
21755 Puis a tous les barons de l'ost,
Dont je pri Dieu que ja ne s'ost
Du secors as fins amoreus,
Entre les baisiers savoureus
Rendi graces dis fois ou vint.
21760 Mes de Raison ne me sovint
Qui tant en moi gasta de pene.
Maugré Richece la vilene,
Qui onques de pitié n'usa,
Quant l'entree me refusa
21765 Du senteret qu'ele gardoit
(De cesti pas ne se gardoit
Par ou je sui ceens venus
Repotement, les saus menus),
Maugré mes mortex anemis
21770 Qui tant m'orent arriere mis,
Especiaument Jalousie,
A tout son chapel de soussie,
Qui des amans les roses garde
(Mout en fait ore bonne garde!)
21775 Ains que d'iluec me remuasse,
Ou mon vuel encor demorasse,
Par grant joliveté cuelli
La flor du biau rosier fuelli.
Ensi oy la rose vermeille.
21780 Atant fu jors, et je m'esveille.
Explicit li Romanz de la Rose.

21748. *detors* : « débiteurs » (H : *deteurs*).

TABLE DES MATIÈRES

GF — TEXTE INTÉGRAL — GF

2684-IX-1990. — Imp. Bussière, St-Amand (Cher).
Nº d'édition 12816. — 2ᵉ trimestre 1974. — Printed in France.